Direito da Saúde
ESTUDOS EM HOMENAGEM AO
PROF. DOUTOR GUILHERME DE OLIVEIRA

Direito da Saúde
ESTUDOS EM HOMENAGEM AO PROF. DOUTOR GUILHERME DE OLIVEIRA

VOLUME I
DIREITO DA SAÚDE – OBJETO, REDES E SUJEITOS

2016

Coordenadores
João Loureiro
André Dias Pereira
Carla Barbosa

DIREITO DA SAÚDE
ESTUDOS EM HOMENAGEM AO
PROF. DOUTOR GUILHERME DE OLIVEIRA
VOLUME I – DIREITO DA SAÚDE – OBJETO, REDES E SUJEITOS

COORDENADORES
João Loureiro
André Dias Pereira
Carla Barbosa

EDITOR
EDIÇÕES ALMEDINA, S.A.
Rua Fernandes Tomás, nºs 76-80
3000-167 Coimbra
Tel.: 239 851 904 · Fax: 239 851 901
www.almedina.net · editora@almedina.net

DESIGN DE CAPA
FBA.

PRÉ-IMPRESSÃO
EDIÇÕES ALMEDINA, SA

IMPRESSÃO E ACABAMENTO
ARTIPOL - ARTES TIPOGRÁFICAS, LDA
Junho, 2016

DEPÓSITO LEGAL
410899/16

Apesar do cuidado e rigor colocados na elaboração da presente obra, devem os diplomas legais dela constantes ser sempre objeto de confirmação com as publicações oficiais.

Toda a reprodução desta obra, por fotocópia ou outro qualquer processo, sem prévia autorização escrita do Editor, é ilícita e passível de procedimento judicial contra o infrator.

 GRUPOALMEDINA

BIBLIOTECA NACIONAL DE PORTUGAL – CATALOGAÇÃO NA PUBLICAÇÃO
DIREITO DA SAÚDE

Direito da saúde : estudos em homenagem ao
Prof. Doutor Guilherme de Oliveira / coord. João
Loureiro, André Dias Pereira, Carla Barbosa. - v.

1º v.: Direito da saúde : objeto, redes e
sujeitos. -   p. - ISBN 978-972-40-6534-2

I – LOUREIRO, João
II – PEREIRA, André Dias
III - BARBOSA, Carla

CDU   34

PALAVRAS INTRODUTÓRIAS

A obra que agora se publica resulta da Homenagem de um conjunto de associados do Centro de Direito Biomédico ao Senhor Doutor Guilherme de Oliveira, num tempo de render da guarda. Em registo de agradecimento e de amizade, entenderam os organizadores desafiar as pessoas que dão corpo a esta unidade de ensino e investigação a contribuir para um roteiro temático da *Lex Salutis*, ainda fragmentário. Modo académico por excelência de assinalar homenagem, pretende contribuir para um projeto norteador do trabalho de Guilherme de Oliveira: proceder a uma imprescindível cartografia do direito da saúde português, abrindo pontes para o espaço mais vasto da lusofonia, em fecundos cruzamentos e mestiçagens dogmáticos, mas sem perder de vista a nossa cosmopolita pertença europeia.

Estruturado em cinco volumes, *Direito da saúde: Estudos em homenagem Guilherme de Oliveira* percorre os caminhos do direito da biomedicina, da farmácia e do medicamento, ao longo de mais de sessenta artigos. Convergindo homenagem e amizade, agradecimento e reconhecimento, deixamos um voto: que Guilherme de Oliveira faça seus os versos de um dos poetas de eleição, Manuel Bandeira: "o ganzá do jazz-band batuca. Eu tomo alegria!".

GUILHERME DE OLIVEIRA

BIBLIOGRAFIA SOBRE TEMAS DE DIREITO DA SAÚDE

Monografias
Temas de Direito da Medicina, 2ª ed., Coimbra: Coimbra Editora, 2005.
Mãe há só (uma) duas! O contrato de gestação, Coimbra: Coimbra Editora, 1992.

Artigos em monografias
"Consentimento informado para biobancos", in *Livro de homenagem a António Barbosa de Melo*, Coimbra: Almedina, 2013, 257-283.
"Genome analysis", in Centro de Direito Biomédico, *Genome analysis. Legal rules – Practical application. Workshop under the auspices of the C.E.C., Centro de Direito Biomédico da Faculdade de Direito da Universidade de Coimbra/Institute of Pharmaceutical and Medical Law of the University of Goettingen,* Coimbra, 11-14 de Junho de 1992, Coimbra: Almedina, 1994, 201-215.
"Legislar sobre Procriação assistida", *Colóquio interdisciplinar sobre Procriação Assistida, em 12-13 de Dezembro de 1991,* Coimbra: Centro de Direito Biomédico, 1993, 73-97.
"Mães hospedeiras. Tópicos para uma intervenção", *Colóquio interdisciplinar sobre Procriação Assistida, em 12-12 de Dezembro de 1991,* Coimbra: Centro de Direito Biomédico, 1993, 67-72.
"Procriação com dador. Tópicos para uma intervenção", *Colóquio interdisciplinar sobre Procriação Assistida, em 12-13 de Dezembro de 1991,* Coimbra, Centro de Direito Biomédico, 1993, 33-40.

"Reprodução assistida", in Mário Luiz Mendes, dir., *Curso de Obstetrícia*, Coimbra: Centro Cultural da Maternidade dos H.U.C., 1991, 382-388.

"A lei e o laboratório. Observações acerca das provas periciais da filiação", in *Estudos em Homenagem ao Prof. Doutor António de Arruda Ferrer Correia*, vol. II, Coimbra: 1984, 807-826.

Artigos em publicações periódicas

"No-patient safety in Reproductive Medicine", *Lex Medicinae: Revista Portuguesa de Direito da Saúde,* Coimbra: Centro de Direito Biomédico/ /Coimbra Editora, nº especial IV EAHL Conference (2014) 119-130.

"Sistema Nacional de Notificação de Incidentes e de Eventos Adversos (SNNIEA)", *Lex Medicinae: Revista Portuguesa de Direito da Saúde,* Coimbra: Centro de Direito Biomédico/Coimbra Editora, 18 (2013) 5-11.

"Saúde mental e direito", *Lex Medicinae: Revista Portuguesa de Direito da Saúde,* Coimbra: Centro de Direito Biomédico/Coimbra Editora, 19 (2013) pp. 5-10.

—; Helena Moniz; André Pereira, "Consentimento informado e acesso ao processo clínico – um anteprojeto de 2010", *Lex Medicinae: Revista Portuguesa de Direito da Saúde,* Coimbra: Centro de Direito Biomédico/ /Coimbra Editora, 18 (2013) 13-33.

"Medicina Preventiva – será assim tão diferente da... Medicina?", *Lex Medicinae: Revista Portuguesa de Direito da Saúde,* Coimbra: Centro de Direito Biomédico/Coimbra Editora, nº 10 (2008) pp?. 5-13.

"O direito civil em face das novas técnicas de investigação genética", *Anuario de la Facultad de Derecho de la Universidad Autónoma de Madrid*, ISSN 1575-8427, Nº extraordinário (2006) 149-162.

—; Helena Moniz, "Utilização de informação genética em acções de filiação – perguntas e respostas", *Lex Medicinae: Revista Portuguesa de Direito da Saúde,* Coimbra: Centro de Direito Biomédico/Coimbra Editora, nº 4 (2005) pp. 41-47.

—; André Dias Pereira, "Actividade farmacêutica e consentimento informado", *Boletim da Ordem dos Advogados*, 30 (2004) 30-31.

"Some improvements in the Portuguese medical law", in Miroslaw Nesterowicz, *et al.* [colab.], *Yearbook of European Medical Law*, Lidingo: The Institute of Medical Law, 2005, 101-106.

"Um caso de selecção de embriões", *Lex Medicinae: Revista Portuguesa de Direito da Saúde*, nº 1 (2004) 7-13.

"Auto-regulação profissional dos médicos", *Revista de Legislação e de Jurisprudência*, Coimbra: Coimbra Editora, ISSN 0870-8487, 134/3923 (2001) 34-39.

"Direito biomédico e investigação clínica", *Revista de Legislação e de Jurisprudência*, Coimbra: Coimbra Editora, ISSN 0870-8487, 130/3881 (1997) 231-239; 130/3882 (1998) 260-262.

"O Direito do diagnóstico pré-natal", *Revista de Legislação e de Jurisprudência*, Coimbra: Coimbra Editora, ISSN 0870-8487, 132/3898 (1999) 6-15.

"O acesso dos menores aos cuidados de saúde", *Revista de Legislação e de Jurisprudência*, Coimbra: Coimbra Editora, ISSN 0870-8487, 132/3898 (1999) 16-18.

"Implicações jurídicas do conhecimento do genoma humano", *Revista de Legislação e de Jurisprudência*, Coimbra: Coimbra Editora, ISSN 0870-8487, 129 (1996) pp. 325-326.

"O fim da «arte silenciosa». (O dever de informação dos médicos)", *Revista de Legislação e de Jurisprudência*, Coimbra: Coimbra Editora, ISSN 0870-8487, 128/3852 (1995) pp. 70-72; 128/3853 (1995) pp. 101-104.

"O assento de 21 de Junho de 1983 e a prova directa do vínculo biológico: [anotação]", *Revista de Legislação e de Jurisprudência*, Coimbra. ISSN 0870-8487, 128/3855 (1995) 180-186.

"Estrutura jurídica do acto médico, consentimento informado e responsabilidade médica", *Revista de Legislação e de Jurisprudência, Revista de Legislação e de Jurisprudência*, Coimbra: Coimbra Editora, ISSN 0870-8487, 125/3815 (1993) pp. 33-34; 125/3816 (1993) pp. 72-73; 125/ 3819 (1993) pp. 167-170.

"Implicaciones juridicas del genoma I e II", *Revista de Derecho y Genoma Humano*, (1997) pp. 53-66 e 61-104.

"Aspectos jurídicos da Procriação Assistida", *Revista da Ordem dos Advogados*, Lisboa, 49/3 (Dezembro 1989) 767-791.

"[Rapport portugais]", in *Le droit et la verité. Travaux de l'Association Henri Capitant*, 1987, 187-190.

Recensões

"Erro Médico", recensão de: José Fragata; Luís Martins – *O erro em medicina*. Coimbra, Almedina, 2004. «*Lex Medicinae*» Revista Portuguesa de Direito da Saúde, 3 (2005) pp. 157-168.

VOLUME I
DIREITO DA SAÚDE – OBJETO, REDES E SUJEITOS

Em busca de um direito da saúde em tempos de risco(s) e cuidado(s): sobre a incerteza do(s) nome(s) e da(s) coisa(s)

João Carlos Loureiro*

> «Ia e vinha / E a cada coisa perguntava/ Que nome tinha»
> Sophia de Melo Breyner, *Obra poética*, I, Lisboa, 1998, p. 193.

I. NOT(E) TO GO (Guilherme de Oliveira)

Neste tempo de celebração – de *Fest*schrift, de escrito de festa – em que, no quadro do Centro de Direito Biomédico, celebramos Guilherme de Oliveira, permitam-me uma nota pessoal. Há mais de vinte anos que acompanho por dentro a construção de um direito, de incerto nome (biomédico, da medicina ou da saúde, entre outras designações), que, entre nós, conheceu contributo decisivo do homenageado. Sem prejuízo de outros *Founding Fathers*, a evocar em sede própria, permitam-me realçar o seu papel na criação e no desenvolvimento de um Centro que, em termos nacionais e também internacionais, foi construindo, na

---

* Centro de Direito Biomédico/ Instituto Jurídico da Faculdade de Direito da Universidade de Coimbra (Grupo 2 – Vulnerabilidade e Direito, *Desafios Sociais, Incerteza e Direito*: UID/DIR/04643/2013).

periferia da Europa em termos de geografia, que não de pensamento, um nome, tornando-se no mais internacionalizado Centro da Faculdade de Direito da Universidade de Coimbra, integrando várias redes e projetos, animando uma coleção de estudos, mantendo uma revista especializada – a *Lex Medicinae*[1] –, promovendo um conjunto de cursos, participando em colóquios um pouco por todo o país e pelo mundo, e funcionando como ponto de encontro e mesmo porto de abrigo de uma série de investigadores.

Nesta *anamnesis* do gesto fundador e de uma história[2] que não deixa de se cruzar com "estórias" que tecem a vida e a memória, consintam-me que lance o tema partindo do caminho percorrido. Não terão sido estranhos os ares do tempo à escolha do nome de batismo do Centro: Direito biomédico. Com efeito, no ocaso da década de 80, a tradicional medicina compreendia-se cada vez mais com o acrescento do prefixo *bios*. Na ética, passara a impor-se a palavra bioética – um termo cunhado na Alemanha[3], mas que caíra no esquecimento e só terá conteúdos úteis no princípio dos anos 70, pela via norte-americana, sendo conhecida a discussão em torno da paternidade e o contexto de emergência[4]. No direito, em que o enquadramento da medicina era também velho de milhares de anos, a questão da responsabilidade médica, em direito civil e penal, a par do direito da profissão e das normas de direito de polícia em direito administrativo, começaram também a confrontar-se, no século XX, com uma abordagem em termos de direitos fundamentais. Mas a vertigem da tecnociência[5], especialmente a partir da segunda metade

---

[1] *Lex Medicinae: Revista Portuguesa de Direito da Saúde*, publicada desde 2004.
[2] Cf., para uma apresentação e uma história do Centro, Guilherme de OLIVEIRA, "Centro de Direito Biomédico. Faculdade de Direito de Coimbra", in: Maria do Céu Patrão NEVES (Coord.), *Comissões de ética: das bases teóricas à actividade quotidiana*, Coimbra, 2002, p. 93-97.
[3] A palavra terá sido utilizada pela primeira vez em 1927, num artigo publicado na revista *Kosmos* (F. JAHR, "Bio=Ethik: eine Umschau über die ethischen Beziehungen des Menschen zu Tier und Pflanze", *Kosmos* 24 (1927/2): cf Johannes REITER, "Biociências: a questão da rectidão e do bem da vida", *Communio* 20 (2003), p. 197-206, p. 199.
[4] Warren REICH, "The word "bioethics": its birth and the legacies of those who shaped it", *Kennedy Institute of Ethics Journal* (1995), p. 319-335; Albert R. JONSEN, *The birth of bioethics*, New York/ Oxford, 1998; entre nós, v. Maria do Céu Patrão NEVES, "O que é a bioética?", *Cadernos de Bioética* (1996/11), p. 7-26; Luís ARCHER, "Origem científica e âmbito transcientífico da bio-ética", in: *A bioética e o futuro*, Lisboa, 1995, p. 45-61.
[5] Gilbert HOTTOIS, *O paradigma bioético: uma ética para a tecnociência*, Lisboa, 1992 (orig.: *O paradigma bioético: uma ética para a tecnociência*, Lisboa, 1992).

do século, trouxe novas questões ao horizonte tradicional da prática médica. As máquinas de diálise, as transplantações, os ventiladores e o inerente revisitar do conceito de morte, desencadearam uma reflexão que não mais se poderia esgotar na clássica deontologia e direito médicos, com a agravante de, neste último caso, faltar, ao menos entre nós, uma disciplina com autonomia dogmática. Ainda em meados dos anos noventa, quando o Centro, que se estreara em chave europeia com uma parceria com Göttingen[6], entrou no primeiro grande projeto internacional, Guilherme de Oliveira anunciava em Copenhaga que, em relação ao direito biomédico, em Portugal estávamos ainda no tempo da cartografia[7]. Longo foi o caminho percorrido sendo hoje completamente diferente o panorama da investigação na área em Portugal: a "juridificação da (bio)medicina"[8] tem, pois, suscitado o interesse de um número relevante de investigadores.

Mais de vinte cinco anos volvidos sobre a fundação, voltemo-nos para a questão do nome, quando, a par da designação do Centro – Direito Biomédico –, continuam a coexistir outros. Recordamos, aliás, que o Centro organizou cursos de direito da medicina; a revista, fundada em 2004, chama-se *Lex Medicinae*, mas tem como complemento de título *Revista Portuguesa de Direito da Saúde*; promove-se ainda um curso de direito da farmácia e do medicamento. Fora do horizonte da Faculdade, e pegando noutra das linhas de contribuição para o direito da saúde – a nossa escolha não é inocente e antecipa um caminho de reflexão – lembremos que Oliveira Ascensão tem preferido falar de direito da bioética[9] e é essa a entrada no *Dicionário Jurídico da Administração Pública*[10]. Ainda há poucos anos, Costa Andrade publica sob a entrada *direito* penal

---

[6] No quadro da qual se realizou um Workshop, em 1992, no Palácio de S. Marcos. Cf. *Genome analysis: legal rules. Practical application*, Coimbra, 1994
[7] Apresentação oral do panorama do direito da saúde em Portugal (Copenhaga, junho de 1996, no quadro do EU Project Biomed II).
[8] Christian KATZENMEIER, "Verrechtlichung der Medizin", in: Christian KATZENMEIER/ / Klaus BERGDOLT (Hrsg.), *Das Bild des Arztes im 21. Jahrhundert*, Berlin/ Heidelberg, 2009, p. 45-59, que aponta para um "direito da medicina integrativo", assente num diálogo entre saberes como a ética médica, a história da medicina, a medicina social, psicologia e sociologia médicas (p. 59).
[9] *Estudos de direito da bioética*, Coimbra, 2005; 2º vol., 2006; 3º vol., 2009; 4º vol., 2012.
[10] Fernando ARAÚJO, "Direito da bioética", in: *Dicionário jurídico da administração pública: 2º suplemento*, Lisboa, 2001, p. 193-220.

médico[11], e o homenageado abriu coleção temática com a obra *Temas de Direito da Medicina*[12].

Nos cursos do velho Mestrado, defunto em nome de Bolonha, regemos, nos anos letivos de 2005-2006 e 2006-2007, Direito Constitucional da Saúde, e procurámos justificar essa opção. É esse percurso, que, de uma forma necessariamente abreviada, tentamos reconstituir e aprofundar, na convicção da validade, nas suas linhas de força, da reflexão proposta em torno das questões do nome e do objeto. Mais: um outro nível da discussão, passaria por saber se hoje, como propõe Albin Eser[13], o direito da medicina não é um direito integrador e se esta conclusão é transferível para o direito da saúde, cujo objeto é, como veremos, mais vasto.

II. DIREITO(S): (BIO)MÉDICO, DA SAÚDE, DA MEDICINA, BIODIREITO? DA (IR)RELEVÂNCIA DO NOME E DA (IN)CERTEZA DO OBJECTO

Olhando para o panorama em língua portuguesa encontramos a seguinte terminologia: direito médico, direito biomédico, direito da (bio)medicina, direito sanitário, direito da saúde, biodireito, direito da bioética e direito da vida[14]. No quadro das relações de família, haveria ainda que considerar o direito da farmácia (farmacêutico)[15] e do medicamento, direito veterinário e direito da enfermagem, sem prejuízo das suas especificidades[16].

Um olhar breve pela história veria que, em Portugal, entre as fórmulas tradicionais estão a polícia sanitária (no quadro do direito de

---

[11] *Direito penal médico. Sida: testes arbitrários, confidencialidade e segredo*, Coimbra, 2004; Idem, "O consentimento em direito penal médico: o consentimento presumido", *Revista Portuguesa de Ciência Criminal* 14 (2004), p. 117-145.

[12] Guilherme de OLIVEIRA, *Temas de direito da medicina*, Coimbra, 1999 (há uma segunda edição: Coimbra, 2005).

[13] "Perspectivas do direito (penal) da medicina", *Revista Portuguesa* de *Ciência Criminal* 14 (2004), p. 11-63.

[14] Deixamos de parte outras expressões, como, por exemplo, *Kassenarztrecht* [cf. H- KAMPS/ / A. LAUFS (Hrsg.), *Arzt- und Kassenarztrecht im Wandel: Festschrift für Helmut Narr zum 60. Geburtstag*, Berlin/ Heidelberg, 1988].

[15] Cf., por exemplo, a coletânea de Abel MESQUITA, *Direito farmacêutico: anotado*, vol. II, [4]2011.

[16] Como recorda Gilles DEVERS (*Droit et pratique du soin infirmier*, Rueil-Malmaison, [3]2013), "le droit infirmier n'est pas un «petit» droit médical".

polícia[17]), embrião do direito sanitário, e o direito médico, não raro de braço dado com a chamada deontologia médica.

Também no plano comparado encontramos, em regra, diversidade nas designações, sem prejuízo de tradições nacionais poderem apontar para um peso maior de certas denominações. O caso dos Países Baixos é, a este propósito, paradigmático: direito da saúde (*Gezondheidsrecht*) tem créditos firmados e tradição, datando a Associação para o Direito da Saúde (*Vereniging voor GezondheidsRecht*) da década de sessenta, sendo que os anos 50 são referidos como marco na construção de um direito autónomo da saúde[18].

1. Direito médico

O direito médico é expressão com barbas na literatura jurídica portuguesa[19] e brasileira[20]. No direito comparado, esta designação tem equi-

---

[17] Em geral, sobre o direito de polícia, vd. vários artigos publicados em António Manuel HESPANHA, *Poder e instituições na Europa do Antigo Regime: colectânea de textos*, Lisboa, 1984. Duas palavras-chave merecem destaque: ordem e bem-estar (Pierangelo SCHIERA, "A "polícia" como síntese de ordem e de bem-estar no moderno Estado centralizado", cit., p. 316-317; em geral, sobre o Estado Polícia, entre nós, Rogério SOARES, *Interesse público, legalidade e mérito*, Coimbra, 1955).

[18] H. J. J. LEENEN/ J.K.M. GEVERS/ J. LEGEMAATE, *Handboek gezondheidsrecht. Deel I: Rechten van mensen in de gezondheidszorg*, Houten, ⁴2007, p. 5.

[19] J. Pinto da COSTA, "O ensino do direito médico na Faculdade de Medicina do Porto", *O Médico* 93 (1982); em língua portuguesa, mas de autor estrangeiro, vd. J. VOUCKEN, "A necessidade de um direito médico internacional", *O Médico* (1952); Fernando Manuel Oliveira de Sá, "Direito médico e medicina legal: sociologia médica?", *O Médico* (1971), vol. 61; "Congresso de direito mundial médico", *O Médico* (1968); Manuel da Costa ANDRADE, *Direito penal médico: SIDA: testes arbitrários, confidencialidade e segredo*, Coimbra, 2004; J. A. Esperança PINA, *Ética, deontologia e direito médico*, Lisboa, 2013. Refira-se também a existência de recolhas intituladas legislação médica: *v.g.*, João Alcides de ALMEIDA/ Francisco José de Miranda DUARTE, *Legislação médica anotada, I – Exercício da medicina*, Lisboa, 1973; mais recentemente, João Álvaro DIAS, *Colectânea de legislação médica*, Coimbra, 2003, 3 vol.. Utilizando já a expressão direito da medicina, cf., mais recentemente, Helena MONIZ, *Legislação de Direito da Medicina*, Coimbra, 2008. Além disso, focando inequivocamente os sujeitos profissionais, Victor MENDES, *Leis dos médicos*, Porto, 2001.

[20] Também em Espanha: cf. Carlos María ROMEO CASABONA, "El derecho médico: su evolución en España", in: Idem (Coord.), *Derecho biomédico y bioética*, Granada, 1998, p. 1-28, que abre o artigo sublinhando que "[e]l Derecho Médico no aparece todavia bien delimitado en el ordenamiento jurídico español. Por otro lado, se ha venido confundiendo con cierta frecuencia con el Derecho Sanitario, con la Medicina Legal y la Deontología Médica, y más recientemente con la Bioética" (p. 1).

valentes: desde logo, o *Arztrecht* nos países de língua alemã, literalmente direito do médico (também *Ärzterecht*, direito dos médicos[21]). Ou seja, um direito centrado numa categoria profissional: o médico. Lendo um dos grandes juristas neste campo, Adolf Laufs[22], deparamo-nos com a seguinte formulação: "o direito do médico compreende a soma das normas jurídicas a que estão sujeitos o médico e a sua atividade profissional".

Tradicionalmente, tínhamos um direito penal do médico (*Arztstrafsrecht*) e um direito civil do médico, este último marcado por questões como a responsabilidade civil e o direito contratual. A fórmula surge atestada já no século XIX[23], sendo frequente a reunião da legislação relevante para o facultativo (*v.g.*, no mundo anglo-saxónico[24]). Nalguns casos, em vez de direito médico falava-se de legislação médica (por exemplo, em Portugal[25]).

É verdade que a fórmula persistiu passando de um direito "profissionalmente orientado" a um direito centrado na atividade[26]. Contudo, face à crítica ao paternalismo médico[27] e à pluralização de atores,

---

[21] A expressão é corrente na Áustria, mas também não é desconhecida na Alemanha: Berthold MUELLER/ Kurt WALCHER, *Gerichtliche und soziale Medizin einschließlich des Ärzterechts: Ein Lehrbuch für Studenten und Ärzte*, München, 1938.
[22] *Arztrecht*, München, ⁵1993, p. 13.
[23] No caso francês, veja-se *Droit médical ou code des médecins, docteurs, officiers*, Paris, 1890. No século XIX, encontramos na Faculdade de Direito de Paris uma cadeira de Medicina legal e direito médico.
[24] A leitura de textos norte-americanos do século XIX revela que a expressão é utilizada também no sentido da lei disciplinadora da atividade médica:
[25] Eurico SERRA, *Guia jurídico do médico: legislação médica e sanitária*, Lisboa, 3 vol., 1932.
[26] Precisamente contrapondo "beroepgerichte" e "activiteitsgerichte": H.J.J. LEENEN/ J.K.M. GEVERS, *Handboek der Gezondheidsrecht: Deel I: Rechten van mensen in de gezondheidszorg*, Houten, ⁵2007, p. 6.
[27] Como já sublinhava, ao justificar a escolha da fórmula direito constitucional da medicina em detrimento da fórmula direito constitucional médico: João Carlos LOUREIRO, *Transplantações: um olhar constitucional*, Coimbra, 1995, p. 16 (já antes, referindo a passagem de um direito médico a um direito da medicina, cf. José Manuel Sérvulo CORREIA, "Introdução ao direito da saúde", in: *Direito da saúde e bioética*, Lisboa, 1991, p. 39-53, p. 43; contudo, não reduzo o direito da medicina ao direito privado, como prova a referência ao direito constitucional da medicina). Na sua dissertação de doutoramento, Maria do Céu RUEFF, *O segredo médico como garantia da não-discriminação: estudo de caso: HIV/SIDA*, Coimbra, 2009, p. 147, n. 280, refere a diferença em relação à doutrina anglo-saxónica, onde a designação *Medical law* é corrente, não implicando qualquer associação ao paternalismo. A verdade desse uso não pode fazer esquecer que, em português, o termo médico cobre quer o profissional

avançou-se para outras designações (direito da medicina, direito dos cuidados de saúde).

1.1.2. Direito Sanitário

A fórmula direito sanitário caiu em desuso em Portugal[28], mas revela alguma pujança no Brasil[29]. Em termos históricos, o direito sanitário remete-nos para o direito de polícia sanitária, com larguíssimas tradições. A higiene e polícia sanitária foram objeto de um conjunto de medidas. A título meramente ilustrativo, refiram-se as tradicionais providências para combater epidemias. Para não recuar mais em termos temporais, recorde-se que já no reinado de D. Manuel I ficava a Câmara de Lisboa obrigada a providenciar casa de saúde para pessoas contagiadas[30]. Além disso, e ao contrário do que se tende a pensar hoje quando a proteção da saúde foi erigida em direito do homem no plano internacional e fundamental no plano nacional, há séculos que tinha sido desenvolvida uma verdadeira rede de cuidados médicos e farmacêuticos, num tempo caracterizado por uma grande impotência destas artes. Acompanhando um processo europeu de constituição de um serviço público nesta área, os monarcas vieram a obrigar os municípios a custear, através

---

(registo subjetivo), quer a atividade (registo objetivo). Não assim em alemão, em que se usa *Arzt* para designar médico; aliás, o inglês distingue entre *physician* ou *doctor* e *medical*, sendo esta palavra utilizada com um sentido objetivo. Acresce que, não obstante a crescente importância do direito anglo-saxónico também no direito português da saúde, em termos de construção dogmática era inequívoco o peso decisivo da doutrina germânica, sem prejuízo, naturalmente, de outras contribuições.

[28] No século XIX, a expressão significava também um direito pago na entrada dos portos (direito sanitário de entrada).

[29] Há, inclusivamente, uma *Revista de Direito Sanitário*, publicada pela Universidade de São Paulo. (http://www.revistas.usp.br/rdisan/issue/view/5245). Numa perspetiva histórica, uma pesquisa bibliográfica permite-nos identificar textos como: Alfredo PIRAGIBE, *Noticia historica da legislação sanitaria do Imperio do Brazil desde 1822 ate 1878*, Rio de Janeiro, 1880, que abre referindo-se ao papel da polícia sanitária, sublinhando a importância da prevenção e de verter em lei os ensinamentos científicos. Para além da defesa da obrigatoriedade de vacinação, refere-se ao controlo dos alimentos (o perigo da "aparência enganadora das cores deslumbrantes, com que os confeitos e licores atraem a atenção do público": p. 4), a proteção face às epidemias, nomeadamente por via da polícia sanitária (p. 6-7, tratando da importância da quarentena), a repressão penal do charlatanismo, sublinhando também a importância das medidas de organização (p. 10)

[30] Fortunato de ALMEIDA, *História de Portugal*, Coimbra, 1927, V: *Instituições políticas e sociais de 1580 a 1816*, p. 231-232.

de um sistema de bolsas, a formação de alunos em medicina na Universidade de Coimbra e também de boticários[31]. Impulsionado pela Cameralística – desenvolve-se uma "polícia médica"[32] – há quem veja aqui um braço fundamental que contribuiria para o direito sanitário e o direito da saúde serem compreendidos como ramos de direito público. Entre nós, no século XVIII, sublinha-se a obra de Ribeiro Sanches, o "físico prodigioso" (numa aceção outra que a de Jorge de Sena), que publica o *Tratado da conservação da saúde dos povos*[33].

Em Portugal, com as limitações decorrentes da ausência de um estudo mais aprofundado sobre a questão, encontramos, ao menos a partir do século XIX, tentativas de reflexão sobre estas e outras medidas. Por exemplo, recorde-se que o combate às epidemias e infeções é um dos temas fundamentais, elemento de salvaguarda da saúde pública, havendo legislação secular em matéria de portos e de controlo interno, encontrando-se ecos nas Cortes Constituintes (onde se fala quer de polícia sanitária quer de polícia médica). E, em 1837, foi criado o Conselho de Saúde Pública[34]. Paralelamente, no Brasil, a clássica obra de Pimenta Bueno associa inequivocamente saúde pública e polícia médica, sendo a primeira mais ampla[35].

Pegando num compêndio português de referência na época[36], de José Ferreira de Macedo Pinto (1814-1895), Professor da Faculdade de

---

[31] Para mais desenvolvimentos, cf. Laurinda ABREU, *O poder e os pobres: as dinâmicas políticas e sociais da pobreza e da assistência em Portugal (séculos XVI-XVIII)*, Lisboa, 2014, esp. cap. 5, que se refere, no caso mencionado no texto, a medidas de D. Sebastião e de Filipe I (p. 119).

[32] No Brasil, veja-se a breve referência de Maria das Graças C. FERRIANI, *A inserção do enfermeiro na saúde escolar*, São Paulo, 1991, p. 44-46.

[33] Lisboa, 1756.

[34] Decreto de 3 de janeiro de 1837.

[35] Cf. *Direito Publico Brazileiro e analyse da Constituição do Imperio*, Rio de Janeiro, 1857, p. 273. Escreve que a saúde pública é "classe que inclui a instituição vacínica, quarentenas, junta de higiene, inspeção de saúde os portos, polícia médica, águas termais e minerais, casas de saúde, banhos, salubridade de hotéis, regulamentos sobre estabelecimentos insalubres, incómodos ou perigosos, cemitérios e matérias dependentes".

[36] José Ferreira de Macedo PINTO, *Medicina administrativa e legislativa, obra destinada para servir de texto no ensino d'esta sciencia e para elucidar os facultativo civis e militares, os pharmaceuticos, os engenheiros, os magistrados administrativos, os diretores de estabelecimentos de indústria e de educação litteraria, etc, nas questões de higiene publica e policia medica e sanitaria*, Coimbra, 1863. O livro foi objeto de recensão em *O Instituto* 14 (p. 21-24). A obra de Macedo Pinto insere-se num projeto mais vasto, o *Curso Elementar de Sciencias Medicas applicadas à Jurisprudência Portugueza*.

Medicina, dispõe-se que a "polícia higiénica, ou medicina administrativa propriamente dita, compreende as leis e regulamentos sobre saúde pública", integrando a polícia sanitária interna, a polícia sanitária externa e a polícia médica (em sentido estrito).

Encontramos, pois, um filão de reflexão que alimenta uma biopolítica[37] que se irá espraiar num conjunto de diplomas. Estas raízes, que apontam para a existência de textos que não são mera compilação legislativa, não legitimam, por si só, que se fale de um ramo autónomo de direito. Em termos rigorosos[38], a simples existência de normas específicas num determinado setor não permite, sem mais, falar de uma disciplina *metodologicamente* e não apenas didaticamente autónoma. Aliás, no caso da mencionada obra, estamos perante um livro assinado por um não jurista, que foi texto, durante décadas (até 1893), numa cadeira da Faculdade de Medicina (Higiene Pública)[39]. O que se trata é de assinalar a existência de uma reflexão sobre um setor da realidade que suscitava normas específicas muito antes da tarefa de construção dogmática

---

Numa obra publicada no seu exílio inglês, José Ferreira Borges, *Principios de syntetologia: comprehendendo em geral a theoria do tributo e em particular observaçoens sobre a Administração e despezas de Portugal, em grande parte applicaveis no Brazil*, Londres, 1831, na defesa de um governo "mais barato" (p. vi; na colonização inglesa imperante, hoje falar-se-ia de governo *low cost*) considera, de passagem, a "polícia médica" (p. 162). Veja-se também José Pinheiro de Freitas Soares, *Tratado de polícia médica: no qual se comprehendem todas as materias que podem servir para organisar um regimento de Polícia para o interior do Reino de Portugal*, 1818. Sobre esta literatura, cf. também Carlos Lousada Subtil/ Margarida Vieira, "Os Tratados de Polícia, fundadores da moderna saúde pública", *Revista de Enfermagem Referência* 3 (2012/7), p. 179-187. Também sobre a importância das atividades de polícia no campo da saúde, com outras referências, João Pita/ Ana Leonor Pereira, "Farmácia e saúde em Portugal: de finais do século XVIII a inícios do século XIX", in: Sebastião J. Formosinho/ Hugh D. Burrows (ed.), *Sementes de ciência: livro de homenagem António Marinho Amorim da Costa*, Coimbra, 2011, p. 205-232, esp. p. 221-225 (nesta última alude-se ao referido livro de Freitas Soares).

[37] Vd. Michel Foucault, *Nascimento da biopolítica*, Lisboa, 2010, que sublinha as relações entre mercantilismo e Estado polícia (p. 29), afirmando que a biopolítica gira em torno de "problemas [que] têm por núcleo central, sem dúvida, essa coisa a que se chama população" (p. 47).

[38] Vejam-se as pertinentes reflexões de José de Faria Costa, *Direito penal económico*, Coimbra, 2003, p. 11-26, que extravasam o campo do direito penal em geral e do direito penal económico em particular.

[39] Manuel Augusto Rodrigues (Dir.), *Memoria Professorum Universitatis Conimbrigensis 1772-1937*, vol. II, Coimbra, 1992, p. 223-224.

de um ramo autónomo do direito, evitando a tentação de pensar que o mundo dessa disciplina começou na véspera.

Em síntese, lendo os textos, o direito sanitário surge quer como sinónimo de direito da saúde pública, reconduzido este ao direito público, quer numa aceção mais ampla. Assim, Sueli Dallari[40] afirma que o referido ramo do direito "se interessa tanto pelo direito à saúde, enquanto reivindicação de um direito humano, quanto pelo direito da saúde pública: um conjunto de normas jurídicas que têm por objeto a promoção, prevenção e recuperação da saúde de todos os indivíduos que compõem o povo de determinado Estado, compreendendo, portanto, ambos os ramos tradicionais em que se convencionou dividir o direito: o público e o privado".

1.1.3. Direito da Medicina

Na proposta que fazemos, o direito da medicina centra-se numa prática e não, ao contrário do que acontece com o direito (do) médico (*Arztrecht*), nos seus atores tradicionais, em termos de exercício profissional da arte.

Para Erwin Deutsch[41], o direito do médico é parte do direito da medicina, que incluiria também o direito do medicamento, o direito dos produtos médicos, bem como o direito das transfusões (que autonomiza, em termos que não acompanhamos). Visto num corte normativo, o direito da medicina poderia ser apresentado como o conjunto de princípios e regras que disciplinam os cuidados da saúde[42]. A par do direito penal e do direito civil, o impacto constitucional em geral e os direitos fundamentais em especial alargaram as áreas de juspublicização[43].

Entre nós, uma reflexão centrada no direito da medicina enquanto disciplina jurídica foi empreendida, mais recentemente, quer por Maria

---

[40] Ministério da Saúde, "Direito sanitário", in: *Direito sanitário e saúde pública, vol. I (Coletânea de textos)*, Brasília, 2003, p. 39-64, p. 49.
[41] Erwin Deutsch/ Andreas Spickhoff, *Medizinrecht*, Berlin, ⁷2014, p. 5.
[42] Em termos muito semelhantes, Erwin Deutsch/ Andreas Spickhoff, *Medizinrecht*, cit.
[43] Wolfram Höfling, "Medizinrecht als öffentliches Recht? Zum Referenzcharakter des Medizinrechts für das Verfassungs – und Verwaltungsrechts", *Zeitschrift für Öffentliches Recht* 65 (2010), p. 653-666.

do Céu Rueff[44] quer por André Dias Pereira[45]. Mencionem-se ainda as controvérsias crescentes em torno da "medicalidade[46]. Assim, "a finalidade da medicina é a restauração e a manutenção da saúde (ou de alguma aproximação à saúde) ou a atenuação dos sintomas"[47]. Esta conceção teleológica da medicina é desafiada por exemplo, pela tese de que eutanásia e ajuda ao suicídio se abrigariam, verificados certos pressupostos, no guarda-chuva conceitual do ato médico[48].

1.1.4. *Direito da Biomedicina*

Num escrito publicado em 2008, Rüdiger Zuck[49] recorda esta associação entre medicina e biologia que a Convenção sobre os direitos do homem e a biomedicina veio relevar. Tenha-se presente que a biomedicina é aqui utilizada com um alcance que transcende as paredes do reducionista modelo biomédico, designando esta interpenetração entre biologia e medicina e, em geral, das ciências da vida, que alteraram a própria prática médica, considerando dimensões holísticas. Biomedicina que, como sublinhámos noutro lugar[50], ao mesmo tempo que

---

[44] Na sua dissertação de doutoramento, *O segredo médico como garantia da não-discriminação*, cit., p. 141-183; Idem, "A construção do campo do Direito da Medicina e a sua perspetiva agregadora", in: Maria do Céu RUEFF (Coord.), *Direito da medicina: eventos adversos, responsabilidade, risco*, Lisboa, 2013, p. 131-152, esp. p. 133-144.
[45] "Direito da Medicina: a emergência de um novo ramo da ciência do direito", in: Maria do Céu RUEFF (Coord.), *Direito da medicina*, cit., p. 111-128, Idem, *Direitos dos pacientes e responsabilidade médica*, Coimbra, 2015, esp. p. 48-56. Num outro plano veja-se a coletânea de legislação, jurisprudência e pareceres intitulada *Direito da medicina*, Lisboa, 2014.
[46] Viktor von WEIZSÄCKER, *Über das Wesen des Arztums; Der Begriff der allgemeinen Medizin*, 1947, in: vol. 7 des *GS*, Frankfurt a. M., *apud* Dominique FOLSCHEID, "La question de la médicalité", in: Dominique FOLSCHEID/ Brigitte FEUILLET-LE MINTIER/ Jean-François MATTEI, *Philosophie, éthique et droit de le médicine*, Paris, 1997, p. 111-121.
[47] *Submission to the Select Committee of the House of Lords on Medical Ethics, by the Linacre Centre for Health Care Ethics*, 1993, p. 35: "The purpose of medicine is the restoration and maintenance of health (or of some approximation to health) or the palliation of symptoms".
[48] Discordamos desta leitura. Entre nós, a posição que criticamos pode ver-se em José de Faria COSTA, "Em redor da noção de acto médico", in: José de Faria COSTA/Inês GODINHO (Org.), *As novas questões em torno da vida e da morte em direito penal: uma perspectiva integrada*, Coimbra, 2010, p. 379-399, p. 398-399.
[49] "Biomedizin als Rechtsgebiet", *Medizinrecht* 26 (2008), p. 57-61.
[50] *Constituição e biomedicina*, vol. I, Parte I.

atenua a fragilidade e a vulnerabilidade biológicas[51], desencadeia novas feridas na intimidade do nosso ser que, no quadro da dimensão preditiva da atividade, anuncia doenças que só se revelarão dezenas de anos mais tarde ou que não passam de simples probabilidades[52].

Na doutrina alemã, onde a expressão encontra direitos de cidade, sublinha-se a heterogeneidade e o caráter dinâmico deste ramo do direito. Registando a dificuldade de uma clara delimitação da biomedicina, Ralf Müller-Terpitz[53] sublinha que estamos perante um território interdisciplinar que articula medicina e biologia, mais exatamente, associa "a medicina humana (...) [com] os métodos da biologia molecular e da biologia celular". Elencando as atividades cobertas, refere não apenas a clonagem e as células estaminais (no Brasil, troncais), mas também a medicina da reprodução ou da procriação (em bom rigor, os conceitos não são idênticos) e a medicina dos transplantes[54]. Romeo Casabona[55] afirma que compreenderia também o quadro jurídico relevante da aplicação de tecnologia.

Como resulta do próprio nome do Centro (CDB), também se utiliza a expressão biomédico como equivalente.

1.1.5. *Direito da Saúde*

Não entrando agora na especificidade da juridicidade da abordagem, na delimitação de campos com a ética, diremos que a variedade de designações da disciplina resulta, em muitos casos, não do recorte analítico, a traço rigoroso, do objeto, mas de um jogo a que não são alheias tradições e convenções. Numa perspetiva histórica, recortou-se, na sequência da abordagem cameralística, um direito sanitário, nuclearmente pensado como parte do direito de polícia. Como referimos, esta fórmula, que também fez época entre nós e continua a marcar presença

---

[51] Desde logo, pode falar-se de uma vulnerabilidade genética: *vide*, a título exemplificativo, para o caso da esquizofrenia, Franck Schürhoff/ Frank Bellivier/ Marion Leboyer, "La notion de vulnérabilité génétique dans la schizophrénie", in: Roland Jouvent (dir.), *La vulnérabilité*, Paris, 2001, p. 61-80.

[52] Sobre a medicina preditiva, vd. a síntese de Luís Archer, *Da genética à bioética*, Coimbra, 2006, p. 183-184.

[53] *Das Recht der Biomedizin: Textsammlung mit Einführung*, Berlin/ Heidelberg, 2006, p. 4.

[54] *Das Recht der Biomedizin*, cit., p. 5.

[55] *El derecho médico*, cit., p. 2.

importante no Brasil, veio a ser confrontada com o desenvolvimento de uma multiplicidade de direitos que remetem a medicina para o campo do adjetivo, nomeadamente o direito civil e o direito penal da medicina, em que o peso da disciplina da responsabilidade médica assume especial relevância.

Olhando para a França, um referente no pensamento jurídico do século XIX, encontramos a seguinte definição de polícia sanitária: "Le mot police sanitaire embrasse dans sa signification littérale toutes les dispositions, tant législatives que réglementaires, qui on pour objet de préserver la santé des hommes et même des animaux"[56]. Trata-se, pois, do que é hoje o direito de saúde pública, que compreendia então desde o controlo das prostitutas à salubridade dos estabelecimentos industriais.

No direito comparado, deparamo-nos, nos Países Baixos, com uma série de textos sobre o direito da saúde – o *Gezondheidsrecht*. Com efeito, no final da Segunda Guerra Mundial, desenvolveu-se, como referido, uma tradição centrada no direito da saúde, embora parte da doutrina falasse ainda de um direito higiénico-social (*sociaal-hygiënisch*)[57] ou de direito médico (*medisch recht*).

Como realça Jean-Michel de Forges[58], o reconhecimento de um direito à saúde (uma posição jurídica subjetiva, um *right*) funcionou como impulso fundamental, em termos unificadores, para o direito da saúde, embora, no nosso caso, privilegiemos uma abordagem a partir de bens. Forges fala de uma "unidade funcional"[59] em torno do bem, sendo que, quanto à extensão do direito da saúde, nas margens podemos encontrar zonas de conflito.

Como concretizaremos, em nossa opinião a fórmula mais adequada é, pois, direito da saúde, que será objeto de tratamento específico.

---

[56] Alfred DISPOT, *Droit administratif: de la police sanitaire*, Strasbourg, 1859, p. 31. (disponível ftp://ftp.bnf.fr/546/N5469111_PDF_1_-1.pdf).

[57] Sobre este ponto, cf. Loes KATER, *Disciplines met dadendrang: Gezondheidsethiek en gezondheidsrecht in het Nederlandse euthanasiedebat 1960-1994*, Amsterdam, 2002.

[58] *Le droit de la santé*, cit.

[59] *Le droit de la santé*, cit.: "[s]on principe d'unité est fonctionnel: le droit de la santé est l'ensemble des règles applicables aux activités dont l'objet est de restaurer la santé humaine, de la protéger et d'en prévenir les dégradations".

1.1.6. *Direito da Bioética*

O direito da bioética é uma expressão com algum acolhimento no Brasil e em Portugal[60], tendo também curso noutros países, especialmente em França[61]. Significaria o enquadramento jurídico das questões bioéticas, o que se traduziria numa heterodeterminação do seu objeto, mais ou menos amplo consoante a noção de que se parta. Só parcialmente é coincidente, em termos de extensão, com o direito da saúde. É verdade que se pode falar de uma bioética no direito (*bioethics in law*[62]) e de um direito na bioética (*law in bioethics*). Com a primeira, pretende-se ver a receção da bioética na formação do direito e nas decisões, nomeadamente jurisprudenciais. Repare-se que a palavra bioética nem sempre é bem vista no direito, temendo-se a confusão de níveis de juízo[63]. Com a segunda – direito *na* bioética – privilegia-se uma análise que pretende ver em que medida o direito conforma a própria bioética[64].

1.1.7. *Biodireito*

Em associação ou não com o anterior, surge-nos o termo *biodireito* (*biodroit, bioderecho, biodiritto, biolaw, Biorecht, biorett*)[65]. Embora tenhamos

---

[60] Por exemplo, Helena Pereira de MELO, *O biodireito*, cit., p. 182, fala de um direito internacional da bioética.

[61] Stéphanie HENNETTE-VAUCHEZ, *Le droit de la bioéthique*, 2009; sobre a questão do objeto, cf. o número de 2000 (3/4/5) do *Journal International de la Bioéthique*. Também Noëlle LENOIR/ / Bertrand MATHIEU, *Le droit internationale de la bioéthique*, Paris, 1998; Sawa HAMROUNI, *Le droit international à l'épreuve de la bioéthique*, Bordeaux, 2009, que situa o direito internacional da bioética no quadro dos direitos do homem (p. 135).

[62] Precisamente, Bethany SPIELMAN, *Bioethics in law*, Totowa, NJ, 2007.

[63] Bethany SPIELMAN, *Bioethics in law*, cit., p. 1.

[64] Barry SCHALLER, *Understanding bioethics and the law: the promises and the perils of the brave new world of biotechnology*, Westport, 2008, p. 5.

[65] Na esfera jurídica, em Portugal, vejam-se Paula Lobato de FARIA, "Biodireito: nas fronteiras da ciência, da ficção científica e da política", *Sub Judice*, 2007, p. 3-13; Helena Pereira de MELO, "O biodireito", in: Daniel SERRÃO/ Rui NUNES (coord.), *Ética em cuidados de saúde*, Porto, 1999, p. 169-182; Idem, *Manual de biodireito*, Coimbra, 2008. Helena Pereira de MELO (*O biodireito*, cit., p. 171) escreve: "[o] Biodireito visa (...) formular as normas e princípios jurídicos que rejam a aplicação dos avanços daquelas ciências [biomédicas] à vida, em particular à vida humana". Recorrendo também à designação, cf. Augusto Lopes CARDOSO, "A evolução no direito (ou biodireito)", in: Maria do Céu Patrão NEVES/ Manuela LIMA, *Bioética ou bioéticas na evolução das sociedades*, Coimbra, 2005, p. 141-152, que apresenta um inventário da "legislação de biodireito" (p. 145-148); Idem, "Biodireito", in: Luís ARCHER/ Jorge BISCAIA/ Walter OSSWALD/ Michel RENAUD (Coord.), *Novos desafios à bioética*, Porto, 2001, p. 323-327.

proposto, ao nível do direito constitucional, bioconstituição, conceito com algum acolhimento em Portugal e no Brasil (neste último caso, não raro com paternidade olvidada), importa lembrar que a expressão biodireito transporta um outro referente, ou seja, as condicionantes biológicas do direito em geral[66] e não o quadro jurídico do *bios*.

No entanto, não é esse uso – articulação direito e etologia/sociobiologia – que se revelou triunfante. O biodireito é, não raro, referido como o resultado de uma reivindicação "para lá da bioética, [d]a proteção normativa do direito"[67]. Com (biodireito constitucional[68]) ou sem adjetivação, esta expressão tem tomado como referente os seres vivos e não apenas os seres humanos, alargando-se mesmo, nalgumas compreensões, a toda Terra, vista como um organismo vivo. Recorde-se a teoria de Lovelock[69] (Gaia ou Geia, como um organismo vivo), ou, no plano constitucional, a lei fundamental do Equador ao reconhecer direitos à Mãe Terra (*Pacha Mama*)[70]. Como sublinha Romeo Casabona, o conceito não se limita ao direito biomédico, embora o compreenda[71].

Refira-se ainda que o biodireito não deve ser confundido com o conceito de bioconstituição. Com efeito, sem prejuízo da importância da

---

[66] Denis Touret, *La violence du droit*, Montgeron, 1980.
[67] Luís Archer, *Da genética à bioética*, p. 446.
[68] Maria Garcia, "Biodireito constitucional: uma introdução", *Revista de Direito Constitucional e Internacional* 11 (2003/42), p. 105-113; Maria Garcia/ Juliane Caravieri Gamba/ Zélia Cardoso Montal (Coord.), *Biodireito constitucional: questões atuais*, Rio de Janeiro, 2010.
[69] James Lovelock, *Gaia: um novo olhar sobre a vida na Terra*, Lisboa, 1989 (orig.: *Gaia: A new look at life on Earth*, Oxford, 1979; *Gaia: um novo olhar sobre a vida na Terra*, Lisboa, 1989).
[70] Art. 71º: "La naturaleza o Pacha Mama, donde se reproduce y realiza la vida, tiene derecho a que se respete integralmente su existencia y el mantenimiento y regeneración de sus ciclos vitales, estructura, funciones y procesos evolutivos. Toda persona, comunidad, pueblo o nacionalidad podrá exigir a la autoridad pública el cumplimiento de los derechos de la naturaleza. Para aplicar e interpretar estos derechos se observaran los principios establecidos en la Constitución, en lo que proceda (...)"; há uma referência logo no Preâmbulo: "Celebrando a la naturaleza, la Pacha Mama, de la que somos parte y que es vital para nuestra existencia". Na doutrina em língua portuguesa, cf. Marcilene Aparecida Ferreira, "Pacha Mama: os direitos da natureza e o novo constitucionalismo na América Latina", *Revista de Direito Brasileira* 3 (2013/4), p. 400-423. Recusamos, no entanto, que a natureza seja titular de direitos: cf. o que escrevemos a propósito da "ecologia profunda" em *Constituição e biomedicina*, vol. I, cit., Parte III.
[71] *El médico y el derecho penal, t. II, vol. 1º: Los problemas penales actuales de la biomedicina*, Buenos Aires/Santa Fe, 2011, p. 19-20.

esfera biomédica, a biconstituição é uma constituição parcial assente num conjunto de bens básicos ou fundamentais cujo fio unitário é dado pela corporeidade, mas apta a lidar, por exemplo, com questões da pobreza[72]. Somos críticos do biodireito, na medida em que, em regra, se reduz a ser o enquadramento jurídico de questões da esfera da bioética, que pode ser objeto, no limite, de uma subordinação à bioética[73].

1.1.8. Direito dos cuidados de saúde

O direito dos cuidados de saúde tem, enquanto designação, uma expressão relevante no mundo anglo-saxónico (*health care law*). Num tempo em que o cuidado (*care*) está em alta[74], traduzindo-se em cuidados, a designação tem a vantagem de ser englobante em termos de profissionais de saúde e de práticas, não se limitando, no caso dos sujeitos, ao médico (o clássico direito do médico – o referido *Artzrecht*), antes compreendendo os diferentes profissionais de saúde (enfermeiros, mas também, como disse Fletcher[75], "intranautas", por exemplo, bioquímicos), bem como a pluralidade de atividades e cuidados (de medicina, de enfermagem[76], etc). Assinala também a rutura com um paradigma positivista da medicina que se centrou nas doenças em detrimento dos doentes.

---

[72] "Responsabilidade(s), pobreza e mundo(s): para uma tópica (inter)constitucional da pobreza", Fernando Alves Correia/ Jónatas Eduardo Mendes Machado/ João Carlos Loureiro (Orgs.), *Estudos em Homenagem ao Prof. Doutor José Joaquim Gomes Canotilho*, Vol. I, Coimbra, 2012, p. 395-424.

[73] Sobre a questão da diferença em termos principais, sem prejuízo do diálogo, entre bioética e direito bioconstitucional, no seu quadro de aplicação ao direito biomédico, cf. João Carlos Loureiro, *Constituição e biomedicina*, Vol. I, cit. Em sentido parcialmente divergente, Helena Pereira de Melo (*O biodireito*, cit., p. 181): "Biodireito, cujos princípios diretores provêm da Bioética e dos valores em que esta se funda e que vão sendo, pouco a pouco, concretizados em normas jurídicas, as quais formam um corpo relativamente coerente e em constante evolução" (p. 181).

[74] Inclusivamente, Joan Tronto, *Le risque ou le care?*, Paris, 2012, critica a análise de "sociedade de risco" proposta por Ulrich Beck, contrapondo-lhe a centralidade de um paradigma do cuidado.

[75] J. Fletcher, *The ethics of genetic control: ending reproductive roulette*, Garden City, 1974, p. 9.

[76] Para uma leitura da enfermagem em termos de cuidados, cf. Lydia Feito Grande, *Ética profesional de la enfermería: filosofía de la enfermería como ética de cuidado*, Madrid, 2000.

1.1.9. Direito da vida

Paulo Otero[77] veio propor uma disciplina intitulada *Direito da vida*. A leitura do texto revela que são tratadas as principais áreas que tratam do *bios*, não devendo a expressão ser confundida com um uso de índole sociológica, na linha de uma contraposição entre *law in books* e *law in action*. Trata-se de um genitivo objetivo – um direito que enquadra a vida, ainda que esta individual e humanamente considerada seja lida em chave de subjetividade[78]. E dizemos humanamente, pois Paulo Otero não se deixa seduzir pela fábula dos direitos dos animais (ninguém encontrou o papagaio falante brasileiro referido por Locke[79]). Sob a capa de um conceito autoconsciencial de pessoa ou em termos de leituras meramente sencientes, o animalismo em moda recupera formulações pré--modernas[80]. Pense-se, entre nós, no caso relatado pelo Visconde de Seabra[81] que refere ter encontrado um processo proposto contra um boi.

Para Paulo Otero[82], o direito da vida visa "o tratamento jurídico das matérias referentes à origem, ao desenvolvimento e ao termo da vida humana, enquanto aspectos inerentes à dignidade de cada pessoa humana".

1.1.10. Direito hospitalar

Encontra-se, nomeadamente no mundo de língua francesa[83], alemã[84] e inglesa[85], um direito hospitalar que assume como denominador comum

---

[77] *Direito da vida: relatório sobre o programa, conteúdos e métodos de ensino*, Coimbra, 2004.

[78] Curiosamente, a expressão direito da vida encontra-se com o alcance de direito à vida entendido como direito natural numa obra portuguesa com quase dois séculos. Referimo-nos a *O cidadão lusitano: breve compendio em que se demostrão os fructos da constituição e os deveres do cidadão constitucional para com Deos, para com o rei, para com a pátria, e para com todos os seus concidadãos. Dialogo entre hum liberal e hum servil – O abbade Roberto – e D. Julio*, Lisboa, 1822, p. 106, da autoria de Innocencio Antonio de Miranda (p. 106), que integrou as Cortes Constituintes.

[79] *Ensaio sobre o entendimento humano*, Lisboa, 1999, vol. I, 440-441 (Livro II, Cap. XXVII).

[80] Luc Ferry, *A nova ordem ecológica: a árvore, o animal e o homem*, Porto, 1993 (orig.: *Le nouvel ordre écologique*, 1992).

[81] *Apostilla á censura do Sr. Alberto de Moraes Carvalho sobre a Primeira Parte do Projecto de Codigo Civil*, cit., p. 34-5.

[82] *Direito da vida*, cit., p. 18.

[83] Patrick Thiel, *Manuel de droit hospitalier*, Bruxelles, 2004.

[84] Stefan Huster/ Markus Kaltenborn (Hrsg.), *Krankenhausrecht: Praxishandbuch zum Recht des Krankenhauswesens*, München, 2010.

[85] Robert D. Miller, *Problems in hospital law*, Rockville, Maryland, [6]1990.

o lugar da prática dos cuidados de saúde[86], num espetro temático que vai desde os direitos dos pacientes ao financiamento. Sem prejuízo da legitimidade desta perspetiva, de um ponto de vista dogmático a centralidade que a instituição hospitalar adquiriu na prática médica não justifica a sua autonomização científica não obstante o didático de que se reveste.

2. Em defesa de um direito da saúde

Como temos sustentado, a fórmula direito do médico centra-se num *ator* que, continuando a ser relevante, se viu desafiado, na relação de cuidados de saúde, quer pelo papel assumido pelo paciente (palavras-chave: crítica do paternalismo e defesa da autodeterminação do paciente, direitos dos pacientes), quer pela multiplicação de atores relevantes no campo. O direito da (bio)medicina aponta para uma *prática*, que conjuga *ars* e *scientia*, abrindo para campos como a farmácia e outros saberes. Já o direito da saúde compreende a saúde como um *bem* (um "hiperbem"), sendo termo-síntese de uma pluralidade de bens unidos pela corporeidade.

Nesta etapa, depois de se analisar objeto material (a saúde) e objeto formal (a perspetiva jurídica e o concurso de outros saberes), procede-se, tendo presente o caminho já percorrido anteriormente em torno do nome, a uma cartografia do direito da saúde.

2.2. O objeto do objeto: objeto(s), perspetivas e dimensões

2.2.1. Objeto material e objeto formal

Procurando recortar o objeto do direito da saúde, importa ter presente a tradicional distinção entre objeto material e objeto formal. O primeiro é aquilo sobre o que versa uma determinada disciplina ou saber; já o segundo é a perspetiva ou ponto de vista adotado. Assim, a saúde, entendida numa aceção lata, é o objeto material; contudo, a perspetiva de abordagem é jurídica e não médica, psicológica ou filosófica, sem prejuízo do contributo destas para a primeira.

---

[86] Marc Dupond/ Claudine Bergoignan-Esper/ Christian Pair, *Droit hospitalier*, Paris, ⁹2014, p. 1: «le droit hospitalier (...) est le droit applicable au sein des hôpitaux».

2.2.1.1. Objeto material: a saúde

Noutros lugares[87], confrontámo-nos já com conceitos de saúde e de doença; demos conta, na esteira de Diego Gracia[88], de uma história do par saúde e doença (graça e desgraça; ordem e desordem; na modernidade, a saúde como felicidade) e criticámos[89], relembrando que já foi considerada utópica[90], a noção avançada pela Organização Mundial de Saúde.

A saúde compreenderia não apenas o domínio da (bio)medicina, mas também, no limite, o próprio campo do direito da segurança alimentar e o direito de polícia (combate às epidemias, por exemplo[91]); mas já não integraríamos aqui o direito do ambiente que reveste autonomia, sem prejuízo de zonas de intersecção. Também não reduzimos o direito da saúde ao direito público da saúde.

2.2.1.2. Objeto formal: perspetiva jurídica

Quanto ao objeto formal, centraremos a nossa tentativa de delimitação numa perspetiva jurídica, sendo certo que, no ensino, temos privilegiado um olhar jurídico-constitucional. Ou seja, trata-se de considerar aqui o modo de interrogação: o quadro normativo de disciplina. Trata-se, pois, de procurar a diferenciação face a outras perspetivas, o que não significa irrelevância destas.

A perspetiva jurídica leva Gevers[92] a considerar que a imagem da disciplina como "filha de Témis e Esculápio" não poderia, em rigor, ser sustentada, pois quebraria laços com a "disciplina mãe". Outra é a questão de saber se esta perspetiva jurídica é meramente setorial – por ramos do direito (constitucional, civil ou penal) – ou há hoje uma perspetiva integrada, inter- e transdisciplinar, ponto que trataremos autonomamente.

---

[87] "Aegrotationis medicinam ab iure peto? Notas sobre a saúde, a doença e o direito", *Cadernos de Bioética* 11 (2001/25), p. 19-53.
[88] "What kind of values? a historical perspective on the ends of medicine", in: Mark J. HANSON/ Daniel CALLAHAN (eds.), *The goals of medicine: the forgotten issues in health care reform*, Washington, D.C., 1999, p. 88-100.
[89] *Aegrotationis medicinam ab iure peto?*, cit.
[90] Pedro LAÍN ENTRALGO, *Antropología médica*, Barcelona, 1984 (trad.: *Antropologia medica*, Milano, 1988, p. 118).
[91] Erwin DEUTSCH/ Andreas SPICKHOFF, *Medizinrecht*, cit., p. 5.
[92] *Gezondheidsrecht als discipline*, cit., p. 31.

Além disso, sem prejuízo da sua autonomia, o direito prossegue aqui um interessante diálogo e é influenciado por outros saberes.

2.2.2. *Cartografia do Direito da Saúde*
Na cartografia do direito da saúde, importa identificar os seus domínios e a relação com outros ramos.

2.2.2.1. *Domínios*
Em termos de domínios, são três os que aqui privilegiamos: a medicina e práticas associadas (enfermagem ou a fisioterapia, por exemplo), a farmácia e o medicamento[93], e ainda, em termos mais controversos, a saúde animal (campo da veterinária[94]).

A questão da saúde pública é transversal aos diferentes domínios, embora seja um olhar possível de reordenação das questões, sobrando algumas dimensões que não são cobertas pelas várias áreas. Por exemplo, o direito da segurança alimentar não se reconduz à esfera do direito da medicina entendido em termos clássicos, o mesmo valendo para a regulação pública em termos de tabaco. Vejam-se agora os esforços de regulação da obesidade, que não se esgotam em sede de direito de alimentos, tendo, por exemplo, um importante impacto na educação para a saúde. Acresce que a simples relevância para a saúde pública[95] não transforma as normas em princípios e regras de direito da saúde pública, exigindo-se que esse escopo seja primário ou direto, o que não acontece, por exemplo, com o quadro normativo que regula, por exemplo, o acesso às armas.

---

[93] Entre nós, considerando-o expressamente como parte do direito da saúde, cf. Alexandra VILELA, "O medicamento, a sua comercialização e o ilícito de mera ordenação social", in: José de Faria COSTA/Inês GODINHO (Org.), *As novas questões em torno da vida e da morte em direito penal*, cit., p. 267-281, p. 267.
[94] Embora em termos de ensino, o direito da veterinária tem tradições em Portugal, sendo já ensinado no século XIX: cf. José Silvestre RIBEIRO, *História dos estabelecimentos scientíficos, litterarios e artísticos de Portugal nos successivos reinados da monarchia*, t. XII, Lisboa, 1884, p. 353.
[95] Christopher REYNOLDS, *Public health and environmental law*, Sydney, p. 12-13, que mobiliza a distinção entre "inner group" e "outer group", ou seja, entre legislação consensualmente vista como pertencendo ao domínio da regulação da saúde pública e outras (outer group) que, embora relevando para esse fim, não são aí enquadradas. Acrescenta, aliás, que não seria boa política prosseguir uma visão "imperial" do direito da saúde pública, que teria consequências dogmáticas, aumentando a imprecisão.

Acrescente-se que não se deve confundir direito público da saúde com direito da saúde pública, pois o primeiro compreende normas que não integram esta disciplina. Assim, o direito público da saúde refere-se às normas juspublicísticas (aliás, num sentido estrito, centrado no direito constitucional e no direito administrativo, excluindo as normas de direito penal, que têm também natureza pública); o segundo centra-se no bem saúde pública e na sua promoção e proteção[96].

Assinale-se que o direito da medicina tem vindo a integrar um direito dos produtos médicos, falando-se também de um direito da técnica médica, onde pontificam os dispositivos médicos e a informática médica (*software* e *hardware*). Neste campo, importante no plano do diagnóstico, da prevenção e da terapêutica a discussão cruza-se com as questões da "sociedade de risco"[97].

a) Direito da (bio)medicina

Pelas razões já expostas, preferimos falar de um direito da (bio)medicina e não de um direito (bio)médico. Partimos, pois, de um entendimento lato da medicina, num tempo em que se fala de uma nova medicina[98], marcada, *inter alia*, pela Revolução GNR (Genética, Nanotecnologia e Robótica), que transforma uma série de desafios em relação à prática da biomedicina. Se a evolução tecnológica e a entrada na era do "poder médico-técnico"[99] não destruíram a importância de uma medicina do quotidiano assente em relações personalizadas (face a face), é verdade que, cada vez mais, o exercício da medicina se faz em equipa e com equipas multidisciplinares, o que não deixa de ter implicações, por exemplo, no domínio da responsabilidade médica. Refira-

---

[96] Maria João ESTORNINHO/ Tiago MACEIRINHA, *Direito da saúde*, cit., p. 18, que incluem aqui, no quadro de uma sistematização diferente da proposta, também o direito farmacêutico.

[97] Para as discussões em torno da "sociedade de risco" e outras indicações bibliográficas, vd. João Carlos LOUREIRO, "Da sociedade técnica de massas à sociedade de risco: prevenção, precaução e tecnociência. Algumas questões juspublicísticas", in: *Estudos em homenagem ao Prof. Doutor Rogério Soares*, Coimbra: 2001, p. 797-891.

[98] Uma boa síntese pode ver-se em João Lobo ANTUNES, *A nova medicina*, Lisboa, 2012.

[99] Na leitura de Jan Hendrik van den BERG, * *Medische macht en medische ethiek*, 1969 *apud* Stuart SPICKER, "Invulnerability and medicine's "promise" of immortality: changing images of the human body during the growth of medical knowledge", in: Henk A. M. J. Ten Have/ Gerrit K. KIMSMA/ Stuart SPICKER (ed.), *The growth of medical knowledge*, Dordrecht/Boston/London, 1990, p. 163-175, p. 163-164.

-se que o homenageado trata, nos seus escritos, muitos destes aspetos de mudança: a título ilustrativo, pense-se nas "implicações jurídicas do conhecimento do genoma"[100], nos vários estudos sobre procriação medicamente assistida[101]. Mudança que não é apenas de complexidade e tecnológica, mas que se exprime numa outra cultura jurídica: como escreveu noutra ocasião, há que falar do "fim da arte silenciosa",[102] tendo presente a rede de deveres de informação dos médicos e, acrescentaríamos, de outros profissionais de saúde; aliás, cruzando-se com outra área de investigação de base de Guilherme de Oliveira, não são apenas os adultos que são tratados como pacientes com direitos, mas também os menores[103] (ao menos, os "menores maduros").

b) *Farmácia e medicamento*

A farmácia e o medicamento são áreas nobres do direito da saúde. O direito da farmácia é compreendido como um direito transversal, que não se limita ao direito administrativo, mas atravessa também as esferas do direito penal e, em geral, do direito privado. No caso português, encontra referência expressa na Constituição. Com efeito, no art. 64º, no nº 3, dispõe que o caderno de encargos do Estado em sede de proteção da saúde inclui a "socialização dos custos dos cuidados (…) medicamentosos" (c) e também a incumbência de "disciplinar e controlar a produção, distribuição, a comercialização e o uso dos produtos químicos, biológicos e farmacêuticos (…)" (e).

A última referência abre também para a questão da segurança dos medicamentos. Recorde-se a importância dos ensaios clínicos.

---

[100] Título da lição que apresentou, em 1996, em sede de provas de agregação. O texto, que conheceu publicação também em inglês, foi republicado em Guilherme de Oliveira, *Temas de direito da medicina*, cit.

[101] Por exemplo, "Aspectos jurídicos da procriação assistida" e "beneficiários da procriação assistida", ambos republicados em *Temas de direito da medicina*, cit.

[102] "O fim da «arte silenciosa» (O dever de informação dos médicos)", in: Guilherme de Oliveira, *Temas de direito da medicina*, cit.

[103] "O acesso dos menores aos cuidados de saúde", in: Guilherme de Oliveira, *Temas de direito da medicina*, cit.

c) *Uma zona de controvérsia: a saúde animal*

A questão da saúde animal – domínio clássico da veterinária – é um território controverso, num tempo em que o próprio estatuto dos animais tem vindo a ser discutido e redefinido[104]. Com efeito, há hoje um número crescente de vozes que sustentam a passagem de um direito dos animais (genitivo objetivo) aos direitos dos animais (genitivo subjetivo). No próprio direito civil, mesmo quando não se vai ao ponto de os erigir em sujeitos – ao menos alguns dos animais –, tem crescido a defesa de que estaríamos perante um *tertium genus* entre pessoas e coisas[105].

Do ponto de vista fundacional, regista-se que a Constituição portuguesa continua a fazer da dignidade da pessoa humana a pedra angular da ordem jurídica[106], não tendo sequer um preceito semelhante ao da sua congénere helvética, que tutela a dignidade da criatura[107]. Apesar da acusação de especismo, não vemos razões decisivas para rever essa situação. No entanto, daqui não resulta que os animais apareçam degradados a meras máquinas, segundo a tradição cartesiana, e que, ao menos alguns, não tenham valor interno, por si e não meramente instrumental, ainda que um valor relativo[108].

Em termos de medicina veterinária, os animais não podem ser vistos como pacientes dotados de autonomia. Repare-se que a medicina veterinária tendia a ser articulada com o domínio do direito de polícia, tendo em vista prevenir e minorar efeitos de epidemias, que, para além de dimensões económicas, poderiam pôr em risco a saúde pública.

---

[104] Entre nós, no sentido de considerar os animais titulares de direitos fundamentais, vd. Fernando Araújo, *A hora dos direitos dos animais*, Coimbra, 2003.

[105] Entre nós, dando conta da modificação de um conjunto de legislações no sentido de recusar que sejam coisas, vd., por exemplo, André Dias Pereira, "O bem-estar animal no direito civil e na investigação científica", in: Maria do Céu Patrão Neves/ Manuela Lima, *Bioética ou bioéticas*, cit., p. 163-175, esp. p. 164-170.

[106] Cf. art. 1º da CRP.

[107] Art. 120º/2.

[108] Adela Cortina, *Las fronteras de la persona: el valor de los animales, la dignidad de los humanos*, Madrid, 2009, p. 178.

2.2.2.2. Multidimensionalidade

Numa outra ótica, a sistematização proposta por Eberhard Schmidt--Aßmann[109] revela grandes potencialidades para cobrir o território do direito da saúde, sublinhando a multidimensionalidade da disciplina a partir dos seguintes descritores: individualidade (preferimos falar aqui de pessoalidade); profissionalidade; criatividade, a que se acrescenta a institucionalização.

a) Pessoalidade ou os direitos do paciente e dos participantes na experimentação

Esta dimensão tem vindo a assumir centralidade num contexto em que os direitos do paciente, num quadro crescentemente marcado pela autonomia, têm ganho relevo e expressão num conjunto de documentos, de leis a cartas (v.g., a Carta dos Direitos dos Pacientes)[110]. Verdadeiramente, o seu núcleo duro alicerça-se nos direitos humanos e nos direitos fundamentais, tendo depois concretizações normativas. A pessoalidade é, pois, uma nota fundamental, que remete para a dignidade como fundamento, que tem expressão na pluralidade de direitos fundamentais. Não é aqui possível ir mais longe, discutindo direitos como o direito à vida, à integridade pessoal, à identidade genética, à objeção de consciência ou à proteção da saúde, por exemplo. Direitos que não esgotam o campo, face à existência de deveres[111], até não correlativos, como acontece no caso das chamadas gerações futuras ou vindouras que, em nosso entender, não são titulares de direitos.

b) Profissionalidade: a multiplicidade de atores

Schmidt-Aßmann[112], numa aproximação jusfundamental, centra-se na liberdade de profissão do médico. No quadro de um direito da saúde, há que pensar num direito constitucional profissional, que analisa as normas constitucionais relevantes nesta esfera onde há cada vez mais,

---

[109] *Grundrechtspositionen und Legitimationsfragen im öffentlichen Gesundheitswesen*, Heidelberg, 2001.
[110] Para o tema, cf. agora André Dias PEREIRA, *Direitos dos pacientes*, cit.
[111] Em geral, sobre os deveres dos utentes, cf. André Dias PEREIRA, "Da bioética ao biodireito e ao direito da saúde: 40 anos de progresso dos direitos dos doentes", in: *Bioética nos Países de Língua Oficial Portuguesa: Justiça e solidariedade*, Lisboa, 2014, p. 121-139, p. 132-137.
[112] *Grundrechtspositionen und Legitimationsfragen im öffentlichen Gesundheitswesen*, cit., p. 35.

como disse Fletcher[113], intranautas. Ilustrando, são relevantes, desde logo, o quadro do direito de acesso e de exercício das profissões envolvidas[114] e do direito à liberdade de empresa. Entre nós, recorde-se a polémica, com expressão jurisprudencial, da questão da propriedade das farmácias. Entre nós, Jorge Miranda[115] abordou algumas das questões em matéria de medicina e farmácia.

Em relação à regulação das profissões, merecem especial consideração as corporações públicas (no caso português, as ordens profissionais, como a Ordem dos Médicos, dos Farmacêuticos, dos Enfermeiros e dos Médicos Veterinários), que nos remetem para a nota da institucionalização.

c) *Criatividade: a investigação biomédica*

Uma das marcas deste direito da saúde é o enorme impacto da criação, espelhada na investigação médica. Na análise de Schmidt--Aßmann[116], centrada numa abordagem constitucional, estamos na esfera da liberdade de investigação científica, entre nós protegida no quadro da liberdade de criação cultural[117]. Este é um campo de enorme importância no campo do direito da saúde, com um peso económico significativo (pense-se, paradigmaticamente, na indústria farmacêutica).

d) *Institucionalização*

O direito de saúde é um direito crescentemente institucional, assumindo especial relevo, desde logo, as instituições prestadoras de cuidados. Não por acaso, falámos de um direito hospitalar, que não esgota o espetro institucional. Instituições que se integram num sistema de saúde[118], onde, no caso português, assumem especial relevo as entidades

---

[113] J. FLETCHER, *The ethics of genetic control: ending reproductive roulette*, Garden City, 1974, pág. 9.
[114] Em termos gerais, cf. Gomes CANOTILHO/Vital MOREIRA, *Constituição da República Portuguesa Anotada*, vol. I, Coimbra, ⁴2007, p. 652-662.
[115] "Propriedade e Constituição" (a propósito da lei da propriedade da farmácia", *Direito* 106-119 (1974-1987), p. 75-102; Idem, Ainda sobre a propriedade da farmácia", *Scientia Iuridica* (1998), p. 237-265; "Ética médica e constituição", *Revista Jurídica da Associação Académica da Faculdade de Direito de Lisboa* (1991-2/16/17), p. 259-264.
[116] *Grundrechtspositionen und Legitimationsfragen*, cit., p. 47.
[117] Art. 42º/1 CRP.
[118] Sobre o alcance da fórmula sistema de saúde, de que o SNS é apenas uma parte, cf. Base XII da Lei de Bases da Saúde.

do Serviço Nacional de Saúde[119]. A par das instituições de prestação de cuidados, integrantes do setor público, privado ou social, importa não esquecer as entidades específicas de regulação gerais (no caso português, a Entidade Reguladora da Saúde[120]) ou específicas(*v.g.*, Conselho Nacional de Procriação Medicamente Assistida[121], Autoridade para os Serviços de Sangue e Transplantação[122], Autoridade Nacional do Medicamento e dos Produtos de Saúde – INFARMED[123]).

Também cai aqui o sistema de segurança sanitária, onde assumem especial relevância novos riscos no domínio, por exemplo, da alimentação (pense-se nos alimentos geneticamente manipulados)[124]; nas unidades de saúde refiram-se os sistemas de notificação de eventos adversos, no quadro dos processos de segurança dos pacientes.

3. Direito constitucional da saúde e outras disciplinas: brevíssima alusão

O direito da saúde mantém diálogo com um conjunto de saberes, jurídicos e não jurídicos. Na impossibilidade, pelo colete de forças das páginas, de desenvolvermos aqui este ponto, limitamo-nos a fazer uma brevíssima e incompleta referência a outros parceiros do diálogo, para além, naturalmente, das ciências biomédicas e, em geral das ciências da vida mobilizáveis na discussão.

Tenha-se presente o vasto campo das humanidades médicas, da ética da saúde e a ética médica e a bioética. A relação entre o direito e a moral neste campo foi já discutida a partir da imagem de "gémeos siameses"[125].

---

[119] Com mais desenvolvimentos, a partir do direito administrativo da saúde, vd. Licínio LOPES, "Direito administrativo da saúde", in: Paulo OTERO/ Pedro GONÇALVES (Coord.), *Tratado de direito administrativo especial*, vol. III, Coimbra, 2010, p. 225-371.

[120] Criada pelo Decreto-Lei nº 309/2003, de 10 de dezembro. Na doutrina, cf. Rui NUNES, *Regulação da saúde*, Porto, ³2014; Nuno Cunha RODRIGUES, "Regulação da saúde", in: Eduardo Paz FERREIRA/ Luís Silva MORAIS/ Gonçalo ANASTÁCIO (Coord.), *Regulação em Portugal: novos tempos, novos modelos?*, Coimbra, 2009, p. 613-649 (sobre a ERS, esp. p. 629-647).

[121] Lei nº 32/2006, de 26 de julho (Lei que regula a utilização de técnicas de procriação medicamente assistida e cria o Conselho Nacional de Procriação Medicamente Assistida).

[122] Decreto Regulamentar nº 67/2007, de 29 de maio; Portaria nº 645/2007, de 30 de maio.

[123] Decreto-Lei nº 46/2012, de 24 de fevereiro.

[124] Sobre o direito da segurança alimentar, cf. Maria João ESTORNINHO, *Segurança alimentar e protecção do consumidor de organismos geneticamente modificados*, Coimbra, 2008.

[125] Pieter IPPEL, "Gezondheidsrecht en gezondheidsethiek: de geboorte van een Siamese tweeling", in: W. van der BURG/ P. IPPEL (red.), *De Siamese tweeling*, Assen, 1994, p. 33-48.

Quanto à deontologia (melhor, as deontologias), abre(m) portas para a possibilidade de uma responsabilização dos profissionais que atuam neste campo.

Também não pode ignorar os contributos da economia da saúde[126] e da teoria das políticas públicas de saúde, a pressuporem discussões em termos de teoria da justiça (para dar apenas alguns exemplos, no último meio século e no mundo anglo-saxónico, pense-se em John Rawls[127], Robert Nozick[128], Michael Walzer[129], Michael Sandel[130], Amartya Sen[131]).

Neste ponto, permitam-nos relembrar a importância que Guilherme de Oliveira sempre conferiu à análise do direito da saúde tendo em vista a reforma da legislação neste campo, contribuindo para o desenho de políticas legislativas no campo, uma das dimensões que, no entanto, não esgota o campo das políticas públicas. Neste aspeto, importa desenvolver a avaliação do quadro legislativo, verificá-lo em ação (uma verdadeira *law in action* e não *law in books*). Com efeito, não raro e *mutatis mutandis*, em muitas áreas da legislação os portugueses encontram traços de continuidade e atualidade numa análise de Alves Branco[132], já com mais de 150 anos:

"O costume que há em Portugal de legislar só para a necessidade do momento, de proteger certos indivíduos ou certas classes em prejuízo das instituições, de fazer reformas tacanhas e parciais, sem nexo, sem elevação, sem sistema previamente estabelecido tem

---

[126] Entre nós, vd. Pedro Pita BARROS, *Economia da saúde*, Coimbra, 2014.

[127] *A theory of justice*, Cambridge (Mass.), 1971; Idem, *Political liberalism*, New York, 1993. Entre várias aplicações ao campo da saúde, sublinhe-se o trabalho de Norman Daniels: cf., por exemplo, Norman DANIELS/ Bruce KENNEDY/ Ichiro KAWACHI (ed.), *Is inequality bad for our health?*, Boston, 2000.

[128] *Anarchy, State and utopia*, 1974.

[129] *As esferas da justiça: em defesa do pluralismo e da igualdade*, Lisboa, 1999 (trad.: *Spheres of justice: a defence of pluralism and equality*, Oxford/Cambridge, 1983). Michael Walzer não autonomiza uma esfera da saúde; v., no entanto, recortando um domínio autónomo, a partir do quadro teórico avançado por Walzer, a obra de Margo TRAPPENBURG, *Soorten van gelijk: medisch-ethische discussies in Nederland*, Zwolle, 1993, p. 269-336; em língua inglesa e em síntese, cf. idem, "Definig the medical sphere", **Cambridge Quarterly of Health Care Ethics** 6 (1997), p. 416-434.

[130] *Justice: what's the right thing to do?*, New York, 2009; Idem, *What money can't buy: the moral limits of markets*, London, 2012.

[131] *A ideia de justiça*, Coimbra, 2010 (orig.: *The idea of justice*, London, 2009).

[132] "Revista medica", *Archivo universal: revista hebdomadaria*, Lisboa, 1860, vol. III, p. 189.

dado lugar a um número de antinomias, de abstrações, de abusos, de leis inexequíveis pouco depois de promulgadas e que todavia não se emendam (...)".

III. BREVE REFERÊNCIA A ALGUMAS CARACTERÍSTICAS DO DIREITO DA SAÚDE

O direito da saúde é um direito misto, jovem e autónomo, assente numa pluralidade de bens, posições e relações jurídicas.

1. Um direito misto

Embora muita gente tenda a associar direito da saúde a direito público, é verdade que no uso inclusivo aqui adotado, o direito da saúde é um direito misto. Na perspetiva integrada de que partimos, centrada em torno de um superbem, o direito da saúde é um *direito misto*, que não deve limitar-se às normas públicas, sem prejuízo da sua relevância. Entre nós, Maria João Estorninho e Tiago Macieirinha falam de um direito localizado "no cruzamento entre o Direito Privado e o Direito Público"[133]. Ou seja, confluem aqui direito privado e direito público, direito constitucional e direito civil, direito administrativo e direito penal, para referir apenas alguns dos contributos mais importantes. O peso destes é *distinto consoante as áreas*: assim, em termos de organização da saúde, aponta-se essencialmente para um direito público da saúde. É também diferente consoante os sistemas de saúde e as ordens jurídicas. Assim, Gevers[134], partindo da experiência holandesa, pode falar de um direito social referindo-se ao sistema de seguros sociais que estruturam o acesso aos cuidados de saúde. Esta solução, contudo, não é transferível para o caso português, em que, na esteira da experiência britânica pós-Segunda Guerra, se constitui um Serviço Nacional de Saúde. É verdade, no entanto, que a dimensão de prestação de cuidados de saúde enquanto realização de um direito à proteção da saúde também aparece, na esfera internacional e em diferentes países, como parte do campo da segurança social, mesmo quando a base da cobertura não é previdenciária[135].

---

[133] *Direito da saúde: lições*, Lisboa, 2014, p. 14.
[134] *Gezondheidsrecht: ontwikkelingen en reflecties*, p. 5-6 (disponível em http://www.vereniginggezondheidsrecht.nl/376/images/PDF%20bestanden/Henk%20Leenenlezing/2010%20Henk%20Leenenlezing.pdf).
[135] É que acontece com o Brasil, como resulta da leitura da Constituição (art. 194º: "A seguridade social compreende um conjunto integrado de ações de iniciativa dos Poderes

2. Um direito jovem

Uma das notas sublinhadas pela doutrina[136] é a juventude deste ramo do direito. Juventude que não significa que o enquadramento jurídico-normativo da saúde não tenha, como referimos, uma história longa, como vimos, por exemplo, por via da legislação médica e sanitária. No entanto, a sua constituição como disciplina autónoma é um processo que se tem verificado nas últimas décadas, com velocidades diferenciadas consoante as ordens jurídicas. Com efeito, a existência de memórias legislativas e até de ensino não são sinónimo de autonomia dogmática da disciplina.

3. Um direito autónomo?

Um dos pontos controversos em relação ao direito da saúde prende-se com a questão da sua autonomia dogmática. A sua extensão oceânica, maior ou menor, e uma grande heterogeneidade não facilitam a tarefa. Entre nós, a (não) autonomização dogmática é tema de dissenso. André Dias Pereira[137] acentua que "o direito da saúde versa sobre toda a área da saúde, numa perspetiva integrada (...), mas quiçá demasiado grande, demasiado diversa, demasiado heterogénea para constituir uma Dogmática jurídica autónoma". E, um pouco mais à frente, acrescenta que se poderá "afirmar como um *campo de estudos*, sem coerência dogmática própria"[138].

Em contrapartida, Maria João Estorninho e Tiago Macieirinha[139] sustentam a autonomia deste ramo do direito, partindo da especificidade do bem jurídico e do quadro valorativo, a existência de institutos jurídicos próprios (*v.g.*, o consentimento informado) e de um sistema de saúde e uma âncora constitucional com tradução jusfundamental.

Na impossibilidade de aprofundar aqui os critérios, registe-se que a balança se inclina para a tese da autonomização: não apenas pela unidade tecida no plano dos bens, como também, além de outros argumentos já aduzidos, pela existência de um conjunto de princípios estruturan-

---

Públicos e da sociedade, destinadas a assegurar os direitos relativos à saúde, à previdência e à assistência social").
[136] Thomas GÄCHTER/ Bernhard RÜTSCHE, *Gesundheitsrecht*, Basel, ³2013, p. V.
[137] *Direitos dos pacientes*, cit., p. 52.
[138] André Dias PEREIRA, *Direitos dos pacientes*, cit., p. 54.
[139] *Direito da saúde*, cit., p. 16.

tes (desde logo, no plano constitucional)[140]. *Direito autónomo*, enquanto goza não apenas de autonomia didática, como ilustra a multiplicação em termos curriculares, mas dogmática, tendo como princípio fundante a dignidade da pessoa humana. Esta e não a autonomia entendida como autodeterminação – sem prejuízo da sua relevância – é a pedra angular em que assenta o sistema. Não se trata de reeditar qualquer paternalismo médico, de recuperar a tese de Aristóteles, que em certas situações de dor não deixa de ser interpeladora, segundo a qual o doente é "un sujeto incapaz de prudência (*phrónesis*), perturbándole el juicio moral"[141]. Aliás, o argumento da especificidade em matéria de fontes defendido por André Dias Pereira[142], com expressão em termos internacionais e nacionais vale com toda a propriedade para o direito da saúde, até porque o direito da medicina é parte significativa deste.

Embora a reflexão de Albin Eser[143] se centre no direito da medicina, revela-se útil neste campo. A autonomia traz associada uma ideia de unidade e identidade, que não prejudica, no entanto, várias perspetivas da perspetiva jurídica – direito constitucional da saúde, direito administrativo da saúde, direito civil da saúde, direito penal da saúde. Há uma influência recíproca entre desenvolvimentos no direito da saúde e as chamadas "disciplinas mãe"[144]. Estamos perante um direito considerado interdisciplinar ou transversal[145].

---

[140] Não procederemos aqui a uma análise dos princípios no campo do direito da saúde. Em sede bioconstitucional, com relevância neste ramo do direito, cf. João Carlos Loureiro, "Prometeu, Golem & Companhia: Bioconstituição e corporeidade numa "sociedade (mundial) de risco", *Boletim da Faculdade de Direito* 85 (2009), p. 151-196.

[141] Diego Gracia, "Historia de la ética médica", in: Francisco Vilardell, *Ética y medicina*, Madrid, 1988, p. 25-65, p. 29

[142] André Dias Pereira, *Direitos dos pacientes*, cit., p. 62.

[143] *Perspectivas do direito (penal) da medicina*, cit., que, logo no princípio do artigo, refere "a necessidade básica de fazer evoluir o direito da medicina – até agora *setorial*, tratado no âmbito das diversas disciplinas jurídicas principais do direito penal, do direito civil, do direito social e do direito público duma forma mais ou menos desligada e paralela – para um direito da medicina *integrativo*" (p. 11). Sobre a referida passagem do direito da medicina setorial ao direito da medicina integrativo, vd. p. 19-29.

[144] J. K. M. Gevers, "Gezondheidsrecht als discipline", in: Koninklijke Nederlandse Akademie van Wetensachappen, *Gezondheidsrecht en Gezondheidsethiek: positie en taken ten opzichte van de geneeskunde*, Amsterdam, 1997, p. 31-36, p. 33.

[145] Carlos María Romeo Casabona, *El derecho médico*, cit., p. 3.

4. Um direito de bens

Como operador analítico, o conceito de bem, provavelmente apenas com a exceção do direito penal, aparece como um conceito de contornos, não raro, pouco definidos. Na proposta que apresentámos em sede de uma analítica jusconstitucional, entendemos por bem bens ou valores fundamentais – deixando de parte as distinções possíveis entre estas categorias que, no plano constitucional[146], usaremos indistintamente[147] –, são entidades físicas (objetivas) ou ideais (subjetivas), objeto de uma valoração (estimação) positiva[148], pessoais ou comunitárias, finais ou instrumentais, singulares ou sistémicas, disponíveis ou indisponíveis, permitindo o "dinamismo da convivência"[149] e que, direta ou indiretamente, realizam ou concorrem para o florescimento do ser humano. Enquanto são acolhidos e desenvolvidos no sistema jurídico, nomeadamente no plano constitucional, formal e/ou material, num processo caracterizado por uma dupla fragmentaridade, dizem-se bens jurídicos. Os bens ou valores fundamentais correspondem a momentos da realidade acolhidos no sistema e que se expressam, em termos metódicos, através do "domínio ou setor normativo" (*Normbereich*)[150].

No plano jurídico-constitucional, os bens fundamentais são objeto de uma tutela diferenciada, através de um conjunto de posições jurídicas (direitos e deveres) e de normas de distinto tipo.

A saúde surge, pois, como superconceito aglutinador de um conjunto de bens da corporeidade[151]. Em sentido amplo, integra uma pluralidade de bens.

---

[146] Sublinhe-se que, em direito penal, os bens jurídicos aparecem muitas vezes definidos como "valores" (H. MAYER, *Strafrecht, Allgemeiner Teil*, 1953, p. 53) ou como "valores sociais dignos de proteção" ("schutzwürdige soziale Werte": cf. Reinhart MAURACH/ Heinz ZIPF, *Strafrecht, Allgemeiner Teil*, Bd. I, Heidelberg, 1992, §13, nm. 10).

[147] Cf., referindo-se também a bens ou valores, Rudolf Smend (*Verfassung und Verfassungsrecht*, 1928, in: idem, *Staatsrechtliche Abhandlungen*, ³1994, p. 264 *apud* Robert ALEXY, "Verfassungsrecht und einfaches Recht – Verfassungsgerichtsbarkeit und Fachgerichtsbarkeit", in: *VVDStRL* 61 (2002), p. 7-33, p. 9).

[148] Tenha-se presente aqui a noção de bem avançada por Günther JAKOB, *Strafrecht, Allgemeiner Teil: die Grundlage und die Zurechnungslehre: Lehrbuch*, Berlin/New York, ²1993, p. 39.

[149] Xavier ZUBIRI, *Estructura dinámica de la realidad*, Madrid, 1989.

[150] *Vide* Friedrich MÜLLER/ Ralf CHRISTENSEN, *Juristisches Methodik*, Bd. I, *Grundlagen Öffentliches Recht*, Berlin, ⁸2002, p. 201-205.

[151] Cf. João Carlos LOUREIRO, "Direito à (protecção da) saúde", *Estudos em Homenagem ao Professor Doutor Marcello Caetano no centenário do seu nascimento*, Coimbra: Coimbra Editora, Vol. I, 2006, p. 657-692, p. 660.

5. Um direito de posições jurídicas

Estamos perante um direito de direitos (subjetivos)[152], como referimos anteriormente. Acresce que o direito da saúde é também um direito compreendendo deveres, quer do Estado (deveres de abstenção, de proteção e de prestação), quer pessoais (em sentido estrito e em sentido amplo). Ilustrando com exemplos do campo da biomedicina: em relação ao Estado, os deveres de proteção da vida pré-natal, mesmo para quem não reconheça que, em relação a embriões ou fetos, estamos perante titulares de direitos; no caso das pessoas, o dever fundamental (objeto de controvérsia no plano hermenêutico-normativo[153]) de "defender e promover a saúde"[154], que, aliás, o homenageado também mobilizou para tomar importante posição legitimadora de quebra do segredo médico.

6. Um direito de relações

O direito da saúde é um direito de relações, sejam de direito público[155], sejam de direito privado[156]. Há uma pluralidade de relações, assumindo centralidade as relações de prestação de cuidados de saúde. No entanto, não podem ser esquecidos, por exemplo, as relações entre pacientes e companhias de seguro ou subsistemas de saúde (por exemplo, ADSE). No quadro das relações jurídico-administrativas, pense-se no labor de Sérvulo Correia[157]; mais recentemente, também Maria João Estorninho

---

[152] Com efeito, há uma verdadeira rede de direitos mobilizados para a discussão das questões integradas no direito da saúde, pelo que seria redutor, sem prejuízo da sua importância, considerar apenas o direito à proteção da saúde. Quanto a este, analisando decisões relevantes do Tribunal Constitucional, cf., na doutrina, Luís Meneses do VALE, "A jurisprudência do TC sobre o direito à proteção da saúde", *Jurisprudência Constitucional* 14 (2006), p. 12-47.

[153] Para uma síntese de algumas leituras, vd. João Carlos LOUREIRO, *Constituição e biomedicina*, vol. II, cit.

[154] Art. 64º/1 CRP.

[155] Sobre a adequação do operador relações jurídicas públicas, cf., entre nós, Vasco Pereira da SILVA, *Em busca do acto administrativo perdido*, Coimbra, 1996, com outras indicações; também Luís Cabral de MONCADA, *A relação jurídica administrativa*, Coimbra, 2009; em língua alemã, cf. Pierre TSCHANNEN, *Systeme des Allgemeinen Verwaltungsrechts*, Bern, 2008, p. 90-122.

[156] Cf. o texto de Jorge de Figueiredo DIAS/ Jorge Sinde MONTEIRO, "Responsabilidade médica em Portugal", *Boletim do Ministério da Justiça* (332), pp. 21 a 79; André Dias PEREIRA, *O consentimento informado na relação médico-paciente: estudo de direito civil*, Coimbra, 2004.

[157] "As relações jurídicas de prestação de cuidados pelas unidades de saúde do Serviço Nacional de Saúde", in: *Direito da saúde e bioética*, Lisboa, 1996, p. 11-74.

e Tiago Macieirinha[158] dedicam um capítulo das suas lições à relação jurídica de prestação de cuidados de saúde, que não esgota o campo de análise. Relações jurídicas de saúde que têm um quadro constitucional em face da existência de uma pluralidade de bens tutelados e de uma multiplicidade de posições jurídicas. Em termos que não podemos desenvolver aqui, os princípios articulam-se com posições jurídicas (que incluem também competências e deveres), não se esgotando num "discurso dos direitos"[159], que, se foi importante no território dos cuidados de saúde, não deixou de conduzir a exageros. Relações jurídicas que não são apenas de direito público, mas, nos casos em que o exercício da atividade é feita em regime de profissão liberal, nos remete para um horizonte civilístico.

Esta análise em termos de relações mergulha as suas raízes no nível básico ou fundante das relações de coexistência e convivência[160]. Quanto às relações jurídicas de direito público, pressupõem, o que é crescentemente pacífico, a aplicabilidade do operador relação jurídica ao território publicístico, recusando-se que seja monopólio do direito privado.

IV. EM JEITO DE CONCLUSÃO

A terminar texto, que não a relação de *amicitas*, concluímos que permanecem ainda alguns cinzentos em torno da designação da disciplina e do seu objeto, mas não quanto à sua existência e à fecundidade enquanto domínio de investigação. A fórmula mais abrangente é direito da saúde, integrando, como vimos, diferentes moradas jurídicas. Assim, em ritmo de balanço, concluímos que o direito da saúde é o conjunto de normas (princípios e regras) orientados para a tutela do bem saúde, entendido este como um superconceito. Pode ser objeto de diferentes cortes analíticos e heurísticos, a saber:

a) no *plano subjetivo*, compreende todos os profissionais de saúde e não apenas os médicos (não sendo pois apenas um direito do médico). Em termos sistémicos, refiram-se as diferentes entidades

---

[158] *Direito da saúde*, cit., cap. IV.
[159] Mary Ann GLENDON, *Rights talk: the impoverishment of political discourse*, New York/ London/ / Toronto/Sydney/ Tokyo/ Singapore, 1991.
[160] Sergio COTTA, *Prospettive di filosofia del diritto*, Torino, ³1979; Idem, *El derecho en la existencia humana: principios de ontofenomenología jurídica*, Pamplona, 1987 (orig.: *Il diritto nell'esistenza: linee di ontofenomenologia giuridica*, Milano, 1985); Francesco D'AGOSTINO, *Filosofia del diritto*, Torino, ⁴2005.

intervenientes neste campo: no plano da regulação, instituições específicas como a Entidade Reguladora da Saúde e outras com competência em domínios setoriais, como vimos;

b) ao nível *relacional*, registe-se a existência de um conjunto de relações de direito da saúde, desde a tradicional relação médico-paciente a relações inter e intra-orgânicas[161];

c) no plano dos *bens*, lembre-se que quando falamos de saúde esta é entendida aqui como um superdescritor que integra diferentes bens do *bios* (entre outros, vida, saúde, integridade);

d) no corte das *atividades*, a par da (bio)medicina, recordem-se a enfermagem e a farmácia, para nos limitarmos a disciplinas tradicionais;

e) no plano dos *lugares*, assinale-se a especial importância dos hospitais e das farmácias, tendo presente a relevância dos laboratórios, aliás no campo jurídico e também fora do campo estrito do direito da saúde, como sintomaticamente, em matéria de filiação, sublinhou Guilherme de Oliveira em título de escrito[162];

f) no plano dos *ramos do direito*, o direito da saúde é um direito misto e autónomo: misto, ao mobilizar normas de direito público e de direito privado; autónomo pois é um ramo do direito que atingiu já um grau de emancipação, com elaboração dogmática, um recorte de princípios específicos.

Sendo este um texto autografado, no modo personalizado e cálido da amizade, recordamos que, nestas cartas dos tempos modernos, subtraídas, pelo correio eletrónico, às histórias míticas e arriscadas de outras eras, não raro Guilherme de Oliveira assina, em registo mais informal, GO, que uma colega já interpretou literalmente como vai. Um *vai* que traduz uma das marcas da ação do homenageado: constituir equipas de

---

[161] Em geral, sobre estas últimas, cf. Norbert Achterberg, "Rechtsverhältnisse als Strukturelemente der Rechtsordnung: Prolegomena zu einer Rechtsverhältnistheorie", *Rechtstheorie* (1978), p. 385-410; sublinhando a sua importância no domínio do direito da medicina, A. J. K.M. Gevers, "Gezondheidsrecht als discipline", in: Koninklijke Nederlandse Akademie van Wetensachappen, *Gezondheidsrechte en Gezondheidsethiek: positie en taken ten opzichte van de geneeskunde*, Amsterdam, 1997, p. 31.

[162] *A lei e o laboratório: observações acerca das provas periciais da filiação*, Coimbra, 1987 (Separata do número especial do Boletim da Faculdade de Direito de Coimbra Estudos em Homenagem ao Prof. Doutor António de Arruda Ferrer Correia), centrado na biologia forense.

trabalho, tecendo redes de ensino e colaboração, trazendo para a barca não apenas juristas, mas médicos e enfermeiros, biólogos, filósofos, teólogos, sociólogos e profissionais de outros saberes. Esta *missio*, a que não é estranho um espírito aprendido em *militia* (institucional), é, na verdade, um GO a que se pode acrescentar um *on*, um apelo a continuar; na verdade, um GO sem mais pode ser lido como despedida, um adeus do/no CDB, que, como é sabido, significa Cais de Direito Biomédico. A tarefa é interminável, importando articular a velocidade (Falcão) da ciência com a necessidade de enquadramento bioético e jurídico, em que Oliveira é ramo de (re)conciliação, evitando cenários de dilúvio e de destruição, respeitando o princípio de Noé[163] (salvaguarda da diversidade) e tomando a sério prevenção e precaução, sem fazer destas sinónimo de uma aterrorizada paralisação que, não raro, assalta a humanidade perante o desconhecido.

GO ON, GO!

---

[163] Michel LACROIX, *O princípio Noé ou a ética da salvaguarda*, Lisboa, 1999.

Bioethics: the way we were, the way we are

ROGER BROWNSWORD*

Introduction

In common with many others, I have a vivid recollection of where I was on September 11, 2001, when news broke of the attacks on the twin towers of the World Trade Center in New York. However, somewhat unusually perhaps, I also have a clear recollection of the very different days leading up to 9/11. These were days when, at the generous invitation of Professor Guilherme de Oliveira, I was a visitor at the Biomedical Law Centre at the University of Coimbra. During those warm Summer days, Professor de Oliveira had organised a memorable Summer School at which we debated the latest developments in biomedicine–as I recall, it was the possibility of human reproductive cloning that was the 'hot' topic of the time. In October 2013, I returned to Coimbra for the Fourth European Conference on Health Law, hosted and inspired by Professor de Oliveira and coinciding with the 25th anniversary of the Biomedical Law Centre. I count myself fortunate to have visited Coimbra on these occasions; and it is a pleasure indeed to join in the celebration of Professor de Oliveira's pioneering work as Director of the Biomedical Law Centre.

---

* King's College London, Bournemouth University, and Honorary Professor in Law at the University of Sheffield.

In this paper, it seems appropriate to mark the end of Professor de Oliveira's Directorship by remarking on some of the ways in which bioethics has been transformed during the lifetime of the Centre–for example, by the developments in biotechnology that we debated in Coimbra in 2001 and, concomitantly, by the emergence of human dignity as a key concept in bioethical discourse; by the articulation of new rights, particularly provoked by major advances in human genetics, information technology, and 'big data'; by the rejection of the ethics of clinical practice (patient rights and informed consent) as the model for 'big biobanking' and public health; and by the emergence of patient safety as a major cause for ethical concern.

The Way We Were
When the Biomedical Law Centre was launched, medical law and medical ethics together with bioethics was largely focused on clinical practice. Physician paternalism was no longer the governing ethic; patients had rights; and the 'Georgetown' principles sought to set out a framework for ethical clinical practice in which due consideration could be given to the autonomy of patients but also to their welfare (guided by professional medical expertise).[1] In this framework, however, there were many values that simply did not appear–notably, human rights and human dignity, vulnerability, integrity, and solidarity.[2] Moreover, at both the beginning and the end of life, important ethical questions were being prompted by the development of new technologies and techniques in clinical practice.

At the beginning of life, old questions about the termination of pregnancies were being joined by new questions about the use of technologies for assisted conception. In both cases, one might appeal to respect for the autonomy of the mother as a good reason for allowing the woman to make her own choices about ending a pregnancy or trying to start one by using IVF techniques; and, if the interests of

---

[1] For the four 'Georgetown' principles, see Tom L. Beauchamp and James F. Childress, *Principles of Biomedical Ethics*, 6th edition (Oxford: Oxford University Press, 2008).
[2] As subsequently highlighted, e.g., in Jacob Dahl Rendtorff and Peter Kemp (eds.) *Basic Ethical Principles in European Bioethics and Biolaw* (Centre for Ethics and Law Copenhagen and Institut Borja de Bioetica Barcelona, 2000). On 'solidarity', see the Nuffield Council on Bioethics, *Solidarity: Reflections on an Emerging Concept in Bioethics* (London, November 2011).

the mother were treated as prior to those of the developing fetus, the same would seem to apply–indeed, if anything, it would seem to apply a fortiori–to the conflict of interests between the mother and the early stage embryo. However, with the rapid development of techniques for sex selection as well as PGD and the identification of tissue-typed embryos for 'saviour sibling' purposes, the mother's choice was not simply whether or not to have a baby but whether to have a boy or a girl, whether to have a child with a particular genetic profile, and so on.[3] In this way, new concerns were articulated about the commodification of life and the commercialisation of reproduction.[4] When the possibility of human reproductive cloning was added to this agenda, a chorus of reservations–typically voiced in terms of the compromising of human dignity–reached a crescendo.[5]

Similarly, at the end of life, long-standing ethical questions about assisted suicide and euthanasia were joined by new questions about the ethics of withdrawing feeding and hydration, or ventilators and other life-support machines.[6] Again, the starting point for bioethicists was the conflict between, on the one hand, respecting the autonomous choices of persons who sought assistance with ending their lives or even direct intervention by a physician and, on the other, respecting the sanctity of life. However, the context for the new questions was often one in which it was unclear what the choice of the patient (who was now in a persistent vegetative state) would have been; and it was also unclear whether the removal of support for the patient should be characterised as an act or as an omission, as treatment or non-treatment, and whether this was

---

[3] Generally, see Roger Brownsword, *Rights, Regulation and the Technological Revolution* (Oxford: Oxford University Press, 2008) Ch 6; and, specifically on 'saviour siblings', see Michael Freeman, 'Saviour Siblings' in Sheila McLean (ed), *First Do No Harm* (Aldershot: Ashgate, 2006) 389.
[4] On the latter, see Margot Brazier, 'Regulating the Reproduction Business?' (1999) 7 *Medical Law Review* 166.
[5] See Roger Brownsword, 'Stem Cells and Cloning: Where the Regulatory Consensus Fails' (2005) 39 *New England Law Review* 535.
[6] See. e.g., Sheila A.M. McLean, 'From *Bland* to *Burke*: The Law and Politics of Assisted Nutrition and Hydration' in Sheila A.M. McLean (ed), *First Do No Harm* (Aldershot: Ashgate, 2006) 431.

material for making an ethical judgment.[7] At all events, those who opposed such an 'unnatural' ending of life were able to draw support from the growing concern that new technologies and techniques were aiding and abetting the compromising of human dignity.

While the rise of patient rights and the renewal of a conservative dignitarian ethic were outstanding features of the new bioethics that was waiting to be crafted a quarter of a century ago, the more traditional utilitarian and paternalistic ethics were still available if the circumstances so demanded. At the time that the Coimbra Centre was established, the world was on the cusp of the latest round of 'globalisation'.[8] Very shortly, this round was to be transformed by the application of new information and communication technologies that dramatically improved the prospects for connection between all parts of the world. However, the lowering of boundaries in conjunction with the transnational movement of people brought with it a heightened risk of pandemics. For public health professionals, the challenge was to find effective ways of preventing and responding to major cross-border occurrences of disease; and, for bioethicists, the challenge was to articulate an ethic that could engage with this new kind of risk and response.[9] Even if individual-focused ethics of rights and informed consent dominated bioethics in clinical settings, it was arguable that utilitarian and paternalistic ethics were more appropriate for larger public health and research projects.

In 1990, it was not only globalisation that was about to happen, the world was also on the cusp of a revolution in human genetics. Not only

---

[7] See John Keown, 'Restoring Moral and Intellectual Shape to the Law after *Bland*' (1997) 113 *Law Quarterly Review* 481.

[8] See, e.g., David Held and Anthony McGrew (eds), *Globalization Theory: Approaches and Controversies* (Oxford: Polity, 2007).

[9] See, e.g., Felix Thiele, Katharina Mader and Richard Ashcroft (eds), *Bioethics in a Small World* (Berlin: Springer, 2005); Henk ten Have, 'The Right to Know and the Right Not to Know in the Era of Neoliberal Biopolitics and Bioeconomy' in Ruth Chadwick, Mairi Levitt and Darren Shickle (eds), *The Right to Know and the Right Not to Know* 2nd ed (Cambridge: Cambridge University Press, 2014) 133. For an appeal to an ethic of 'stewardship', see Nuffield Council on Bioethics, *Public Health: Ethical Issues* (London: November 2007); and, for elaboration, see Tom Baldwin, Roger Brownsword, and Harald Schmidt, 'Stewardship, Paternalism and Public Health: Further Thoughts' (2009) *Public Health Ethics* 1; and Roger Brownsword, 'Public Health Interventions: Liberal Limits and Stewardship Responsibilities' (2013) *Public Health Ethics* 235 (special issue on NY City's public health programme) doi: 10.1093/phe/pht030.

was the human genome soon to be sequenced, it was to become the orthodoxy of the early Twenty-First Century that genetic analysis will play a key part in both clinical treatment and health care research.[10] Once again, new questions were set to join the agenda for bioethicists–for example, questions about the rights of patients and research participants to be informed about their genetic status and, conversely, the right not to be informed; and, with developments in informatics, the ethics of privacy, confidentiality and data protection that had been elaborated for a largely off-line world now had to be rethought for the progressively online environments in which health care was being conducted.

Pulling this together, it becomes apparent that, when the Coimbra Centre was set up, there were prescient people such as Professor de Oliveira who sensed that biomedicine was about to embark on a period of change. Even if it was not possible to anticipate quite how things would change, the instinct was right. Prompted by the larger processes of globalisation in conjunction with the development of new technologies–not just biotechnologies, but also neuroimaging technologies and information technologies–the world of biomedicine was indeed going to change; and, alongside this change, there needed to be a reinvention of bioethics, a bioethics equipped to respond to the innocent question of whether in this new connected world of health care clinicians and researchers were doing the right thing.

The Way We Are

A quarter of a century is a long time in bioethics. In this part of the paper, I will highlight four of the challenges that have crystallised since 1990 and that we now face. I do not mean that these are the only

---

[10] See, e.g., Human Genomics Strategy Group, *Building on Our Inheritance: Genomic Technology in Healthcare* (London, January 2012) at 14:
We are currently on the cusp of a revolution in healthcare: genomic medicine–patient diagnosis and treatment based on information about a person's entire DNA sequence, or 'genome'–becoming part of mainstream healthcare practice. Increased knowledge and better use of genomic technologies and genetic data will form the basis for a reclassification of disease, with important implications both for predicting natural history and for identifying more effective therapies.
And, more recently, this revolution has been set in motion by the UK's '100,000 genomes project': see Chris Smyth, 'DNA Testing Promises Healthcare Revolution' *The Times*, December 22, 2014, p 1.

challenges–for example (and, again, non-exhaustively), there are major challenges concerning the use of technologies for human enhancement, about synthetic biology, about rationing health care, and about how to respond to the health care needs of an ageing population. However, the four challenges that I have selected convey the sense of how things have moved on. These challenges are: what we should make of the idea of human dignity; how we should articulate a set of informational rights that is coherent and fit for purpose; whether, in the context of big biobanking and public health, we should abandon the clinical model of individual rights and informed consent; and how we should respond to the scandal that is the shocking failure to secure patient safety in health care facilities.

The first challenge: what should we make of the idea of human dignity?
During the lifetime of the Coimbra Centre, the idea that human dignity is central to bioethics has been recognised in one declaration after another.[11] Whether we are viewing the regulatory landscape regionally (for example, looking at the Council of Europe's Convention on Human Rights and Biomedicine 1997) or internationally (for example, in UNESCO's work and especially in the Universal Declaration on Bioethics and Human Rights 2005) human dignity is a prominent feature. So, for example, according to Article 2(d) of the UNESCO Universal Declaration, one of the aims is said to be:

> to recognize the importance of freedom of scientific research and the benefits derived from scientific and technological developments, while stressing the need for such research and developments to occur within the framework of ethical principles set out in this Declaration and to respect human dignity, human rights and fundamental freedoms.

Article 3.1 reinforces this message stating quite simply that 'Human dignity, human rights and fundamental freedoms are to be fully respected.' Similar provisions, to repeat, are commonplace in regional

---

[11] Generally, see Marcus Duwell, Jens Braavig, Roger Brownsword, and Dietmar Mieth (eds), *Cambridge Handbook of Human Dignity* (Cambridge: Cambridge University Press, 2014).

and international instruments of this kind. However, the embedding of human dignity in these many instruments is the beginning not the end of the story because, as it is all too well known, this is a concept that is deeply contested and that can be appealed to from radically opposed sections of the political spectrum.[12] Putting the matter somewhat crudely, while liberals appeal to human dignity in order to extend and protect the sphere of individual choice, conservatives appeal to human dignity in order to set limits to what they see as the legitimate sphere of individual choice, or to emphasise the priority of community over individuality.[13] The fundamental challenge therefore is to give some defensible meaning to the idea of respect for human dignity.[14] How might we do that?

Is there an Archimedean vantage point?
One thought is that, amongst the various approaches to human dignity, there is one that is privileged, that there is, so to speak, an Archimedean vantage point that offers us a clear and correct view. Having argued, in previous work, that Alan Gewirth's moral theory has the best credentials as the organising view within practical reason generally–and, a fortiori, within moral reason–it follows that I believe that, if

---

[12] Compare Rebecca Dresser, 'Human Dignity and the Seriously Ill Patient' in Adam Schulman (ed), *Human Dignity and Bioethics: Essays Commissioned by the President's Council on Bioethics* (President's Council on Bioethics, 2008); and Ronald Dworkin, *Justice for Hedgehogs* (Cambridge, Mass.: the Belknap Press of Harvard University Press, 2011) at 204.

[13] See David Feldman, 'Human Dignity as a Legal Value: Part I' (1999) *Public Law* 682, and 'Human Dignity as a Legal Value: Part II' (2000) *Public Law* 61; Deryck Beyleveld and Roger Brownsword, *Human Dignity in Bioethics and Biolaw* (Oxford: Oxford University Press, 2001).

[14] For the scepticism that this invites, see, e.g., Helga Kuhse, 'Is there a Tension between Autonomy and Dignity?' in Peter Kemp, Jacob Rendtorff, and Niels Mattson Johansen (eds), *Bioethics and Biolaw (vol ii): Four Ethical Principles* (Copenhagen: Rhodos International Science and Art Publishers and Centre for Ethics and Law, 2000) 61. According to Kuhse (at 74):
[H]uman dignity plays a very dubious role in contemporary bioethical discourse. It is a slippery and inherently speciesist notion, it has a tendency to stifle argument and debate and encourages the drawing of moral boundaries in the wrong places. Even if the notion could have some uses as a short-hand version to express principles such as 'respect for persons', or 'respect for autonomy', it might, given its history and the undoubtedly long-lasting connotations accompanying it, be better if it were for once and for all purged from bioethical discourse.
Famously, to similar effect, see Ruth Macklin, 'Dignity is a useless concept' *BMJ* 2003; 327: 1419.

there is an Archimedean vantage point, then it is given by Gewirthian theory.[15] Broadly speaking, this would mean that a rights-based concept of human dignity is correct. However, the philosophical community is deeply sceptical about foundationalist projects and, even if there is a willingness to start with Gewirthian rights, there is likely to be some considerable hesitation in treating this as the rationally-grounded focal standpoint that Gewirthians claim.

In this paper, therefore, I will set aside any thoughts of finding an Archimedean vantage point, whether Gewirthian or other. Instead, we can try another strategy, seeking out the common ground that is shared by those who contest the concept of human dignity. The thought, here, is that, if there is such common ground, it might offer a basis for building some level of shared understanding of the deep significance of human dignity.

An alternative strategy

Following this alternative line of thinking, let me start by assuming that there is a distinction between the project of moral community in a generic sense and particular articulations of moral community–just as there is a distinction between the project of democratic politics (and, concomitantly, governance 'in the public interest') and particular political constituencies, each with their own manifesto for serving the public interest. The organising idea for the moral project is that the community and its members should endeavour to do the right thing relative to the legitimate interests of themselves and others. Of course, what counts as a 'legitimate' interest, and who counts as an 'other', are deeply contested matters; and the way in which these questions are answered will determine how a particular moral community is articulated. So, for example if we treat the avoidance of pain and distress as the key *legiti-*

---

[15] Seminally, see Alan Gewirth, *Reason and Morality* (Chicago: University of Chicago Press, 1978). For the initial Gewirthian application in my own work, see Deryck Beyleveld and Roger Brownsword, *Law as a Moral Judgment* (London: Sweet and Maxwell, 1986: repr Sheffield: Sheffield Academic Press, 1994). A Gewirthian approach explicitly informs the analysis in Deryck Beyleveld and Roger Brownsword, *Human Dignity in Bioethics and Biolaw* (n 13) and *Consent in the Law* (Oxford: Hart, 2007); and, it implicitly guides my thinking about 'a community of rights' in Roger Brownsword, *Rights, Regulation and the Technological Revolution* (Oxford: Oxford University Press, 2008).

mate interest of others, and if we treat *others* as those who are capable of experiencing pain and distress, then the community will articulate along negative utilitarian lines. If we treat an agent's freedom and well-being as the relevant *legitimate* interest of others, and if we treat *others* as those who are capable of acting in a purposive way, then the community will articulate along liberal rights-based lines. If we treat human dignity as the key *legitimate* interest, and if we treat all humans as relevant *others*, then the community will articulate as some version of dignitarianism, and so on.[16] These examples could be multiplied many times. However, the point is the simple one that these many different articulations are all examples of moral community in the generic sense; and they are all such examples because they start with a commitment to try to do the right thing relative to the legitimate interests of others.

Accordingly, I take it that, as moralists (in the generic sense), all those who debate human dignity must at least agree on one thing: namely, that it is important that agents should freely try to do the right thing. As we map the discourse of human dignity, we find that, with each moral constituency elaborating its criteria of right action, human dignity becomes more deeply contested, signalling division and dissent rather than agreement. However, if we return to the moral project as one of agents (or humans) trying to do the right thing (rather than acting in a purely self-regarding way) and, moreover, if we extend this into doing the right thing for the right reason, then we might locate human dignity in this common ground.

If we do this, then we understand human dignity as a virtue that brings together three elements. First, there is the element of the agent freely choosing to do x. Secondly, the agent, in doing x, tries to do the right thing. Thirdly, the agent does x because it is the right thing to do (even if an agent freely does x and judges that doing x is the right thing to do, the agent might not be primarily motivated by moral reasons).[17] In short, in the ideal-typical case, agents express human dignity when they try to do the right thing for the right reason.

---

[16] See Roger Brownsword, 'Bioethics Today, Bioethics Tomorrow: Stem Cell Research and the "Dignitarian Alliance"' (2003) 17 *Notre Dame Journal of Law, Ethics and Public Policy* 15.

[17] Consider the case where agents are incentivised to do the right thing by 'gamifying' their conduct: see Evgeny Morozov, *To Save Everything, Click Here* (London: Allen Lane, 2013), chs 8 and 9.

While this common ground does nothing to assist moralists in resolving their differences with regard to the criteria of right action, on this analysis, human dignity signifies the importance of trying to do the right thing for the right reason and alerts all moralists to the need to preserve the conditions that allow for moral virtue to be developed and expressed. In two respects, this seems to me to be important. First, when a divided ethics community is ranged against views that reason only in instrumental terms of risk assessment and risk management, it is essential that those who share moral aspirations do not forget that they are on the same side. Secondly, in an age when technologies that have regulatory potential are being rapidly developed (and recognised as such), a shared sense of the fundamental importance of human dignity should unite the moral community in monitoring the way that technological instruments are used by regulators.[18]

Accordingly, my modest response to the challenge presented by human dignity is that we should anchor biomedical deliberations to human dignity, understood as the generic expression of moral reason and aspiration for moral community; and, to the extent that we are contesting the best conception of human dignity within moral reason, then I would propose (for Gewirthian reasons) that we align it with those ethics (such as the ethics of human rights) that are rights-based.[19]

The second challenge: how should we articulate a set of informational rights that is coherent and fit for purpose?
One of the transformative features of our time is that, thanks to developments in genetics, in neuro-imaging, in information technology and in informatics, we can now know a great deal more about our own health status but also a great deal more about the health status of others, particularly of other family members.[20] For some, this is all to

---

[18] For further elaboration of these ideas, see Roger Brownsword, 'Human Dignity, Human Rights, and Simply Trying to Do the Right Thing' in Christopher McCrudden (ed), *Understanding Human Dignity* (Oxford: Proceedings of the British Academy and Oxford University Press, 2013) 345. See, too, my discussion of the fourth challenge (below).
[19] See Roger Brownsword (n 18).
[20] See Roger Brownsword, 'Knowing Me, Knowing You—Profiling, Privacy and the Public Interest' in Mireille Hildebrandt and Serge Gutwirth (eds), *Profiling the European Citizen* (Dordrecht: Springer, 2008) 362.

the good: if we know about our health status, if we know in which respects we might be at risk, we can plan our lives on a more informed basis. For others, this is simply too much information: knowing that we might be at risk for, say, breast cancer presents us with a dilemma that we would rather not have as well as raising tricky questions about our responsibilities to family members who might also be at risk but who are unaware of their status. In modern health care settings, how are we to accommodate the interests of those who wish to know as well as those who do not wish to know? And, how are we to balance the benefits of data sharing with the interests in privacy, confidentiality and data protection?

For bioethicists, such as myself, who employ a rights' perspective, we need to distinguish between those interests that individuals have that are to be protected as rights as against those interests that are merely preferences. If it is preferences that are at issue, my interests certainly count and should be counted; but my interests are not privileged and insulated against the majority view or some calculation of the greater good. However, if my interests are protected as rights then they are exclusionary in the sense that they rule out routine balance of interests justifications. So, for example, if I have a *right* to be informed about my health status, then (if I so will) I am entitled to have this information even though others might judge that it is contrary to my interests, or to the preferences of others. It is only if I indicate that I do not wish to be informed, or consent to non-disclosure, or if there are conflicting and more compelling rights in play that the information may be justifiably withheld.

This leads to the question of which of our informational interests should be treated as a matter of 'right'. For many years, privacy has been seen as the cornerstone of our informational rights. So, we can start with privacy before moving on to confidentiality (which is a closely related interest) and data protection (which has been politically anchored to privacy but which, arguably, is a very different kind of interest); and then we can consider the right to know and the right not to know.

Privacy
As is well-known, privacy is the most protean of concepts, with (to use Graeme Laurie's terminology) both spatial and informational articula-

tions.[21] However, even if we have anchored privacy to the idea of an informational interest, there is still a good deal of analytical work to be done. As a first step, from a background of very broad usage of the term, we need to bring into focus in the foreground a narrow, more particular, informational interest in privacy.

Sometimes, we use privacy as an umbrella term that covers a number of our informational interests, including not only our interests in privacy and confidentiality but also a number of interests relating to the collection and fair processing of our personal data that are gathered together under the data protection principles.[22] Privacy in this broad sense is a messy usage. For one thing, it fails to highlight the difference between information that we want to keep entirely to ourselves and information that we are prepared to see having a limited release. Moreover, once data protection is brought under the privacy umbrella, there is a tendency to confuse interests in opacity (that is, an agent's interest in keeping certain information to oneself—an interest in others not knowing) with those in transparency (that is, an agent's interest in knowing when, and for what purpose, information is being collected—an interest in openness).[23]

If we stick with privacy in a narrow sense (as we should), then it refers distinctively to the interest that we have in controlling access to information about ourselves. When, in this sense, we claim that some information is private, we mean, at minimum, that we have no obligation to supply this information to others; if we want to treat the infor-

---

[21] Graeme Laurie, *Genetic Privacy* (Cambridge: Cambridge University Press, 2002); and nb Graeme Laurie, 'Privacy and the Right to Know: A Plea for Conceptual Clarity' in Ruth Chadwick, Mairi Levitt and Darren Shickle (eds), *The Right to Know and the Right Not to Know* 2nd ed (Cambridge: Cambridge University Press, 2014) 38.

[22] In Europe, the standard reference points for such principles are: the Council of Europe's Convention for the Protection of Individuals with Regard to the Automatic Processing of Personal Data, 1981; and the Data Protection Directive, Directive 95/46/EC. Stated shortly, the principles require that personal data should be processed fairly, lawfully, and in accordance with individuals' rights; that processing should be for limited purposes, adequate, relevant and proportionate; that retained data should be accurate; that retention should be secure and for no longer than necessary; and, that data transfers to other countries should be subject to equivalent protection.

[23] Serge Gutwirth and Paul de Hert, 'Privacy, Data Protection and Law Enforcement. Opacity of the Individual and Transparency of Power' in E. Claes, A. Duff, and S. Gutwirth, (eds), *Privacy and the Criminal Law*, (Antwerp and Oxford: Intersentia, 2006).

mation as purely our own business, we are entitled to do so. However, as a corollary, we might assert that it is wrong, too, for others to try to obtain access to that information. On this view, where A's information is private, not only does B have no right to know (A, the rights-holder is under no requirement to disclose), it is also wrong for B and others to try to access the information (against the will of A). Where there is a breach of privacy in this sense, the wrongdoer might compound the infringement by passing on the information to third parties; but it is the wrongful accessing of the information, rather than its further circulation, that is the paradigmatic violation of privacy (in the narrow sense).

It is far from clear how we determine whether information of a particular kind or in a particular place is protected under our privacy right–that is to say, it is not clear how we decide whether our informational privacy right is engaged. Commonly, we ask whether there is a legitimate or a reasonable expectation that the information should be treated as private. However, so long as the test for the reasonableness of an expectation is given by custom and practice, then the scope of privacy is liable to fluctuate as convention and fashion dictates. Moreover, one of the first effects of new information and communication technologies has been precisely to disrupt prior understandings of the scope of privacy protection.[24] If we are worried about the corrosive effects of these technologies, we need to find a more secure anchoring point for privacy. Possibly the key to privacy is that it concerns information that goes to our sense of identity or our personhood.[25] For example, arguing in this vein, Christian Haliburton has said:

> I think it is easy to see (and rather difficult to dispute) that our thoughts, our internal mental processes, and the cognitive landscape of our ideas and intentions are so closely bound up with the self that they are essential to our ongoing existence and manifestation of a fully developed personal identity. As such, they are inherently and uncontrovertibly personal information property deserving absolutist

---

[24] See Bert-Jaap Koops and Ronald Leenes, '"Code" and the Slow Erosion of Privacy' (2005) 12 *Michigan Telecommunications and Technology Law Review* 115.
[25] See Roger Brownsword, 'Regulating Brain Imaging: Questions of Privacy and Informed Consent' in Sarah J.L. Edwards, Sarah Richmond, and Geraint Rees (eds), *I Know What You Are Thinking: Brain Imaging and Mental Privacy* (Oxford: Oxford University Press, 2012) 223.

protections because any interference with these informational assets cannot be tolerated by the individual. Many would therefore argue that capturing thoughts, spying on mental processes, and invading cognitive landscapes with [brain imaging technologies] deprive the individual not only of property related to personhood, but of personhood altogether.[26]

In favour of this interpretation it can be said that it explains why rights holders can be so dismissive in relation to requests for information that touch and concern privacy so understood–it explains, in other words, why the information is just my business. That said, whether or not this is the best way to elaborate and secure our understanding of privacy is a matter for debate.

Confidentiality
Sometimes A will make information available to B but this will be subject to A's interest in the confidentiality of the information. Where confidentiality is engaged, this means that B should not disclose the information to anyone else–at any rate, this is so unless the context implies that there are others who are on the circulation list. Confidentiality might be engaged in at least three ways, any or all of which might apply to biomedical information.

First, and most flexibly, the confidence might arise by virtue of an agreement between A and B (for example, between a research participant and a researcher). In such a case, B is bound to respect A's interest in confidentiality because B has undertaken to do so. In principle, the scope of B's undertaking might fall anywhere between (and including) maximally restrictive (B should tell no one) or minimally restrictive (B may tell anyone except Z–for example, anyone other than Z, the subject of a confidential reference). To the extent that B's obligations (to respect the confidence) arise from B's express or implied agreement to receive the information on A's terms, then the confidence is as wide or as narrow, as flexible or as inflexible, as A wants to make it.

---

[26] Christian M. Halliburton, 'How Privacy Killed *Katz*: A Tale of Cognitive Freedom and the Property of Personhood as Fourth Amendment Norm' (2009) 42 *Akron Law Review* 803, at 868.

Secondly, the confidence might arise by virtue of the nature of the information: quite simply, some information is always to be treated as confidential. Here, it is not necessary for A to put B on notice that the information is confidential; B is assumed to understand that he is the recipient of this kind of information and, thus, subject to a duty of confidence.

Thirdly, the confidence might inhere in the nature of the relationship between A and B, as is the case, for example, with information given in client/lawyer, confessor/priest, and patient/doctor relationships, and so on. Where the information disclosed by A in such a relationship with B, touches and concerns the vital interests of C, there is deep uncertainty about the circumstances in which B may legitimately break the confidence.[27]

Regardless of the source of the particular confidence, there might be pressure to circulate the information in question for the public good. However, so long as the interest in confidentiality is a matter of right, the general interests of science and society should yield.

Data protection

Quite rightly, the European Charter of Fundamental Rights[28] differentiates between privacy interests (protected by Article 7 of the Charter) and data protection interests (protected by Article 8).[29] Copying some of the data processing principles set out in the Data Protection Directive,[30] Article 8(2) of the Charter provides:

> Such [personal] data must be processed fairly for specified purposes and on the basis of the consent of the person concerned or some other legitimate basis laid down by law. Everyone has the right of access to data which has been collected concerning him or her, and the right to have it rectified.

---

[27] For a classic discussion, see *Tarasoff v Regents of the University of California* 551 P2d 334 (Cal. 1976).
[28] See Charter of Fundamental Rights of the European Union (2000/C 364/01) (18.12.2000).
[29] Article 7 provides: 'Everyone has the right to respect for his or her private and family life, home and communications.' Article 8(1) provides: 'Everyone has the right to the protection of personal data concerning him or her.'
[30] Directive 95/46/EC.

So, even if our privacy interest is not engaged, there is still a set of interests relating to the way in which our personal data is collected and processed,[31] an interest in the purposes for which it is used and circulated, an interest in its accuracy, an interest in its secure storage,[32] and so on. However, in a rapidly changing information society, this still leaves many questions to be answered.

In a timely move, in November 2010, the European Commission launched a consultation on a fresh attempt to regulate for the effective and comprehensive protection of personal data.[33] Right at the start of the consultation document, the Commission concedes that 'rapid technological developments and globalisation have profoundly changed the world around us, and brought new challenges for the protection of personal data.'[34] It continues:

> Today technology allows individuals to share information about their behaviour and preferences easily and make it publicly and globally available on an unprecedented scale. Social networking sites, with hundreds of millions of members spread across the globe, are perhaps the most obvious, but not the only, example of this phenomenon. 'Cloud computing'—i.e., Internet-based computing whereby software, shared resources and information are on remote servers ('in the cloud') could also pose challenges to data protection, as it may involve the loss of individuals' control over their potentially

---

[31] The importance of the interest in transparency is underlined by Articles 10 and 11 of the Data Protection Directive; according to these provisions, the data subject has a right to be informed that his or her personal data are being processed as well as being told the purpose of such processing.

[32] After the loss, in October 2007, of the personal records of some 25 million people, including dates of birth, addresses, bank account and national insurance numbers, we can take it that secure use is likely to be recognised as one of the more important aspects of this interest. See Esther Addley, 'Two Discs, 25m Names and a Lot of Questions' *The Guardian*, November 24, 2007 http://www.guardian.co.uk/uk_news/story/0,,2216251,00.html (last accessed December 8, 2007).

[33] European Commission, Communication (A comprehensive approach on personal data protection in the European Union), Brussels, 4.11.2010, COM(2010)609 final.

[34] Ibid., at 2.

sensitive information when they store their data with programs hosted on someone else's hardware.[35]

Recognising the importance of having a legal framework that is both clear and sustainable, the Commission opens the concluding remarks to its consultation in the following terms:
> Like technology, the way our personal data is used and shared in our society is changing all the time. The challenge this poses to legislators is to establish a legislative framework that will stand the test of time. At the end of the reform process, Europe's data protection rules should continue to guarantee a high level of protection and provide legal certainty to individuals, public administrations and businesses in the internal market alike for several generations. No matter how complex the situation or how sophisticated the technology, clarity must exist on [sic] the applicable rules and standards that national authorities have to enforce and that businesses and technology developers must comply with. Individuals should also have clarity about the rights they enjoy.[36]

Responding to this challenge, the Commission proposes a comprehensive approach that inter alia strengthens the rights of individuals while, at the same time, enhancing the internal market dimension. Without doubt, this is indicative of an intention to do better; but we cannot expect to improve the regulation of the collection and circulation of information in on-line environments unless we are clear about how we identify information that is 'private', information that is 'personal (but not private)', and information that is 'neither private nor personal'. Further to this clarification, we must also, of course, determine which classes of information attract which entitlements.

At the time of writing, the European institutions are close to finalising the terms of a much-debated General Data Protection Regulation. From the point of view of health-care research, the proposed definition of consent is highly problematic. For, if consent has to be 'specific' (as the draft proposes) then this invites the argument that the so-called

[35] Ibid., at 2.
[36] Ibid., at 18.

'broad' consents given by participants in big biobanking projects will not be valid.[37] Even if agreement can be reached, the resulting Regulation is unlikely to contribute much to the disentangling of the various strands of our informational interests.

The right to know and the right not to know
What should we make of the right to know and its partner right not to know?[38] In modern biobanking projects, one of the most vexed questions is whether participants who remain identifiable to the biobank custodians, but not to the researchers who access the biobank samples and data, should be given feedback where researchers make findings that are potentially relevant to the health care of a particular individual. Some of the findings, especially those arising from genetic analysis, might be of uncertain significance; but, if we imagine a clear case, where the finding is potentially of great benefit to the individual participant, the question is whether there is a right to have feedback.[39]

If A has a baseline right to know, then this implies that A has a positive right to be informed. Would such a baseline right be recognised? While there will be some baseline rights not to be misinformed, it is far from clear–at any rate, in research as opposed to clinical settings– that

---

[37] Generally, see Roger Brownsword, 'Regulating Biobanks: Another Triple Bottom Line' in Giovanni Pascuzzi, Umberto Izzo, and Matteo Macilotti (eds), *Comparative Issues in the Governance of Research Biobanks* (Heidelberg: Springer, 2013) 41; and 'Big Biobanks: Three Major Governance Challenges and Some Mini-Constitutional Responses' (forthcoming). In order to avoid any doubt about the legality of broad consent, Finland recently enacted a Biobank Act (Act 688/2012) that makes it clear that a participant may consent to a broad range of purposes; see Sirpa Soini, 'Finland on a Road towards a Modern Legal Biobanking Infrastructure' (2013) *European Journal of Health Law* 289. According to Joanna Stjernschantz Forsberg and Sirpa Soini, the authorisation may 'include research into health-promoting activities, causes of disease, and disease prevention and treatment, as well as research and development projects that serve healthcare': see 'A big step for Finnish biobanking' (2014) 15 *Nature Reviews Genetics* 6. However, compare the restrictive Lifegene decision in Sweden where the Director of the national Data Inspection Agency ruled that the gathering of personal information for 'future research' is in breach of the Personal Data Act.
[38] For a range of views, see Ruth Chadwick, Mairi Levitt and Darren Shickle (eds), *The Right to Know and the Right Not to Know* 2nd ed (Cambridge: Cambridge University Press, 2014).
[39] Deryck Beyleveld and Roger Brownsword, 'Research Participants and the Right to be Informed', in Pamela R. Ferguson and Graeme T. (eds.), *Inspiring a Medico-Legal Revolution* (Essays in Honour of Sheila McLean) (Farnham: Ashgate, 2015) 173.

there will also be a right to be informed. Given this lack of clarity, one way of pursuing the matter–as we tend to do in relation to privacy–is to ask whether in any particular situation, A has a reasonable expectation that he will be informed about some matter by B. However, at once, we run into the question of how one might judge the reasonableness of any such expectation. Potentially, we might try to judge the reasonableness of A's expectation by reviewing the signals given by the relevant agents or by drawing on the standard pattern of information-giving or on some background regulatory principle or rule. So, if B explicitly or implicitly undertakes to inform A, or 'to keep A informed', then A's claim to a right to be informed is based on a reasonable expectation. Similarly, if the context is one where the settled practice is for B to inform A (for example, about the risks of a medical procedure that is an option for A), then once again A has a reasonable expectation that underpins a claimed right to be informed. Finally, if there is a background rule or principle, whether in legislation, case-law, or a code of practice, or the like, that requires B to inform A (for example, that requires a prospective insured to make full disclosure to the insurer) then there is a plausible reference point for A's expectation and claimed right to be informed.

For each community, the extent of any such right to be informed will be subject to the variables of personal interaction, custom and practice, regulatory codes, and background philosophy. In communities where the culture is individualistic, agents will be expected to rely on their own resources if they are to be informed; in communities that give more weight to solidarity, cooperation, the welfare of others, and the like, there will be more support for the right to be informed–even for a duty to inform.[40]

Even if it is conceded that A has a right to know, the waters might be muddied by arguments about whether A also has a right not to know, and how the two rights relate to one another. However, I suggest that this particular complication is not a major problem.

---

[40] Compare the position taken by the American College of Medical Genetics and Genomics. See, Robert C. Green et al, 'ACMG Recommendations for Reporting of Incidental Findings in Clinical Exome and Genome Sequencing' available at http://www.acmg.net/docs/ACMG_Releases_Highly-Anticipated_Recommendations_on_Incidental_Findings_in_Clinical_Exome_and_Genome_Sequencing.pdf (Last accessed July 24, 2013).

Let us suppose that A has undergone genetic tests which show that she has markers indicating a predisposition to breast cancer. A is minded to tell her sister, B; but A knows that B does not want to have this information. If, nevertheless, A insists on telling B, B might claim that this violates her right not to know. Again, whether or not this is a plausible claim will depend upon whether B has a reasonable expectation that she has such a right (to resist the inward flow of information). The same analysis would apply, too, if it were C, A's physician, who insisted on informing B (where B had made it known that she did not wish to know); and, of course, C's wrong would be compounded if, in informing C, this was directly in breach of A's insistence that the results of her tests should be treated as confidential.

It might be thought that the right not to know is simply a way of indicating that an agent, who has the right to know, has opted not to know. However, the two rights are conceptually distinct. To illustrate, let us suppose that A, having undergone genetic tests, has information that is relevant to B. This is how the two rights map onto the situation:

- If B has the right to know, A is required to inform B; but B may signal that the requirement is waived–that is, B may give an informed consent that authorises non-disclosure by A.
- If B has the right *not* to know, A is required not to inform B; but B may signal that the requirement is waived–that is, B may give an informed consent that authorises disclosure by A.

In practice, then, there are two *legitimate* possibilities: the information is disclosed (whether pursuant to B's right to know, or under the authorisation of B's informed consent [relative to the right not to know]); or the information is not disclosed (whether pursuant to B's right not to know, or under the authorisation of B's informed consent [relative to the right to know]). However, if we are to think straight about this, we need to understand that there are two distinct rights in play.

To return to the question of biobanks and feedback, one of the key points–and a point, I suggest, the importance of which has yet to be fully appreciated–is whether we think that, when prospective participants step forward, they do so with a baseline right to know (just like they have a baseline right to their physical integrity, to their privacy, and so on). If they do, then the research community will need to operate within the terms of the participants' informed consent if their feedback policy subtracts from (and, thus, prima facie infringes) the right to know. If, however, there is no such baseline right, then it is only if researchers or the research community encourage an expectation of feedback that it will be judged to be reasonable and, thus, the basis for a claimed right to know. On this view, it is for the research community to manage the expectations of participants in whatever way is in line with a workable feedback policy.

What, then should we make of the argument that much of the risk-related information that might be fed back will prove to be a 'false positive', doing no good and causing unnecessary distress?

First, if our premise is that participants have a baseline right to know (to have feedback), then where researchers have information that is within the scope of this right, they have a responsibility to give feedback. However, if a participant has given an informed consent that authorises non-disclosure, then researchers may legitimately proceed without giving feedback. Accordingly, for genomics researchers who prefer to operate with a limited feedback policy, the priority is to ensure that participants give their informed consent in line with the favoured policy.

Secondly, if it is also assumed that participants have a baseline right *not* to know, researchers will violate this right if they give feedback to participants who have not given an informed consent to signal that giving feedback is permitted. Where a limited feedback policy is in place, researchers again need to cover themselves with appropriate informed consent (this time in relation to the information that will be fed back).

Thirdly, where, by contrast, the premise is that participants have no baseline right to know, then the focus of the researchers will be, not on consent, but on ensuring that participants understand the operative policy. For, without a baseline right to plead, participants will be entitled only to such feedback as researchers have voluntarily undertaken to give. In this context, there might still be difficulties for some research teams where, although they have told their participants what their feedback policy is, there are other feedback policies in circulation (on the basis of which a different norm is emerging in research practice). Still, the practical imperative for any researcher is to try to communicate as clearly as possible to participants what the project's feedback policy is.[41]

The third challenge: in the context of big biobanking and public health, should we abandon the clinical model of individual rights and informed consent?

In 1990, informed consent ruled; now it does not–or, at any rate, not so outside clinical settings. Two of the charges commonly levelled against informed consent are: (i) that it represents an unnecessary transaction cost that impedes prospectively beneficial research or public health initiatives[42]; and (ii) that big biobanks need to switch from an informed consent basis for dealing with participants to one based on broad consent.

Health research and informed consent

Let us suppose that health research is an unqualified good. Nevertheless, the idea that health researchers should be permitted to by-pass informed consent is a very dangerous one. Where physical rights are at stake, I take it that everyone agrees that researchers should not be able to conscript subjects for trials, or commandeer organs for research, or even kill subjects in order to advance their understanding, without the subjects being willing to cooperate and without their giving their informed consent. Moreover, I take it that we would not accept an opt-out regime as being sufficient to license conscription and cooperation. Yet, where the relevant background interests are informational, where researchers want to access medical records or other health-related information, why should we think that these groundrules should be changed?

---

[41] Compare, e.g., the Presidential Commission for the Study of Bioethical Issues, *Anticipate and Communicate: Ethical Management of Incidental and Secondary Findings in Clinical, Research and Direct-to-Consumer Contexts* (Washington, December 2013); and the Medical Research Council and the Wellcome Trust, *Framework on the Feedback of Health-Related Findings in Research* (London, March 2014).

[42] In this section, I will focus on research. However, for public health, see Nuffield Council on Bioethics, *Public Health: Ethical Issues* (London: November 2007); and, for elaboration, see Tom Baldwin, Roger Brownsword, and Harald Schmidt, 'Stewardship, Paternalism and Public Health: Further Thoughts' (2009) *Public Health Ethics* 1; and Roger Brownsword, 'Public Health Interventions: Liberal Limits and Stewardship Responsibilities' (2013) *Public Health Ethics* 235 (special issue on NY City's public health programme) doi: 10.1093/phe/pht030.

One reason for thinking that these groundrules should be changed is that we judge that, where (mere) informational interests are at stake, the balance of benefits and burdens swings strongly towards the interests of researchers. However, to argue in this vein that the need for consent interferes with legitimate public interest purposes is to beg the question in favour of utilitarianism and to misrepresent the place and significance of informed consent. The question is not whether informed consent is a gratuitous obstacle to research in a society that is guided by a utilitarian outlook but whether it is a problem for a community of rights that has developed modern information technologies.

In a community of rights, public interest considerations will help to define the shape and scope of individual rights;[43] and, as we have said, there is much work to be done in sharpening up our thinking about the informational rights that we recognise both off-line and on-line. If, on analysis, we judge that no right is engaged, consent simply is not an issue–to reason otherwise is to commit the Fallacy of Necessity.[44] If, for example, we judge that information that concerns us, once anonymised, engages no informational rights, then researchers may use such information without getting covering consents. Indeed, as I have argued elsewhere, there might be cases in which we have positive responsibilities to assist researchers.[45] Even without that, there might also be cases (driven by more compelling rights than whatever informational rights are at stake) where researchers who press ahead without getting the informed consent of the relevant rights-holders might still be justified. For example, there might be a case where one of the informational rights is overridden by the conflicting right to life of an agent; and there might also be cases in which one informational right is overridden for the sake of another (more compelling) *informational* right.[46]

---

[43] Compare Deryck Beyleveld, 'Conceptualising Privacy in Relation to Medical Research Values' in Sheila A.M. McLean (ed), *First Do No Harm* (Aldershot: Ashgate, 2006) 151, 160-163.
[44] See Roger Brownsword, 'The Cult of Consent: Fixation and Fallacy' (2004) 15 KCLJ 223.
[45] See, Roger Brownsword, 'Rights, Responsibility and Stewardship: Beyond Consent' in Heather Widdows and Caroline Mullen (eds), *The Governance of Genetic Information: Who Decides?* (Cambridge: Cambridge University Press, 2009) 99.
[46] For a stimulating discussion of scenarios where it is arguable that data protection and privacy laws should be relaxed for the sake of the public interest, see Joel R. Reidenberg, Robert Gellman, Jamela Debelak, Adam Elewa, and Nancy Liu, *Privacy and Missing Persons*

None of this is to suggest that informed consent is a straightforward regulative principle. However, as a regulative principle, it must be mapped within a framework of rights; and it is simply inappropriate to try to dislodge it, and the covering rights, by silently presupposing a utilitarian regulatory environment or by appealing to the 'public interest' as a surrogate for Benthamite ethics.

Informed consent and broad consent
Is it correct to assert, as it is commonly asserted, that biobanking projects cannot operate with informed consent but, instead, need to have broad consent from participants? The short answer is that it is not: this simply confuses the authorisation of the act with the particular scope of the authorisation.

Recall the earlier discussion of confidentiality, where it was emphasised that A may agree to release information to B with many possible conditions as to the permissible further circulation of that information. In that earlier discussion, the main question was about the identity of the *persons*, other than B, who might be on the authorised circulation list. However, A's conditions, and B's undertaking, might equally well apply to the *purposes* for which the information should be available for further circulation. For example, A might impose no restriction on the onward circulation of the information provided that the purpose of onward circulation is that which moves A to inform B. So, while A might authorise B to circulate the information to anyone who needs to be aware of A's medical circumstances (for A's own benefit), or to anyone conducting health-related research, A might stipulate that the information is not to be circulated to companies who will process it for marketing purposes.

Once these points have been clarified, it is obvious that what biobankers require is that their participants give the project broad authorisation to pursue health-related research projects. If the researchers cannot say at the point of enrolment that the project will pursue only such and such specified research purposes, they need participants to grant broad consents that license the use of samples and data for a wide

After Natural Disasters (Washington DC and New York, NY: Center on Law and Information Policy at Fordham Law School and Woodrow Wilson International Center for Scholars, 2013).

range of purposes–biobankers, quite understandably, do not want to have to keep coming back to participants to vary the consent. In principle, this is a perfectly valid consent–a point, unfortunately, not recognised by the proposed data protection Regulation–and it is a huge mistake to think that any of this has any bearing at all on the need for informed consent at the point of enrolment.

Unless we think that agents have a responsibility to assist biobanking projects, the starting position is that agents have a right not to participate, a right not to give samples, and various informational rights in relation to their health and lifestyle. For biobankers to act in ways that would otherwise violate these rights, they need the informed consent of their participants. Once A has agreed to participate, there is then a further question about the scope of the authorisation to be given to the researchers–which is where broad consent enters the picture. If the biobank specifies that one of the non-negotiable terms and conditions for participation is that broad authorisation must be given, then participants must decide whether they wish to proceed. If they proceed, they do so on the basis of their informed consent; if they do not wish to participate on such terms, they walk away. In short, first, there has to be an agreement to participate; and this requires informed consent. Biobanks that operate with broad consent, with broad authorisation from participants, do not by-pass informed consent.

That said, it might be objected that this analysis misses the point. The point, it might be said, is that prospective participants, faced with a non-negotiable term for broad authorisation, might decide not to participate; and that, if this happens in too many cases, biobanks will not be able to recruit sufficient numbers of participants. In a community of rights, unless we think that there is a responsibility to participate, this indeed is what it might mean if rights are taken seriously. However, the broadside on this outcome should be focused not so much on informed consent as on the covering rights. If that really is the objection, then we need to see it for what it is–a utilitarian attack on rights, not a rights-based reservation about informed consent.

The fourth challenge: how should we respond to the failure to secure patient safety in health care facilities?

In 2013, following the publication of the report of the public inquiry into the Mid-Staffordshire NHS Foundation Trust (centring on the deaths of patients at Stafford Hospital), the banner headline on the front page of *The Times* bluntly warned: 'NHS: No one is safe'.[47] Introducing the report, Robert Francis QC paints a shocking picture of the suffering of hundreds of patients whose safety was ignored for the sake of corporate self-interest and cost control:

> The evidence gathered by the Inquiry shows clearly that for many patients the most basic elements of care were neglected. Calls for help to use the bathroom were ignored and patients were left lying in soiled sheeting and sitting on commodes for hours, often feeling ashamed and afraid. Patients were left unwashed, at times for up to a month. Food and drinks were left out of the reach of patients and many were forced to rely on family members for help with feeding. Staff failed to make basic observations and pain relief was provided late or in some cases not at all. Patients were too often discharged before it was appropriate, only to have to be re-admitted shortly afterwards. The standards of hygiene were at times awful, with families forced to remove used bandages and dressings from public areas and clean toilets themselves for fear of catching infections.[48]

For this deplorable state of affairs, blame and responsibility spread far and wide, from high-level commissions and regulators, to hospital managers and individual health-care workers. However, resisting pressure to single out scapegoats or to engage in yet more reorganisation, Francis emphasises that what is needed is 'common values, shared by all, putting patients and their safety first; we need, a commitment by all to serve and protect patients and to support each other in that endeavour, and to make sure that the many committed and caring professionals in the NHS are empowered to root out any poor practice around them.'[49]

---

[47] *The Times*, February 7, 2013.
[48] Press release available at http://www.midstaffsinquiry.com/pressrelease.html. For vignettes of patient experience at the hospital, see Independent Inquiry into Care Provided by Mid Staffordshire NHS Foundation Trust: January 2005-March 2009 (Volume 2) (HC 375-II) (2010).
[49] Chairman's statement, p. 4. Available at:
http://www.midstaffspublicinquiry.com/sites/default/files/report/Chairman%27s%20statement.pdf.

It should be emphasised that Francis is by no means the only person in the last year or two to have expressed grave concerns about patient safety. Indeed, one book after another, one front-page newspaper story after another, has highlighted the extent to which patients, both in and out of hospitals, are exposed to *unacceptable* risk.[50] It seems that everyone needs to be reminded (as per Francis) that the first rule of medicine is 'to do no harm' to patients and that, concomitantly, the interests of patients must come first.

How should we do this? Should we try to change the culture (in the way that Francis tries to do by making some 290 recommendations that are designed to change the hospital culture so that patients come first) or should we perhaps think about employing new technologies to create a safer environment? After all, much thinking about safer cities, and safer transport systems, and the like, draws on the latest technologies together with smart thinking in relation to design and architecture. If we copied across this strategy to hospitals and health care generally, would this be an advance in our regulatory approach?[51]

Surveillance technologies

Surveillance technologies might be employed in hospitals or other health-care facilities for many different purposes–and, as Tim Lahey has recently highlighted, some of these purposes will be more controversial than others.[52] Amongst the less controversial uses, Lahey lists the following examples:

> Greenwich Hospital in Connecticut conducts video monitoring for patients deemed at risk of falling. Nebraska Medical Center developed an unrecorded video-monitoring system for high-risk patients, such as those on suicide watch. Rhode Island Hospital was required to install recording equipment in operating rooms after multiple mistakes in surgery. And one company, Arrowsight, has developed

---

[50] See, e.g., Emily Jackson, *Law and the Regulation of Medicines* (Hart: Oxford, 2012); and Ben Goldacre, *Bad Pharma* (London: Fourth Estate, 2012).

[51] Compare Karen Yeung and Mary Dixon-Woods, 'Design-Based Regulation and Patient Safety: A Regulatory Studies Perspective' (2010) 71 *Social Science and Medicine* 502-509.

[52] Tim Lahey, 'A Watchful Eye in Hospitals' *The New York Times* (op ed) (February 16, 2014) (available at http://www.nytimes.com/2014/02/17/opinion/a-watchful-eye-in-hospitals.html) (last accessed February 23, 2014).

video-auditing technology to monitor clinician hand-hygiene practices at sinks and safety and cleanliness in operating rooms. These all seem like thoughtful uses.[53]

Nevertheless, the trade-off between privacy and patient safety merits careful attention. This being so, I suggest that, where our interest is in the use of surveillance technologies for the sake of patient safety, we should differentiate between cases where surveillance technologies are used (i) to protect patient, P, against himself and (ii) to protect patient, P, against the harmful acts of others.

In the first kind of case, the idea is to maintain surveillance of P lest P should act in ways that are harmful to P's health and safety. For example, there might be concerns that P (as in Lahey's reference to the Greenwich Hospital use) might injure themselves by falling or that they will, quite literally, self-harm; or it might be that P suffers from dementia and the technology ensures that P does not stray beyond the boundaries of a safe area; or it might be that the technology is in the form of sensors that alert P to various risk factors (such as elevated blood pressure). Quite apart from keeping an eye on P for P's own good, it is possible that some of these technologies might enhance P's freedom because, with surveillance (including RFID and GPS tracking), there is a safety net (e.g., in the case of an elderly P with dementia).

What objection, if any, might there be to the use of such technologies? If the technologies are imposed on P, albeit for well-intended paternalistic reasons, we might object that this involves an infringement of P's right to privacy. However, if P consents to the use of such technologies–and skating over whatever difficulties there might be in connection with the adequacy of P's consent[54]–this would authorise the acts of surveillance. The only question, then, would be whether there is some larger community interest in eschewing the use of such technologies (even where P consents).

The second kind of case is one where surveillance technologies are employed to prevent P being harmed by others (for example, by doc-

---

[53] Lahey (n 52).
[54] Generally, see Deryck Beyleveld and Roger Brownsword, *Consent in the Law* (Oxford: Hart, 2007).

tors, nurses, porters, other patients, visitors, trespassers, and so on). Again, Lahey cites some helpful examples. If the parties have consented to the surveillance, it is prima facie legitimate. However, in the absence of consent, where P's interests are prioritised over those of others, any impingement on privacy should be no more than is necessary and it should be proportionate. Although the shape of such a justification is familiar, there are a number of further considerations in this type of case that take us into much less well-charted territory. The point is that, where surveillance technologies are in operation and they are known to be in operation, then they signal that it is not in the interests of those who might harm P to do so because they will be seen and they are more likely to be detected.[55] The problem with this is that, where (as in the Francis Report) the strategy is to educate regulatees into putting the safety of patients first, the prudential signals transmitted by surveillance technologies might interfere with the internalisation of the core regulatory objective. In other words, the concern is that, even if patients are now safe, it is not because the value of prioritising patient safety has been internalised as the right thing to do.[56]

What if technologies are used in ways that incorporate 'harder' features in the regulatory environment, altogether designing out the choice that regulatees previously had. Here, we are contemplating technologies that speak only to what can and cannot be done, not to what ought or ought not to be done.[57] Once again, we can address the objections to the use of such surveillance–plus technologies where they are used (i) in a paternalistic way for P's own safety and (ii) in a protective way for P's safety relative to the potentially harmful acts of others.

---

[55] Compare the insightful analysis in Beatrice von Silva-Tarouca Larsen, *Setting the Watch: Privacy and the Ethics of CCTV Surveillance* (Oxford: Hart, 2011).
[56] For an instructive commentary on a broad range of concerns that can be provoked by the introduction of a camera in a university kitchen (to encourage cleanliness), see Edna Ullmann-Margalit, 'The Case of the Camera in the Kitchen: Surveillance, Privacy, Sanctions, and Governance' (2008) 2 *Regulation and Governance* 425. Significantly, one of the concerns expressed is that the camera might be ineffective and even counter-productive by displacing unclean practices. However, although there is an undercurrent of concern about the negative impact of the camera on the community's culture, it does not quite articulate as a concern about the 'complexion' of the regulatory environment.
[57] See Mireille Hildebrandt, 'Legal and Technological Normativity: More (and Less) than Twin Sisters' (2008) 12.3 *TECHNE* 169.

In the first case, the objections are limited where P consents to the hard design–for example, where P agrees that the surveillance technologies, instead of alerting him to the fact that he is stepping out of bounds, actively disable him from doing so. However, if the hard design has not been authorised in this way, then we should question whether such paternalistic measures for the protection of P (who might well be unaware of the technologies that are in operation for his surveillance) are justified.

Where hard technologies are introduced to guarantee non-harming conduct, the resulting conduct is not explained by the prudential choices of regulatees, even less by their moral judgments. In a moral community, it is when code and design leave regulatees with no option other than compliance that the legitimacy of the means employed by regulators needs urgent consideration. For, even if the technology channels regulatees towards right action, the secured pattern of action is not at all the same as freely opting to do the right thing. P might be protected from the potentially harmful acts of others, but moral virtue, as Ian Kerr protests, cannot be automated.[58] The point is that the shift from law (or ethics) to technological instruments changes the 'complexion' of the regulatory environment in a way that has deep moral significance.[59] Instead of guiding regulatees by prescribing what ought or ought not to be done, the only question is what in practice can be done.

Arguably, it is in the nature of a moral community that it can tolerate only so much hard technological management; there must remain ample opportunities for humans to engage in moral reflection and then to do the right thing–indeed, to express their human dignity by doing the right thing for the right reason. So, the cumulative effect of adopting hard technological fixes needs to be a standing item on the regulatory agenda.[60] If we knew just how much space a moral community needs to safeguard against the automation of virtue, and if we had some kind of

---

[58] Ian Kerr, 'Digital Locks and the Automation of Virtue' in Michael Geist (ed), *From 'Radical Extremism' to 'Balanced Copyright': Canadian Copyright and the Digital Agenda* (Toronto: Irwin Law, 2010) 247.

[59] See, further, Roger Brownsword, 'Lost in Translation: Legality, Regulatory Margins, and Technological Management' (2011) 26 *Berkeley Technology Law Journal* 1321-1365.

[60] Karen Yeung, 'Can We Employ Design-Based Regulation While Avoiding Brave New World?' (2011) 3 *Law, Innovation and Technology* 1.

barometer to measure for this, we might be able to draw some regulatory red lines. In the absence of such measuring instruments, a precautionary approach should be adopted.

Caring robots
Amongst the key elements of the Francis Report are proposals for the better training of health-care workers. Suppose, though, that we could staff our hospitals in all sections, from the kitchens to the front reception, from the wards to the intensive care unit, from accident and emergency to the operating theatre, with robots. Moreover, suppose that all hospital robot operatives were programmed (in the spirit of Asimov's laws) to make patient safety their top priority.[61] Is this the way forward?

Provided that a precautionary strategy is followed, with robots being introduced slowly to perform low risk functions, and provided that engineers learn from any instances of robot malfunction, we can plausibly imagine a hospital of the future where the operatives are robots. After all, there are a number of hospitals that already utilise pharmacy dispensing robots. If robots can make the provision of pharmacy services safer, then why, we might wonder, should we not generalise this good practice?

One reason is that, at least in the early days of the development of the technology, many humans will not feel comfortable in the company of their robot carers. Even if the technologies are reliable, many humans might prefer to be treated in hospitals that are staffed by humans;[62] and where human carers do their job well, it is entirely understandable that many will prefer the human touch. Still, none of this should present a serious regulatory problem. Patients can be given appropriate choices: some may elect to be treated in a traditional robot-free hospital (with the usual warts and waiting lists), others in 24/7

---

[61] According to the first of Asimov's three laws, 'A robot may not injure a human being or, through inaction, allow a human being to come to harm.' See http://en.wikipedia.org/wiki/Three_Laws_of_Robotics (last accessed July 10, 2013).

[62] See, Michael Fitzpatrick, 'No, robot: Japan's elderly fail to welcome their robot overlords' BBC News, February 4, 2011: available at http://www.bbc.co.uk/news/business-12347219 (last accessed July 10, 2013).

facilities that involve various degrees of robotics (and, in all likelihood, rapid admission and treatment).

Nevertheless, is there not something deeply ethically disturbing about the idea of, say, robot nursing care, of Nursebots who can 'do care' but without actually caring about humans?[63] Where we are troubled by a technological development that is not obviously harmful to human health and safety, damaging to the environment, or invasive of human rights (to privacy, expression, and so on), we often appeal to the concept of human dignity to mark our concern.[64] Should we add Nursebots to this list? Would Nursebots diminish our humanity?

Recalling the shocking images of the Francis Report, we might respond that the outstanding problem with the level of human nursing care at the hospital was that it was an affront to human dignity. In one sense–by no means an unimportant sense–the circumstances in which some patients were left was 'undignified' or involved an 'indignity'. However, the compromising of human dignity that we are looking for is one that strikes at our essential humanity. Might it be objected, for example, that humans are commodified by the lack of authenticity in the care given by Nursebots? Or, is it plausible to object that humans abdicate their responsibilities to care for one another by delegating the task to robots? While I do not find either objection persuasive, there is clearly a debate to be had. Having already discussed this elsewhere, I leave the question on the table for further reflection.[65]

Taking stock, we can see that there are many difficult questions raised by the vision of hospitals that secure patient safety by technological means. For moral communities, these questions intensify as the regulatory environment progressively hardens. With the rapid development of a range of technologies that might serve for such safety purpos-

---

[63] Compare Sherry Turkle, *Alone Together* (New York: Basic Books, 2011).
[64] See Roger Brownsword, 'Human Dignity, Human Rights, and Simply Trying to Do the Right Thing' in Christopher McCrudden (ed), *Understanding Human Dignity* (Proceedings of the British Academy 192) (Oxford: The British Academy and Oxford University Press, 2013) 345.
[65] See Roger Brownsword, 'Regulating Patient Safety: Is it Time for a Technological Response?' (2014) 6 *Law, Innovation and Technology* 1.

es, it is imperative that, in both specialist regulatory circles and in the public square, there is a broad conversation about the acceptability of 'techno-regulation'.[66]

Hence, although the regulatory environment for patient safety undoubtedly needs a radical overhaul, technological fixes–especially for communities with moral aspirations–are more problematic than we might at first imagine. Moralists, in company with Francis, want everyone involved in health care to try to do the right thing; but they want doctors and nurses to do this freely, not because the technologically managed environment gives them no other option.

Conclusion

In a time of rapid change, there needs to be a democratisation of the debates about health care as well as about the push towards the technological management of risk; questions of effectiveness, economy, and efficiency are important but we also need to be assured that we are doing the right thing. Bioethics needs its centres of excellence–of which the Biomedical Law Centre at the University of Coimbra is an outstanding example–but it also needs to be part of our everyday discourse.[67] Having had the vision to launch the Centre–a timely initiative if ever there was one–Professor Guilherme de Oliveira has already done more than his fair share to encourage the development of a bioethics that is fit for

---

[66] See Roger Brownsword, 'What the World Needs Now: Techno-Regulation, Human Rights and Human Dignity' in Roger Brownsword (ed), *Human Rights* (Oxford: Hart, 2004) 203; and *Rights, Regulation and the Technological Revolution* (Oxford: Oxford University Press, 2008). For one sign of a growing awareness of this concern, see Viktor Mayer-Schönberger and Kenneth Cukier, *Big Data* (London: John Murray, 2013) at 162:
Perhaps with such a [big data predictive] system society would be safer or more efficient, but an essential part of what makes us human–our ability to choose the actions we take and be held accountable for them–would be destroyed. Big data would have become a tool to collectivize human choice and abandon free will in our society.
See, too, reliance on democratic decision-making in Neil Levy, 'Ecological Engineering: Reshaping Our Environments to Achieve Our Goals' (2012) 25 *Philosophy and Technology* 589-604 (but Levy's proposal is for light paternalistic management of the environment, rather than 'on-board' controls, in order to channel agents in ways that are compatible with their own longer-term stable preferences).
[67] Compare Nuffield Council on Bioethics, *Emerging Biotechnologies: Technology, Choice and the Public Good* (London, December 2012).

our times; and it is a great pleasure to honour his achievements. Looking forward, my wish, of course, is that Professor de Oliveira will enjoy a long and happy 'retirement' during which my hope is that he will continue to engage with the challenges of bioethics and to spread his wisdom in the larger community.

Deontologia e bioética

Fernando Gomes*

A razão das linhas que se seguem assenta na homenagem que se pretende fazer a um homem, um mestre, que dedicou grande parte da sua vida a criar uma instituição e a pensar sobre uma matéria, o Direito Biomédico, que sendo transversal nas humanidades, tem como alvo o Homem na sua plenitude.

Guilherme de Oliveira, é, além do mais, um amigo, merecedor desta singela homenagem.

Foi-me proposto o tema Deontologia e Bioética.

Não sendo filósofo, eticista, sociólogo, teólogo ou especialista no Direito, resta-me utilizar a minha condição de médico, neurocirurgião, com alguma experiência de parlamentar, sindicalista, dirigente da Ordem dos Médicos, para passar ao papel alguns testemunhos subordinados ao tema em epígrafe. Mais de quatro décadas dedicadas aos doentes obrigam-me a pensar num percurso do comportamento como profissional que se inicia num período em que o médico tudo decidia, rapidamente evoluindo para a afirmação dos princípios da autodeterminação e do consentimento informado que se deseja, esclarecido e esclarecedor. Sendo a evolução da postura médica e das suas implicações na relação terapêutica, mas também a evolução científica e tecnológica, algumas

* Neurocirurgião

das questões que desde sempre me ocuparam o pensamento, a preocupação agudiza-se quando, em final de carreira, me iniciei nas artes da Psicocirurgia, tratando doentes, mas simultaneamente alterando-lhes comportamentos e pensamentos, com tudo o que tem de apaixonante mas também de assustador.

O conceito Ética provém das palavras gregas *ethos*, *ethiké* ou *ethikos*, que significa "carácter" e é o ramo da Filosofia que em Sócrates, Aristóteles ou Epicuro se ocupa do estudo dos juízos de apreciação que permitem distinguir o bem do mal, o correcto do incorrecto, o justo do injusto, ou seja aquilo que determina a conduta dos indivíduos fazendo-os escolher entre o correcto e o incorrecto e as normas pelas quais a sociedade se rege. Embora o cidadão comum não o tenha frequentemente presente, esta é a matriz etimológica e cultural em que se inscreve a expressão "é um homem de carácter" quando nos referimos a alguém de reconhecidos princípios e valores éticos.

Deontologia provém de *déon*, *déontos* que significa dever e de *lógos* que se traduz por discurso ou tratado e, assim, será o discurso ou o tratado do Dever ou o conjunto de deveres, princípios e normas adoptadas por um determinado grupo profissional.

Enquanto a ética não é coerciva, ou seja, as suas normas não são leis e não há penalização para o seu incumprimento, a deontologia enquanto disciplina da ética adaptada ao exercício de uma determinada profissão, expressa-se através de códigos que não se limitam a expressar princípios éticos mas estabelecem normas e procedimentos e muitas vezes não têm uma função meramente reguladora mas propõem sanções para o incumprimento das normas que consagram.

Os códigos deontológicos baseiam-se, muitas vezes, nas grandes declarações universais e estas, por sua vez, têm por base a ideia de direitos humanos. Sem querer entrar na discussão filosófica do conceito de direitos naturais ou na discussão sobre a origem cultural dos direitos do Homem, da sua criação ou da sistematização, do seu universalismo ou das questões do relativismo cultural, a verdade é que os códigos deontológicos incorporam os princípios éticos subjacentes ás grandes declarações universais, enquanto regulam e codificam as normas que regem determinadas profissões ou áreas de actividade.

Embora o seu objectivo seja o de garantir a correcção ou a justeza de procedimentos pelo conjunto dos profissionais que se ocupam de determinada actividade, não é despiciendo o risco de pretenderem ocasionalmente instituir normas sobre questões que dizem respeito a toda a sociedade, apenas na perspectiva ou até no interesse de um determinado grupo profissional. Por outro lado, deve ser uma preocupação que os códigos deontológicos não sejam só ditados pelos profissionais a quem respeitam e não sendo, pois, um verdadeiro exercício de autorregulação, se tornem instrumentos de outros interesses.

O termo "Bioética" foi utilizado pela primeira vez pelo pastor protestante alemão Paul Max Fritz Jahr, em 1927, num artigo que tratava do relacionamento ético entre o Homem os animais e as plantas, ou seja o relacionamento ético entre as formas de vida.

A partir dos anos 70 o termo foi retomado aplicando-se mais concretamente aos juízos de apreciação dos comportamentos correctos na área da saúde e da doença dos seres vivos de algum modo procurando responder a novas questões colocadas pelo desenvolvimento tecnológico, e tentando resolver conflictos desencadeados entre aquilo que o conhecimento científico nos permite e aquilo que a ética nos impõe. Pretende de alguma forma gerir o conflito entre fazer aquilo que é tecnologicamente possível e aquilo que é eticamente admissível.

Dos quatro princípios fundamentais que sustentam a Bioética, autonomia, beneficência, não maleficência e justiça, são os dois primeiros que levantam as verdadeiras questões. Não há grande possibilidade de discussão sobre a imperiosidade de não causar mal intencionalmente. Já o princípio da justiça, que pressupõe proporcionar a todos as mesmas possibilidades de tratamento, é muito frequentemente desrespeitado num mundo cheio de desigualdades económicas e sociais.

O principio da autonomia é referido em muitos textos como o pressuposto pelo respeito por todas as pessoas, reconhecendo-lhes o direito de tomarem as suas próprias decisões. Refere-se o princípio de autonomia como um direito das pessoas doentes e da sua liberdade de escolha sobre decisões que lhes dizem respeito. Podemos legitimamente questionarmos se este princípio não se refere também à autonomia dos outros actores, os médicos? Porque é a eles que se referem os outros princípios. Não fazer mal intencionalmente, proporcionar a todos as mesmas possibilidades e promover sempre o interesse do doente.

E ao falarmos de Deontologia e Bioética será que estamos a falar de conceitos sempre concordantes e sinérgicos? É uma interrogação que se nos coloca.

Para alguns a Bioética nasce como uma reacção à Deontologia Hipocrática, sobrepondo o princípio da Autonomia ao princípio da Beneficência, tendo como início o pós-guerra e o julgamento dos crimes nazis que originaram o Código de Nuremberga. A Bioética surgiria, então, dum processo crítico, favorecido pela crise da autorregulação da medicina e dos seus actores principais, os médicos.

Tratar-se-ia pois de um combate, e quando falamos em combate temos que explicitar melhor, de uma luta pelo Poder.

É uma tentação simplista, a meu ver, própria de quem só conhece o preto e o branco desconhecendo as imensas tonalidades do cinzento. Se formos por aí rapidamente estamos a catalogar os bons e os maus e a ter que tomar partido numa cruzada libertadora ou a começar a cavar trincheiras defensivas.

É nesta linha que poderemos entender um movimento de opinião, dentro da própria bioética, procurando reduzir o seu âmbito ao de uma deontologia profissional, colocando as comissões de ética como modelos da profissionalização em bioética. Quem sabe da ciência senão os cientistas? Se bloquearmos as comissões de ética à participação de outros saberes, ou pior, se o poder de decisão couber à cientificidade, apesar da presença de vários figurantes, a vitória será da beneficência. Mas se o poder residir num funcionamento equilibrado ganha a autodeterminação, ganha a sociedade. Mas se o poder estiver no lado da Moral corre-se o risco de, sustentando-se em princípios no abstracto, se matar, na prática, a liberdade conquistada com o privilégio da autodeterminação sobre a beneficência. Esta profissionalização das comissões de ética para a investigação veio, curiosamente no berço da Bioética, os USA, merecer o qualificativo, redutor da própria Bioética, de "Instituto das Permissões Científicas".

Atentemos a dois exemplos vividos e, dos factos, tentemos extrair alguns ensinamentos. Referir-me-ei só a dois dos temas em que poderíamos encontrar "atritos" entre a Deontologia e a Bioética.

O primeiro refere a revisão da Declaração de Helsínquia e poderíamos intitulá-lo: De Seoul (2008) a Fortaleza (2013). O segundo tem a ver com o Parecer 64/2012 do Conselho Nacional de Ética para as Ciências da Vida.

De Seoul 2008 a Fortaleza 2013

Como é do conhecimento geral a Declaração de Helsínquia surge em 1964 tendo como autora a WMA (World Medical Association), que agrupa organizações médicas no mundo com poderes de autorregulação, e procura a explicitação de princípios éticos que devem regular a pesquisa com seres humanos.

Aquando do seu surgimento imediatamente surgiram críticas no campo da ética. Delas nos dá conta António Fernando Cascais ao escrever:

"... Invocando como modelo o Código de Nuremberga, a Declaração de Helsínquia consubstancia realmente uma alternativa a ele, sobretudo na medida em que coloca à cabeça dos requisitos formais de legitimidade da experimentação biomédica em seres humanos o rigor científico dos projectos de investigação, em vez do requisito da obtenção do consentimento informado que, classificado de absolutamente essencial no Código de Nuremberga, neste consagrava o respeito da autonomia individual. Ora o privilégio da cientificidade da actividade biomédica, na Declaração de Helsínquia, implica necessariamente que a avaliação do rigor científico de um protocolo de experimentação biomédica seja em exclusivo cometida àqueles que se encontram dotados da competência necessária para a ela procederem, isto é, os próprios médicos-cientistas. Por esta via, a Declaração de Helsínquia configura uma tentativa de recuperação do privilégio da auto-regulação das actividades biomédicas, porquanto só os próprios pares, iniciados na tecnociência biomédica, são detentores das qualificações imprescindíveis para a avaliação da cientificidade daquelas (Cascais, 1998). O que significa, no mesmo gesto, que a caução ética da experimentação biomédica é inteiramente subsumida pelos critérios de cientificidade. Por outras palavras, as que, aliás, os próprios médicos-cientistas se comprazem em usar, a boa ciência é, por si só, portadora de bondade ética, o que faz com que ela se apresente, nessa exacta medida, como garantia suficiente da salvaguarda dos interesses das pessoas sobre que incidem as actividades biomédicas, quer experimentais, quer terapêuticas, quer preventivas. Não é outro o privilégio da beneficência médica, cuja inspiração remonta, em última análise, à medicina hipocrática, mas que a comunidade médica hoje recupera através do filtro da cientificidade: deste ponto de vista, a boa ciência não pode deixar de ser beneficente e a racionalidade da biomedicina é auto-suficiente quanto à definição da sua eticidade na proporção directa em que o é quanto ao estabelecimento das condições da sua cientificidade."

Mas será isto verdade e estaremos perante uma luta pelo poder entre os médicos-cientistas e os cidadãos autónomos? Pensamos que não e os factos que descrevo a seguir vão no sentido de demonstrar que outros são os poderes que protagonizam esta disputa.

Em 2006 era notícia que a Food and Drug Administration (FDA) dos USA não estava satisfeita com as revisões da Declaração de Helsínquia (DoH) de 2000 e de 2004, no que diz respeito a dois parágrafos referentes à limitação do uso dos placebos na experimentação de drogas e no aumento das responsabilidades dos patrocinadores em relação aos participantes nas experiências.

A isto não será estranha a decisão do Supremo Tribunal Americano no caso das indemnizações aos familiares das crianças que morreram na Nigéria num ensaio clínico de tratamento da meningite com a trovafloxacina da Pfizer, considerando que a Declaração (e outras convenções) constituíam norma consuetudinária suficiente a ser aplicada.

A FDA começou por decidir que só reconhecia a DoH de 1989 e em Abril de 2008 publicou a sua controversa decisão de abandonar a DoH como guia ético para ensaios clínicos realizados fora dos USA.

Em Outubro de 2008, em Seoul, uma agitada Assembleia Geral da WMA aprovava, sobre forte pressão dos representantes dos USA e seus aliados, a substituição do artigo 29º, que proibia o uso do placebo quando existiam medicamentos ou terapêuticas eficazes, através de uma redacção que abriu a porta à utilização do placebo, mesmo existindo terapêuticas eficazes, invocando para tal razões de metodologia científica.

A Ordem dos Médicos portuguesa votou contra esta alteração, com um grupo de países que reunia a Espanha, países da América Latina, África do Sul e outros, liderado pelo Brasil através do Conselho Federal de Medicina. Foi uma votação claramente minoritária dado o número de votos ser proporcional ao número de médicos que cada organização representa e a uma forte "diplomacia de corredores", por parte dos representantes dos USA, Japão e Índia.

O escândalo da aprovação de uma tal alteração que, mais ou menos mascarada, é na prática a liberdade de utilizar placebos privando doentes de medicamentos já reconhecidamente eficazes, em nome da ciência, mas na verdade ao serviço do interesse dos infinitos negócios da indústria farmacêutica, teve honras de contestação em Editorial do conceituado British Medical Journal, em 2009, do qual não resisto, por esclarecedor, a citar este último parágrafo:

"... The FDA is at best acting as if its standards are distinct from globally accepted norms by pressuring the declaration to agree to its demands. At worst, it is creating an impression that is more interested in facilitating research than respecting the rights of people who are the subjects of research. This as been variously depicted as entrenching different standards for different parts of the world (ethical pluralism), establishing the US's right to unique policies (exceptionalism), and one country imposing standards on others (moral imperialism). We must hope that the new administration in Washington will review the FDA's ill advised actions."

Infelizmente a esperança que os Editorialistas do BMJ manifestavam veio a revelar-se gorada como veremos.

Na Sessão 191ª do Conselho da WMA, realizada em Praga em Abril de 2012, foi aprovada uma metodologia para a revisão da DoH, aparentemente mais democrática: um grupo de trabalho com presidência alemã, um convite à consulta pública e conferências em três continentes (Roterdão, Cidade do Cabo e Tóquio). Podia constatar-se que havia uma pressão para aprovar a revisão da DoH na Assembleia Geral da WMA prevista para Fortaleza em Outubro de 2013. As pressões vinham de vários lados, indústria e governos, sendo disso exemplo a escusa do representante da Associação Médica Americana em expressar uma opinião enquanto não chegava a posição da Secretaria de Estado Americana. E isto passou-se durante a conferência na Cidade do Cabo.

Em Maio de 2013, reuniu em Ponta Delgada, Açores, o Forum Ibero-Americano de Entidades Médicas (FIEM), tendo este assunto sido debatido e sido aprovada a estratégia a seguir pelas entidades médicas dos países presentes (Portugal, Brasil, Espanha, Argentina, Uruguai, Chile, Bolívia, Perú, Venezuela, Costa Rica, México). Foi aprovada a resposta da Ordem dos Médicos portuguesa que assentava em dois pontos. Procurar retirar a utilização do placebo quando existam terapêuticas eficazes e se constatássemos a impossibilidade de alcançar tal desiderato, introduzir no capítulo do consentimento informado uma referência explícita a que o paciente teria que ser informado que estava a autorizar a participação num ensaio clínico em que poderia ser utilizado placebo mesmo existindo terapêuticas eficazes. Transferia-se assim para a autonomia do doente, apesar de sabermos quanto ela pode ser condicionada até por razões económicas, a decisão final corrigindo-se na medida do possível, o "entorse" ético gerado em Seoul.

Coordenei pessoalmente esta estratégia, enviando a nossa proposta, participando na reunião em Washington para análise das propostas resultantes da discussão pública e coordenando as intervenções em sua defesa em Fortaleza. Mas a sobranceria do poder nem sequer aceitou incluir o reforço explícito no consentimento informado. Assim, exigimos a votação em separado do artigo sobre o placebo e votámos contra, conjuntamente com os países do FIEM (exceptuando o Brasil agora representado pela Associação Médica Brasileira), o Vaticano e o Gana. E assim vingou, no conceito expresso pelos editorialistas do BMJ, o Imperialismo Moral.

O texto da Declaração adoptado em Fortaleza traduz uma alteração na sistematização, em relação à do texto anterior. Foram introduzidos subtítulos que descrevem as questões tratadas em cada grupo de parágrafos, permitindo uma melhor compreensão dos princípios éticos para a investigação médica em humanos. As modificações redaccionais procuraram clarificar os conceitos e por outro lado harmonizar a terminologia utilizada e, embora isso nem sempre se verifique, do ponto de vista material a maioria das alterações foram assumidas no sentido do reforço das garantias individuais das pessoas implicadas na investigação clínica.

Quanto à utilização do placebo as modificações foram quase todas de natureza redaccional. Como inovação acrescentou-se a utilização do termo "intervenção menos eficaz" aos termos placebo e ausência de intervenção, adicionando-se assim um novo conceito que pode gerar uma confusão interpretativa maior.

Votámos contra estas propostas de alteração em Seoul e em Fortaleza pois a deontologia médica não considera eticamente aceitável que se coloquem razões metodológicas ou científicas acima da razão humana.

Em nossa defesa evocámos como "testemunhas":
– Claude Bernard na sua *Introduction à l'étude de la médecine expérimentale* (1865): " Le principe de moralité médicale et chirurgicale

consiste donc à ne jamais pratiquer sur un homme une expérience qui ne pourrait que lui être nuisible à un degré quelconque, bien que le résultat pût intéresser beaucoup la science, c'est-à-dire la santé des autres".
- O Código de Nuremberga (1947), em especial nos seus números 4, 6 e 7.
- A Declaração de Genebra (1948), "... A Saúde do meu paciente será minha primeira preocupação...".
- O Protocolo adicional à Convenção sobre os Direitos do Homem e a Biomedicina, relativo à pesquisa biomédica (2005):
Artigo 3º – Primazia do ser humano – O interesse e o bem estar do ser humano que participa numa pesquisa deve prevalecer sobre o interesse único da sociedade ou da ciência.
Artigo 4º – Ausência de alternativa – Uma experiência no ser humano só poderá ser feita senão existir alternativa de eficácia comparada.
- A Carta Europeia de Ética Médica (2011), em especial nos seus Princípios 2, 3, 6, 7 e 8
- O Código Deontológico da Ordem dos Médicos, em especial os artigos 76º e 79º

Parecer nº 64/2012 do CNECV

Tudo começa com um pedido de parecer do sr. Ministro da Saúde em 09/05/2012, onde se pode ler:
"Ao abrigo da alínea c, nº 1, artº 6º da Lei 24/2009, solicita-se ao Conselho nacional de Ética para as Ciências da Vida (CNECV) a elaboração de Parecer sobre a implementação de medidas que visem a racionalização da oferta de tecnologias de saúde, em particular de medicamentos, no quadro da sustentabilidade do SNS, havendo a necessidade de garantir o acesso aos cuidados de saúde a todos os cidadãos, o que implica uma gestão muito criteriosa de gestão de recursos técnicos e financeiros. Agradecemos um enfoque sobre as medidas que estão a ser implementadas por vários hospitais no sentido de se agregarem para aquisição entre outros de:
a) Três grupos de fármacos: mais recentes medicamentos na área dos retrovirais em doentes HIV+, oncológicos e *demards* (agentes modificadores da artrite reumatóide) biológicos;

b) Medicamentos considerados essenciais em detrimento de outros, muitas vezes ainda nem aprovados em Portugal, com relação de custo vs valor terapêutico muito menor ou duvidoso. "

A este pedido responde o CNECV com o seu parecer nº 64/2012, de Setembro de 2012, intitulado : **Parecer sobre um modelo de deliberação para financiamento do custo dos medicamentos**.

A polémica estala quando o CNECV teoriza utilizando o termo **racionamento**, propondo passar do racionamento implícito ao racionamento explícito e tudo isto num contexto :

"... Neste sentido, tem-se presente que "a restrição orçamental está claramente estabelecida ao nível da despesa pública em medicamentos, por via do Memorando de Entendimento assinado com a Comissão Tripartida Comissão Europeia – Banco Central Europeu – Fundo Monetário Internacional. Dada esta restrição clara, é importante saber qual o grau de exigência presente. A resposta é igualmente clara – é uma condição de grande exigência. Obriga a baixar em cerca de 1/3 a despesa pública em medicamentos face a Outubro de 2010. Vale a pena ver com alguma atenção os números envolvidos" (Pita Barros, 2011).

Em qualquer caso, porque há uma dimensão ética no **racionamento** de cuidados de saúde que importa explicitar, este **racionamento** – quando exista – deve ser tornado transparente aos cidadãos e profissionais de saúde, valorizando os recursos disponíveis como um inestimável bem social ao serviço da solidariedade e universalidade. ..."

E mais adiante:

" ... O ponto está em que se passe do atual **racionamento implícito** – que muitos defendem há décadas como eticamente e politicamente inaceitável (Sulmasy, 1992) e que está ao sabor de contingências múltiplas, por vezes unilaterais, dos clínicos ou de outros decisores hospitalares – para uma escolha e **racionamento explícito** e transparente, em diálogo com os cidadãos que devem ser informados (porque nada substitui a participação democrática), para que assim se mantenha intacta a confiança dos doentes nos profissionais de saúde e no SNS e maximize a responsabilidade dos decisores. ..."

Num interessante enquadramento teórico, e como tal discutível, acaba por considerar a existência de duas diferentes perspectivas no contexto do Parecer. Uma puramente normativa que, sugere o Parecer poderá vir a funcionar como uma possível metodologia para encontrar consensos quanto aos princípios orientadores das diferentes opções políticas. E outra:

" ... A segunda perspectiva deve considerar **o que a Bioética deve fazer quando não é possível atingir consensos ou compromissos** sobre os princípios que resolvam as divergências nos itens referidos anteriormente. Na impossibilidade de conseguir consensos ou compromissos no que se refere aos princípios da justiça distributiva, **não resta outra alternativa senão deixar para os órgãos governativos a resolução justa e legítima do desacordo moral. ...**"

Foram estas considerações, sublinhadas a negrito, que motivaram a polémica, que por vezes teve aspectos caricatos, que levou a Ordem dos Médicos, em nome da Deontologia Médica, a aparecer como contestatária. Vivia-se um momento que tinha passado pela "guerra" dos genéricos e da utilização da prescrição por DCI e o "economicismo" na Saúde estava na Ordem do Dia.

Os pomos da discórdia foram a utilização e aceitação da palavra racionamento, defendendo-se a passagem do implícito, considerado inaceitável, para o explícito, esse já aceitável e a confusão entre Bioética e Moral, implícita no texto da segunda perspectiva. A isto acresceu, e pôs a polémica ao rubro, o reconhecimento implícito do CNECV da impotência da Bioética, com a conclusão explicita de que as resoluções devem caber aos órgãos governativos.

Curiosamente as 13 conclusões do Parecer não falam em racionamento, mas sim em racionalização, e parecem-nos claramente adequadas à Deontologia Médica.

Os dois exemplos escolhidos, e apenas em duas áreas, a da investigação humana e a do racionamento dos tratamentos, procuraram demonstrar que não podemos inferir que as razões da aparente luta pelo poder, entre os médicos com a sua deontologia e por outro lado a Bioética, são o justificativo para a situação actual.

Num mundo em que a mercantilização da saúde e da investigação farmacológica movimentam biliões, e o crescente aumento das desigualdades são a regra, revela-se, na minha opinião, cada vez mais importante a defesa da autonomia e da autorregulação dos médicos.

Temos de ter consciência de que o que está em causa já não é uma guerra entre o paternalismo e a autodeterminação. Esta tem sido, por vezes, a desculpa utilizada para atacar a autonomia e a autorregulação profissional.

A autonomia profissional e a autorregulação reforçam-se na Confiança. Na confiança de que os médicos trabalham na defesa dos melhores interesses dos doentes e da sociedade, desenvolvendo e reforçando altos padrões de qualidade terapêutica, desenvolvendo e reforçando os seus códigos de ética e tendo a vontade e a força suficientes para remover as "maças podres". Poderíamos mesmo dizer que a preservação da autonomia dos profissionais deve ser um Direito dos doentes.

A complexidade da profissão torna ineficaz uma regulação feita por outros, de forma administrativa. Sem uma autorregulação profissional é a autonomia, dos médicos e dos doentes, que está em risco.

Torna-se pois necessário defender um Contrato Social entre os médicos e a sociedade em que a Confiança é o principal alicerce.

Este Contrato Social, é atacado diariamente pelos Governos que pretendem mais controlo, mais reduções de custos e distração das restrições orçamentais, utilizando os pseudoargumentos de que há corrupção, há incompetência e que "eles, corporativamente, defendem-se todos uns aos outros".

A autonomia profissional e a autorregulação, lidas como o reger-se pela Deontologia, são para mim, neste momento, as formas mais relevantes de defender os três bens jurídicos mais importantes para o ser individual: a Vida, a Privacidade e a Autodeterminação.

Bibliografia Consultada

Bernard, Claude (1865), *Introduction à l'étude de la médecine expérimentale*, Éditions Garnier-Flammarion, Paris, 1966

Burgess, L.J., Pretorious, D. (2012), *FDA abandons the Declaration of Helsinki: The effect on the ethics of clinical trail conduct in South Africa and other developing countries,* The South African Journal of Bioethics & Law, vol 5, No 2.

Cascais, A.F. (2006), *A Experimentação humana e a crise da auto-regulação da biomedicina*, Análise Social, vol. XLI (181), 1011-1031

Conseil Européen Ordres Médecins, Kos (2011) *Charte Européenne d'Ethique Médicale* http://www.ceom-ecmo.eu/charte-europeenne-dethique-medicale-51

Conselho da Europa, (2005), *Additional Protocol to the Convention on Human Rights and Biomedicine, concerning Biomedical Research,* http://conventions.coe.int/Treaty/EN/Treaties/Html/195.htm

Conselho Nacional de Ética para as Ciências da Vida, *Parecer nº 64/CNECV/2012 sobre um Modelo de Deliberação para financiamento do custo dos medicamentos,* www.cnecv.pt/pareceres.php?y=2012

Goodyear, M.D.E, Lemmens, T., Sprumont, D., Tangwa, G., (2009), *Does the FDA have the auhtority to trump the Declaration of Helsinki ?,* British Medical Journal, 338, Editorial, 1559

Ordem dos Médicos, *Regulamento nº 14/2009,* Diário da República, 2ª série – nº 8 – 13 de Janeiro de 2009

Ramon de La Feria (2007), *Bioética, Reflexões a propósito,* Edições Cosmos

Tribunal Internacional de Nuremberga (1947), *Código de Nuremberga,* www.gtp.org.br/new/documentos/**nuremberg**.pdf

Wolinski, H. (2006), *The battle of Helsinki: Two troublesome paragraphs in the Declaration of Helsinki are causing a furore over medical research ethics,* EMBO Reports, 7 (7), 670-672

Coimbra, 25 de Abril de 2015

The research methodology in health law

MARIA CÉLIA DELDUQUE*
SANDRA MARA ALVES**

SUMMARY: Legal research is usually limited to the field of analysis of doctrine and jurisprudence and also knowledge of legal-formal immediate sources. In the case of health law, whose central theme – health – has a great dynamism, requires not only the analysis of the wording of normative acts and judicial decisions. The facts lining these acts, permeated by biomedical, political, social, economic issues, among others, deserve analysis arising from other sources of knowledge and scientific methodology, combined with the hermeneutical method, are capable of conferring scientific approach more consistent with the complexity of the health law.

Keywords: health law; research methodology, legal hermeneutics

RESUMO: A pesquisa jurídica costuma limitar-se ao campo da análise de doutrina e jurisprudência, e ainda, do conhecimento das fontes imediatas jurídico-formais. No caso do direito sanitário, cujo tema central – saúde – possui uma grande dinamicidade, exige não apenas a análise da letra de atos normativos e

---

* Post-doctorate, University of Cantabria, Spain. PhD in public health and Specialist in health law at University of São Paulo. Deputy researcher at Oswaldo Cruz Foundation Brasilia, Brazil.
** Master's degree in Social Policy at University of Brasilia. Specialist in health law. Collaborating researcher at Fiocruz Brasilia, Brazil. Member of the Ibero-American network of health law.

decisões judiciais. Os fatos que revestem estes atos, permeados de questões biomédicas, políticas, sociais, econômicas, entre outras, merecem análise oriunda de outras fontes do conhecimento e da metodologia científica que, aliadas ao método hermenêutico, se revelam capazes de conferir abordagem científica mais condizente com a complexidade do direito sanitário.

Palavras Chave: direito sanitário; metodologia de pesquisa, hermenêutica jurídica

Resumen: La investigación jurídica se limita generalmente al campo de los análisis de la doctrina y la jurisprudencia, así como el conocimiento de las fuentes inmediatas-jurídico-formal. En el caso del derecho sanitario, cuyo tema central – la salud – tiene un gran dinamismo, requiere no sólo el análisis de la redacción de los actos legislativos y decisiones judiciales. Los hechos que cubren estos actos, impregnados de temas biomédicos, políticos, sociales, económicos, entre otros, merecen análisis que se derivan de otras fuentes de conocimiento y de la metodología científica que, combinado con el método hermenéutico, demuenstran ser capaz de dar enfoque científico más consistente con la complejidad del derecho sanitario.

Palabras Clave: derecho sanitario; metodología de la investigación, hermenéutica jurídica

As stated by Silva (2008, p. 25), to speak about method in legal research "is entering in swampy ground", because legal research tends to be limited to the analysis of doctrine and jurisprudence. The qualitative analysis and statistics do not apply to legal research itself, although it cannot be denied that a qualitative analysis can be employed in an investigation of a legal basis and a statistical evaluation is not strange to this discipline.

The legal hermeneutics, however, is the method par excellence in the world of law.

It turns out that the hermeneutical model already coexists with other methods that gradually are incorporated in the discipline, especially in the new ones such as the health law that approaches the borders of other disciplines and lays down multi and interdisciplinary dialogs, exchanging methods, models and concepts.

This is because the right to health came to integrate the list of fundamental rights of brazilian citizens with the Constitution of 1988. This document is both a political letter and a magna law. It's a political letter because it is the interpretation of the contemporary Brazilian society desire and it is a magna law because it is the maximum legal term, the supreme binding precept of Government acts and citizens.

The specialist in hermeneutics, examining the constitutional expressions relating to health and the right to health, shall consider, in the interpretation of the legal framework on health, these guidelines drawn by legal and politic planning which aims to guarantee the complete physical, mental and social well-being of the individual and of the society. This legal power emanating from the *Magna Charta* all contaminates, since the legislative formulation to acts of Governments, since the decision making of the authorities to the administrative activities of managers.

Thus, the words written in the Constitution bind not only the infra-constitutional legislator but also the interpreter, the health manager, the ordinary citizen, who while reading and applying a law or rule of law, must do so having as the hermeneutic rule the consecrated words of the constituent legislator.

There are three species of hermeneutic rules (FRANÇA, 2011):
a) the legal
b) the scientific
c) the ones from the jurisprudence

In the ancient law of introduction to the civil code, some standards for the interpretation and application of laws were stipulated. The most important one, certainly, is the one that states that "there are no useless, superfluous or with no effect phrases or words on laws" (CARVALHO, 1899 *apud* FRANÇA, 2011, p.36).

This means that if the words of the law are as the reason, they must be taken in a literal sense. However, one should not, looking only at the letter of the law, destroy its intent and its spirit.

When the law makes no distinction, the interpreter should not do it, because violent interpretations constitute fraud on the law.

With regard to scientific rules – which are nothing more than the result of thinkers, jurists and philosophers of law about relationship and human conduct related phenomena and its application in the legal field (MAXIMILIANO, 1947) –, they have undeniable role of common sense and wisdom in the doctrinal field of law, interpreting rules and, often, saying the law.

Finally, the rules of jurisprudence, or the interpretation of laws in specific cases brought to trial by the judges. When it comes to health and sanitary laws it is needed to infuse the spirit of judge adding doses of social spirit, to interpret the law.

The knowledge of hermeneutics, or the set of rules that guide the art of ascertaining the Right contained in laws and in other ways (ordinances, decrees, resolutions, contracts, agreements, regulatory instructions etc) in order to apply it to the concrete case is necessary to the Right operator and to any interpreter of law which aims to find the best legal solution to the cases.

It appears therefore that the realization of a legal research requires from the researcher, being a right operator or not, the knowledge of the formal legal immediate sources. "Talk about sources is thinking of the metaphor of the emergence, of the emanation, of the birth or of the outcrop; talking about legal sources is thinking about detecting where the right arises " (BITTAR, 2012, p.214).

In the case of the health law, the study of these sources is of importance because the discussion of health is dynamic, not restricting itself to the limits of normative texts. The complexity of the topic requires from the researcher a quantity of knowledge that aggregating will lead to a better reasoning to interpret the information extracted from these sources.

The immediate formal legal sources[1], according to Bittar (2012) are: law, doctrine, jurisprudence, custom, equity, general principles of law, analogy and legal business. It is through these acts that the right takes body and the State expresses its legal or political and legal decisions.

Some of the sources used in the classification of Bittar are recognized by the Introduction to Civil Code law[2] (Decree Law Number 4.657/1942), revealing that the Brazilian legal system, though tied to legal positivism, allows axiological changes of the standards, through legal and ideological instruments. These changes allow the adequation of the content of the standard the peculiarities of social relations being regulated (BITTAR, 2012).

---

[1] The classification of sources of law is not peaceful matter in the doctrine. For more information consult FERRAZ JUNIOR; GUSMÃO; DINIZ, etc.

[2] Introduction to the Civil Code law – Art. 4 When the law is silent, the judge will decide the case according to the analogy, the customs and the general principles of law

The law is the formal legal immediate source of greater relevance in the legal area. It is understood as the act that emanates from the competent legislative authority and that makes the social conduct. "It is the way the standard or set of standards are within the legal system" (FERRAZ JUNIOR, 1994, p. 232).

The legal system is formed not only by laws, but by standards, which according to a hierarchy, comprise the legal system of a country.

They are: Constitution, amendment to the Constitution, complementary law, ordinary law, executive law, decree-law; legislative decree or provisional measure; resolutions; regulations; ministerial instructions; ordinances; memos; service orders... and still international treaties and conventions that were constituted as national law by means of decree (BITTAR, 2012, p. 218).

Obeying this hierarchy, the Constitution is the fundamental law of the legal system, and the remaining rules are to harmonise to its precepts. In the case of the health law, health was recognized in the Brazilian Constitution as fundamental and social law, requiring the State political and economic actions with a view to its implementation.

The doctrine, although does not have binding character, is of undeniable importance because the claims issued will ultimately influence the understanding of law operators. Similarly, the jurisprudence leads the applicators of law to a reinterpretation of understandings and praxis, conferring a greater dynamics to the legal text. They are tools that allow the updating and correction of time that these new perspectives and interpretations enter into our legal texts.

The customs must be understood as the reiteration of a behavior and/or practice within a society, with strength to remove effectiveness from certain standards by the complete disuse of them, or even to fill the content of some social practices. It is the strength of time used to update the legal system.

In turn, the equity is deeply embedded in the idea of justice. It is through the operator of law, when in the analysis of the case, that its decision is to be entered and may adjust or correct the contents of the law.

The general principles of law are the sources responsible for the structuring of the legal system through the study of the axiological content of standards. In this sense, the written law must, in its formulation, observe and answer to the general legal principles that inform a society. According to Ferraz Junior (1994, p. 247), "the general legal principles are reminiscent of the natural law as a source".

The analogy gives the law operator a solution to remedy any omissions of the law. Thus, in the absence of a specific rule for that real case, the law operator can use other standard that has a reflex application in the question to substantiate his decision. This source of law, if well used, would make it possible to mitigate the current legislative inflation, taken the impossibility and no need of establishing specific law standards to each situation.

Finally, the legal business that is constructed observing the legal precepts, or in their absence, observing the customs, the moral and the public order, should also be considered by the operator the law as an element that will guide the decisions taken, as the conclusion of this act bound the parties involved.

However, it is not just the analysis of the letter of the normative acts and court decisions that make the health law. The facts are constitute these acts, permeated by biomedical political, social and economic issues, among others, deserve analysis from other sources of knowledge and from scientific methodology that, combined with the hermeneutical method, are capable of conferring a scientific approach more consistent with the complexity of health law.

The right to health, as a social right and a public subjective right, which brings the implicit question of distributive justice, and based on the principles of universality and completeness, is a complex law, which demands interventions and also complex knowledge production[3]. .

Thus hermeneutics, an interpretive method, typical of positivist science of law, can, and must, for a better scientific analysis of issues involving the health law in contemporary times, be combined with other scientific methodologies.

---

[3] As Morin (2000) highlights, the relevant knowledge must confront the complexity. And, in the words of the author, "Complexus means what it was constructed together; in fact, there is complexity when different elements are inseparable constituting the whole (as the economic, the political, the sociological, the psychological, the affective, the mythological), and there is an interdependent, interactive and inter-retroactive tissue between the knowledge object and its context, the parts and the whole, the whole and the parts, and the parts among each other. Therefore, the complexity is the union between unity and the multiplicity (p. 38). "

Nietzsche, as referenced by many authors (ALVES, 2009), has announced that "against positivism, which stops before phenomena and says: 'there are only facts', and I say: 'on the contrary, facts are what there are not; there are only interpretations'".

This clean and apparently simple phrase from Nietzsche synthesizes, however, a great discussion of the philosophy of science. It puts in question the so-called scientific neutrality of the scientific positivism, built on the iluminist pillars of the objective description and "true" of the facts of reality.

Let us be alert, as teaches us Alves (2009), to the premise that the facts do not offer their own enlightenment. And that certain relationships and social phenomena are not confined to be explained positively by causal relationships. When we are faced with a social fact devoid of sense, of a clear sense, we must – as scientific interpreters we are are within this academic space –, create a sense of interpretation.

As Alves notes (2009, p. 142),

by habit, by constant repetition, we learn that certain things follow the others, that the events are organized in causal chains. But at the moment we cease to be simply interested in using practically these recipes, and we want to understand, we skip the facts to the interpretation.

For legal science to succeed in producing knowledge in health law and, consequently, be able to form law operators and health professionals effectively able to guarantee this right to multiple strands, it must incorporate the legal knowledge, other knowledge, especially from political science and health sciences.

As highlights Morin (2000), "education should promote the" general intelligence" apt to refer to the complex, to the context, in a multidimensional manner and within the overall design" (p. 39).

Here is worth to highlight the concern of Faria (1989) about the reduction in understanding of the law itself: "the right is reduced to a simple system of rules, which is limited to give meaning to the legal social facts as they are framed in the existing regulatory scheme" (p. 99).

The panorama involving the application and guarantee of the right to health is composed of complex issues ranging from technical issues involving the medical prescription, the analysis of scientific evidence, even the political and social issues affecting the regulation of pharmaceutical industries, the establishment of clinical protocols and therapeutic guidelines for the provision of procedures and inputs in the SUS, the social inequalities and inequities, among other things.

Thus, it is necessary to break the barriers that encapsulate the scientific knowledge in "closed compartments", which do not discuss among themselves. To these closed compartments, we name them disciplines, which are erected, each within its own logic, based on their own inter-communicating elements[4].

As Morin (2000) highlights, "the intelligence splitted, compartmentalized, mechanistic, disjunctive and reductionist break the complexity of the world into disjoint fragments, fractionates problems, separates what is attached, makes the multidimensional one-dimensional" (p. 42).

For the understanding of the right to health, and that its exercise could be consistent with the contextual complexity that surrounds it, one has to break away, gradually, these closed compartments of the legal, politic and medical-sanitary knowledge.

The creation of channels for dialogue is needed, able to exchange the knowledge that underlie in the basis of the understanding and exercise of this right. This both in the judicial sphere, within each post process in trial, as in the extrajudicial sphere, where right also lives and exercises itself daily.

References.

ALVES, Rubem. **Filosofia da Ciência. Introdução ao Jogo e as suas Regras.** Loyola: São Paulo. 14ª edição; 2009.

BITTAR, Eduardo C. B. **Metodologia da Pesquisa Jurídica**: teoria e prática para os cursos de direito. São Paulo: Saraiva, 2012.

COSTA, Alexandre Bernardino e SOUZA JÚNIOR, José Geraldo. O Direito Achado na Rua: uma idéia em movimento. In. COSTA, Alexandre Bernardino et. al.

---

[4] Costa e Souza Júnior (2009) highlight that "one of the foundations of scientific knowledge consists in the possibility to share the real world in" boxes "or" drawers "so one can look at them in isolation, without the observer interfere in his discursive elaboration object. These boxes we call disciplines. In the past, creating disciplines or areas of scientific knowledge was absolutely essential, since the multiplicity of forms of understanding of a given object prevents the development of a rigorous discourse. The creation of a branch of science could deepen and clarify concepts, so that the truths there inserted could be more reliable "(p. 20).

(org.). **O Direito achado na rua: Introdução crítica ao direito à saúde.** Brasília: CEAD/UnB; 2009. p. 15-27.

FARIA, José Eduardo. Ordem legal x mudança social: a crise do Judiciário e a formação do magistrado. In: FARIA, José Eduardo (org.). **Direito e justiça. A função social do Judiciário.** São Paulo: Ática; 1989. p. 95-110.

FERRAZ JUNIOR, Tércio Sampaio. Introdução ao estudo do direito: técnica, decisão, dominação. São Paulo: Atlas, 1994.

LIMONGI FRANÇA, R. **Hermenêutica Jurídica.** São Paulo: Revista dos Tribunais, 2011.

MAXIMILIANO, Carlos. **Hermenêutica e aplicação do direito.** Rio de Janeiro: Imprenta, 1947.

MORIN, Edgar. **Os sete saberes necessários à educação do futuro.** 2ª edição. São Paulo: Cortez; 2000.

SILVA, Virgílio Afonso da. **A Constitucionalização do Direito.** O direito fundamental nas relações entre particulares. São Paulo: Malheiros, 2008. 191p.

Religion, bioethics and health law in Israel

Oren Asman*

Summary: 1. Introduction. 2. Global Bioethics and Universal Principles. 3. Between God-based Ethics and Value-based Ethical Pluralism. 4. The Significance of Religious Narratives in Expanding the Ethical Discourse. 4.1 Utilizing religious sources for discussion and study of "secular" ethics. 4.2 Dialog between communities: "translating" religious terminology into philosophical terminology. 5. The Connection between Political Positions (and degree of religiosity?) and Fundamental Ethical Values. 6. Religion and Health Legislation in Israel. 6.1 "Freedom of Conscience" in health legislation. 6.2 Religious leaders on health law statutory committees. 7. Examples of the Gap between the Fundamental Ethical Values and the Influence thereof on the Political Discourse Surrounding Health Law in Israel. 7.1 Abortion as per the criminal code. 7.2 Informed consent to abortion. 7.3 Determining the moment of death. 7.4 Continued connection to machines/treatment after being declared brain dead. 8. Respecting Cultural Variance (or: does a moral view that is defined as "religious" warrant greater defense than a moral view that is not?). 9. Summary: Looking toward the (Common?) Future

---

* Dr. Oren Asman (LLB., LLM., LL.D.), Attorney, Nursing Department, School of Health Professions, Sackler Faculty of Medicine, Tel Aviv University. This paper is based on a lecture presented on December 18, 2011 at a conference of the UNESCO Chair in Bioethics (Haifa University). The adaptation of this paper to English was done with the support of The Zefat Bioethics Forum, Zefat Academic College, Israel. Correspondence email: asman@post.tau.ac.il

1. Introduction

"A picture is worth a thousand words".
In 1972, just months before the U.S. Supreme Court handed down its groundbreaking decision in Roe v. Wade[6], MAD Magazine[7] published this caricature featuring a pregnant woman holding a sign calling to legalize abortion on one side and a man dressed as a conservative priest holding a sign featuring a cross on the other, indicating that the law legalizing abortion should be abolished.

Both characters are "typecast". It seemingly appears natural that the liberal woman would support abortion while the conservative religious man would oppose it. In this article I shall address the connection between religiosity and the perception of health-related issues and the influence of religion on health law in Israel. To that end, I shall examine the bioethical discourse, the public discourse and legislative proceedings in the health arena while emphasizing motifs related to religion and religious thought. In this context, I shall also address the attempt to create a bonding and mediating dialog around these issues in order to identify solutions that are acceptable to diverse communities, thus enabling the regularization of morally charged issues while facilitating a successful multicultural society that is also heterogeneous as far as the degree of religiosity of its members.

2. Global Bioethics and Universal Principles

Van Rensselaer Potter[8] first coined the term "bioethics" in 1970. He defined this term as a new philosophy that sought to integrate biology,

---

[6] *Row v. Wade*, 410 U.S. 113 (1973). This decision determined, at the time, that the Texas state law forbidding the termination of pregnancy except under extremely limited circumstances was invalid as it violated a woman's right to make personal decisions about her body, a right derived from the right to privacy.

[7] *MAD* Issue 155 (December 1972).

[8] Van Rensselaer Potter (1911-2001) was a biochemist and professor of oncology at the McArdle Laboratory for Cancer Research at the University of Wisconsin for more than 50 years.

ecology, medicine and human values. In order to clarify the term, he expanded it and in 1988 spoke of "Global Bioethics" as a science that integrates biology with diverse human knowledge and defines a set of medical and environmental priorities for the sake of reasonable survival.[9] Global bioethics seeks ethical guidelines that connect different countries, cultures and societies while attempting to think universally. This goal of global bioethics may be considered noble and possibly pretentious. The key challenge stems from the nature of the global and international arena that encompasses communities with varying cultures, histories, peoples, languages, religions, world views and values. This challenge is also clearly illustrated in today's world within the framework of the modern state, as the residents or citizens of a country are not necessarily religiously, ethnically, culturally, historically or morally homogenous. The bioethical discourse in Israel clearly illustrates this type of internal variance.

3. Between God-based Ethics and Value-based Ethical Pluralism

Ethical arguments suited to a common world model must be raised in order to further a wide scale global bioethical discourse which is as effective as possible. For example, rather than presenting arguments based on a belief in God or on a specific religious faith, it may be possible to raise arguments that conform to both the religious world model and the non-religious world model.[10] This proposal falls short, however, in that it may lead to the disappearance of the unique voice of certain groups. Moreover, it seems to me that there is something to the claim that a "secular" bioethical argument is not always equally as forceful and meaningful as the original religious or faith-related argument.[11]

I. Luria describes modern medical ethics and its connection to religious perceptions thus: "In a society marching toward "secularism",

---

[9] Van Rensselaer Potter, *Global Bioethics* (1988).
[10] See: Thomas Cavanaugh, " "Playing God" and Bioethics", in *Christian Bioethics* Vol. 8 No. 2, 119-124. According to the author, most actions may be assessed from an ethical standpoint without relating to God. Since the existence and essence of God are controversial in today's pluralistic society, it is preferable to present arguments that are not related to Him at all.
[11] See: Kevin Wm, Wildes, S.J., "Religion in Bioethics: A Rebirth", in *Christian Bioethics* Vol. 8 No. 2, 166-174.

doctors surround themselves with medical ethicists. God no longer exists and the sacred world of values has replaced Him".[12]

The possible replacement of Divine Command morality or the "written edict" in ethical theory-based value-dependent morality may be related to the way of life in western society (which overall is less religious than in the past, separates religion and state and is characterized by people of various religions and cultures living together in the same country). This way of life may emphasize the centrality of moral pluralism – the possibility of interpreting the world and the moral meanings of that which takes place in it in numerous ways. At the same time, this type of pluralism raises difficulties: if modern society is in fact no longer based on a set of authoritative and accepted norms, then the ethical problems remain open and a rational dialog may be conducted about them.[13] Moreover, moral pluralism allows different, sometimes even contradictory, moral approaches to be considered possible and "allowed" from a moral standpoint.

In many ways, moral pluralism is not foreign to religious law, at least not in its practical sense. In many instances, the Talmud and Jewish legends, as well as Muslim legal literature and its Book of Division include different and sometimes contradictory legal approaches regarding diverse moral questions. Thus, even if a single decisive answer is ultimately provided, the legal discussion includes deliberations that in many cases rely upon different opinions based on different accentuation of various values.

This similarity between "secular" ethical thinking and religious thinking, which those who are unfamiliar with religious law frequently do not even know exists, is a significant expression of the possibility, which I consider to be very important, of creating a bonding bioethics dialog among different communities and surely between the religious discourse and the non-religious discourse. Below I shall address ways in which it is possible to further a dialog of this sort in Israel as well as examples illustrating the challenges and difficulties facing those who attempt to promote such dialog. To a large extent, these examples

---

[12] I. Luria, "Religion, Morality and Modernism", in **Between Religion and Morality** (editors: Stetman, Sagi) (Jerusalem, 1993), 23. [Hebrew]
[13] Ole Riis, "Modes of Religious Pluralism under Conditions of Globalisation", *International Journal of Multicultural Societies* Vol 1 no. 1 (1999) 21.

illustrate the challenges faced by Israeli society as it attempts to preserve – or even broaden – the moral foundation of its social contract.

4. The Significance of Religious Narratives in Expanding the Ethical Discourse

4.1 Utilizing religious sources for discussion and study of "secular" ethics

Religious narratives may broaden the field of moral discussion of various issues. For instance, the term "sanctity of life" is emotionally and culturally charged and some feel that it is even stronger than the "value of life". Different people, at different levels of religiosity, have an emotional affinity to religious legal sources. According to the approach that ethics first and foremost touches on our emotional and intuitional moral world, the use of sources that touch on the world of emotion can have a considerable effect on the ethical thinking of a participant in the bioethics discourse.

I consider the possibility of conducting an influential discourse in the realm of ethics to be extremely important, both within the framework of the ethical discourse itself (or as it is sometimes called "public discussion") as well as within that of medical ethics teaching. Thus, over the years I have integrated various phrases from religious sources into courses on medical ethics. Following are a number of examples:

Human beings are beloved because they were created in the image of God (Mishna Avot) – expresses the centrality of human dignity.

If there is anxiety in a man's heart let him quash it (Proverbs) – about the importance of good interpersonal communication with patients.

In much counsel there is much wisdom (Pirkei Avot) – on the possible advantages of working in a multidisciplinary team and addressing ethics committees when encountering complex and multi-faceted issues.

To increase wisdom is to increase heartache (Ecclesiastes) – about the difficulty entailed in making ethical decisions in complex cases in which there are many variables and possible plans of action.

The best path is the median of all opinions (Muhammad, Maimonides, Aristotle) – about an open approach to the process of choosing the desired plan of action as a tool that allows us to choose the best option.

Love thy neighbor as thyself (Leviticus) – the "Golden Rule", a universal rule of behavior that serves as a fundamental measure of the correctness of actions in human interaction.

Do not stand by the blood of thy fellow (Leviticus) – about the duty to rescue and assist those who are in danger inasmuch as circumstances allow.

Every one of these phrases is important for various reasons. Many times they are "short and to the point" while encompassing a wide range of meaning.

These phrases, which are mostly worded in a flowery manner and widely known to the general public, help those faced with an ethical dilemma to reach solutions or examine the issue according to their culture and tradition.

Finally, specifically because a large number of these phrases appear in different contexts than those discussed in the field of "medical ethics", and some of their interpretations may be different than those I choose to present, the use of these phrases may enrich both the internal dialog (especially for someone with any kind of religious background) and the interpersonal dialog.

4.2 Dialog between communities: "translating" religious terminology into philosophical terminology

It is possible to draw parallels between ethics and religious moral doctrine. In many instances, religious moral arguments may be identical to non-religious philosophical arguments, except for the attribution thereof to God. As God is the guide according to the theological approach, thus is the human mind according to the philosophical approach. Therefore, Wildes proposed that within the framework of dialog between communities (religious and non-religious), the religious speakers should translate their religious arguments into non-religious language, thus making those arguments (as far as the non-religious listeners are concerned) stronger and more effective.[14]

---

[14] Kevin Wm, Wildes, S.J., "Religion in Bioethics: A Rebirth", in *Christian Bioethics* Vol 8. No. 2 (2002): 166-174.

As an example, we shall quote a short excerpt from a fatwa (a Muslim legal opinion) regarding the issue of abortion and attempt to translate it[15] (**in bold in parentheses**):

"*The doctor shall be responsible before Allah* **(his conscience)** *for his decision.*

The sanctity **(value of life)** *of the live fetus is equal to that of a child who was born and is in our arms in this life.*

Just as it is forbidden to terminate the life of a disabled or flawed child, thus it is forbidden to terminate the life of a fetus who has been determined by a medical test to be flawed, except if his life endangers her life, in which case the Sharia **(utilitarian)** *law is applied: the larger damage must be held in check by means of the smaller damage".*

Nonetheless, the idea of translating the terminology used by one community into that of the other is not free of difficulty. The religious person, for example, may not be interested in finding parallels between the religious discourse and the non-religious discourse and certainly not in exchanging the religious discourse for a philosophical discourse. Moreover, certain aspects of the religious discourse are deeply rooted in the theological approach and it would be difficult to "translate" them into philosophical language that the non-religious listener is used to or can easily accept.

The following paragraph, quoted from the same fatwa, was more difficult to "translate":

"*The mother whose fetus was medically determined to be flawed must be patient... and turn her affairs over to the Creator of that fetus* **(and calmly accept the natural course of things)**, *and would that she find relief and a solution through Him* **(if only the acceptance that this is how nature worked in this case would make it easier for her to cope)."*

The difficulty in translating this paragraph stemmed, in my opinion, from my personal difficulty in embracing the approach that a given situation should be accepted as having been determined "from above", that in accepting Divine authority we are obligated to accept it; when

---

[15] Mufti Dr. Ali Jama (Mufti of the Egyptian lands) was asked, "Fetal defects or disability do not justify abortion", Egyptian newspaper Alloeh Alasalami, October 7, 2004.

the fundamental condition for this (belief in the existence of God, accepting that a flawed fetus is an expression of "His will", accepting that abortion goes against "His will") does not exist in my internal world. This gap in fundamental values, which makes it difficult to "translate" the discourse and create a bonding dialog between the communities, is also noted in research studies in the field of moral psychology.

5. The Connection between Political Positions (and degree of religiosity?) and Fundamental Ethical Values

The caricature described at the beginning of the article is part of a series of caricatures which has appeared for decades in MAD Magazine and deals with the traditional division in American politics between liberals and conservatives. Alongside the media's attention to this issue, researchers from various fields including the psychology of morality have also addressed the question of the general characteristics of thought based on the political/ideological attribution of people who describe themselves as conservatives as opposed to those who describe themselves as liberals. For example, psychologist Jonathan Haidt characterized five scales of core values that he believes are universal among humans:[16] preventing harm/caring for others; fairness toward others; respect for authority; loyalty to peer group/framework; purity/sanctity of the body. According to him, those who consider themselves to be political liberals emphasize the two first scales, i.e. concern for and fairness toward others, while those who consider themselves to be conservatives emphasize the other three scales, i.e. respect for authority (such as religious authority); loyalty to the peer group/framework (such as "Your poor come first"); purity/sanctity of the body ("Against your will you live"). It is possible that in general these gaps, which were sampled in a worldwide internet study featuring thousands of participants, are related to an inherent difficulty in creating an inclusionary discourse between conservatives and liberals and, as this relates to the issue in question – between secular and orthodox religious people[17] regarding fundamental moral issues.

---

[16] Haidt, J. & Kesebir, S. "Morality" in S. Fiske, D. Gilbert & G. Lindsey (Edss), *Handbook of Social Psychology, 5th Edition*. Hoboken, N.J.: Wiley. (2010) Pp. 797-832.

[17] It should be emphasized here that the identification of secularism with liberalism or that of religiosity/orthodoxy with conservatism is a generalization that roughly represents a

Haidt nonetheless proposes viewing these two groups as being complementary, like "yin and yang", together creating a whole picture of the moral discourse in a given society.[18] In this manner, it appears that Haidt also seeks to broaden the discourse between "the moral communities". However, he indicates the built-in difficulty in creating such a discourse, as the emphasis of their fundamental values may be too different. In my opinion, being aware of these gaps may promote greater tolerance of the other group's views, thus creating a dialog that is more open and less charged.

One of the ways in which the law allows people with differing world views and values to live together within its mandates is the existence of "exceptions of conscience" which may be found in a number of contexts in Israeli health law.

6. Religion and Health Legislation in Israel

6.1 "Freedom of Conscience" in health legislation

The term "conscience" can refer to one's deep normative beliefs, those that serve as the foundation of his/her personal identity.[19] The legislature saw fit to define "exceptions of conscience" with regard to two fundamental issues within the realm of health law, allowing doctors to avoid taking action if it is not in line with his/her conscience, even if the law itself permits such action. For instance, a doctor is not required to perform an abortion even if the procedure was approved by the pregnancy termination committee, if taking such action is contrary to

---

large number of individuals in society, but that is certainly not to say that it is a precise classification that characterizes everyone. Just as there are degrees of religiosity and/or secularism, there are different degrees of liberalism and/or conservatism. People may express more conservative thinking regarding certain issues and less conservative ideas regarding others and finally, on some issues it appears that liberals actually embrace conservative positions and conservatives embrace liberal positions. In additon, it remains to note that all of the terms "religious", "secular", "liberal", "conservative" incorporate a moral aspect, thus they do not describe an absolute factual situation which is agreed upon by all, rather a combination of a description of reality and moral conclusions stemming from the observer's understanding of that reality.

[18] Jonathan Haidt on moral roots of liberals and conservatives, *TED 2008*. See: http://www.ted.com/talks/jonathan_haidt_on_the_moral_mind.html (Last visited: March 4th, 2012).

[19] Danny Statman and Gideon Sapir, "Freedom of Religion, Freedom from Religion and the Protection of Religious Feelings", **Bar-Ilan L. Studies** 21 (2004) 5, 11 [Hebrew]

his/her conscience or medical discretion[20], nor is a care provider who is treating a terminally ill patient required to provide that patient with specific care or refrain from providing certain medical treatment if this contradicts his/her values, conscience or discretion and if necessary, treatment may be transferred to another care provider.[21]

These exceptions of conscience are intended to balance between the doctor's/care provider's freedom of conscience (which may be related to religious outlook) and the patient's right to choose, but if the care providers' interpretation entails them forcing their values upon patients, this would appear to be contrary to the legislature's intent. For example, in the Faruch Noha case[22] the Plaintiff claimed that during the course of her multi-fetal pregnancy (four simultaneous fetuses) the doctors at the Muslim hospital did not advise her about the possibility of selective reduction. The hospital maintained, inter alia, that in any case it does not perform the selective fetal procedure and that this falls under the termination of pregnancy exception of conscience clause. In its decision, the court supported the assertion that the hospital could not be required to perform the selective reduction, but determined that **"the hospital and its physicians should have advised the Plaintiff regarding the existence of this treatment option and left the decision regarding whether to undergo it or not to her, even if the hospital is firmly opposed to the procedure"**. To my mind, the omission of this medical information is a type of moral coercion. In other words, in the case in question, a situation was created in which the exception of conscience clause in the law actually served as a pretext for forcing certain values onto the patient and harming her rights to freedom from religion rather than furthering freedom of conscience (along with freedom of religion).

6.2 Religious leaders on health law statutory committees

In some instances, Israeli health law reflects an approach according to which ethical decisions in the realm of health should be made by a broad interdisciplinary team so that those decisions are based on a variety of approaches, values and world views.

---

[20] Paragraph 318 of the Criminal Code – 1977
[21] Paragraph 56 of the Terminally Ill Patient Law – 2005
[22] Civil Suit (Jerusalem) 3509/01 Farud Noha v. Al Makassed Hospital (2005)

In 1980, when the first regulations regularizing Helsinki committees' operations as related to clinical trials on humans in Israel were passed through secondary legislation, it was determined that the institutional Helsinki committees for human research (which operate in hospitals) should be made up of at least seven members, one of whom is a representative of the public who is either a religious figure **or** a jurist.[23]

On the other hand, it was determined that the Supreme Helsinki Committee for human research (an umbrella committee whose job is to provide opinions regarding human genome research, research surrounding fertilization and other issues) should have ten members, of whom two are representatives of the public: one attorney and one religious figure.[24]

The inclusion of a religious figure on the Supreme Committee which, inter alia, discusses genetic research appears to be a step in the right direction both philosophically and politically. One of the issues that tends to surface from time to time regarding research related to new bio-medical technologies is the question of the legitimacy of intervening in natural processes, including those related to creating and developing new life, a claim that is sometimes referred to as "playing God". Having a religious figure on the committee allows this approach to be addressed more extensively, assuming that he will raise a claim of this sort. Also, while the religious figure's voice is heard on the committee, he does not serve as the committee chairperson and most of the committee members are medical people and scientists, which seems fitting for a committee that deals with the scientific questions of research in humans.

I shall also note that the regulations do not specify the religious figure's religion. Considering that approval of research on humans is not personal (i.e. the study itself is examined and either approved or rejected, it is not a matter of the personal issues of a specific patient, as are generally brought before Helsinki committees), and assuming that the religious/theological thinking of each of the central religions in Israel could add additional or different moral aspects to the committee's deliberations, this general wording suits its objective.

---

[23] Public Health Regulations (Clinical Trials in Human Subjects) 1980, second addition
[24] Public Health Regulations (Clinical Trials in Human Subjects) 1980, third addition

A religious figure is also featured in the Patient's Rights Law which defines the structure and functions of an ethics committee. According to this law, the committee is authorized to make decisions regarding the non-disclosure of information to a patient or divulging someone's medical information for the sake of protecting someone else's health or that of the public. This law determines that one of the five members of the committee should be a representative of the public **or** a religious figure. The law does not specify which religion the religious figure should belong to and does not define a mechanism for replacing the public representative with a religious figure in accordance with the religiosity of the person who is the object of the committee's deliberation.

The fact that one of the ethics committee members may be a religious figure expresses the approach according to which a religious figure, any religious figure, brings another moral view to the interdisciplinary team that supplements that of the other four other committee members who include a jurist, two expert physicians and a psychologist or social worker.

The most recent law to address the issue of a religious figure on an ethics committee is the Terminally Ill Patients Law which sets up an institutional ethics committee mechanism whose job is to formulate decisions in cases where there are misgivings or disagreement regarding a terminally ill patient's wishes and preferences, reservations surrounding decisions made by the person with power of attorney, disagreement between the parents of a terminally ill minor, etc. As determined by the law, one of the nine committee members is a religious figure, belonging to the patient's religion, if possible.[25] This law, which was passed some nine years after the Patients Rights Law, increases the number of committee members, allowing (theoretically) a broader discourse and the religious figure changes from an alternative member (with the other alternative being a representative of the public) to a required member of the committee. This law also emphasizes that a religious figure belonging to the same religion as the patient in question will better reflect the values of that patient's world.

According to the Egg Donation Law – 2010, the approval committee for the retrieval of eggs from a volunteer donor must include one

---

[25] Paragraph 45 (a) (5) of the Terminally Ill Patients Law – 2005

representative of the public **or** a religious figure. In this context, the law determines that "should the donor request, the person participating in the deliberation as per this paragraph shall be, inasmuch as is it feasible, from the same religious, social or cultural group as the donor".[26] I feel that this wording, which is also the most updated that I could find regarding legislation related to committee members that deal with medical-ethical-legal questions, reflects a more proper balance between the place of religious thinking in enriching the ethical discourse and consideration of the personal preferences of the patient in question, when the issue is one of making a personal decision. Although the clause in the law does not explicitly state it, we may deduce that the potential donor will be asked about her preferences and if for example she prefers that a representative of the public serve on the committee rather than a religious figure (or vice versa), an effort will be made to accommodate her request.

7. Examples of the Gap between the Fundamental Ethical Values and the Influence thereof on the Political Discourse Surrounding Health Law in Israel

7.1 Abortion as per the criminal code

Israel's Criminal Code was passed in 1977. In the matter of abortion, the law states that this action shall be considered a criminal offense unless implemented in accordance with the provisions of the law. The law established an abortion committee mechanism which is permitted to allow abortions in the circumstances listed in the law. Inter alia, the law included a "social clause", according to which the committee may allow an abortion if continuing the pregnancy may cause significant harm to the woman or her children in light of the woman's familial or social conditions and her surroundings. Mordechai Halperin considers this to be an expression of the permissive ideology that has prevailed within Israel's ruling society since before the establishment of the State in 1948, and has now manifested in the book of statutes.[27]

---

[26] The Egg Donor Law – 2010, paragraph 12 (6)
[27] Mordechai Halperin, "Termination of Pregnancy – legal, moral and Halachic (Jewish law) perspectives". *Medicine and Law* 27 (2002) 84-90 [Hebrew]

It is very possible that Halperin's analysis in fact reflects the conservative position regarding abortion as it has been expressed over the years in the public and political discourse in Israel.

For example, in 1979 the "Agudat Yisrael" (religious) political party pressured the government to abolish the social clause from the criminal code. Although there were public demonstrations protesting the abolishment of the clause, under slogans such as "Our Bodies are not Government Property", the clause was abolished and stricken from the book of statues. Subsequent attempts to reinstate it in the book of statutes[28] have been unsuccessful thus far. At least with regard to the social clause in the law, there is almost total correlation between the ideological-political division of religious conservatives and secular liberals. The former (or rather, their representatives in the Knesset) "oppose" abortion (for social reasons) while the latter (or rather, their representatives in the Knesset) "favor' abortion (for social reasons).

7.2 Informed consent to abortion

The criminal code determines that a minor's consent to an abortion shall be considered informed and that there is no need to receive her parents' and/or guardian's consent.

According to an article he wrote, Mordechai Halperin considers this to be an expression of the parents' generation shirking religious moral values, as the need for their consent to the abortion procedure could "harm the objectives of the law, i.e. reduce the number of abortions required and increase the number of unwanted births" despite "the known risks to the health and fertility of the minor undergoing a surgical abortion".[29]

---

[28] For example: the Criminal Code Proposal (revision – reinstatement of the social clause as a cause for abortion) – 2005, which was presented to the 16th Knesset by MK Reshef Chen (P/1514) was removed from the Knesset agenda on November 29, 2004; A similar proposal was presented to the 16th Knesset by MK Zehava Galon (P/2876) and Reshef Chen (P/4133); A similar proposal was presented to the 17th Knesset by MK Zehava Galon (P/280/17); A similar proposal was presented to the 18th Knesset by MK Dov Hanin (P/891/18) and finally a proposal by MK Orit Zuaretz (P/2111/18) Criminal Code Proposal (revision – reinstatement of the social clause) – 2010 which was presented to the Knesset Speaker on February 15, 2010.

[29] Mordechai Halperin, "Termination of Pregnancy – legal, moral and Halachic (Jewish law) perspectives". *Medicine and Law* 27 (2002) 84-90 [Hebrew]

This analysis, by an expert in medical ethics who is also an ultra-religious Jew, which indicates that the (main? only?) objective of the law was to increase the number of abortions and decrease the number of unwanted births, seems to me to be incomplete and somewhat biased. In this regard, it appears that Haidt is correct and that discourse between communities that emphasize different fundamental values may be a "dialog of the deaf", to which I shall add, a dialog that not infrequently entails mutual suspicion and lack of trust. To the best of my understanding, one of the key justifications for permitting abortions for minors without their parents' knowledge was to prevent known risks to the minor's health and fertility if she was to undergo an unsafe abortion performed in a non-formal setting in order to avoid divulging the secret of her pregnancy to her parents. Thus, the arrangement set forth in the law was actually meant to safeguard minors' health in lieu of them turning to unsafe procedures undertaken in a "piratical" manner, where the speculated risk is surely immeasurably higher than that entailed in the surgical procedures (and today, also chemically induced procedures that require no surgical intervention whatsoever) performed by experts at organized, legal and sanitary facilities. In this context, it appears that the suspicious premise indicated by Halperin, according to which the liberal legislature actually wishes to further many more abortions and prevent unwanted pregnancies, led him to ignore an important fundamental value that is surely important to the conservative community as well – a woman's physical health and maintained ability to bear children in the future.

7.3 Determining the moment of death

In 1968 a Harvard University Medical School committee convened to discuss definitions for determining the moment of death.[30] It defined key criteria that served as the basis for the medical-ethical-legal discussion surrounding this issue from that point forward. Additional academic and various multidisciplinary discussions have dealt with this issue. In Israel, a 1969 circular issued by the director general of the Ministry of Health (number 25/15/1 of February 7, 1969) in the matter of organ

---

[30] Report of the ad-hoc Committee of Harvard Medical School to Examine the Definition of Brain death, *JAMA* 205 (1968) 85

transplant and the various medical, legal and ethical aspects thereof noted that "the rules, principles and criteria that were discussed and set in the international arena must be followed". The Supreme Court viewed this circular as attesting to the fact that the principle of brain death had already been accepted in the medical arena in Israel in 1969,[31] and called upon the legislature to regularize this issue in primary legislation in its ruling of 1986.[32] But the process of regularizing this issue through legislation went on for nearly twenty years and was not completed until 2008, when the Brain-Respiratory Death Law was passed. Why did this process take so long? One of the reasons is the ongoing dispute between the Chief Rabbinate of Israel and the Israel Medical Association.

In 1987 the Chief Rabbinate Council decided that death was to be determined in accordance with Halachic Jewish law after it was proven – clinically and by a laboratory – that spontaneous respiration had completely and irreversibly ceased. This is determined by proving that the entire brain, including the brain stem, has irreversibly stopped functioning, as the brain stem is responsible for respiration.[33] Clear and detailed medical guidelines for determining brain death as above were provided in an addendum to the Chief Rabbinate's decision, including a requirement to perform a BAER test to reinforce the proof of brain stem death.

At the same time, the Chief Rabbinate announced that due to the sensitive nature of the issue, they would only allow believers to donate organs from the deceased if a Rabbinate representative was part of the team that determined the brain death. This requirement angered the Israel Medical Association, which viewed it as an expression of non-confidence in the physicians' professionalism and as religious meddling in their professional medical decision making.

Against the background of this dispute, legislation in this area dragged on for years, until finally after lengthy negotiations and mediation processes the law was drawn up in its present form: a brain death

---

[31] As per 341/82 Belker v. The State of Israel, Rulings 41 (1) 1, 18
[32] As stated "With the demand that the issue be anchored by the legislature in legislation, one must agree wholeheartedly, and with this wish one must add..." ibid, pg. 36/
[33] **Chief Rabbinate of Israel Council**, decision in the matter of **Heart Transplants**: **Barkai**, 4 (1987) Pp. 11-17; **Asia**, 6, Jerusalem 1989, Pp. 27-40; **Ibid**, 7, Jerusalem 1994, Pp. 123-128; **Techumin**, 7 (1996)' pp. 187-192.

determination committee includes only doctors, but it is supposed to be authorized by a 10-member committee of which three members are rabbis who are appointed at the recommendation of the Chief Rabbinate of Israel, on condition that at least one of them is a doctor.[34] This solution also aroused debate and disagreement, and it was just recently advised that the establishment of the abovementioned committee has been halted due to opposition from implant specialists who are concerned about the Chief Rabbinate's intervention in their work.[35]

This dispute may reflect how a mechanism that apparently reflects the Rabbinate's desire to scrupulously oversee questions of life and death is perceived by the doctors as an attempt by those representing Halachic Jewish law to gain control over this scientific/medical issue, which is not in the realm of their expertise.

It is seemingly surprising that there is such dispute surrounding the inclusion of a religious figure on the committee that determines brain death while there is no such dispute regarding the inclusion of a religious figure on ethics committees as per the Patient Rights Law or the Terminally Ill Patient Law. The fundamental difference between these two committees appears to lie in their objective: the decisions made by the various ethics committees are perceived as essentially dealing with questions of appropriate behavior, which is related to ideology and values, whereas the determination of death is considered, at least by doctors, to be a purely scientific-factual issue to which ideology and values are irrelevant.

7.4 Continued connection to machines/treatment after being declared brain dead

Whereas we found there to be a raging and intense debate surrounding the manner in which brain death is determined, if there are entities that do not accept the existence of brain death at all, the ethical debate between them and the doctors may certainly become even stronger.

And in fact, despite the fact that the Chief Rabbinate agreed that brain death may be considered death as far as Halachic Jewish law, this

---

[34] Brain-Respiratory Death Law – 2008, paragraph 5(a)(3)
[35] Uri Pollack, "The Doctors Pushed, the Rabbis Folded: establishment of the system for confirming determination of death has been halted", **Kipa** January 19, 2012 [Hebrew], published on website http://www.kipa.co.il/now/47367.html (last checked March 4, 2012)

is not the sole Halachic position. For example, Rabbi Elyashiv maintained that death is only determined when the heart is determined to have died. A case in which organs were harvested for transplant from a patient who was hospitalized at Shaare Zedek Medical Center in Jerusalem and declared brain dead caused upheaval in the ultra-orthodox community and was described in the ultra-orthodox newspaper "*Yated Ne'eman*" as a severe and atrocious act.[36]

In order to minimize the suspicion and concern related to forcing values on those who do not accept the determination of brain death as an indication of a person's death, an exception of conscience was included in the Brain-Respiratory Death Law, according to which "**if brain-respiratory death is determined and this determination contradicts the religion or ideology of the patient according to information received from his family, the patient shall not be disconnected from the respirator and treatment that directly supports his respiratory treatment shall not be halted until the heart stops beating**".

Differing approaches to the contents of this clause may already be seen in the Knesset Labor, Welfare and Health Committee discussions regarding the proposed law, prior to its approval by the Knesset in the third reading:

> **Dr. Yaron Bar Lavi: "We, in conjunction with the family, continue the respiratory treatment, with everyone being aware that it is a matter of agreeing to the family's request. Sometimes this is done in the intensive care unit, sometimes the BODY is respirated".**
>
> **MK Moshe Gafni: "The PATIENT. You are permitted to heal and not to say who is dead and who is alive. I say he is alive. Your job is to heal".**[37]

Like a preview of things to come, this exchange quoted from the Knesset committee illustrates the subsequent confrontations that were to follow, after the law was passed.

---

[36] Hila Alroi de Ber, Avishai ben Haim and Dan Even, "Upheaval in the Haredi community following organ donation at Shaare Zedek. The organs were harvested for transplant, the rabbi ruled: it is murder", **Maariv** June 22, 2006. [Hebrew]

[37] Protocol no. 403 from the Labor, Welfare and Health committee deliberations in the Knesset on March 11, 2008. Published on the website: www.knesset.gov.il/protocols/data/rtf/avoda/2008-03-11-02.rtf (last checked on March 4, 2012).

In November 2009, at Schneider Children's Medical Center, doctors were about to disconnect a brain dead baby girl, born to ultra-orthodox parents, from the respirator after her parents gave their consent to do so. MK Litzman, Deputy Minister of Health, came to the hospital in person and threatened to take legal action against the hospital if the baby was disconnected from the machines, claiming that the parents did not understand what they had signed and that they were opposed to disconnecting her. This case aroused a public and professional outcry that lasted several weeks.[38] Following pressure from Litzman, the infant, who was brain dead, was not disconnected from the machines and only after her heart stopped (i.e. she died a "cardiac death") was she disconnected by the doctors.

Less than a year later, in October 2010, MK Litzman approached Hadassah Medical Center and asked one of its directors to reconnect a 40-year old woman who had been determined to be brain dead to a dialysis machine. Apparently the woman's relatives had asked the deputy minister to help them because they believed that the dialysis treatment would help their loved one. The hospital explained to the deputy minister that the treatment would not help the woman because she was dead.[39]

These two events highlight some of the central points of disagreement and lack of understanding between the communities:

1. In certain instances, the communities' perceptions of the factual reality differ. Someone who is considered to be alive by one community is considered to be dead by certain portions of the other community. This contradiction in the understanding of reality is so fundamental that it is difficult to resolve: on one hand, human life is granted great moral significance by both communities and apparently respecting the memory of the deceased is as well. Thus

---

[38] Yitzhak Tessler, "An ultra-orthodox baby girl died at Schneider after being brain dead – for weeks the issue of disconnecting the baby from the respirator was at the heart of a struggle between the medical establishment and the ultra-orthodox Deputy Minister of Health", Maariv nrg, December 4, 2011. published on website: http://www.nrg.co.il/online/1/ART1/974/686.html (last checked: March 4, 2012)

[39] Neri Brenner, "Litzman Interfered: connect a brain dead woman to dialysis", YNET. October 23, 2011. Published on website: http:// www.ynet.co.il/articles/0.7340.L-4138005.00.html (last checked: March 4, 2012)

it would seem feasible that both communities could agree that as long as a person is alive, all efforts must be made to cure him and improve his condition, and that upon his death, he should be buried with dignity. On the other hand, in the absence of agreement regarding the basic factual question of the moment of death, there is no point in continued examination of the values in question, as they will be rooted in different perceptions of the same reality.

2. In certain instances, it seems there is a lack of knowledge in the ultra-orthodox community which is unrelated to faith, but rather stems from various environmental and community circumstances. For example, the fact that the brain dead woman's family approached Deputy Minister Litzman and asked that he try to save her through dialysis indicates a lack of understanding regarding the meaning of her medical condition. On the other hand, it is possible that the hope for a "miracle" caused them to act as they did and, as this is the case, it is not a matter of lack of understanding or knowledge but rather a set of beliefs that leaves room for occurrences that are beyond scientific or medical logic.

8. Respecting Cultural Variance (or: does a moral view that is defined as "religious" warrant greater defense than a moral view that is not?)

As has been demonstrated thus far, a survey of Israeli health law indicates many traces of religious considerations in a wide range of arrangements. For example, paragraph 2(5) of the Embryo Carrying Agreement Law determines that the surrogate shall belong to the same religion as the intended mother unless all parties to the agreement are non-Jews and the religious figure on the committee grants his approval. There is of course no special medical or biological significance to the fact that the surrogate is Jewish. Rather, the purpose of this section of the law seems to have been to prevent problems that could arise from the Jewish Halachic perception according to which the birth mother (or the one who bore the pregnancy) is considered to be the baby's mother. In other words, if the surrogate is not Jewish, even if from a genetic standpoint both of the biological parents are Jewish the baby would be considered non-Jewish. In this case, the key consideration that it would be in the child's best interest to belong to the same religion as the parents is what brought about this determination in the law. As long as religion is a significant consideration in Israeli society and culture, it is reasonable to accept a determination of this sort in the law as well.

An interesting legal test of this clause could arise in a scenario such as this: a Jewish couple who consider themselves to be secular or even atheists ask to undertake a surrogacy process through an intended surrogate who is not Jewish and their request is denied solely on the basis of the intended surrogate's religion. The couple then petitions the High Court of Justice claiming that the law is unconstitutional as it does not allow them to fulfill their dream of bringing a child into the world through a surrogate for reasons that are irrelevant to them. They may even quote John Lennon's song "imagine there is no religion" in their petition… The court will stall for years and finally determine that the law does in fact create a situation that might be considered prejudicial in a world in which religion plays no role. But religion does play a role in our world and Israel's Declaration of Independence even defines the state as being "Jewish and democratic". Its values as a Jewish and democratic state are also noted in the Basic Law: Human Dignity and Liberty and in a number of other legal sources. As this is the case, despite the fact that the law is not in line with the views of some of the people who are subject thereto, it cannot be determined to be unconstitutional. Moreover, the High Court of Justice will surely determine that because this issue is so complex and difficult, the legislature should be the one to provide answers and that it is not up to the court to grant the petitioners the remedy they seek.

The Terminally Ill Patient Law is another legal arrangement that was formulated based on comprehensive work by a broad committee of experts which, inter alia, included a Halachic Jewish law sub-committee. One of the significant principles of this law is the distinction between not connecting someone to a respirator, which is permitted in some circumstances, and disconnecting someone from a respirator, which is considered to be forbidden killing. This clear distinction is the direct result of the opinion of the religious sub-committee members who firmly opposed the possibility of disconnecting someone who was already connected to machines (for instance, by mistake or based on a false hope that he would be successfully weaned off the machine) but they said that according to Jewish law it was possible to condone not connecting that same person to the machines at all.

It is very possible that if this principle had not been accepted the committee would not have been able to come to an agreement regarding an agreed draft of the bill and the law would not have eventually been passed by the Knesset. However, this gives rise to a fundamental question: has a dynamic been created in the bioethics discourse, the public discourse and possibly even in the political discourse according to which when an ideological confrontation exists between the religious and the non-religious the way to find a middle ground or solution will **always** (or mostly) entail an ideological concession by the non-religious "side"? If this is in fact the case, or mostly so, does this mean that the non-religious ideological basis is less consolidated? Less decisive? Less important? Or is the non-religious "side's" willingness to reach agreements higher than that of the religious "side"? Or perhaps the non-religious "side" has "taught" the religious "side" that it will eventually back down from its firm position thus the religious "side" has no reason to compromise or be flexible in its positions?

In my view, these questions remain open both because it is impossible to answer all of them within the framework of this article and also because they are very broad and general and require generalizing and characterizing a complex discourse in a simplistic manner. Nevertheless, despite the fact that these questions entail a great deal of moral judgment when describing a complex reality, they may be able to illustrate to a certain degree the emotional experience, which sometimes borders on frustration, of searching for ways in which different communities can work together to reach a common goal – consensual social order for the greater good.

9. Summary: Looking toward the (Common?) Future

In this article, I sought to characterize the place of the religious/traditional approach (emphasizing the Jewish religion) within the bioethics, legal and medical discourses in Israel and the degree of influence it has on legislation processes and on the development of common law.

I addressed the fact that in the modern age, the global bioethics challenge is something that health, ethics and legal experts around the world must cope with on a daily basis. This takes place at both the international and local levels, as many countries have multicultural societies, whose members are also characterized by varying degrees of religiosity.

I have attempted to present the difficulty entailed in a dialog between communities whose fundamental premises may be quite different from one another and I addressed different approaches to bringing these approaches closer through "translation" of the dialog from one community's "language" to that of the other community.

Israeli society is in constant conflict between a person's basic right to live according to his beliefs and views and the freedom to choose a lifestyle that is not related to religious principles or arrangements. The Israeli examples that were noted (which are only a small sampling of the issues that arise from time to time in this context) illustrated the relevance of this challenge in the local arena. It appears that the legislature sought different ways to increase the multi-community discourse, which included integrating scientists, jurists, ethicists and religious figures into the various ethics committees as well as setting exceptions of conscience which seek to balance between patients' freedom of choice and care providers' freedom of conscience. In other instances I addressed disputes and even political crises entailing ideological disputes around questions from the realm of health law and the influence thereof on legislation that was eventually passed. We also saw that "compromise" laws which were passed by the Knesset are not necessarily accepted by doctors, religious figures or the general public, thus even if an issue is resolved through legislation, it is not necessarily a "done deal" or consensual. Moreover, I addressed the possible dynamic of a dialog between communities, according to which consensual solutions are, at the end of the day, code for one community "conceding" the manner of behavior it considers to be proper in favor of what the other community views as the correct behavior.

This description might arouse a certain degree of frustration among readers. Despite efforts made by the medical and religious establishment, by ethicists and jurists, by elected officials and legislators to find consensual rules regarding the legal regularization of health matters, there are still quite a number of unresolved disputes, which sometimes appear to be difficult, unfathomable and even impossible to bridge. The "dialog between communities" appears to be a thankless and possibly infinite task and thus – a goal that will never be fully achieved.

To my mind, that is specifically why there is room for optimism and even a certain degree of (healthy) pride. Over the past few years health law in Israel, which is not a cohesive entity, but rather a patchwork which, at times, is incoherent and irrational, has been a manifestation of a process of broad ethical, moral, social and legal thinking. Great effort has been made to find consensual solutions that honor cultural, moral and religious variance as much as possible. The significance attributed to the **search** for consensual solutions is in itself a very important tool for creating a bonding dialog between the communities. In an age of readily available information and accessible public discussion (as an opportunity to get a sense of the discourse as well as express opinions) the dialog between the more conservative community and the other communities becomes possible as well as deeper.

To my mind, observation from a broader international perspective also allows one to see Israel in a positive manner due to its efforts to formulate health law legislation that takes into account the diverse outlooks of its residents and the centrality of religious thinking among some of them. Since an alternative such as simply "quitting the game" does not seem like a desirable option in a democratic state, it appears that despite the difficulties we are on the right path. In an ethical context, following this path does not necessarily have to lead to a specific target and a subsequent state of tranquility once it is attained. Sometimes a journey along the correct path is a goal unto itself.

Farmácia e medicamento em Portugal.
Temas históricos relevantes (1850-1950)*

João Rui Pita**
Ana Leonor Pereira***

Dedicamos este estudo ao Senhor Professor Doutor Guilherme de Oliveira, ilustre professor da Faculdade de Direito da Universidade de Coimbra, fundador e impulsionador do Centro de Direito Biomédico. Homenagem e admiração dos autores pela sua extrema competência, enquanto professor e investigador, pelo trabalho pioneiro que realizou no âmbito do direito da farmácia e da medicina.

O nosso reconhecimento pela possibilidade que nos concedeu de integrarmos a sua equipa de colaboradores.

Resumo: O objectivo deste estudo é fazer uma breve apresentação da farmácia e do medicamento em Portugal durante o século XIX e primeira metade do

---

* Este estudo reúne resultados da investigação dos autores isoladamente ou em colaboração sobre a farmácia em Portugal nos séculos XIX e XX cujos artigos sectoriais estão referenciados na bibliografia final. A investigação integra-se nos trabalhos de pesquisa realizados no Grupo de História e Sociologia da Ciência e da Tecnologia do Centro de Estudos Interdisciplinares do Século XX da Universidade de Coimbra – CEIS20 (Financiado pela FCT por fundos nacionais do MEC – UID/HIS/00460/2013).
** Professor da Faculdade de Farmácia e investigador do CEIS20 – Universidade de Coimbra. Associado do Centro de Direito Biomédico
*** Professora da Faculdade de Letras e investigadora do CEIS20 – Universidade de Coimbra. Associada do Centro de Direito Biomédico

século XX, no contexto internacional, focando, sobretudo, os seguintes tópicos: a investigação e a industrialização do medicamento em Portugal com referência à principal legislação e regulamentação sobre o medicamento; a farmacopeia portuguesa; o ensino farmacêutico; o exercício da profissão, em particular a farmácia de oficina; temas afins de interesse para a farmácia e saúde pública.

Introdução

Pode considerar-se que, na história da farmácia, a afirmação socioprofissional do farmacêutico em Portugal se processou no decurso do século XIX. Surgiram as primeiras Escolas de Farmácia, promulgou-se legislação relevante, o farmacêutico alargou o seu espaço de actuação profissional. Entre finais do século XIX e inícios do século XX, a industrialização do medicamento desencadeou fortes alterações na dinâmica farmacêutica. Verificou-se em Portugal uma certa desorganização do exercício profissional, facilmente compreensível atendendo às mudanças profundas que se estavam a operar no mundo do medicamento; colocaram-se questões importantes relacionadas com a indústria farmacêutica, a investigação científica, a formação dos farmacêuticos, o exercício profissional em farmácias de oficina. Portugal tentou adaptar-se à dinâmica internacional tendo como referente fundamental o caso francês. Todavia, condicionantes de ordem política, social, económica, técnica e científica fizeram-se sentir no processo de consolidação e afirmação do farmacêutico e da farmácia em Portugal.

A farmácia e o medicamento: da segunda metade do século XIX à primeira metade do século XX

Na segunda metade do século XIX e nos primeiros anos do século XX as descobertas nos domínios da histologia, da fisiologia, da microbiologia e, mais tarde, no campo da bioquímica proporcionaram novas interpretações sobre as origens das doenças, a descoberta de novas patologias e, por conseguinte, suscitaram novas investigações medicamentosas. Com efeito, o período cronológico de 1850 a 1950 constitui um período de importância capital na investigação científica relacionada com o medicamento.

Entre 1850 e 1900, *grosso modo*, operaram-se alterações marcantes e profundas como a descoberta e isolamento de princípios activos extraídos dos vegetais o que permitiu obter substâncias com propriedades medicinais e enriquecer substancialmente o arsenal terapêutico. As novas substâncias descobertas e caracterizadas tanto do ponto de vista químico como médico-farmacêutico suscitaram o interesse dos investigadores pelas suas propriedades terapêuticas e pelo funcionamento do organismo após a sua administração.

Nos primeiros anos do século XIX, os trabalhos laboratoriais conduziram à descoberta e isolamento, entre vários, da narcotina (Derosne, 1803), da morfina (Serturner, 1805), da cinchonina (Gomes, 1810), da veratrina (Meisner, 1818), da estricnina (Pelletier e Caventou, 1818), da cafeína (Runge, 1820), do quinino (Pelletier e Caventou, 1821), da atropina (Mein, 1831). Esta onda de descobertas continuou pela segunda metade do século XIX e pelo próprio século XX. Em Portugal deve destacar-se a investigação realizada pelo médico e cientista Bernardino António Gomes (1768-1823) na descoberta do cinchonino. Os trabalhos científicos em torno da descoberta de substâncias activas desencadearam uma enorme onda de optimismo em torno dos efeitos benéficos e muito mais objectivos dos medicamentos.

É também por meados do século XIX que a fisiologia experimental se constitui como área científica no campo das ciências biomédicas. A fisiologia experimental teve como pioneiro François Magendie (1783--1855) médico que, entre outros estudos, investigou a estricnina, os iodetos, os brometos, a morfina, o azoto, preconizando a utilização de animais de laboratório da investigação fisiológica. Contudo, atribui-se a fundação da fisiologia experimental moderna a Claude Bernard (1813--1878), discípulo de Magendie. Mas estes fisiologistas também se podem considerar pioneiros da farmacologia experimental. A fisiologia experimental pretendia simular o comportamento do organismo no laboratório o que, por conseguinte, permitia estudar mais aprofundadamente os fenómenos fisiológicos do organismo; também abriu as portas a que se estudassem as propriedades das substâncias activas e dos medicamentos antes destes serem preparados definitivamente para serem administrados. Assim, começaram a ser dados os primeiros passos na investigação científica laboratorial, uma investigação em animais de laboratório que tinha por objectivo apurar as propriedades das substâncias isoladas e, ao mesmo tempo, visava avaliar o comportamento do organismo, o funcionamento do organismo e os eventuais comportamentos e mecanismos fisiológicos até então desconhecidos. Para determinar o comportamento dos medicamentos no organismo era necessário saber como o organismo funcionava. Por isso, a farmacologia experimental está intimamente relacionada com a fisiologia. A farmacologia experimental teve em Philip Phoebus um dos pioneiros (fundou um Instituto de Farmacologia em Giessen, em 1844). Contudo, atribui-se a paternidade da farmacologia experimental a Rudolf Buchheim (1820-1879) que fundou em 1847 em Dorpat (na Estónia) um Laboratório de Farmacologia. Oswald Schmiedberg (1838-1921) que havia estudado com Rudolf Buccheim instalou em Estrasburgo um Instituto de Farmacologia em 1870; investigou diversos fármacos no organismo. Karl Binz (1832-1912) é outro dos primeiros farmacologistas experimentais. Fundou em Bona, onde era professor, um Instituto Farmacológico (1869). São conhecidos diversos estudos de Binz sobre a acção de fármacos no organismo; foi o caso do quinino, álcool, arsênico, compostos halogenados, anestésicos diversos, etc. O surgimento da farmacologia experimental e a consolidação da fisiologia experimental permitiram experimentar no laboratório as novas substâncias activas e simular *in vitro* o funcionamento do organismo e, assim, testar melhor os medicamentos. A terapêutica experimental veio contribuir para ajustar melhor a posologia dos medicamentos investigados antes deles entrarem no mercado.

Nos finais do século XIX e primeiras décadas do século XX, as inovações não se situavam apenas no plano da variedade do arsenal terapêutico. Desde meados de oitocentos foi-se consolidando a produção industrial do medicamento e surgiram novas formas farmacêuticas adaptadas, justamente, a essa produção industrial. Foi o caso, por exemplo, das cápsulas, dos comprimidos, dos injectáveis. Estas formas farmacêuticas são declaradamente do mundo industrial farmacêutico.

Por toda a Europa e além Atlântico, estas inovações marcavam o mundo farmacêutico. As farmácias deixavam de ser local de produção exclusiva de medicamentos. Assim, gradualmente, a produção artesanal foi dando lugar à produção industrial. Como é evidente, os progressos da biologia, da farmácia química, da síntese química, da tecnologia farmacêutica e o surgimento de novas formas farmacêuticas como as cápsulas, os comprimidos e os injectáveis, todas as inovações inerentes produziram efeitos não só no plano técnico e científico mas, também, no plano do exercício profissional.

Desenvolveram-se, também, grupos terapêuticos, a base dos grupos terapêuticos que hoje temos, e, assim, foi aumentando a variedade de medicamentos com efeitos terapêuticos bem definidos. Entre muitos exemplos assinalem-se alguns casos. Em 1918, refiram-se as pesquisas realizadas por William Howell (1860-1945) sobre a heparina; a partir de 1945 a terapêutica cardiovascular desenvolveu-se fruto da entrada na terapêutica dos heparinóides; também se devem assinalar a estreptoquinase e a uroquinase. Entre os anos 40 e 50 do século XX realizaram-se os primeiros estudos de terapêutica antiateromatosa e anti-hipertensiva. No início do século XX foram realizados outros estudos na terapêutica cardiovascular, como foi o caso dos anti-arrítmicos. A insulina foi descoberta em 1921 por Frederick Banting (1891-1941) e Charles Best (1899-1978). A terapêutica anti-neoplásica desenvolveu-se sobretudo a partir de 1945 em função dos estudos realizados nas mostardas azotadas (Goodman). Em 1932 Gerard Domagk (1865-1964) descobriu as sulfamidas, através do prontosil; as sulfamidas mostraram-se como fármacos dotados de propriedades antimicrobianas. Contudo, o primeiro antibiótico foi descoberto em 1928 por Alexander Fleming (1881-1955) – a penicilina (comercializada somente nos anos 40); trata-se do primeiro antibiótico que porporcionou a descoberta de outros antibióticos eficazes. Howard Florey (1898-1968), Ernst Boris Chain (1906-1979) e colaboradores, nos anos 30 e 40, foram decisivos, desde logo, para a transformação da penicilina em medicamento e, também, para a sua produção em larga escala. A penicilina constituiu a primeira medicação eficaz e com resultados práticos altamente significativos no tratamento de numerosas infecções. Na primeira metade do século XX refira-se o tratamento da tuberculose com PAS, estreptomicina e isoniazida. Em 1941 a terapêutica anti-leprótica, através de sulfonas, teve o seu primeiro tratamento eficaz. O ácido undecelénico nos finais dos anos 30 foi aplicado na terapêutica anti-micótica.

Deve assinalar-se que os avanços operados em variadas terapêuticas medicamentosas contra as infecções se ficaram a dever, justamente, à identificação das entidades microbianas, fruto dos trabalhos da galeria de microbiologistas, sobretudo provenientes das escolas pasteurianas e kockianas. Sublinhe-se, igualmente, os avanços conseguidos com a descoberta, isolamento e, depois, transformação em medicamento de inúmeras vitaminas.

As indústrias farmacêuticas surgiram, então, como novos lugares para o exercício da profissão farmacêutica. As exigências no plano jurídico e regulamentar também não se fizeram tardar. A industrialização do medicamento, surgida com uma intensidade significativa, modificou, a todos os níveis, a problemática do medicamento; provocou alterações profundas no plano institucional desde as condições laborais no campo farmacêutico às relações do medicamento com o doente, o médico e o farmacêutico; globalizou o medicamento; suscitou no plano do marketing e da publicidade uma nova dimensão; exigiu novas condições no plano jurídico e regulamentar; desencadeou novas exigências no plano ético e deontológico; teve consequências profundas na saúde das populações.

Investigação e industrialização do medicamento em Portugal
A primeira indústria farmacêutica portuguesa de grandes dimensões surgiu em 1891 – a Companhia Portuguesa de Higiene. Além desta indústria podemos referir a fundação de outras indústrias farmacêuticas portuguesas como, por exemplo, o Laboratório J.Neves (1892), o Instituto Pasteur de Lisboa (1895), o Laboratório Normal (1904), o Laboratório Sanitas (1911), o Laboratório Farmacológico J.J. Fernandes (1918), o Laboratório Saúde (1919), o Laboratório JABA (1919), o Laboratório Andrade (derivado da Farmácia Freire de Andrade & Irmão fundada em 1885), a Sociedade Industrial Farmacêutica (cuja origem remonta aos Laboratórios Azevedos), o Laboratório Bial (1924), o Laboratório Andrómaco (1931), os Laboratórios Vitória (1934), etc.. Alguns laboratórios, embora fundados no país, viram nas colónias do império português da época locais de venda dos seus produtos e de produção de medicamentos adaptados, justamente, à realidade tropical.

Em Portugal, nos primeiros anos da industrialização do medicamento muitas questões se levantaram. Havia vários problemas para os quais não havia respostas adequadas. Em vários periódicos científicos e profissionais da época estes assuntos eram recorrentemente focados. Tal como noutros países, também entre nós, não havia legislação e regulamentação adequadas à nova realidade. Assim, na primeira metade do século XX, foi surgindo, com alguma consistência, legislação relacionada basicamente com a produção medicamentosa, com a importação e exportação de medicamentos e sua comercialização. Neste conjunto vasto há um ponto que deve ser sublinhado. Trata-se da recepção dos medicamentos estrangeiros em Portugal, um problema ultrapassado com o tempo mas que causou muita apreensão nos farmacêuticos portugueses pois pensava-se que os medicamentos estrangeiros iam levar à ruína a farmácia portuguesa; desconfiava-se da qualidade dos produtos estrangeiros e tinha-se a noção de que não era necessário importar medicamentos pois os produtos nacionais eram suficientes para o mercado nacional, incluindo as colónias portuguesas em África e no Extremo Oriente. Esta argumentação de pendor protecionista não era inédita à escala europeia e inevitavelmente a competição caminhava para escalas supranacionais.

A Primeira Guerra Mundial teve reflexos importantes na indústria farmacêutica portuguesa desde logo ao tornar evidente que a farmácia militar em Portugal se encontrava frágil. Não estava em causa apenas o serviço a prestar aos militares; estava em causa, também, a produção medicamentosa adequada às necessidades. Um dos farmacêuticos participantes na Guerra, José Maria Pinto Fonseca (1883-1968), foi um dos fundadores dos Laboratórios Sicla – Sociedade de Indústria Química Lda., em 1915. Tudo parece indicar que esta indústria se desenvolveu muito em função da Guerra de 1914-1918, tendo participado no reforço do fabrico de produtos farmacêuticos. Teve como trabalho pioneiro o fabrico de éter etílico e, posteriormente, alargou o seu leque de produção a muitos outros produtos. A partir de 1917, com a presença portuguesa na Guerra, houve necessidade de fazer uma reorganização administrativa e de melhorar do ponto de vista técnico o que estava montado e estruturado. Tornava-se imprescindível a criação de uma Farmácia Central do Exército que sucedesse à 2ª Secção do Depósito Geral do Material Sanitário. A Farmácia Central do Exército foi criada pelo Decreto nº 3.864 de 16 de Fevereiro de 1918, dada a urgência em reorganizar o serviço farmacêutico para responder com eficácia às necessidades dos serviços de saúde do Exército português. Eram objectivos da Farmácia Central do Exército fornecer material farmacêutico diverso e medicamentos aos estabelecimentos militares e da marinha, portugueses. Esta farmácia tinha ainda por objectivos fornecer os mesmos produtos às então colónias portuguesas e a outros estabelecimentos desde que devidamente autorizados.

A realização do 1º Congresso Nacional de Farmácia, em Lisboa, em 1927, foi uma enorme manifestação da indústria farmacêutica portuguesa declaradamente de orientação nacionalista. Contudo, a indústria farmacêutica portuguesa não podia apostar em medicamentos demasiado caros e não podia haver uma aposta na tecnologia mais avançada como se passava noutros países europeus com maior tradição em indústria química e com maiores recursos económicos. No processo de industrialização do medicamento em Portugal deve assinalar-se na primeira metade do século XX a publicação de variada legislação sobre o imposto de selo das especialidades farmacêuticas, a montagem e autorização de funcionamento das indústrias farmacêuticas, o comércio de medicamentos industrializados, etc. sendo muita desta legislação e regulamentação fortemente relacionada com o exercício da profissão farmacêutica[1]. Deve assinalar-se que a legislação mais organizada sobre a produção industrial de medicamentos surgiu a partir dos anos 40, resultado, também, da consolidação da industrialização do medicamento em Portugal.

---

[1] No que respeita apenas ao século XX assinalem-se os seguintes diplomas: Decreto nº 9.431 de 6 de Fevereiro de 1924, regula o exercício da profissão farmacêutica; Decreto nº 13.470, de 12 de Abril de 1927, regulamenta o exercício da profissão farmacêutica; Decreto nº 17.636, de 19 de Novembro de 1929, regula o exercício da profissão farmacêutica; Decreto nº 17.823, de 1929, que reforma a Pauta dos Direitos de importação referentes a produtos químicos e especialidades farmacêuticas; Decreto nº 19.331, de 6 de Fevereiro de 1931, que regulamenta a importação e venda de especialidades farmacêuticas de origem estrangeira; Decreto nº 20.292, de 8 de Setembro de 1931, que regula o fabrico, importação e venda dos soros e vacinas destinados a usos veterinários; Decreto nº 20.884, de 27 de Janeiro de 1932, regula a importação, preparação e comércio de soros, vacinas e produtos similares, usados em medicina veterinária e a fiscalização da sua qualidade; Decreto nº 26.555, de 29 de Abril de 1936, alterando a Pauta de importação de Produtos químicos medicinais e especialidades farmacêuticas; Decreto nº 29.537, de 18 de Abril de 1939, regula a instalação de laboratórios farmacêuticos e a reabertura dos que tivessem paralisado a laboração por período superior a 2 anos. Dispõe sobre a preparação no país de medicamentos especializados estrangeiros ou de marca estrangeira; Decreto-lei nº 38.226, de 18 de Abril de 1951, determina a obrigatoriedade de fornecimento pelos fabricantes, importadores e acondicionadores de especialidades farmacêuticas, às farmácias, de embalagens devidamente seladas de determinados medicamentos contendo apenas uma unidade; Lei nº 2.052, de 11 de Março de 1952, estabelece as regras que presidem ao condicionamento industrial; Decreto-Lei nº 41.448, de 18 de Dezembro de 1957.

Em 1940 foi criada a Comissão Reguladora dos Produtos Químicos e Farmacêuticos – CRPQF através do Decreto nº 30 270 de 18 de Dezembro de 1940, sob a tutela do Ministério do Comércio e Indústria. Os seus objectivos eram, muito resumidamente, entre outros, normalizar as actividades relacionadas com a importação, comercialização e produção industrial de medicamentos. Deve referir-se, também, com particular destaque a promulgação em 1957 do Decreto nº 41448, de 18 de Dezembro. Este documento foi relevante no acentuar das medidas tutelares sobre o medicamento. Este Decreto criou a Comissão Técnica dos Novos Medicamentos e funcionava junto da Direcção-Geral de Saúde, com o objectivo de estudar e dar parecer sobre as autorizações de lançamento dos medicamentos no mercado. Aquele diploma criou, também, a designada Comissão Técnica dos Novos Medicamentos (CTNM) que mais não era do que um órgão consultivo que laborava na avaliação de medicamentos e que iniciou o seu funcionamento na Direcção Geral de Saúde.

Com o objectivo de dar voz e defender os interesses dos industriais de especialidades farmacêuticas foi criado o Grémio Nacional dos Industriais de Especialidades Farmacêuticas em 1939, o que reflete o valor da indústria farmacêutica à escala nacional. Esta instituição tinha por objectivos avaliar os problemas da indústria farmacêutica em Portugal e defender os seus interesses. A fundação daquele Grémio bem como do Grémio Nacional das Farmácias e de outros grémios obedece à política de normalização corporativa do estado salazarista.

Com maiores ou menores adaptações, este estado de coisas manteve-se na sua generalidade até à adesão de Portugal à Comunidade Económica Europeia. A indústria farmacêutica portuguesa era tradicionalmente uma indústria de produção. Eram escassos os laboratórios que se dedicavam à investigação. As Faculdades de Farmácia de Lisboa, do Porto e de Coimbra eram os locais onde se realizava mais investigação farmacêutica em Portugal. Nas publicações científicas dessas instituições encontramos plasmados os géneros de investigação realizada. É o caso do *Notícias Farmacêuticas*, dos *Anais da Faculdade de Farmácia do Porto*, do *Boletim da Escola Superior de Farmácia da Universidade de Lisboa*. Também noutros periódicos como o *Jornal dos Farmacêuticos*, a *Revista Portuguesa de Farmácia* e em muitas revistas de outros campos científicos como a medicina ou a química temos acesso à investigação científica que nesta área se produzia no país.

Além das referidas fontes, também na indústria farmacêutica portuguesa, na primeira metade do século XX, se realizou alguma investigação. Neste particular pode assinalar-se, por exemplo, na primeira metade do século XX, o trabalho de alguns laboratórios, como foi o caso do Laboratório Farmacológico, que levou a cabo alguma investigação científica nos anos 20. Era corrente referir-se que a indústria farmacêutica em Portugal nunca seria demasiado próspera uma vez que não havia uma forte indústria química no país.

Contudo, a Portugal chegaram e consolidaram-se indústrias farmacêuticas estrangeiras que abriram diversas unidades de produção, sobretudo, na zona de Lisboa. Em 1940 existiam 30 unidades industriais farmacêuticas em Portugal; em 1950 existiam em Portugal 51 indústrias farmacêuticas e 34 farmácias industriais, o que totalizava 85 estabelecimentos produtores. Em 1966 produziam-se em Portugal 8199 marcas comerciais com 16637 variedades. Em 1968 teve lugar em Lisboa, o Primeiro Congresso Nacional da Indústria Farmacêutica. Neste mesmo ano existiam em Portugal 212 estabelecimentos industriais farmacêuticos, dos quais 64 eram indústrias de medicamentos e 2 especificamente voltados para a produção de vacinas. Os outros eram farmácias com categoria de indústrias ou farmácias com produção própria de medicamentos. Ainda em 1968, no referido Congresso Nacional da Indústria Farmacêutica, se afirmava e reconhecia que a investigação científica farmacêutica portuguesa, no que concerne a investigação inovadora, tinha fortes limitações e fragilidades, algumas ditadas pelos condicionalismos dos contextos económico, científico e tecnológico do Portugal salazarista.

A farmacopeia oficial portuguesa

Em breve retrospectiva é de notar que, em 1794, foi publicada a primeira farmacopeia oficial portuguesa – a *Pharmacopeia Geral*. Foi escrita pelo professor de matéria médica e farmácia da Faculdade de Medicina da Universidade de Coimbra, Francisco Tavares (1750-1812). Teve novas edições em 1822, 1823 e 1824, todas iguais à primeira.

Durante o século XIX e na primeira metade do século XX foram publicadas em Portugal três farmacopeias oficiais: o *Codigo Pharmaceutico Lusitano* (1ª edição, 1835), a *Pharmacopêa Portugueza* (1876) e a *Farmacopeia Portuguesa* (1ª edição, 1935).

O *Codigo Pharmaceutico Lusitano* é da autoria de Agostinho Albano da Silveira Pinto (1785-1852), doutor em filosofia e médico. O *Codigo Pharmaceutico Lusitano* tem como sub-título *Tratado de Pharmaconomia*. Era composto por duas grandes partes. A primeira parte era um tratado de técnica farmacêutica; a segunda parte era designada por *Pharmacopéa* e era uma listagem de matérias-primas e de medicamentos. Incluia já várias substâncias activas extraídas de vegetais e seus sais como a morfina, a narcotina, o quinino, etc. Vários autores modernos são referidos como Chevreul, Virey, Chevalier, Souberain e outros. Todas as edições do *Codigo Pharmaceutico Lusitano* que se publicaram a partir de 1835 (1836, 1841, 1846 e 1858) surgem na linha da primeira edição: a actualização da produção medicamentosa e a defesa dos interesses da saúde pública da população. A edição de 1858 é póstuma e foi organizada pelo médico José Pereira dos Reis. Em 1838 foi constituída uma comissão para redigir uma nova farmacopeia oficial. Três anos depois a obra estava pronta mas nunca chegou a ser editada como farmacopeia oficial, provavelmente devido às conhecidas convulsões sociais que marcaram a primeira metade do século XIX em Portugal. Na própria Faculdade de Medicina da Universidade de Coimbra houve algum esforço parter pronta uma nova farmacopeia oficial mas, mesmo assim, isso não foi suficiente para substituir o *Codigo Pharmaceutico Lusitano*.

O *Codigo* manteve-se em vigor até 1876. Neste ano foi publicada a terceira farmacopeia oficial portuguesa: a *Pharmacopêa Portugueza*. A edição da farmacopeia oficial (Decreto de 14 de Setembro de 1876) deixava de depender da Faculdade de Medicina de Coimbra e pela primeira vez foi redigida por uma Comissão Oficial constituída por médicos e farmacêuticos, sendo presidida por Bernardino António Gomes, filho (1806-1877) e teve como secretário o conhecido médico José Tomás de Sousa Martins (1843-1897). A farmacopeia compreendia um formulário e um conjunto de matérias-primas, não havendo qualquer parte dedicada à técnica farmacêutica como anteriormente acontecia. A obra assume mais energicamente a defesa da saúde pública e privada através da normalização quer da preparação dos medicamentos quer do exercício profissional farmacêutico. Mas rapidamente a obra ficou desactualizada. Não estão ainda bem esclarecidas as razões que levaram a que a farmacopeia de 1876 tenha permanecido em actividade até 1935, durante cerca de seis décadas, demasiado tempo se atendermos ao facto de se viver um dos períodos mais férteis em alterações tecnológicas e científicas de natureza farmacêutica.

Em 1903 foi nomeada uma comissão oficial para redigir uma nova farmacopeia que havia de substituir a de 1876. Esta comissão trabalhou na redacção da nova obra mas a revolução republicana de 1910 apanhou os trabalhos da comissão na sua fase final, não tendo a obra conhecido a luz do dia. Três anos depois, em 1913, foi constituída uma nova comissão para redigir a nova farmacopeia oficial composta essencialmente por médicos, professores da Faculdade de Medicina e da Faculdade de Ciências; na perspectiva farmacêutica foi dada pouca atenção ao corpo profissional farmacêutico, o que terá estado na origem da dissolução rápida desta comissão. Entretanto, na ausência de actualização, não havia na farmacopeia de 1876 referências a formas farmacêuticas modernas como os comprimidos ou injectáveis, nem se mencionavam novas operações farmacêuticas ou novas matérias-primas ou excipientes como é o caso do sulfonal (1885), adrenalina (1894), heroína (1896), ácido acetilsalicílico (1899), novocaína (1905), veronal (1905), luminal (1911), tiroxina (1914), progesterona (1929), estradiol (1929), androsterona (1931), testosterona (1935), etc., produtos que, desde o início do século XX, se mostravam de enorme importância no campo terapêutico.

A farmacopeia de 1876 foi substituída pela *Farmacopeia Portuguesa* editada em 1935 (Decreto-Lei nº 24876, de 9 de Janeiro de 1935). Esta obra foi redigida por uma comissão de farmacêuticos e, tal como as anteriores, com contributos provenientes de farmacopeias estrangeiras e de obras de referência internacional. Os cinco membros da comissão da farmacopeia de 1935 estavam ligados à inspecção farmacêutica (2) e à farmácia do exército e naval (3) e a sua edição surge em pleno estado salazarista, estado dictatorial que perdurou até ao 25 de Abril de 1974. À cabeça da Comissão surge o conhecido farmacêutico e médico Bernardino Álvaro Vicente de Pinho que na época era Inspector do exercício farmacêutico. A comissão teve, naturalmente, preocupações de actualização de interesse médico e farmacêutico. Encontramos na Farmacopeia, entre várias inovações, monografias referentes a produtos opoterápicos, soros e vacinas, injectáveis, comprimidos, cápsulas, para além de normas várias referentes ao doseamento, identificação e pesquisas de impurezas em medicamentos. Também é sintomática a existência no final da obra de um conjunto de legislação sobre a actividade farmacêutica e sobre medicamentos, o que acentua o objectivo normalizador da farmacopeia portuguesa. Esta farmacopeia teve nova edição em 1946 e um anexo em 1961. A nova edição (1946) e o suplemento (1961) tentaram actualizar a obra e colocá-la a par das inovações técnicas e científicas mais relevantes pois tratava-se de um documento decisivo para a padronização da complexa area dos medicamentos em Portugal. Várias monografias mostravam-se capitais no ataque a problemas decisivos de saúde pública, particularmente a medicina preventiva. Por exemplo, a edição de 1946 inclui de novo a vacina antidiftérica, a vacina antitetânica, ensaios actualizados da aferição da vacina contra a varíola, uma monografia sobre a insulina, monografias sobre vitaminas diversas, monografias de sulfamidas, etc. No suplemento de 1961, suplemento à 2ª edição, inclui-se já a Comissão Permanente da Farmacopeia Portuguesa (1957) cujo objectivo era, precisamente, a revisão periódica da Farmacopeia Portuguesa, sendo de sublinhar a inclusão de monografias como vários antibióticos entre os quais a penicilina, corticosteróides, vários tranquilizantes, etc. Vigorou oficialmente até 1986.

O ensino farmacêutico

Nos finais do século XIX e na primeira metade do século XX a profissão farmacêutica foi objecto de uma forte disciplina normalizadora. Várias preocupações motivaram o Estado e os farmacêuticos (particularmente a Sociedade Farmacêutica Lusitana) a pensarem e a instituirem um conjunto de leis e regulamentos tendentes a normalizar o exercício profissional farmacêutico. Havia a consciência de que era necessária uma formação adequada para os farmacêuticos portugueses a qual proporcionasse um rigoroso exercício profissional. Por isso, o ensino farmacêutico foi objecto de discussões. A questão que frequentemente se colocava era a de se saber se o ensino da farmácia deveria ter bases científicas sólidas ou se bastava uma aprendizagem pela prática profissional.

Em 1836 foram criadas as Escolas de Farmácia de Lisboa, do Porto (Decreto de 29 de Dezembro de 1836) e de Coimbra (Decreto de 5 de Dezembro de 1836) com um plano de estudos específico para a formação de farmacêuticos. Esta reforma de estudos farmacêuticos e das próprias instituições enquadra-se dentro da vasta reforma educativa de Passos Manuel. Em Lisboa e no Porto assistiu-se à reforma das Escolas de Cirurgia de Lisboa e do Porto criando nessas Escolas as Escolas de

Farmácia. Em Coimbra criou-se a Escola de Farmácia com origem no curso de boticário que havia sido estabelecido pela reforma pombalina da Universidade de Coimbra. O curso farmacêutico não era conducente a qualquer grau académico. Era um curso voltado, essencialmente, para a prática profissional embora se tenha alargado o campo científico da formação do farmacêutico, em função dos avanços que se iam operando no campo do medicamento. A química e as ciências naturais, em particular a botânica, bem como a vertente tecnológica da preparação do medicamento impuseram-se como disciplinas científicas fundamentais para a formação do farmacêutico.

Esta reforma de estudos vigorou até à reforma das Escolas e do plano de estudos de 1902 (Carta de Lei de 19 de Julho de 1902 e Regulamento da Carta de Lei de 19 de Julho de 1902 de 27 de Novembro de 1902) onde pela primeira vez em Portugal o ensino farmacêutico foi considerado superior. Esta reforma de estudos, e das três Escolas de Farmácia de Portugal, na dependência das Escolas Médico-Cirúrgicas de Lisboa e do Porto e na Universidade de Coimbra na dependência da Faculdade de Medicina, foi o início de uma série de reformas e de alterações que se sucederam na primeira metade do século XX. Com um total de dois anos, com quatro cadeiras de âmbito largo, o curso pretendia dotar o farmacêutico de um conjunto de ferramentas científicas e profissionais adaptadas à realidade moderna. Não se tratou da reforma ideal mas da reforma possível atendendo às condicionantes e contextos nacionais. Com esta reforma surgiu um imposto de selo sobre as especialidades farmacêuticas destinado a contribuir para as despesas das Escolas o que levantou enorme polémica dentro da comunidade farmacêutica.

Em 1911 (Decreto de 26 de Maio de 1911), o curso ficou autónomo relativamente às Faculdades de Medicina e foi estabelecido um novo plano de estudos de leque mais alargado e com uma formação mais extensa, de quatro anos. Em 1918 (Decreto nº 4653, de 14 de Julho) foi feita uma alteração do plano de estudos e as Escolas de Farmácia passaram a designar-se por Escolas Superiores de Farmácia. Em 1919 (Decreto nº 5463 de 29 de Abril) as Escolas passaram a conceder o grau académico de licenciado. Através do Decreto nº 7238 de 18 de Janeiro de 1921 as Escolas foram transformadas em Faculdades. Os regulamentos das diferentes Faculdades foram publicados de forma autónoma (Decreto nº 7355, de 29 de Janeiro de 1921 [Porto]; Decreto nº 7668, de

13 de Agosto de 1921 [Coimbra]; Decreto nº 7700 de 5 de Setembro de 1921 [Lisboa]). Com o Decreto nº 12698, de 17 de Novembro de 1926 houve nova alteração do plano de estudos. Através do Decreto nº 15365 de 12 de Abril de 1928 foi extinta a Faculdade de Farmácia da Universidade de Coimbra, juntamente com a Faculdade de Direito da Universidade de Lisboa, a Faculdade de Letras da Universidade do Porto e a Escola Normal Superior da Universidade de Coimbra. Embora tenha sido extinta em 1928, a Faculdade de Farmácia da Universidade de Coimbra continuou a sua laboração. Em 1930 foi dada nova reorganização às Faculdades de Farmácia e ao plano de estudos através do Decreto nº 18432 de 6 de Junho. Em 1931 foram estabelecidas algumas alterações na organização das Faculdades. Através do Decreto nº 21853 de 8 de Novembro de 1932 foi novamente criada a Escola de Farmácia de Coimbra e a Faculdade de Farmácia de Lisboa foi transformada em Escola; a Faculdade de Farmácia da Universidade do Porto manteve o mesmo estatuto. Com esta nova organização, só a Faculdade de Farmácia do Porto dava o grau de licenciado (cinco anos de estudos) e doutor e as Escolas de Coimbra e Lisboa apenas conferiam o curso profissional (três anos). Os três primeiros anos eram conducentes ao exercício de farmácias de oficina e a licenciatura tinha que ser obtida para os que quisessem optar pela indústria farmacêutica e pelas análises clínicas. Embora com considerações de natureza técnica e científica uma das justificações de maior peso na decisão de existência de uma única Faculdade de Farmácia no país foi a de razão económica. Atendendo ao país, sua população, necessidades farmacêuticas e número de farmacêuticos, bastaria apenas uma Faculdade e duas Escolas.

Este estado de coisas terminou em 1968 (Decreto nº48696, de 22 Novembro de 1968) com a transformação das Escolas de Farmácia de Coimbra e de Lisboa em Faculdades e em 1978 (Decreto nº 111/78, de 19 de Outubro) surgiu uma nova reestruturação das Faculdades e dos planos de estudos que, por seu turno, abriram as portas às reformas de estudos que se seguiram e que pretendiam estar em sintonia com as práticas mais actualizadas vigentes noutros países da Comunidade Europeia.

O exercício da profissão. O caso particular da farmácia de oficina
Nos 100 anos transcorridos de 1850 a 1950, *grosso modo*, os principais problemas do exercício da profissão farmacêutica eram recorrentes na

literatura socioprofissional da época. Os editores dos jornais e revistas, bem como profissionais farmacêuticos e académicos davam conta das suas preocupações relativamente ao futuro da profissão farmacêutica, Essas preocupações estavam, basicamente, relacionadas com as modificações técnicas e científicas em curso no mundo farmacêutico.

Um dos problemas sérios consistia no exercício ilegal da profissão; outro problema resultava da concorrência de profissionais como os droguistas. De acordo com o Decreto nº 21853 de 8 de Novembro 1932, das 1300 farmácias existentes no país, tudo parecia indicar que somente 800 funcionavam em condições legais. Assim refere a legislação que justificou a alteração do regime de ensino das Faculdades de Farmácia de Coimbra e de Lisboa. Este assunto do funcionamento das farmácias constituia uma forte preocupação para os farmacêuticos portugueses pois havia a consciência de que a profissão farmacêutica deveria ser exercida somente por pessoas habilitadas para essa função – os farmacêuticos – por razões de natureza técnica, científica e de protecção da saúde pública. Reconhecia-se e defendia-se que a preparação de medicamentos e o seu fornecimento ao público constituia uma matéria de interesse capital no domínio da saúde pública, o que foi refletido na legislação promulgada nos finais do século XIX e nos primeiros anos do século XX relativa ao funcionamento das farmácias, inspecção, regime de propriedade, etc.. Basta percorrermos periódicos como *Gazeta de Farmácia*, *Boletim Farmacêutico*, *A Acção Farmacêutica* e num período mais recente o *Notícias Farmacêuticas* e *Eco Farmacêutico* para verificarmos que a questão do exercício profissional farmacêutico era uma preocupação muito vincada dos farmacêuticos portugueses. São denunciados nas páginas destes periódicos vários casos de exercício ilegal da profissão por parte de médicos, droguistas e outros. São focados vários casos de ilegalidades no exercício profissional por parte dos próprios farmacêuticos; casos de negligência de vários farmacêuticos no exercício da sua profissão. Entendia-se que as medidas em curso eram reduzidas para normalizar o exercício profissional farmacêutico à luz da mais nobre finalidade de servir com formação própria o bem-estar da população e a saúde pública.

Foram marcantes para a organização farmacêutica em Portugal, tendo merecido o apoio da Sociedade Farmacêutica Lusitana e de outras associações de classe, os Decretos nº 9431 de 6 de Fevereiro de 1924 e, sobretudo, o nº 12477, de 12 de Outubro de 1926 que reorganizou os

Serviços Farmacêuticos e criou a Inspecção do Exercício Farmacêutico e, ainda, o Decreto nº 13470 de 12 de Abril de 1927 que regulamentou o exercício da profissão farmacêutica. Embora estes Decretos não fossem muito claros quanto à propriedade das farmácias, as razões da sua boa recepção prenderam-se, justamente, com a normalização do exercício profissional. Contudo, gradualmente, e sobretudo depois da promulgação do Decreto nº 17636 de 28 de Maio de 1929, verificou-se que havia necessidade de alterar o que dizia respeito à propriedade da farmácia, o que ocorreu em 1933 e posteriormente. Assim, o normativo sobre quem podia exercer a profissão e sobre as condições do seu exercício foi ainda mais profundamente marcado com a promulgação do Decreto nº 23422 de 29 de Dezembro de 1933 que regulamentou o exercício da profissão farmacêutica e a propriedade da farmácia de oficina até 1968 (Decreto-Lei nº 48547, de 27 de Agosto de 1968), alterando o regime de propriedade existente. Em 1933 estabeleceu-se, claramente, que a propriedade de farmácia deveria ser de farmacêutico, retomando a tradição existente em Portugal e que, entre 1924 e 1933, havia sido alterada pois, neste período, legalmente, a propriedade podia ser de alguém não farmacêutico.

A limitação do número de farmácias era outros problema. Portugal era um país com excesso de farmácias, sobretudo nas cidades de Lisboa e Porto. No início do século XX, Lisboa tinha o mesmo número de farmácias da Suécia e da Noruega e menos 26 farmácias do que a Dinamarca. Por isso, não é de estranhar que os farmacêuticos tenham clamado pela necessidade de limitar o número de farmácias no país, à semelhança do que se passava noutros países europeus. As razões eram evidentes: por um lado, uma garantia económica mínima para cada farmácia; por outro lado, evitar a concorrência desleal entre farmácias proveniente da falta de clientes e consequente desprestígio da profissão; finalmente, garantir uma distribuição uniforme das farmácias pela população, a bem da saúde pública. Mas o problema da limitação do número das farmácias interferia com o estatuto de profissional liberal que era concedido ao farmacêutico, questão que se arrastou no tempo. A limitação do número de farmácias por critérios demográficos e geográficos veio a acontecer já nos anos 60 do século XX. Em 1938 foi fundado o Grémio Nacional das Farmácias, instituição de defesa dos interesses das farmácias em Portugal e em 1965 foi promulgada uma nova da Lei (Lei nº 2125) da Propriedade de Farmácia que reforçou a propriedade de farmácia continuar a ser de farmacêutico ou de sociedade de farmacêuticos. Em 1968 foi promulgado o Decreto 48547, de 27 de Agosto que regulamentou o exercício da profissão e que se manteve em vigor com algumas alterações até 2007. Neste ano de 2007 uma nova legislação proporcionou a alteração do regime de propriedade da farmácia em Portugal, tendo o farmacêutico ou sociedade de farmacêuticos perdido o exclusivo da propriedade.

Deve salientar-se que as alterações que se vinham operando desde o século XIX no campo da actividade farmacêutica, sobretudo no papel do farmacêutico na farmácia de oficina, e a valorização do papel do farmacêutico na saúde pública se articulavam com a ascensão do farmacêutico na hierarquia das profissões de saúde. Por isso, não é de estranhar que tenham surgido, no decurso do século XIX e nos primeiros anos do século XX, diversas associações de classe defensoras dos interesses da actividade farmacêutica. Em 1835 foi fundada a Sociedade Farmacêutica Lusitana (inicialmente Sociedade Farmacêutica de Lisboa). E, no decurso do século XIX, pode assinalar-se a fundação de outras instituições que também funcionavam como elementos catalizadores do mais correcto exercício profissional farmacêutico. Como exemplo, cite-se em 1836 a *Companhia Comercial Farmacêutica de Lisboa*, instituição de farmacêuticos destinada a servir as boticas e as drogarias, tendo por objectivo comprar e vender todos os géneros que eram comercializáveis em boticas e em drogarias. Com finalidades essencialmente associativas foram fundados no Porto o *Centro Farmacêutico Português* (1868), em Braga a *Classe Farmacêutica* (1885), em Lisboa a *Associação dos Farmacêuticos Portugueses* (1899), em Braga a *União dos Farmacêuticos de Braga* (1899), em Faro o *Centro Farmacêutico do Algarve* (1925) e em Coimbra a *Associação dos Farmacêuticos do Centro de Portugal* (1924). É interessante salientar que a *Sociedade Farmacêutica Lusitana* incentivou a criação do *Montepio Farmacêutico* (1838).

Estas associações estiveram na origem da fundação do *Sindicato Nacional dos Farmacêuticos*, criado por Alvará de 27 de Março de 1935 e que passou a ser a instituição representativa dos farmacêuticos portugueses. A sua fundação integra-se na dinâmica corporativa do Estado Novo (veja-se a este propósito o Decreto-Lei nº 23050, de 23 de Setembro de 1933) e tem que ser entendida e estudada dentro desse contexto. O *Sindicato* de acordo com o Estatuto publicado em 1966 (Decreto Lei

46997, de 7 de Maio) tinha por finalidade "o estudo e a defesa, nos seus aspectos moral, científico, económico e social, dos interesses profissionais dos diplomados em Farmácia, que, em conformidade com os preceitos deste estatuto e mais disposições aplicáveis, exercem ou praticam quaisquer actos próprios da profissão de farmacêutico no território do continente e ilhas adjacentes" (artigo 1º).

Do ponto de vista associativo deve assinalar-se ainda em 1972 (Decreto-Lei nº 334 de 23 de Agosto de 1972) a constituição da Ordem dos Farmacêuticos que sucede ao *Sindicato*. A instituição surge na sequência de alterações operadas na orientação definida para os *Sindicatos* e decorrente da actualização que se estava a realizar na legislação social portuguesa como aconteceu com as alterações introduzidas pelo Decreto-Lei nº 49058, de 14 de Junho de 1969 ao artigo 3º do Decreto-Lei nº 23050, de 23 de Setembro de 1933. Nesta sequência, conforme se refere nas palavras iniciais do diploma de 1972, as alterações introduzidas "vieram permitir que, sem derrogação da disciplina legal, se considerasse a pretensão que os farmacêuticos vêm formulando no sentido de que a respectiva organização profissional se designe por Ordem". Ficava assim extinto o *Sindicato Nacional dos Farmacêuticos*. O estabelecimento da *Ordem dos Farmacêuticos* vinha ao encontro de aspirações históricas dos farmacêuticos portugueses que, desde os anos 30 do século XX, alimentavam, com determinação, a ideia de uma Ordem, sendo esta ideia fundamentada na necessidade de regulação da profissão e na defesa dos interesses dos profissionais farmacêuticos e, em última análise, em argumentos impícitos na defesa da boa dinâmica da saúde das populações, saúde privada, pública e social.

O farmacêutico e a saúde pública

A reforma de estudos de 1902 e, posteriormente, a reforma de 1911 passaram a proporcionar ao farmacêutico português disciplinas científicas do domínio das análises química, toxicológica, hidrológica, bromatológica e bacteriológica que oficialmente o tornaram num agente de saúde pública. Não quer isto dizer que, apenas a partir do século XX, o farmacêutico português se tenha preocupado com as análises aplicadas à saúde pública. O que se pretende sublinhar é que foi no século XX que o farmacêutico consolidou esta faceta com a oficialização das referidas áreas científicas nos planos de estudos. Pode dizer-se que foi com este alargamento sustentado da sua actuação profissional que o farmacêutico vincou mais o seu papel como agente de saúde pública.

A falsificação de medicamentos, a qualidade e a análise de alimentos, a qualidade e a análise das águas, a produção de vacinas, as análises de produtos tóxicos são apenas alguns dos domínios para os quais os farmacêuticos se encontravam em condições científicas e técnicas de dar uma resposta adequada. Com efeito, a formação do farmacêutico dava-lhe competências para trabalhar não só na preparação dos medicamentos, mas também como um especialista em análises aplicadas à saúde pública. Basta percorrermos vários periódicos da época (transição do século XIX para o século XX) como *Gazeta de Pharmacia*, *Jornal da Sociedade Pharmaceutica Lusitana*, *Boletim Pharmaceutico*, *Revista Chimico-Pharmaceutica*, e mais tarde, *A Acção Farmacêutica*, *Notícias Farmacêuticas*, *Jornal do Sindicato Nacional dos Farmacêuticos*, *Jornal dos Farmacêuticos*, *Revista Portuguesa de Farmácia* para verificarmos o forte interesse do farmacêutico em análises aplicadas à saúde pública. Este papel do farmacêutico no ramo analítico, tanto químico como microbiológico, conferiu-lhe um protagonismo relevante na dinâmica da saúde pública. Mas, também acentuou a tomada de consciência de que era necessário promulgar mais legislação para evitar a falsificação de medicamentos, a falsificação de alimentos, para combater a falta de qualidade das águas mas também de alimentos, etc. Vários farmacêuticos e, também, químicos, notabilizaram-se neste domínio, sendo paradigmáticas as figuras de Joaquim dos Santos e Silva (1842-1906), Charles Lepierre (1867-1945) e António Joaquim Ferreira da Silva (1853-1923), como é facilmente verificável pelo seu labor institucional, científico-analítico e demais obras científicas. As análises químicas e microbiológicas eram da maior importância para sustentar medidas de saúde pública e para argumentar no plano jurídico e regulamentar. Reconhecia-se que o farmacêutico desempenhava um papel relevante na saúde pública, na base da sua efectiva formação química e microbiológica, sendo igualmente detentor de outros conjuntos de conhecimentos científicos e saberes, incluindo da área das ciências da comunicação e da gestão, também importantes no exercício desse papel activo na saúde pública, o que foi ganhando cada vez mais reconhecimento e continua a ser expectável no horizonte do futuro.

Bibliografia:

Basso, Paula – *A farmácia e o medicamento. Uma história concisa*. Lisboa: CTT Correios, 2004.

Bell, Victoria; Pita, João Rui; Pereira, Ana Leonor – "A importância do Brasil no fornecimento das primeiras doses de penicilina para Portugal (1944)". In: Fiolhais, Carlos; Simões, Carlota; Martins, Décio – Congresso Luso-Brasileiro de História das Ciências. Universidade de Coimbra, 26 a 29 de Outubro de 2011. Livro de Actas, Coimbra, 2011, pp. 878-891.

Cabral, Célia; Pita, João Rui; Salgueiro, Lígia – *Plantas medicinais: entre o passado e o presente. A colecção de fármacos vegetais da faculdade de Farmácia da Universidade de Coimbra (séculos XIX-XX)*. Coimbra: Imprensa da Universidade de Coimbra, 2014.

Conceição, J.; Pita, J.R.; Estanqueiro, M.; Lobo, J.S. – "As farmacopeias portuguesas e a saúde pública". *Acta Farmacêutica Portuguesa*. 3:1 (2014) pp. 47-65.

Dias, José Pedro Sousa – *A farmácia em Portugal. Uma introdução à sua história, 1338-1938*. Lisboa: Associação Nacional das Farmácias, 1994.

Esteva De Sagrera, Juan – *Historia de la farmacia: Los medicamentos, la riqueza y el bienestar*. Barcelona: Masson, 2005.

Higby, Gregory; Stroud, Elaine (Eds.) – *The inside story of medicines*. Madison: AIHP, 1997.

Pereira, Ana Leonor; Pita, João Rui – "Liturgia higienista no século XIX – pistas para um estudo". *Revista de História das Ideias*. 15 (1993) pp. 437-559.

Pereira, Ana Leonor; Pita, João Rui – "Ciências". In: Mattoso, José (dir.) – *História de Portugal*, vol. 5, O Liberalismo (1807-1890), Coordenadores: Torgal, Luís Reis; Roque, João Lourenço, Círculo de Leitores, 1993, pp. 652-667.

Pereira, Ana Leonor; Pita, João Rui – "La publicité pharmaceutique, médicale et cosmétique dans la revue *A Illustração* ". *Revue d'Histoire de la Pharmacie*. 309 (1996) pp. 159-168.

Pereira, Ana Leonor; Pita, João Rui – "Charles Lepierre au Portugal (1867-1945). Son influence décisive sur la santé publique, sur la chimie et sur la microbiologie". *Revue d'Histoire de la Pharmacie*. 328 (2000) pp. 463-470.

Pereira, Ana Leonor: Pita, João Rui – "A higiene: da higiene das habitações ao asseio pessoal". In: Mattoso, José (Dir.) – História da vida privada em Portugal. Vol. A época contemporânea (Coord. Irene Vaquinhas), Lisboa, Temas e Debates / Círculo de Leitores, 2011, pp. 92-116.

Pereira, Ana Leonor; Pita, João Rui – "Escolas Médicas e Farmacêuticas". In: Rollo, Maria Fernanda (Coord.) – *Dicionário de História da I República e do Republicanismo*. Vol. 1. Lisboa: Assembleia da República – Divisão de Edições, 2013, pp. 1226-1229.

Pereira, Ana Leonor; Pita, João Rui; Araújo, Yann Loïc – "L'influence française sur la réception de l'homéopathie au Portugal". *Revue d'Histoire de la Pharmacie*. 348 (2005) pp. 569-578.

Pereira, Ana Leonor; Pita, João Rui – "Chemistry applied to medicine and public health – The work carried out by Charles Lepierre (1867-1945) in Portugal". In: Malaquias, I.; Homburg, Ernst; Callapez, M.E. – 5th International Conference on History of Chemistry – "Chemistry, Technology and Society" – Proceedings. SPQ, 2006, pp. 664-671.

Pereira, Ana Leonor; Pita, João Rui – "Public health, municipalities and the state: founding microbiological laboratories in Portugal". In: Dinges, Martin (Ed.) – *Health and health care between self-help, intermediary organizations and formal poor relief (1500-2005)*, Edições Colibri / CIDEHUS-UE/PhoenixTN, 2007, pp. 121- 130.

Pereira, José Morgado; Pita, João Rui; Pereira, Ana Leonor – "Enfermedades mentales en Portugal: doctrinas, concepciones y terapéuticas en la Primera República (1910-1926)". In: Ortiz Gómez, Teresa et al. – *La experiencia de enfermar en perspectiva histórica*, Granada, Editorial Universidad de Granada, 2008, pp. 473-477.

Pita, João Rui – *História da farmácia*. 3º ed. Coimbra: MinervaCoimbra, 2007.

Pita, João Rui – "O primeiro Congresso Nacional de Farmácia (1927). A solidariedade e mutualismo farmacêutico no início do século XX". In: Machado, Fernando Augusto; Gama, Manuel Rosa Gonçalves; Fernandes, José Marques – *Caminhos de cultura em Portugal. Homenagem ao Professor Doutor Norberto Cunha*, V.N. Famalicão, Húmus, 2010, pp. 199-212.

Pita, João Rui – "A farmácia na I República". In: Garnel, Maria Rita Lino (Coord.) – *Corpo. Estado, memória e sociedade no tempo da I República*, Lisboa, Centenário da República, 1910-2010, 2010, pp. 85-96.

Pita, João Rui – "História da profissão farmacêutica em Portugal. Alguns temas, problemas e reflexões". In: Aguiar, António Hipólito (Coord.) – *Farmacêuticos 2020. Os desafios da próxima década*. Lisboa: Hollyfar – Marcas e Comunicação, Lda., 2012, pp. 17-38.

Pita, João Rui – "Épocas da farmácia em Portugal e na Europa: sinopse histórica", *Revista CEPIHS-Centro de Estudos de Promoção da Investigação Histórica e Social Trás-os-Montes e Alto Douro*. 3 (2013) pp. 245-267.

Pita, João Rui; Bell, Victoria; Pereira, Ana Leonor – "Pharmacy in Portugal (1950-2010) and the Pharmacist Profession". *Acta Medicorum Polonorum*. 4 (2014) p. 29-52.

Pita, João Rui; Cabral, Célia; Salgueiro, Lígia – "Três farmacêuticos célebres de Coja: Manuel José Fernandes Costa (1870-1952), Aloísio Fernandes Costa (1906-1980) e José Cardoso do Vale (1911-2010)". In: *Encontros sobre a* história do Concelho de Arganil. Arganil: Câmara Municipal de Arganil, 2014. pp. 132-160.

PITA, João Rui; PEREIRA, Ana Leonor – "Bibliographie de l'histoire de la santé au Portugal: le cas particulier de l'histoire de la pharmacie". Revue d'Histoire de la Pharmacie. 331 (2001) pp. 405-408.

PITA, João Rui; PEREIRA, Ana Leonor – "Projection et représentation de la France scientifique dans l'Empire portugais de l'Orient. Correspondance entre le Bulletin Général de Médecine et Pharmacie de Nova Goa et la Faculté de Médecine de Lille". Revue d'Histoire de la Pharmacie. 332 (2001) pp. 512-52.

PITA, João Rui; PEREIRA, Ana Leonor – "A Europa científica e a farmácia portuguesa na época contemporânea", Estudos do Século XX. 2 (2002) pp. 231-265.

PITA, João Rui; PEREIRA, Ana Leonor (Coords.) – Estudos do Século XX – Ciência, saúde e poder, 5, 2005.

PITA, João Rui; PEREIRA, Ana Leonor (Coords.) – Estudos do Século XX – Histórias da saúde, 12 , 2012.

PITA, João Rui; PEREIRA, Ana Leonor – "A recepção da ciência de Pasteur na Faculdade de Medicina da Universidade de Coimbra (1882-1911)". In: AMARAL, Isabel et al. (Coord.) – Percursos da saúde pública nos séculos XIX e XX – a propósito de Ricardo Jorge, Lisboa, CELOM, 2010, pp. 145-154.

PITA, João Rui; PEREIRA, Ana Leonor – "Farmácia e saúde em Portugal – de finais do século XVIII a inícios do século XIX". In: FORMOSINHO, Sebastião J.; BURROWS, Hugh D. – Sementes de ciência. Livro de homenagem. António Marinho Amorim da Costa. Coimbra: Imprensa da Universidade, 2011, pp. 205-232.

PITA, João Rui; PEREIRA, Ana Leonor – "Ciência e Império: alimentos, medicamentos e venenos no periódico Notícias Farmacêuticas (1930-1950)". In: DIOGO, Maria Paula; AMARAL, Isabel Maria – A outra face do Império. Ciência, tecnologia e medicina (sécs. XIX-XX). Lisboa: Edições Colibri, 2012, pp. 49-63.

PITA, João Rui; PEREIRA, Ana Leonor – "Farmácia e saúde no dealbar do século XIX". In: PINA, Madalena Esperança et al. (cords.) – Medicina e Farmácia no tempo das invasões francesas. S.l.: Leader Oeste, 2012, pp. 25-44.

PITA, João Rui; PEREIRA, Ana Leonor – "A arte farmacêutica no século XVIII, a farmácia conventual e o inventário da Botica do Convento de Nossa Senhora do Carmo (Aveiro)". Ágora. Estudos clássicos em debate. Aveiro. 14:1 (2012) pp. 47-90.

PITA, João Rui; PEREIRA, Ana Leonor – "Indústria farmacêutica". In: ROLLO, Maria Fernanda (Coord.) – Dicionário de História da I República e do Republicanismo. Vol. 2. Lisboa: Assembleia da República – Divisão de Edições, 2013, pp. 443-444.

Pita, João Rui; Pereira, Ana Leonor – "Medicamentos". In: Rollo, Maria Fernanda (Coord.) – *Dicionário de História da I República e do Republicanismo*. Vol. 2. Lisboa: Assembleia da República – Divisão de Edições, 2013, pp. 797-799.

Pita, João Rui; Pereira, Ana Leonor – "Farmácia e medicamentos na I Guerra Mundial (1914-1918): traços gerais". Revista CEPIHS. 4 (2014) pp. 169-187.

Puerto Sarmiento, Francisco Javier – *El mito de Panacea. Compendio de historia de la terapéutica y de la farmacia*. Madrid: Doce Calles, 1997.

Rodriguez Nozal, Raúl; Gonzalez Bueno, Antonio (cords.) – *El medicamento de fabricación industrial en la España contemporánea*. Madrid: CERSA, 2008.

Sonnedecker, Glenn – *Kremers and Urdangs History of Pharmacy*, 4ªed.. Madison: American Institute of the History of Pharmacy, 1986.

Sousa, Micaela Figueira de; Pita, João Rui; Pereira, Ana Leonor – "Ciência, técnica e indústria farmacêutica em Portugal: primórdios da regulação dos medicamentos, anos 40-50". In: Fiolhais, Carlos; Simões, Carlota; Martins, Décio – Congresso Luso-Brasileiro de História das Ciências. Universidade de Coimbra, 26 a 29 de Outubro de 2011. Livro de Actas, Coimbra, 2011, pp. 929-942.

Sousa, Micaela Figueira de; Pita, João Rui; Pereira, Ana Leonor – "Farmácia e medicamentos em Portugal em meados do século XX. O papel da Comissão Reguladora dos Produtos Químicos e Farmacêuticos (1940)". CEM. Cultura, Espaço & Memória. 5, 2014, pp. 11-26.

Legislação de medicamentos veterinários: breve sinopse

Helena Ponte*
Fernando Ramos**

Introdução
O convite dos Senhores Professores Doutores André Dias Pereira e João Loureiro para colaborar numa obra inteiramente dedicada ao Direito da Saúde (Direito da
Medicina, Direito da Farmácia e Medicamento e Direito Veterinário e dos Animais) para, de forma académica, homenagear o Senhor Professor Doutor Guilherme de Oliveira era irrecusável. A sua aceitação, e sobretudo o texto que escrevemos, é que não corresponde ao prestígio que o Senhor Professor Doutor Guilherme de Oliveira tem nesta área do saber, nem sequer à admiração que os autores por ele nutrem.

Assim, e de acordo com uma "História da Medicina Veterinária" em Portugal [1] tem quem merece, por devoção à arte, um velho alfarrábio, de enorme valor histórico, talvez por isso intitulado como *"Thesouro dos Lavradores e nova alveitaria do gado vacum, purificado no crysol da caridade pela*

---

*DGAV – Direção Geral de Alimentação e Veterinária, Campo Grande 50, 1700-093 Lisboa
Telefone : 217 808 202, E-Mail : hponte@dgav.pt
CNC – **Centro de Neurociências e Biologia Celular, Pólo das Ciências da Saúde, Faculdade de Farmácia, Universidade de Coimbra, Azinhaga de Santa Comba, 3000-548 Coimbra

experiência do Lavrador António Dias Ramos, natural da freguesia do Zambujal, termo de Redondo", impresso em Lisboa em 1762. As 400 páginas deste documento repartem-se por quatro volumes. No primeiro *"se declara a antiguidade e nobreza da Agricultura e dos professores dela, e de várias espécies de rezes, com sua anatomia"*; no segundo *"as quarenta e sete enfermidades que Manuel Martins Cavaco traz na sua arte com uma glosa"*; no terceiro *"quarenta e oito capítulos de enfermidades, acrescentados de novo, de que Cavaco não deu notícia"* e, finalmente, o quarto *"se divide em dous tratados, o primeiro de várias perguntas e respostas mui curiosas, pertencentes à arte, o segundo da virtude, e qualidade dos simplices* (ou seja, das drogas que entram na composição dos medicamentos)*"*.

Curiosamente, ou talvez não, é nesse mesmo ano de 1762 que a ideia da sistematização e do aprofundamento do ensino veterinário ganha forma em Lyon na primeira escola, a nível mundial, consagrada ao ensino de medicina veterinária, por iniciativa de um advogado de profissão e mestre equitador por devoção, e que chamou a si médicos e cirurgiões competentes no intuito de derrubar o vigente empirismo do ofício [1].

Aliás, corria o ano de 1798 quando Pasteur e seus discípulos "mestres veterinários" repararam que uma cultura do vírus da cólera aviária, abandonada por esquecimento ao canto da estufa, perdera, com o envelhecimento, a virulência e a capacidade infetante, ganhando, em contrapartida, aptidão imunitária [1]. Este facto, como é sabido, viria a revelar-se de capital importância na formulação das vacinas, tal qual hoje as conhecemos.

E já que falamos nestas questões do acaso, importa registar o facto *"dos nossos íncolas transmontanos se terem antecipado, por centos de anos, a Alexander Fleming, na descoberta do poder mágico dos penícilios no combate às infeções, nomeadamente as sobrevivas das escoriações das patas de seus cães caçadores, alcançadas nas asperezas do caminho através das serras, ao longo das suas expedições venatórias, servindo-se, para o efeito, do bolor criado no naco de broa abandonado ao canto da lareira..."* [1].

Mas em Portugal, o ensino da medicina veterinária só vem a ser decretado por diploma de 5 de Dezembro de 1855, quando se cria curso de *mestres veterinários* (2 anos) e *de nível superior* (4 anos), num modelo bastante parecido ao dos nossos dias, sendo em ambas as formações ministradas, respetivamente, as disciplinas de Farmacologia e Farmácia e ainda a de Direito Veterinário, o que não deixa de ser um excelente mote ao presente trabalho [1].

Da História à Regulamentação

A saúde humana e veterinária tem, desde sempre, evoluído segundo um trilho muito próprio, partilhando o que há de comum, mas sem deixar de crescer separadamente no que é diferente.

Também a história do medicamento veterinário bebe desse mesmo princípio pelo que o seu percurso é semelhante ao do medicamento de uso humano, em termos regulamentares, e sobretudo depois da adesão de Portugal à então CEE, em 1 de Janeiro de 1986, quando o medicamento veterinário farmacológico passa a ser, pela primeira vez, devidamente regulamentado.

A regulamentação dos medicamentos para animais, em Portugal, é inicialmente consagrada, tanto quanto se conseguiu apurar, pela Lei nº 26, de 9 de Julho de 1913 [2], que decreta a *"Organização dos Serviços da Direção Geral da Agricultura"*, criando *"serviços de sanidade pecuária a quem competia, entre outros a divulgação do emprego de vacinas soros e produtos similares e respetiva fiscalização"*, bem como a criação do Laboratório de Patologia Veterinária e Bacteriologia incumbido *"do fabrico de soros, vacinas e agentes de diagnóstico...e do preparo de culturas virulentas para a extinção de animais daninhos"*. Esta temática viria a ser posteriormente regulamentada pelo Decreto nº 246, de 11 de Dezembro de 1913 [3], no que respeita designadamente a matéria de preparação e venda daqueles produtos especificamente de natureza imunológica. No que aos medicamentos, então designados como especializados, dizia respeito, tornava-se então necessário regular disposições previstas nesse pacote legislativo, o que viria a acontecer, sob proposta dos Ministros de todas as Repartições, à época, *dada nos Paços do Governo da República* em 8 de setembro de 1931, com a publicação do decreto nº 20:292 [4]. Este diploma considera ser *"de grande conveniência para complemento de uma ação fiscal sanitária sobre a importação e venda de medicamentos especializados* (regulada pelo decreto nº 19:331, de 10 de fevereiro de 1931 [5]), *determinar o procedimento a haver quanto ao comércio desses produtos para aplicação em medicina veterinária, acerca do contraste de soros, vacinas e produtos congéneres empregados em terapêutica veterinária, considerando a necessidade de serem estabelecidos preceitos especiais a respeito da aplicação desses produtos em medicina veterinária quanto às eventualidades que ofereçam as doenças contagiosas que atacam os gados"*.

É pois notória a particular incidência que desde sempre mereceram neste aspeto as *vacinas*, enquanto foco de maior interesse pela sua importância na prevenção das epizootias que dizimavam rapidamente os efetivos animais e se disseminavam de forma incontrolável.

No decreto nº 20:292 [4], onde a designação de medicamento veterinário se confunde ainda entre *medicamentos especializados* e *produtos para aplicação em medicina veterinária*, com uma outra mais abrangente de *soros, vacinas e produtos congéneres empregados em terapêutica veterinária*, ressalta a preocupação do legislador em atribuir apenas aos Laboratórios inscritos na Direção-Geral de Saúde, a autorização do fabrico e preparação destes produtos e disso informando a Direção-Geral dos Serviços Pecuários (atual DGAV), depois de vistoriados *conjuntamente pelo Laboratório de Patologia Veterinária e pela Inspeção do Exercício Farmacêutico* [5].

A importação de medicamentos *só era permitida nos termos* vigentes [5], cabendo à Direção-Geral de Saúde, *a inscrição das firmas autorizadas a esse negócio* e respetiva comunicação à Direção-Geral dos Serviços Pecuários. *A verificação destes produtos* referindo-se ao contraste daqueles de natureza imunológica, efetuava-se no Laboratório de Patologia Veterinária, após solicitação à Direção-Geral dos Serviços Pecuários e era devidamente regulado na forma como se executava o procedimento do contraste propriamente dito, bem como o processamento dos seus resultados [5]. Estava reconhecida a complementaridade de conhecimentos, a mais-valia da ação multidisciplinar e o seu papel primordial na qualidade dos medicamentos veterinários ao mesmo tempo que se iniciava uma era de tutela partilhada pela Agricultura e pela Saúde. O artigo 7º deste diploma legal [5] estabelecia indicações para *os rótulos e invólucros* daqueles produtos, importados ou de origem nacional, e que além *do nome do produto, sua atividade, nome do Laboratório preparador e do seu representante e ainda a data de preparação e termo da sua validade*, acrescia a indicação "Para Uso Veterinário" (que ainda hoje se mantém) *em etiqueta especial* regulada pelo Decreto nº 17:636, de 19 de Novembro de 1929 [6], sobre o exercício da atividade farmacêutica, revogado pelo Decreto-Lei nº 48 547, de 27 de agosto de 1968 [7] bem como *verificações técnicas dos produtos importados e inutilização, no local de armazenamento, dos que se reconheçam não satisfazerem condições de inocuidade e de valor terapêutico requeridos*, alternativamente, *à sua reexportação*.

A marca de verificação técnica era condição de "autorização de venda" e a sua inexistência era, a partir de 1 de janeiro de 1932, (com um período transitório de cerca de 120 dias para adaptação dos Laboratórios e do comércio, onde se exerciam estes controlos), objeto de inutilização e pagamento de multa de 1000 escudos, independentemente do recurso a nova verificação técnica, depositados *no Banco de Portugal como caixa geral do Tesouro para serem escrituradas em receita do Estado*. A reincidência duplicava o valor da coima, que era à altura uma fortuna, e tinha apenas um prazo de 8 dias para o seu pagamento. O Ministério da Agricultura ficava dotado no seu orçamento das verbas necessárias à boa execução deste diploma legal e o Governo autorizado a promulgar, pelo Ministro da Agricultura toda a legislação complementar. Era o "primeiro regulamento" do medicamento veterinário.

Logo no início do ano seguinte, *considerando a necessidade de fornecimento à lavoura nacional de produtos biológicos de reconhecida pureza, inocuidade e valor terapêutico para combate às zoonoses então grassantes; considerando que se podia obter essa finalidade de um modo eficaz, sem prejuízo das entidades comerciais e agravamento dos preços em virtude das exigências escusadas; e considerando a urgência de atualização regulamentar das disposições relativas aos contrastes*, o Decreto 20:884, de 13 de fevereiro de 1932 [8], que altera o Decreto nº 20:292, para fazer *valer como lei*, novas disposições então repensadas e reforçando as competências da Direção-Geral dos Serviços Pecuários, designadamente em matéria de fiscalização de fabrico e venda; refinando os requisitos de importação, preparação ou fabrico; criando uma marca sanitária para garantia de contraste; criando um órgão consultivo na figura da Junta de Sanidade Pecuária, para deliberar sobre o valor terapêutico dos produtos em avaliação; e regularizando a venda destes produtos, que pela sua natureza pudessem exigir cuidados especiais de utilização.

Passou-se entretanto meio século, até à publicação do Decreto-Lei nº 210/84, de 26 de Junho [9] pelos Ministérios da Justiça, da Saúde, da Agricultura, Florestas e Alimentação, do Comércio e Turismo e da Qualidade de Vida, para regular a *"utilização de substâncias químicas, drogas ou medicamentos suscetíveis de deixar resíduos nos animais"*.

Este lapso temporal pode dever-se, independentemente (ou não), do período político que Portugal viveu entre os anos 30 e 80, por um lado ao ténue fluxo de desenvolvimento de novos medicamentos veterinários naquela época mas por outro lado, ao crescente reconhecimento dos perigos químicos decorrentes dos seus resíduos, entre as *diversas formas de poluição a que estão sujeitos os géneros alimentícios*, tal como era mencionado no Decreto-Lei nº 210/84 [9], referindo-se em especial aos perigos biológicos e aos decorrentes do uso *desmedido* dos chamados aditivos alimentares, numa evidente mudança de mentalidade mas também de experiência e conhecimento adquiridos. Privilegiava-se agora a *defesa da saúde do consumidor* para além do usual enfoque na saúde animal cujos objetivos se focaram sempre na saúde pública e na produção de alimentos sãos, de origem animal. Esta *preocupação da Administração* da altura *levou não só à atualização da legislação em vigor como à organização de serviços que* pudessem *responder a situações que afetassem a qualidade dos alimentos*. Estava em causa *a utilização de substâncias químicas, drogas e medicamentos, com fins profiláticos, curativos e outros, suscetíveis de deixar resíduos nos órgãos e tecidos* dos animais *e, portanto, nas matérias-primas ou alimentos* deles *procedentes*. Inicia-se uma nova era para o medicamento veterinário que o torna definitivamente específico, no que respeita ao seu perfil de segurança toxicológica (primária para o animal e secundária para o consumidor, como viria mais tarde a estabelecer-se, para efeitos da sua avaliação com vista à sua introdução no mercado), atribuindo-se-lhe o cariz de fator de produção em pecuária. Assume-se assim o risco toxicológico dos resíduos nos alimentos de origem animal e em particular a cronicidade nos seus efeitos na saúde humana. *A falta ou insuficiência de dispositivos legais que disciplinassem a utilização de inúmeras substâncias, drogas ou medicamentos assumiu tal importância que houve a consciência de não se poder protelar por mais tempo a publicação de medidas legislativas apropriadas.*

O Regulamento (CEE) nº 2377/90 [10], do Conselho, viria a prever em 26 de Junho de 1990 (atualizado pelo Regulamento nº 470/2009, de 6 de Maio [11]) um processo comunitário para o estabelecimento de limites máximos de resíduos de medicamentos veterinários nos alimentos de origem animal. Até então, os vários países, incluindo os da CEE fixavam, quando fixavam, os seus próprios valores desses limites bem como os respetivos métodos de controlo, o que, na prática, se traduzia na inexistência de mecanismos adequados a esse fim.

As medidas do Decreto-Lei nº 210/84 [9] resultaram porém e efetivamente *na defesa da saúde do consumidor ao mesmo tempo que constituíram o ponto de partida e o estímulo para melhorar a utilização e o apetrechamento das estruturas ligadas ao sector,* abrangendo *animais das espécies bovina, ovina, suína, caprina e equina, bem como aves, coelhos, espécies cinegéticas criadas em cativeiro e abelhas, bem como aos géneros alimentícios deles provenientes,* definindo-se novos conceitos como o de resíduos, tolerância e intervalo de segurança. *As condições de utilização* específicas estabelecidas *respeitavam a substâncias hormonais de efeitos estrogénico, androgénico e gestogénico, bem como a antibióticos, quimioterápicos, antiparasitários e tranquilizantes, aos desinfetantes e pesticidas de uso veterinário, oficialmente aprovados* e estabeleceram desde então, entre os demais requisitos, a obrigação de prescrição médico veterinária, administração supervisionada por médico veterinário, também responsável pelos registos (medicamento, doses, datas e identificação dos animais tratados), e pelo cumprimento dos intervalos de segurança oficialmente definidos. Escapavam deste crivo, os desinfetantes e pesticidas de uso veterinário para os quais se fixaram menos requisitos mas que ainda assim eram já objeto de determinação de intervalos de segurança.

Deste agrupamento de produtos abrangidos pelo Decreto-Lei nº 210/84 [9], enquanto *as substâncias hormonais, antibióticos, quimioterápicos, antiparasitários e tranquilizantes* viriam a ser regulamentadas neste sentido como medicamentos veterinários em 1987, os *desinfetantes e pesticidas de uso veterinário* foram apenas regulados em 1991, pelo **Decreto-Lei nº 62/91 de 1 de Fevereiro** [12]. **Esta legislação** atualizou a regulamentação sobre certas substâncias de efeito hormonal, revogando o **Decreto-Lei** nº 367/88, de 15 de Outubro [13], posteriormente atualizado pelo Decreto-lei nº 150/99 de 7 de Maio [14] que transpôs para a ordem jurídica interna a Diretiva 96/22/CE do Conselho, de 29 de abril [15], *que proíbe a utilização de certas substâncias de efeito hormonal, tireostáticos e substâncias beta-agonistas, em produção animal*. Nesta altura, a produção pecuária recorria, com frequência, a promotores de crescimento ilegais ou usados de modo ilegal, de forma impune, pela fragilidade dos mecanismos de controlo, face à rede de ilícitos que tais práticas configuravam.

Assim, o Decreto-Lei nº 210/84 [9] prevê pela primeira vez *regulamentação específica em cada caso por portaria do Ministro da Agricultura, Florestas e Alimentação, mediante proposta conjunta do Instituto de Qualidade Alimentar e da Direcção-Geral da Pecuária, ouvidos a Direcção-Geral de Saúde e o Instituto Nacional de Saúde Dr. Ricardo Jorge* assim como *Programas de vigilância de resíduos na carne, no leite, nos ovos e no mel estabelecidos pelo Instituto de Qualidade Alimentar, a Direcção-Geral da Pecuária e a Direcção-Geral de Saúde com a colaboração das direções regionais de agricultura*. A Direcção-Geral da Pecuária era a autoridade competente para *aprovação e auto-*

rização para venda das substâncias ou produtos para uso em medicina veterinária, bem como a definição dos respetivos intervalos de segurança, sendo, no caso dos pesticidas de uso veterinário, ouvida a Comissão de Toxicologia dos Pesticidas. Cerca de dois anos depois da adesão de Portugal à CEE, o Decreto-Lei nº 367/88 de 15 de Outubro do Ministério da Agricultura, Pescas e Alimentação [13], que *estabelece as regras de utilização de substâncias químicas, drogas ou medicamentos suscetíveis de deixarem resíduos nos tecidos e órgãos dos animais* veio alterar o Decreto-Lei nº 210/84 [9], atualizando-o, na medida em que *relativamente à insuficiência de dispositivos legais que disciplinassem a utilização de inúmeras substâncias, drogas e medicamentos e face à complexidade da matéria, a regulamentação respeitante à utilização de substâncias ou produtos de efeito hormonal, entretanto dispersa, exigia* então, *face aos compromissos assumidos,* (pela adesão à CEE) *a harmonização do direito interno com as regras comunitárias*, tendo em conta as necessárias derrogações para fins terapêuticos ainda que com permanente e rigoroso controlo. Reforçou-se a missão de proteção do consumidor e a necessidade de acompanhamento do progresso técnico na adaptação do setor. A Direção-Geral de Pecuária tinha a competência para a aprovação dos rótulos dos produtos pesticidas de uso veterinário e era à altura incipiente o número de especialidades para animais de companhia, para os quais se desenvolviam, sobretudo ectoparasiticidas, maioritariamente coleiras, shampoos e loções, mais tarde os *spot-on* (no final dos anos 80) e pululavam as apresentações para pombos, aves canoras e de ornamentação, com composições totalmente aleatórias e aumentava também a oferta de "suplementos alimentares" não enquadráveis na legislação vigente.

O Decreto-Lei nº 62/91 de 1 de Fevereiro [12], do Ministério da Agricultura, Pescas e Alimentação, que *atualiza a regulamentação sobre certas substâncias de efeito hormonal, revogando o **Decreto-Lei** nº 367/88, de 15 de Outubro* [13] veio colmatar essa lacuna legislativa, embora o seu âmbito fosse o de adaptação a novas tecnologias, designadamente no domínio da produção animal, introduzindo como objeto de preocupação, além da saúde pública e da saúde animal, a proteção *"do ambiente em geral"*. É criado o pilar de segurança alimentar designado por "Plano Nacional para Pesquisa de Resíduos" (atual Plano Nacional de Controlo de Resíduos) e institui-se assim um sistema de controlo que inclui a pesquisa de resíduos nos animais de exploração, nos seus excrementos e líquidos biológicos, bem como nos tecidos e carnes frescas ou noutros produtos deles provenientes. O Laboratório Nacional de Investigação Veterinária é definido como laboratório nacional de referência. Simultaneamente, é incentivada a promoção de "um sistema nacional de farmacovigilância e toxicologia veterinária", com vista a detetar reações adversas dos medicamentos e a assegurar a defesa da saúde animal, atual Sistema Nacional de Farmacovigilância Veterinária, que sempre funcionou na dependência da ex-DGP, ao contrário do medicamento veterinário.

Era, como atrás já mencionado, a época da proibição de promotores de crescimento, das hormonas em particular, e a preocupação técnica, nomeadamente a de destrinça entre resíduos de origem natural e resíduos provenientes de medicamentos administrados aos animais. Misturavam-se as orientações políticas da CEE resultantes das negociações com países terceiros e as posições assumidas internacionalmente no contexto dos acordos SPS (Acordo Sanitário e Fitossanitário, em vigor desde 1995 na OIE, atual Organização Mundial de Saúde Animal) com a missão de salvaguardar o comércio mundial através de normas sanitárias para animais e produtos animais e do *Codex Alimentarius* (FAO/OMS), este último, enquanto fórum internacional de normalização do comércio de alimentos, estabelecido pela organização das Nações Unidas (ONU) desde 1963, com vista a proteger a saúde dos consumidores e assegurar práticas equitativas no comércio regional e internacional de alimentos. Ao mesmo tempo, criava-se a definição de *Produto de Uso Veterinário* (PUV), desde logo muito criticada pela semelhança com a definição de *Medicamento de Uso Veterinário* (MUV), (Decreto-lei nº 387/87, de 28 de dezembro e erradamente publicado também como Decreto-lei nº 386/87 [16]) à altura, da competência da Direção-Geral de Pecuária (DGP) e da Direção Geral dos Assuntos Farmacêuticos (DGAF). Já os produtos de uso veterinário eram exclusivamente da competência da DGP que concedia a respetiva autorização de venda. E nada mais dizia este Decreto-Lei nº 62/91 [12] acerca dos produtos de uso veterinário, cuja avaliação técnico científica era feita pelos técnicos superiores da DGP, com base numas "Normas para Constituição de Processos de Produtos de Uso Veterinário" homologadas para esse efeito pelo Diretor-Geral de Pecuária.

Nunca, ao seu abrigo, foi autorizado para animais de exploração ou de companhia, qualquer medicamento de uso veterinário apesar das fronteiras mais ou menos ténues da sua definição. No entanto, a variedade de produtos de uso veterinário candidata ao mercado era crescente por conta de uma indústria mais orientada para os animais de companhia que se desenvolvia do ponto de vista tecnológico e que exigia por seu lado maior rigor e transparência administrativa. Era necessário criar requisitos legais para a atribuição de autorizações de venda, mediante a sectorização e classificação dos diferentes tipos de produtos de uso veterinário, que há muito tinham deixado de ser apenas desinfetantes e pesticidas. Tornou-se necessário, por iniciativa nacional, publicar o Decreto-Lei nº 232/99, de 24 de junho [17] que veio estabelecer *as normas relativas ao fabrico, autorização de introdução no mercado, armazenamento, transporte, comercialização e utilização de produtos de uso veterinário.* Poucos anos depois, foi a vez de os desinfetantes passarem a ser avaliados à luz da Diretiva sobre Biocidas (Decreto-Lei nº 144/2004, de 15 de junho [18], que *aprova a articulação entre as diversas entidades nacionais para execução das tarefas decorrentes da participação no programa previsto no nº 2 do artigo 16º da Diretiva nº 98/8/CE, do Parlamento Europeu e do Conselho, de 16 de Fevereiro,* transposto para a direito nacional pelo Decreto-lei nº 121/2002, de 3 de maio [19]). Já os pesticidas, à exceção daqueles destinados às instalações dos animais ou de atividades relacionadas com produtos de origem animal, passaram a ser classificados como medicamentos veterinários em 2012, ao abrigo do processo de reclassificação (Despacho nº 402/2012, de 23 de dezembro [20]). Esta reclassificação foi feita ao abrigo do Decreto-Lei nº 148/2008, de 29 de julho [21], com a redação que lhe foi dada pelo Decreto-Lei nº 314/2009, de 28 de outubro [22], que transpôs para a ordem jurídica interna a Diretiva nº 2004/28/CE, do Parlamento Europeu e do Conselho, de 31 de março [23], e parcialmente a Diretiva nº 2001/82/CE, do Parlamento Europeu e do Conselho, de 6 de novembro [24]. A Diretiva nº 2001/82/CE [24] que estabeleceu um código comunitário relativo aos medicamentos veterinários e a Diretiva nº 2006/130/CE, da Comissão, de 11 de dezembro [25], que determinou os critérios de isenção da receita veterinária para determinados medicamentos veterinários aplicáveis a animais produtores de alimentos, que abrangeu *os medicamentos veterinários que se destinam a ser utilizados em peixes de aquário, aves ornamentais, pombos, pombos-correios, animais de terrário, pequenos roedores, furões e coelhos de companhia, agora designados como medicamentos veterinários destinados a espécies menores de companhia,* até aí avaliados para efeitos de introdução no mercado, como produtos de uso veterinário (PUV), constituíram marcos importantes do processo legislativo. Já quanto aos PUV, a Portaria nº 1341/2008, de 26 de novembro [26], estabeleceu ainda as normas relativas ao procedimento de registo simplificado de autorização, suas alterações e renovações, à comercialização, publicidade, dispensa e utilização dos mesmos. O remanescente dos produtos de uso veterinário, são atualmente autorizados pelo Decreto-lei nº 237/2009, de 15 de setembro [27] e aplica-se agora aos coadjuvantes de ações de tratamento ou de profilaxia nos animais, aos reguladores de condições adequadas no ambiente que rodeia os animais, designadamente os de ação desodorizante, aos produtos destinados à higiene, incluindo a higiene oral, ocular, otológica e genital, embelezamento e proteção dos animais, designadamente da pele, pelo e fâneros e, bem assim, das suas instalações, aos Kits de diagnóstico rápido de doenças dos animais e aos condicionadores de comportamento fisiológico e reprodutivo dos animais.

O *Decreto-Lei 387/87 (nº 386/87 devidamente corrigido)* de 28 de dezembro [16], do Ministério da Agricultura, Pescas e Alimentação, que aprova o Regulamento de Medicamentos de Uso Veterinário, é no entanto considerado expressamente na letra da lei como o primeiro regulamento do medicamento de uso veterinário porquanto se entendia que a *legislação respeitante à produção, importação e distribuição de medicamentos de uso veterinário encontrava-se dispersa por vários diplomas, sendo uns da iniciativa da extinta Direcção-Geral de Saúde – particularmente quando havia coincidência com os medicamentos de uso humano – e outros da iniciativa da extinta Direcção--Geral dos Serviços Pecuários – quando se tratava de produtos medicamentosos destinados, nomeadamente, à profilaxia e tratamento das doenças dos animais* numa manifesta intenção de nova reorganização estrutural das competências das entidades envolvidas e tentativa de simplificação processual. Este diploma transpõe para a ordem jurídica interna a Diretiva 81/851//CEE, de 28 de setembro [28], que estabelece um código comunitário relativo aos medicamentos veterinários e *veio fixar um denominador comum ao estabelecer que toda a regulamentação em matéria de produção e distribuição de medicamentos de uso veterinário deve ter como objetivo essencial a salvaguarda da saúde pública* ressalvando o facto de *esta perspetiva, subjacente embora a toda a problemática*, vir a *eliminar dúvidas de atribuição de competências, sem embargo de se conhecer a necessidade e conveniência de as*, à altura, *Direcção--Geral de Assuntos Farmacêuticos e Direcção-Geral da Pecuária se articularem e obterem uma cooperação na prossecução dos objetivos que ambas* visavam. A definição de medicamento de uso veterinário é, nesse período, a de "todo o medicamento destinado aos animais", assente na definição de medicamento de uso humano, o que só viria a ser alterado, cerca de 20 anos depois (Decreto-Lei nº 148/2008, de 29 de Julho [21]). A autorização de introdução no mercado era solicitada ao Diretor-geral de Assuntos Farmacêuticos, com a descrição e resultados, entre os demais elementos processuais, *dos ensaios analíticos; farmacológicos, toxicológicos e clínicos*, para efeitos, respetivamente, da avaliação da qualidade, da segurança e da eficácia do medicamento veterinário, que decidia "após homologação pelo Director-Geral da Pecuária, do parecer emanado pela Comissão Técnica de Medicamentos para Uso Veterinário", enquanto órgão consultivo, nomeado por despacho conjunto dos Ministros da Saúde e da Agricultura, Pescas e Alimentação, constituído por dois licenciados em ciências farmacêuticas, dois médicos veterinários, um farmacologista, de formação médico-veterinária e um farmacologista de formação médica, a quem competia apreciar *a influência do medicamento veterinário na saúde humana, tendo em conta o intervalo de segurança proposto, o interesse terapêutico e a inocuidade do mesmo, e ainda as vantagens da sua introdução no mercado português.*

As farmácias eram os únicos estabelecimentos autorizados à venda a retalho de medicamentos veterinários e a instalação de estabelecimentos, destinados ao fabrico e ou comércio por grosso de medicamentos para uso veterinário, obedeciam ao determinado no Decreto-Lei nº 48547, de 27 de agosto [7] com as necessárias adaptações. Este Decreto-Lei que regulava o "Exercício da atividade farmacêutica" datava de 27 de agosto de 1968 e só foi revogado pelo Decreto-Lei nº 307/2007, de 31 de agosto [29]. Pela especificidade da utilização do medicamento de uso veterinário, foi criada para o médico-veterinário a figura da "aquisição direta", nos laboratórios, importadores e grossistas, também aplicável a empresários e a empresas agrícolas, desde que os medicamentos se destinassem aos seus próprios animais ou, nos casos das cooperativas (regidas pelo Decreto-Lei nº 394/82, de 21 de setembro [30]) e dos agrupamentos de defesa sanitária (constituídos nos termos da Portaria 63/86, de 1 de março [31]) para animais dos seus associados. Os medicamentos para uso veterinário que apresentassem na sua embalagem a advertência "só pode ser vendido mediante receita médica", apenas podiam ser transacionados com receita passada pelo médico veterinário e toda a publicidade em matéria de medicamentos, do âmbito deste diploma ficou regulamentada com a devida adaptação pelos Decreto-lei nº 48547, de 27 de agosto [7] e Decreto-Lei nº 303/83, de 28 de junho [32], que redefinia os princípios legais orientadores da atividade publicitária.

Ao processo administrativo conducente à aplicação de coimas aplicava-se ainda, com as devidas adaptações, a tramitação processual prevista no "Regime das Contraordenações" fixado pelo Decreto-Lei nº 433/82, de 27 de outubro [33].

Tal conjuntura interministerial não era nova para o medicamento de uso veterinário mas a dinâmica do setor era já outra, muito diferente, muito marcada e orientada pela recente adesão de Portugal à CEE assim como o grau de exigência dos agentes económicos e do consumidor e a tramitação processual respeitante à autorização para introdução no mercado tornou-se complexa, morosa e deficiente na eficiência desejável. Tornou-se difícil a articulação processual no seio da Administração Central, já representadas pelo INFARMED (Instituto da Farmácia e do Medicamento) e pela Direção-Geral de Veterinária, razão pela qual foram publicados dois Despachos conjuntos dos Ministérios da Agricultura, do Desenvolvimento Rural e das Pescas e da **Saúde,** criando um **grupo** de trabalho conjunto dos dois Ministérios para *apresentação de um relatório tendo em vista a análise da intervenção dos dois Ministérios nas matérias referentes à avaliação e controlo dos medicamentos veterinários* [34-35]. O **grupo** integrava três representantes de cada **Ministério**. Em resultado disso, outras entidades e instituições se insurgiam também contra um modelo de funcionamento processual desadequado ao progresso.

Entretanto era publicada a Diretiva nº 2004/28/CE, do Parlamento Europeu e do Conselho, de 31 de março [23] que viria a revogar o Decreto-Lei nº 387/87 [16] e a confluir num só diploma legal (Decreto-Lei nº 148/2008 [21]) a matéria regulamentar do medicamento veterinário farmacológico e do medicamento veterinário imunológico que até essa data e desde 1931, sempre tinha sido da exclusiva competência do Ministério da Agricultura Pescas e Alimentação. Na verdade, tão antiga era a legislação do *"fabrico, importação e comércio de produtos biológicos para uso veterinário"* que se tornou *"indispensável a atualização e a regulamentação de atividades da maior importância na profilaxia, tratamento e diagnóstico das doenças infeciosas e infecto-contagiosas dos animais"* pelo Decreto-Lei nº 76/87, de 13 de fevereiro [36], revogando os Decretos nº 20292, de 8 de setembro de 1931 [4], e nº 20:884, de 13 de fevereiro de 1932 [8] e criando um diploma específico para o medicamento veterinário imunológico. Foram definidos os "produtos biológicos para uso veterinário" e adaptadas, todas as designações abrangentes decorrentes do progresso técnico e científico. Este Decreto-Lei nº 76/87 [36] regulou o procedimento de autorização de comercialização, reforçou os requisitos de qualidade de fabrico e de atividades associadas como seja, por exemplo, a certificação do rigoroso controlo da autoridade sanitária veterinária das explorações avícolas produtoras de ovos empregados na preparação desses produtos, manteve o LNIV com competência para a execução das provas científicas de contraste, estipulava que os produtos biológicos para uso veterinário só podiam ser vendidos mediante receita ou requisição de médico veterinário, (ainda que sem definição ou distinção dos documentos em causa) e passava a ficar *proibida a entrada no País, sem autorização do LNIV, de estirpes microbianas do foro veterinário, seja qual for o fim a que se destinassem"*.

Entretanto são publicadas as Diretivas nº 90/677/CEE, do Conselho, de 13 de dezembro [37], e nº 92/18/CEE, da Comissão, de 20 de março [38], que estabelecem normas relativas a medicamentos veterinários imunológicos e requisitos especiais aplicáveis aos seus ensaios, que são obrigatoriamente transpostas para a ordem jurídica interna o regime jurídico do fabrico, importação, comercialização e utilização de produtos biológicos para uso veterinário, pelo Decreto-Lei nº 289/94 de 14 de novembro [39], do Ministério da Agricultura, através do Instituto de Proteção da Produção Agroalimentar (IPPAA) iniciando-se *"uma nova era no regime jurídico dos medicamentos veterinários imunológicos"* mas que apenas acrescenta a regulamentação da fiscalização do cumprimento das normas, em colaboração com a Inspeção-Geral das Atividades Económicas (IGAE). A publicação da Portaria nº 488/95, de 22 de maio [40] *"considerando que a salvaguarda da saúde pública, da saúde animal e do meio ambiente em geral exige medicamentos veterinários imunológicos de qualidade, eficazes e seguros, adequando as normas relativas ao seu fabrico, comercialização e utilização"*, excluindo expressamente do seu âmbito as autovacinas e vacinas de rebanho, prevê, no entanto, a criação de um sistema nacional de farmacovigilância para o medicamento veterinário farmacológico, no qual aliás também se vêm a incluir os produtos de uso veterinário, ao abrigo do Decreto-Lei nº 232/99 [17].

Dá-se agora mais importância, ainda, a aspetos epidemiológicos em concreto como seja o dever de se garantir a interdição de utilização de um medicamento veterinário imunológico caso a resposta imunológica dos animais tratados interfira com o funcionamento de um programa nacional ou comunitário de diagnóstico, com a erradicação ou controlo de uma dada doença veterinária ou quando dificultasse a comprovação da existência de contaminação de géneros alimentícios provenientes de animais tratados. E esta foi a razão que manteve, sem grande contestação de outras entidades da administração central, o IPPAA como Autoridade Nacional Competente para o medicamento veterinário imunológico. O processo do pedido de autorização de introdução no mercado era então organizado de acordo com normas específicas aprovadas pelo presidente do IPPAA. Mais tarde é publicado o Decreto-Lei nº 245/2000, de 29 de setembro [41], que *"regula a autorização de introdução no mercado, o fabrico, a importação e exportação, a distribuição, a cedência a título gratuito, a detenção ou posse e a utilização de medicamentos veterinários imunológicos"* prevendo estreita colaboração da Direção-Geral de Veterinária com o Laboratório Nacional de Investigação Veterinária e direções regionais de agricultura que nesta altura não tinham ainda os serviços veterinários regionais verticalizadas como aos dias de hoje. Este diploma legal harmonizou *"o quadro legislativo nacional com as disposições comunitárias aplicáveis, designadamente as contidas na Diretiva nº 81/851/CEE, de 28 de setembro [28], com as alterações que lhe foram introduzidas pelas Diretivas nº 90/676/CEE, de 13 de dezembro [37], nº 93/40/CEE [42] e nº 93/41//CEE [43], ambas de 14 de junho".* Exclui, em particular, do seu âmbito de aplicação o procedimento centralizado de acordo com o disposto no Regulamento (CEE) nº 2309/93, do Conselho, de 22 de julho [44] e bem assim, também as vacinas de rebanho e as autovacinas inativadas. Como novidade, aos diretores técnicos exige-se-lhes comprovativos das inscrições nas respetivas Ordens Profissionais, com vista a garantir a competência necessária e, ao mesmo tempo, a possibilidade de lhes assacar responsabilidades técnicas se e quando necessário. Cria-se a Comissão Técnica de Medicamentos Veterinários Imunológicos, enquanto órgão de natureza consultiva, para a avaliação técnico-científica dos pedidos, com membros especialistas de reconhecido mérito no âmbito das ciências veterinárias e propostos pela DGV e pelo LNIV. Prossegue-se o conceito de arbitragem aplicável à ausência de consenso *"relativamente à decisão a adotar pelas autoridades dos Estados membros, por motivos de saúde humana, animal ou de ambiente"* bem como o dos princípios e as normas das práticas de bom fabrico de acordo com o conteúdo da linha-diretriz sobre fabrico de medicamentos veterinários imunológicos publicada no volume IV das "Regras que regem os produtos farmacêuticos na Comunidade Europeia". Prevêem-se os casos em que para além da comunicação à Agência Europeia dos Medicamentos (EMA) e aos demais Estados Membros, o dever de informar *"a Organização Mundial de Saúde e a Organização Internacional das Epizootias* (OIE – atual Organização Mundial de Saúde Animal) *sempre que* se trate de *decisões suscetíveis de ter efeitos sobre a proteção da saúde pública ou da saúde animal em países terceiros".*

O Decreto-Lei nº 148/2008, de 29 de julho [21] do Ministério da Agricultura, do Desenvolvimento Rural e das Pescas que *"transpõe para a ordem jurídica interna a Diretiva nº 2004/28/CE, do Parlamento Europeu e do Conselho, de 31 de Março* [23]*, e parcialmente a Diretiva nº 2001/82//CE, do Parlamento Europeu e do Conselho, de 6 de novembro* [24]*, que estabelece um código comunitário relativo aos medicamentos veterinários, e a Diretiva nº 2006/130/CE, da Comissão, de 11 de dezembro* [25]*, que determina os critérios de isenção da receita veterinária para determinados medicamentos veterinários aplicáveis a animais produtores de alimentos"*, reconhece *"os medicamentos veterinários como um bem público e recursos cruciais para a defesa da saúde e do bem-estar dos animais e para a proteção da saúde pública, sendo igualmente um instrumento de salvaguarda das produções animais, com impacte considerável na economia das explorações agropecuárias e das alimentares".*

Face à emergência de novos agentes terapêuticos e ao número crescente de produtos ditos "de fronteira", entre o sector dos medicamentos veterinários e outros, altera-se a definição de medicamento veterinário e clarificam-se situações de modo a evitar que subsistam dúvidas relativamente à legislação aplicável quando um produto corresponde integralmente à definição de medicamento veterinário mas pode também ser abrangido pela definição de outros produtos regulamentados. Em matéria de procedimentos de autorização de introdução no mercado, é acrescido o procedimento descentralizado aos procedimentos nacional, de reconhecimento mútuo e centralizado, em conformidade com a natureza e âmbito de comercialização. Foram ainda introduzidos procedimentos de registo simplificado para efeitos de autorização de introdução no mercado de certos medicamentos veterinários, designadamente os destinados às espécies designadas por menores, devido à reduzida frequência da respetiva utilização. No que se refere às renovações quinquenais das autorizações de introdução no mercado de medicamentos veterinários, passou a vigorar o princípio da renovação única ao fim de cinco anos e por período ilimitado, salvo se motivos justificados e relacionados com a farmacovigilância impusessem outra decisão. Em relação aos medicamentos veterinários genéricos, foram adotados e clarificados certos procedimentos para efeitos de autorização de introdução no mercado, mas foram fixados períodos de proteção administrativa de dados por forma a salvaguardar e encorajar a indústria farmacêutica veterinária para o desenvolvimento de novos medicamentos veterinários, face ao grave deficite de disponibilidade que sempre assolou este setor, devido ao fraco retorno económico dos medicamentos destinados a algumas espécies animais, ditas menores. Também face à crescente utilização de sangue e seus derivados em animais de companhia, tornou-se necessário adotar normas adequadas aos chamados "bancos de sangue veterinários" para assegurar a sua qualidade e segurança, nomeadamente no que respeita aos agentes infeciosos responsáveis por doenças transmitidas por via sanguínea. Para facilitar a informação e melhorar a proteção dos consumidores de géneros alimentícios, reforçaram-se as disposições relativas à rotulagem e ao folheto informativo dos medicamentos veterinários a par da exigência de uma receita médico-veterinária normalizada ou de uma requisição e do registo de medicamentos utilizados nos animais de exploração. Foram também consideradas as normas de produção e utilização das autovacinas e das vacinas de rebanho, importantes para a prevenção e o tratamento de determinadas doenças animais para as quais não existem medicamentos veterinários autorizados e considerou-se que *"sistemas de distribuição mais restritos promovem o aparecimento de fenómenos de comércio ilegal maior, facto que dificulta o controlo e põe em causa a segurança alimentar, pelo que se torna necessário agilizar e simplificar alguns aspetos e procedimentos por forma a favorecer a concorrência e a induzir a redução dos preços dos medicamentos veterinários e dos produtos de origem animal, em benefício dos consumidores.* Neste sentido, estabeleceu-se a aplicação de *um plano nacional de controlo de utilização de medicamentos destinados a animais de exploração, o qual, em articulação com o plano nacional de controlo de resíduos e com o plano nacional de controlo de alimentos compostos para animais, garante a verificação das condições de utilização dos medicamentos e o tratamento indevido ou ilegal de animais".*

No que à distribuição do medicamento veterinário diz respeito, considerada a ausência da sua harmonização no contexto comunitário e desde logo distinta em cada Estado Membro, foi entretanto feita uma alteração ao Estatuto da Ordem dos Farmacêuticos (Decreto-Lei nº 288/2001, de 10 de dezembro [45]), em cujo artigo 77º se define o conteúdo do ato farmacêutico, o qual integrava, tanto em relação ao medicamento de uso humano como ao medicamento veterinário, um conjunto de atividades que o artigo 76º do indicado diploma reservava, em exclusividade, à competência e responsabilidade do farmacêutico. Esta responsabilidade, considerada já obsoleta para medicamento veterinário, em virtude da evolução registada além de que, tendo o exercício da atividade farmacêutica, como objetivo essencial, a pessoa do doente, como significativamente se consigna no artigo 72º do referido Estatuto, não se justificava a reserva de atividade, no que se refere ao medicamento veterinário, na esfera exclusiva do farmacêutico. Da exposição desta e de outras fundamentações técnicas e regulamentares apreciadas, destacava-se que, o universo de profissões que, hoje em dia, possuem conhecimentos adequados ao correto e seguro manuseamento do medicamento veterinário, é a "pessoa qualificada" e definida como o titular de um diploma certificado por um ciclo de formação universitária nas disciplinas que a legislação comunitária enuncia (Diretiva 2004/28/ /CE, de 31 de março [23]) e que se transpôs para o direito interno, (Decreto-Lei nº 314/2009 [22]) sustentada pela recomendação nº 1/2006 da Autoridade da Concorrência [46], emitida na sequência do Conselho Europeu de Lisboa, em março de 2000, em que foi adotado um programa de reforma económica, onde foi sublinhada a importância da concorrência no âmbito dos serviços prestados pelas profissões liberais, com o desenvolvimento de iniciativas pela Comissão, no sentido de motivar as autoridades dos Estados-membros para empreenderem reformas com vista a suprimir as restrições regulamentares não objetivamente justificadas ou substitui-las por regras menos restritivas, de forma a criar maiores condições de concorrência naquelas profissões.

O Decreto-Lei nº 314/2009, de 28 de outubro [22] do Ministério da Agricultura, do Desenvolvimento Rural e das Pescas, transpõe para a ordem jurídica interna a Diretiva nº 2009/9/CE, da Comissão, de 10 de fevereiro [47], que altera a Diretiva nº 2001/82/CE [24], que estabeleceu um código comunitário relativo aos medicamentos veterinários e alterou a redação do Decreto-Lei nº 148/2008, de 29 de julho [21] e veio sobretudo a clarificar algumas normas cujo sentido e alcance haviam suscitado dúvidas de interpretação, ressalvando o facto de que *"a distribuição por grosso e a venda a retalho de medicamentos veterinários podem ter como pessoa qualificada com responsabilidade pela direção técnica um médico veterinário"*.

Aguarda-se agora, o início da revisão da legislação comunitária do Medicamento Veterinário. A crise das resistências aos antibióticos está na ordem do dia de todas as entidades e autoridades competentes envolvidas, juntamente com a desde sempre problemática disponibilidade de medicamentos veterinários que vão certamente marcar e orientar algumas, senão muitas, das alterações que a Comissão Europeia propôs no mês de setembro de 2014 aos Estados Membros para discussão e adoção.

Será um projeto legislativo, certamente inclusivo do espirito de "Uma Só Saúde" com que todos os profissionais de saúde e de saúde animal acolheram o novo milénio.

E a legislação não deixará de evoluir já em 2015, quando for publicado este documento que acaba de ler...

Bibliografia:
[1] – MARQUES, F. – História da Medicina Veterinária. Disponível em: http://www.drapc.min-agricultura.pt/base/documentos/historia_medicina_veterinaria.htm
acedido em 2 de maio de 2015
[2] – Lei nº 26, de 19 de julho de 1913, *Diário do Governo*, 167, 2683-2694.
[3] – Decreto nº 246, de 11 de dezembro de 1913, *Diário do Governo*, 289, 4691-4692.
[4] – Decreto nº 20:292, de 8 de setembro de 1931, *Diário do Governo*, 207, 2021-2022.
[5] – Decreto nº 19:331, de 10 de fevereiro de 1931, *Diário do Governo*, 34.
[6] – Decreto nº 17:636, de 19 de novembro de 1929, *Diário do Governo*, 268, 2378.
[7] – Decreto nº 48547, de 27 de agosto de 1968, Disponível em: https://www.infarmed.pt/portal/page/portal/INFARMED/LEGISLACAO/LEGISLACAO_FARMACEUTICA_COMPILADA/TITULO_II/

TITULO_II_CAPITULO_I/012_DL_48547.pdf acedido em 13 de maio de 2015

[8] – Decreto nº 20:884, de 13 de fevereiro de 1932, *Diário do Governo*, 37, 299-300.

[9] – Decreto-Lei nº 210/84, de 26 de junho de 1984, *Diário da República*, I Série, 146, 1935-1937

[10] – Regulamento (CEE) nº 2377/90 do Conselho, de 26 de junho de 1990, *Jornal Oficial das Comunidades Europeias*, L 224, 1-145

[11] – Regulamento (CE) nº 470/2009 do Parlamento Europeu e do Conselho, de 6 de maio de 2009, *Jornal Oficial da União Europeia*, L 152, 11-22.

[12] – Decreto-Lei nº 62/91, de 1 de fevereiro de 1991, *Diário da República*, I Série, 27, 515-519

[13] – Decreto-Lei nº 367/88, de 15 de outubro de 1988, *Diário da República*, I Série, 239, 4215-4217.

[14] – Decreto-Lei nº 150/99, de 7 de maio de 1999, *Diário da República*, I Série, 106, 2390-2396

[15] – Diretiva nº 96/22/CE, de 7 de abril de 1996, *Jornal Oficial das Comunidades Europeias*, L 125, 3-9.

[16] – Decreto-Lei nº 387/87, de 28 de dezembro de 1987, *Diário da República*, I Série, 297, 4410-4416

[17] – Decreto-Lei nº 232/99, de 24 de junho de 1999, *Diário da República*, I Série, 145, 3755-3769.

[18] – Decreto-Lei nº 144/2004, de 15 de junho de 2004, *Diário da República*, I Série, 139, 3666-3668.

[19] – Decreto-Lei nº 121/2002, de 3 de maio de 2002, *Diário da República*, I Série, 139, 4226-4263.

[20] – Despacho nº 402/2012, de 13 de janeiro de 2012, *Diário da República*, II Série, 10, 1340.

[21] – Decreto-Lei nº 148/2008, de 29 de julho de 2008, *Diário da República*, I Série, 145, 5048-5095.

[22] – Decreto-Lei nº 314/2009, de 28 de outubro de 2009, *Diário da República*, I Série, 209, 8106-8215.

[23] – Diretiva nº 2004/28/CE, de 31 de março de 2004, *Jornal Oficial da União Europeia*, L 136, 58-84.

[24] – Diretiva nº 2001/82/CE, de 6 de novembro de 2001, *Jornal Oficial das Comunidades Europeias*, L 311, 1-66.

[25] – Diretiva nº 2006/130/CE, de 11 de dezembro de 2006 *Jornal Oficial da União Europeia*, L 349, 15-16.

[26] – Portaria nº 1341/2008, de 26 de novembro de 2008, *Diário da República*, I Série, 230, 8477-8478.

[27] – Decreto-Lei nº 237/2009, de 15 de setembro de 2009, *Diário da República*, I Série, 179, 6473-6482.
[28] – Diretiva nº 81/851/CEE, de 28 de setembro de 1981. *Jornal Oficial das Comunidades Europeias*, L 317, 1-15.
[29] – Decreto-Lei nº 307/2007, de 31 de agosto de 2007, *Diário da República*, I Série, 168, 6083-6091.
[30] – Decreto-Lei nº 394/82, de 21 de setembro de 1982, *Diário da República*, I Série, 219, 2968-2972.
[31] – Portaria nº 63/86, de 1 de março de 1986, *Diário da República*, I Série, 50, 509-511.
[32] – Decreto-Lei nº 303/83, de 28 de junho de 1983, *Diário da República*, I Série, 146, 2316-2323.
[33] – Decreto-Lei nº 433/82, de 27 de outubro de 1982, *Diário da República*, I Série, 249, 3552-3563.
[34] – Despacho nº 927/2000, de 12 de setembro de 2000, *Diário da República*, II Série, 211, 15031.
[35] – Despacho nº 462/2001, de 24 de maio de 2001, *Diário da República*, II Série, 120, 8859.
[36] – Decreto-Lei nº 76/87, de 13 de fevereiro de 1987, *Diário da República*, I Série, 37, 591-595.
[37] – Diretiva nº 90/677/CEE, de 13 de dezembro de 1990. *Jornal Oficial das Comunidades Europeias*, L 373, 26-28.
[38] – Diretiva nº 92/18/CEE, de 20 de março de 1992. *Jornal Oficial das Comunidades Europeias*, L 97, 1-23.
[39] – Decreto-Lei nº 289/94, de 14 de novembro de 1994, *Diário da República*, I Série, 263, 6821-6822.
[40] – Portaria nº 488/95, de 22 de maio de 1995, *Diário da República*, I Série-B, 118, 3163-3173.
[41] – Decreto-Lei nº 245/2000, de 29 de setembro de 2000, *Diário da República*, I Série, 226, 5322-5351.
[42] – Diretiva nº 93/40/CEE, de 14 de junho de 1993. *Jornal Oficial das Comunidades Europeias*, L 214, 31-39.
[43] – Diretiva nº 93/41/CEE, de 14 de junho de 1993. *Jornal Oficial das Comunidades Europeias*, L 214, 40.
[44] – Regulamento (CEE) nº 2309/93 do Conselho, de 22 de julho de 1993, *Jornal Oficial das Comunidades Europeias*, L 214, 1
[45] – Decreto-Lei nº 288/2001, de 10 de novembro de 2001, *Diário da República*, I Série, 261, 7150-7165.
[46] – Recomendação nº 1/2006 da Autoridade da Concorrência. Disponível em:

http://www.concorrencia.pt/SiteCollectionDocuments/Estudos_e_Publicacoes/Recomendacoes_e_Pareceres/Anexos-Recomendacoes/10_Recomendacao2006_01.pdf acedido em 13 de maio de 2015

[47] – Diretiva nº 2009/9/CE, de 10 de fevereiro de 2009. *Jornal Oficial da União Europeia*, L 44, 10-61.

Psiquiatria forense em portugal: aspectos médico-legais e psiquiátricos

Bruno Trancas *
Fernando Vieira**

Sumário: 1. A natureza conceptual da Psiquiatria Forense; 2. O objecto e os métodos; 3. Limitações e potencialidades; 4. Fronteiras com outras áreas técnico-científicas; 5. Aspectos organizativos e procedimentais da actividade pericial psiquiátrica em Portugal; 6. As perícias médico-legais psiquiátricas nas diversas áreas do Direito: a. As perícias psiquiátricas no âmbito do Direito Penal. b. As perícias psiquiátricas no âmbito do Direito Civil e de Trabalho. c. As perícias psiquiátricas no âmbito do Direito de Família e Menores; 7. Conclusão.

Palavras-chave: psiquiatria forense, perícias médico-legais e psiquiátricas, sistema pericial português, ética em psiquiatria forense

Keywords: forensic psychiatry, forensic psychiatry evaluations, Portuguese forensic system, ethics in forensic psychiatry

1. A natureza conceptual da Psiquiatria Forense

A psiquiatria forense (doravante, designada por PF) corresponde a uma área técnico-científica própria dentro da psiquiatria. Constituindo esta

---

* Psiquiatra do Hospital Prof. Doutor Fernando Fonseca. Assistente Convidado da Faculdade de Ciências Médicas Universidade Nova de Lisboa
**Psiquiatra do Serviço Regional de Psiquiatria Forense do Centro Hospitalar Psiquiátrico de Lisboa

última, por sua vez, uma especialidade médica, discute-se, na actualidade e em Portugal, se a PF deverá ser uma Competência – restrita, portanto – ou se, pelo contrário, algo bem mais vasto, constituindo uma Subespecialidade, que integra, para além de conhecimentos da Psiquiatria, também alguns de Medicina Legal e da Pedo-Psiquiatria, e, naturalmente, de Direito Médico.

Estamos assim em crer, tendo em conta a multiplicidade de jurisdições e contextos, que se torna útil, antes de mais, definir a PF através da exposição das suas diversas áreas de actuação.

A definição conceptual da psiquiatria forense não tem permanecido estática ao longo do tempo. Alguns, como Pedro Polónio, definiram-na como uma "ciência auxiliar do direito", sublinhando assim o seu papel de charneira entre a Medicina mental e o Direito, focada que está a sua dimensão pericial(1). Seymour Pollack discorre sobre o vasto campo da psiquiatria forense sublinhando, contudo, uma posição que o aproxima de Polónio: "[...] é a dimensão legal da Psiquiatria Forense que lhe fornece um sabor especial e características distintivas. (...) Os seus objectivos são legais, não médicos. É controlada pelo sistema de valores, legal em vez de médico, i.e. é dominada pelos valores imperativos da primazia da Lei em vez da filosofia terapêutica da medicina."(2).

Para além do estreitamento conceptual que estas teses envolvem, constata-se que, do ponto de vista da *localização* e *âmbito* da PF, não encontram eco recente.

Numerosos autores têm chamado a atenção para um campo mais lato de actuação, com áreas e preocupações diversas atribuídas à PF. A *American Academy of Psychiatry and the Law* define-a como "uma subespecialidade da psiquiatria na qual a proficiência clínica e científica é aplicada a temas e contextos legais, envolvendo assuntos criminais, civis, correccionais e legislativos"(3). Julio Arboleda-Flórez concretiza uma definição, baseada na função: "ajudar os doentes mentais com problemas legais a navegar (...) por três sistemas sociais: saúde mental, justiça e contextos correccionais" (4). Paul Mullen sublinha, igualmente, o amplo leque de áreas de intervenção (5). Assim, para além da actividade pericial, nos diversos domínios do Direito, a psiquiatria forense abrange ainda muitas outras áreas, incluindo a avaliação, tratamento e seguimento de pessoas com doença mental em instituições prisionais ou enfermarias forenses (intervindo antes, durante e depois da sua restituição à liberdade), bem como a aplicação e regulação da Lei de Saúde Mental e ainda a avaliação da capacidade para aceitar ou recusar tratamento, entre outras.

Portugal pode reclamar para a sua história, sem embaraço algum, contributos e tradições valiosas na psiquiatria forense, nos seus diversos domínios (assistencial, pericial, legislativo, entre outros). Citamos apenas, a título de exemplo, António Maria de Sena (1845-1890), Miguel Bombarda (1851-1910), Júlio de Mattos (1857-1923), José de Matos Sobral Cid (1877-1941), Luíz Cebola (1876-1967), Henrique João de Barahona Fernandes (1907-1992) ou Pedro Polónio (1915-2001).(6)

Embora o conhecimento e o exercício prático ligados à psiquiatria forense permaneçam uma competência nuclear dos psiquiatras gerais, a crescente complexidade teórica e inovação técnica, a exigência de rigor, fiabilidade e formação continuada, aliam-se a um movimento internacional crescente no sentido de a PF se constituir como uma área técnico-científica própria dentro da psiquiatria (7–11).

No âmbito do presente artigo, focaremos sobretudo o papel do psiquiatra forense enquanto perito i.e., a sua função na produção da prova pericial médico-legal, contextualizada no sistema judicial português.

2. O objecto e os métodos da Psiquiatria Forense

Lato sensu, o objecto da psiquiatria forense é "o homem como um todo"(1). Esta asserção, de Polónio, transmite a complexidade da tarefa pericial e a necessidade de múltiplas observações (em regra) e de um treino apurado e continuado do médico que a realiza.

Focando-se o presente artigo de opinião na produção da prova pericial, pelo médico psiquiatra, importa, antes de mais, descrever em que condições esta é solicitada. Para tal efeito, seguiremos, de perto, António Latas e Rui do Carmo (12,13).

No âmbito do Direito Civil, dispõe o artigo 388º, do Código Civil (CC), que *"A prova pericial tem por fim a percepção ou apreciação de factos por meio de peritos, quando sejam necessários conhecimentos especiais que os julgadores não possuem (...)"*. De forma idêntica, no domínio da Jurisdição Penal, refere o artigo 151º, do Código de Processo Penal (CPP), que a perícia *"tem lugar quando a percepção ou a apreciação dos factos exigirem especiais conhecimentos técnicos, científicos ou artísticos"*.

O valor da prova pericial está também claramente definido.

Na Jurisdição Penal, o *"juízo técnico, científico ou artístico inerente à prova pericial presume-se subtraído à livre apreciação do julgador"* (cf. nº1 do artigo 163º, do CPP), pelo que, sempre que a convicção do julgador divirja do juízo técnico contido no parecer dos peritos, fica o mesmo obrigado a fundamentar a divergência, que deve ser ancorada na produção de conhecimento de igual valor técnico (cf. nº2 do mesmo preceito).

Já em Direito Civil, o valor da prova pericial será fixada livremente pelo Tribunal, conforme especificamente menciona o artigo 389º, do CC.

Exigindo a prova pericial a aplicação de conhecimentos específicos, de natureza médica, biológica ou médico-psicológica, ela tem sempre o propósito de auxiliar no esclarecimento de uma dúvida concreta dos operadores judiciários. A existência de uma dúvida concreta é, pois, essencial à exequibilidade da perícia. Esta dúvida materializa-se na fixação do objecto da perícia, acto processual indispensável à realização da diligência, não só por razões decorrentes de lei expressa, mas igualmente por razões de exequibilidade técnica, já que a definição do objecto concreto é essencial a um rigoroso cumprimento das *leges artis*.

Em conformidade, o Código de Processo Civil (CPC), no seu artigo 475º, dispõe que é obrigatório (*"sob pena de rejeição"*), que a parte, aquando do requerimento da perícia, proceda à indicação do *"respectivo objecto, enunciando as questões de facto que pretende ver esclarecidas através da diligência"*. No artigo seguinte (476º), sob a epígrafe "fixação do objecto da perícia", estabelece-se, no nº 2, que *"[i]ncumbe ao juiz, no despacho em que ordene a realização da diligência, determinar o respectivo objecto, indeferindo as questões suscitadas pelas partes que considere inadmissíveis ou irrelevantes ou ampliando-o a outras que considere necessárias ao apuramento da verdade."*. Nas perícias determinadas oficiosamente, mantêm-se, obviamente, a obrigatoriedade de indicação do respectivo objecto (cf. artigo 477º, do CPC), permitindo-se, ainda, que seja efectuado o *"alargamento a outra matéria"*.

No CPP, de forma análoga, é estabelecida a necessidade de fixação do objecto da perícia. No artigo 154º, refere-se que o despacho, que ordena a realização da perícia, deve conter *"(...)a indicação sumária do objecto da perícia"*.

A fixação do objecto e das dúvidas concretas assume relevância excepcional, dado que o perito é incapaz de realizar uma perícia médico-legal *em abstracto*: os seus conhecimentos técnico-científicos, concretizados por meio da experiência e das competências adquiridas e treinadas, só poderão ser aplicados na tentativa de resposta a uma questão concreta. Aliás, esta realidade segue de perto o modelo médico: só pode o clínico investigar uma queixa, quando esta se manifestar ou se tornar evidente ou dela existir suspeição. De forma análoga, poderemos dizer que não seria possível realizar-se um julgamento, em direito criminal, sem existir um objecto do processo, concretizado numa acusação ou numa pronúncia.

A relevância do objecto é tão significativa, para a utilidade da perícia, que o CPP estabelece, expressamente, a obrigatoriedade de, perante a ausência da sua indicação, o perito a solicitar, nos termos do nº 4 do artigo 156º do CPP: *"[s]empre que o despacho que ordena a perícia não contiver os elementos a que alude o nº 1 do artigo 154º, os peritos devem obrigatoriamente requerer as diligências ou esclarecimentos, que devem ser praticadas ou fornecidos, consoante os casos, no prazo máximo de cinco dias."*.

A fixação do objecto da perícia não abrange a definição da metodologia técnica específica a aplicar, cuja escolha corresponde já a uma tarefa pericial. Por essa razão, não deve o Tribunal impor – e, por maioria de razão, as partes requererem ou tentarem impor – que a perícia, por exemplo, deva ser efectuada por um médico psiquiatra ou por um psicólogo ou ainda solicitar o uso de um qualquer instrumento ou técnica.

Na prática, será a natureza dos quesitos e, por consequência, os conteúdos técnico-científicos envolvidos que determinarão a escolha de uma disciplina em vez de outra.

Após ser exarado o concreto objeto da perícia, nos precisos e exatos termos dos artigos 578º e 579º, ambos do CPC, ou do artigo 154º, do CPP, competirá ao Instituto Nacional de Medicina Legal e Ciências Forenses, como veremos, orientar o pedido ao profissional que reúne as melhores habilitações para responder, não devendo o Tribunal (e, por maioria de razão, as partes ou intervenientes processuais), interferir com a metodologia científica a utilizar, ou sindicar a forma técnica como é realizado o exame, já que o perito se encontra vinculado, necessariamente, às *leges artis*. Qualquer interferência dos intervenientes processuais no cumprimento destas regras corresponde a um enviesamento, afectando a validade das conclusões técnico-científicas objectivas e independentes.

A realização da perícia, tendo em conta os melhores procedimentos, tipicamente requer, particularmente na perícia psiquiátrica, o acesso a informação suplementar, nomeadamente a peças relevantes do processo ou documentos contendo informação clínica ou outra, que se julgue necessária ao apuramento de dados.

A este propósito, refere o nº 3 do artigo 156º, do CPP, que: *"[s]e os peritos carecerem de quaisquer diligências ou esclarecimentos, requerem que essas diligências se pratiquem ou esses esclarecimentos lhes sejam fornecidos, podendo, com essa finalidade, ter acesso a quaisquer atos ou documentos do processo."* Com a mesma finalidade, o nº 2 do artigo 3º, da Lei 45/2004, de 19 de Agosto, dispõe que *"por razões de celeridade processual, a requisição dos exames periciais deve ser acompanhada das informações clínicas disponíveis ou que possam vir a ser obtidas pela entidade requisitante até à data da sua realização."*. Igualmente o artigo 10º, da mesma Lei, sublinha o direito ao acesso à informação por parte dos peritos: *"No exercício das suas funções periciais, os médicos e outros técnicos têm acesso à informação relevante, nomeadamente à constante dos autos, a qual lhes deve ser facultada em tempo útil pelas entidades competentes por forma a permitir a indispensável compreensão dos factos e uma mais exaustiva e rigorosa investigação pericial."*.

3. Limitações e potencialidades da Psiquiatria Forense

O perito psiquiatra encontrará, na prática pericial, um conjunto de limitações, entre as quais encontramos a implícita solicitação de uma "certeza médica" e o confronto com questões a que o perito, ou não pode ou não consegue responder, usando a ciência médica.

Ainda que a realidade quotidiana dos médicos seja pautada por uma permanente necessidade de tomada de decisões, fundamentalmente de natureza clínica, estas são contextualizadas por um "paradigma médico", probabilístico, que admite a incerteza e a constante monitorização longitudinal, que será feita com vista a correcções passíveis de execução, a todo o tempo. Naturalmente, os médicos têm em conta, no seu raciocínio, as crenças prévias sobre o mundo e sobre aquele doente, – numa aplicação concreta do que poderíamos chamar uma mescla de Estatística Descritiva e Bayeseana, – suportadas na observação clínica apurada e na recolha de elementos(14). Mais ainda, o médico psiquiatra é ensinado a abandonar o modelo dualístico corpo-mente e a compreender o ser humano na sua totalidade, abraçando modelos circulares de causalidade e de pluralismo explicativo(15).

No entanto, num contexto forense, especificamente o pericial, é solicitado ao perito, com frequência, que se pronuncie em termos dicotómicos absolutos, sobre a presença ou ausência de algo (*v.g.* anomalia psíquica, perigosidade), tarefa que poderá não corresponder integralmente ao seu modo habitual de raciocínio clínico. Acresce que não é raro o desejo de valorar a prova pericial como definitiva e *absoluta certeza médica* (e não apenas a *razoável certeza médica*, amplamente divulgada pelo cinema norte americano), contendo em si – preferencialmente – uma verdade inabalável e intemporal. Porém, mesmo o termo *"razoável certeza médica"* encerra em si uma quase contradição difícil de gerir e que tem sido denunciada, por vezes com candura, desde há várias décadas (16–18). Jonas Rappeport, em 1985, pronunciava-se assim sobre a *certeza médica razoável*: "O que é isso? Lamento ter de reportar que depois de ter tentado estudar o assunto em questão durante muitas e muitas horas descobri que o estatuto da certeza médica razoável é, na verdade, bastante incerto."(17), ou, diremos nós, nesse mesmo sentido, «pouco razoável». Bernard Diamond, no mesmo ano, pronunciava-se de forma mais próxima do conceito actualmente usado em psiquiatria forense: "A certeza médica razoável (...) deve expressar o mais elevado nível de confiança do psiquiatra na validade e fiabilidade da sua opinião. Este nível de confiança deve ser formulado, necessariamente, dentro da matriz da experiência clínica e conhecimento científico."(16), à data da realização da diligência. Assim, verificamos que as conclusões de uma qualquer prova pericial médica correspondem a um julgamento técnico-científico, informado e cuidado, executado de acordo com os melhores procedimentos tidos como padrão, conforme as *leges artis*.

Em realidades jurídicas diferentes, como a que tem lugar nos Estados Unidos da América, onde o exercício da produção de prova pericial obedece a um diferente exercício de contraditório entre as partes, não é raro surgirem questões sobre a imparcialidade e objectividade dos peritos(19). Em Portugal, onde vigora um sistema de perícias oficiais, em particular em Direito Penal, tais questões dificilmente se colocam, pelo menos na perspectiva ética do problema.

A busca da objectividade, imparcialidade e suporte nos fundamentos científicos da medicina psiquiátrica é uma orientação obrigatória. Nesse sentido, devem os peritos psiquiatras abster-se de responder a questões que considerem estar para além dos limites técnicos-científicos, fundamentando essa decisão de forma adequada. De igual forma, devem eximir-se de incluir, nos relatórios periciais, elementos que se suportem na mera opinião pessoal, na lógica ou senso comum, ou ainda que não emanem do conhecimento obtido da análise concreta da pessoa sujeita à perícia. Tais elementos, ainda que possam ter a aparência de razoabilidade, surgem em oposição ao julgamento profissional estruturado e podem condicionar a actividade do Juiz, particularmente se tivermos em conta o disposto no artigo 163º, do CPP, que consigna estar, presumivelmente, subtraído à livre apreciação do julgador *"o juízo técnico, científico ou artístico inerente à prova pericial"*. Deve, deste modo, o psiquiatra, treinado que está especialmente para valorar o seu "sentir", esforçar-se por não opinar, de forma gratuita, antes sempre fundamentando, lógica e empiricamente, afastando-se mesmo de uma eventual tendência epistemológica mais hermenêutica ou existencial ou, quiçá, de uma intuição que não consiga cientificamente justificar.(20)

No nº 4 do artigo 159º, do CPP, estão previstas situações de impossibilidade de realização de algumas perícias, nas delegações do Instituto Nacional de Medicina Legal e Ciências Forenses e gabinetes médico-legais. Tais situações justificam-se pela existência de questões, a que o perito das referidas entidades não consiga responder, quer por impossibilidade material, quer por incompetência técnica daquela especialidade. Em tal caso, podem as perícias ser efectuadas, *"por indicação do Instituto, por serviço universitário ou de saúde público ou privado"*. Tal disposição é aplicável às perícias psiquiátricas, como dispõe o nº 6 do mesmo artigo.

A psiquiatria forense não está excluída do aporte e impacto das novas tecnologias e avanços na área das neurociências. Áreas tão relevantes para a psiquiatra forense, como a base neuropsiquiátrica do comportamento violento ou a natureza da empatia, têm sido objecto de investigação (21,22). A tecnologia aplicada ao conhecimento da função do cérebro, como a RMN funcional ou a Tomografia por Emissão de Positrões, por exemplo, têm contribuído para o melhor conhecimento das vias neuronais envolvidas, a par de desenvolvimentos na genética comportamental(23). Ainda que exista um grande hiato entre a investigação e a prática actual, não deixamos de sublinhar o potencial que este novos conhecimentos e técnicas têm para servir como auxílio à psiquiatria forense (24). Porém, e como assinala Madeira (25), devemos estar alerta para os vieses que constituem os denominados "detalhes sedutores" oriundos das Neurociências.(26)

4. Fronteiras com outras áreas técnico-científicas

O edifício legislativo confere alguma amplitude às disciplinas técnico--científicas que podem operar na produção da prova pericial. O nº 6 do artigo 159º do CPP, referindo-se à *"perícia relativa às questões psiquiátricas"*, refere que nela podem participar também *"especialistas em psicologia e criminologia"*. Nas perícias sobre a personalidade, nos termos do artigo 160º, do CPP, há menção explícita à possibilidade de execução por *"especialistas em criminologia, em psicologia, em sociologia ou em psiquiatria"*.

Ora, se uma mesma perícia pode ser realizada por profissionais oriundos de diversas formações, que fronteiras ou diferenças estabelecer entre as mesmas? O improdutivo debate territorial entre as diversas áreas, em particular entre a psicologia e a psiquiatria forenses, parece, felizmente, relegado para um passado que urge, por estéril, não revisitar.(27) O futuro constrói-se, hoje, num caminho partilhado, que envolve um labor tendente a maior credibilização e diferenciação(28,29).

Assim, como já vimos, caberá ao Instituto Nacional de Medicina Legal e Ciências Forenses a selecção, dentro das limitações impostas pela Lei, do tipo de profissional que melhor se encontrará habilitado a esclarecer a concreta dúvida erigida como objecto da perícia. A diferença entre um médico psiquiatra e um psicólogo, naquilo que respeita à actividade pericial, reside mais na definição de cada uma das actividades e no concreto objecto exarado, do que numa distinção dos conhecimentos gerais de cada uma das disciplinas. Perante uma dúvida sobre a existência ou não de uma determinada doença mental, será o psiquiatra mais habilitado a responder, por a sua formação médica, o treino semiológico e o modelo conceptual que usa serem os mais adequados. Perante uma dúvida específica sobre um aspecto da personalidade ou uma qualquer dimensão cognitiva (*v.g.* memória) estará, à partida, melhor habilitado um psicólogo, para o fornecimento da resposta. Em todo o caso, tomará primazia sempre a dúvida exarada e a formação específica e experiência do técnico concreto, aliados à importância da existência de conhecimentos da área forense, sem o qual se torna mais difícil entender o real problema que se coloca ao Tribunal.

5. Aspectos organizativos e procedimentais da actividade pericial psiquiátrica em Portugal

A requisição das perícias médico-legais psiquiátricas pode ser efectuada, nos termos na Lei, pelas autoridades judiciárias, por autoridades administrativas, pelo INMLCF, entre outras entidades.

A diferença conceptual entre uma perícia – meio de prova em que a percepção ou a apreciação de factos recolhidos exige conhecimentos técnicos, científicos ou artísticos especializados – e um exame pericial – meio de obtenção da prova, i.e. observações – é na prática indistinguível no que concerne à psiquiatria e psicologia forenses.

Ao abrigo do disposto no nº 1, da Lei nº 45/2004, de 19 de Agosto, que estabelece o regime jurídico das perícias médico-legais e forenses, as perícias médico-legais *"são realizadas, obrigatoriamente, nas delegações e nos gabinetes medico-legais do Instituto Nacional de Medicina Legal"*. Naturalmente, e por maioria de razão, a jurisdição mais garantística reforça, no artigo 159º, do CPP, no nº 1, que *"as perícias médico-legais e forenses que se insiram nas atribuições do Instituto Nacional de Medicina Legal são realizadas pelas delegações deste e pelos gabinetes médico-legais"*.

O INMLCF, IP, cuja lei orgânica foi aprovada pelo Decreto-Lei nº 166/2012, de 31 de Julho, tem por missão *"assegurar a prestação de serviços periciais médico-legais e forenses, a coordenação científica da atividade no âmbito da medicina legal e de outras ciências forenses, bem como a promoção da formação e da investigação neste domínio, superintendendo e orientando a atividade dos serviços médico-legais e dos profissionais contratados para o exercício de funções periciais."*. A realização da actividade pericial resulta directamente de uma das suas atribuições: *"cooperar com os tribunais e demais serviços e entidades que intervêm no sistema de administração da justiça, realizando os exames e as perícias médico-legais e forenses que lhe forem solicitados, nos termos da lei"*.

No que se refere às perícias, no âmbito da psiquiatria e psicologia forenses, o nº 2 do artigo 24º, da mesma Lei 45/2004, estabelece que, inexistindo na delegação do INMLCF *"especialistas nestas áreas em número suficiente para assegurar a resposta às solicitações"*, poderão as solicitações de exames e perícias ser remetidos aos *"serviços especializados do Serviço Nacional de Saúde"*. Esta excepção, infelizmente, torna-se a regra na maioria dos casos, dada a exiguidade de médicos psiquiatras nas delegações e o número crescente de perícias. Sublinha-se que os "serviços especializados", a que se refere o referido nº 2, são os serviços clínicos, i.e., assistenciais, cuja organização gravita necessariamente em redor da avaliação e tratamento de doentes e não da realização de perícias. Sobre a que serviços clínicos do SNS compete a realização desses exames, o número 3 do mesmo artigo 24º adianta que "sempre que possível" – naturalmente tendo em conta as possibilidade de resposta – se tratarão dos serviços da *"sua área assistencial e o local de residência habitual dos examinandos"*.

É possível, porém, que, num futuro próximo, perante a esperada criação da sub-especialidade de Psiquiatria Forense, o panorama nacional sofra uma alteração positiva, ainda que se vislumbrem já novos problemas[1].

A presença de consultores técnicos de confiança para *"assistir à realização"* da perícia, aspecto consagrado no nº 1 do artigo 155º, do CPP, pode ser requerida pelo *"Ministério Público, o arguido, o assistente e as partes civis"*, podendo estes, conforme o nº 2 do mesmo artigo, *"propor a efectivação de determinadas diligências e formular observações e objecções, que ficam a constar do auto"*. Atente-se que a designação do consultor técnico e o desempenho da sua função só poderão ocorrer se "ainda for possível" (após ser ordenada a perícia) e desde que não atrase a *"realização da perícia e o andamento normal do processo"* (cf. nº4 do mesmo artigo).

O que pensar porém deste instituto, quando, no âmbito da psiquiatria, a simples presença de um observador – à semelhança do que acontece, por exemplo, no domínio da física quântica, na observação de um electrão ou de um fotão – pode alterar o sentido das declarações de um examinando, seja ele arguido ou vítima? Para compreendermos este aspecto, bastará lembrarmo-nos que, mesmo na Física moderna, a luz se comporta diferentemente como "onda" ou "partícula", consoante exista ou não um observador externo.

O procedimento – relativo à comparência/presença física de consultor técnico nas entrevistas periciais – é todavia distinto nas perícias que são realizadas no INMLCF (delegações e gabinetes), em que não são aplicáveis as *"disposições contidas nos artigos 154 e 155 do Código de Processo Penal"*, i.e., vigora, nos termos do nº 1 do artigo 3º da Lei 45/2004 de

---

[1] Referimo-nos por exemplo, e a título meramente por ora especulativo, à dúvida sobre quem deverá prioritariamente realizar uma segunda perícia, em caso especialmente complexo da jurisdição criminal: se um perito psiquiatra privado/particular que tenha a sub-especialidade, se um perito psiquiatra de um estabelecimento de saúde oficial da área, mas que não possua a sub-especialidade.

19/08, a impossibilidade de intervenção de consultores técnicos, com as suas atribuições e funções. A Lei admite, assim, que não existe sentido útil na presença de consultor técnico numa instituição que, para além de creditada, é creditadora das entidades que realizam perícias. Alerte-se, porém, que tal particularidade legal levantou já dúvidas sobre a conformidade constitucional, tendo todavia, em 27/02/2007, o Tribunal Constitucional tido oportunidade de se pronunciar sobre a questão, considerando, em processo de fiscalização concreta, que a norma não colidia com as garantias previstas nos nºs 1 e 5 do artigo 32º, da Constituição da República Portuguesa (veja-se o Acórdão 133/2007, publicado em DR nº 80, II série, de 24/04/07)

Todavia, um examinando poderá sempre fazer-se acompanhar, no INMLCF ou nos serviços clínicos das instituições do SNS, de uma *"pessoa de confiança"*, conforme o dispõe o nº 3 do artigo 6º, da Lei 45/2004, sendo que esta exercerá apenas um acto de presença, de conforto e acompanhamento do examinando, uma vez que não poderá intervir na perícia. Evidentemente, e ainda que correndo o risco de alguma interferência em menor grau, a autoridade judiciária competente poderá igualmente assistir à realização da perícia (cf. nº 4 do mesmo artigo), sendo que o perito psiquiatra deverá previamente explicar as contingências inerentes a tal presença.

Após a solicitação da perícia médico-legal psiquiátrica, definido o seu objecto e colocados os quesitos, distribuída que está – seja ao INMLCF ou aos serviços clínicos locais – coloca-se a questão da obrigatoriedade de o examinando se submeter a esta. O nº 3 do artigo 6º, da Lei 45/2004, define que *"ninguém pode eximir-se a ser submetido a qualquer exame médico-legal quando este se mostrar necessário ao inquérito ou à instrução de qualquer processo e desde que ordenado pela autoridade judicial competente, nos termos da lei"*. Esta disposição deverá ser interpretada com cautela, pois as perícias médico-legais psiquiátricas, devido à sua natureza, não poderão, em bom rigor, ser feitas sem a colaboração do examinando. Em caso de recusa ou ausência do examinando, deverá o perito informar a autoridade requisitante e, de igual forma deverá proceder, nos casos, residuais, em que o examinando comparece mas não colabora minimamente na realização da perícia. Isso não impede que, em caso de ausência de colaboração, não possa – e em nosso entender, até deva – ser realizada uma perícia documental, vulgarmente designada por Parecer.

Se é certo que o examinando está obrigado a submeter-se à perícia médico-legal, não é menos certa a correspectiva obrigação de o perito a realizar. Neste sentido, dispõe o nº 1 do artigo 153º, do CPP: *"O perito é obrigado a desempenhar a função para que tiver sido competentemente nomeado (...)"*. Existem, contudo, situações e motivos em que a nomeação do perito poderá ser recusada. O regime de impedimentos, recusas e escusas aplicável aos magistrados judiciais é aplicável, *"com as adaptações necessárias (...) aos peritos"*, nos processos penais, conforme dispõe o artigo 47º, do CPP; de idêntico modo, refere o artigo 470º, nº 1, do CPC, que *"[é] aplicável aos peritos o regime de impedimentos e suspeições que vigora para os juízes, com as necessárias adaptações"*, definindo o mesmo artigo, no nº 3, que *"[p]odem pedir escusa (...) aqueles a quem seja inexigível o desempenho da tarefa, atentos os motivos pessoais invocados."*

Assim, uma nomeação de perito poderá ser recusada *"quando correr o risco de ser considerada suspeita, por existir motivo, sério e grave, adequado a gerar desconfiança sobre a sua imparcialidade"*, podendo tal incidente ser suscitado pelo *"Ministério Público, pelo arguido, pelo assistente ou pelas partes civis"* (cf. artigo 43º, do CPP). Estará impedido de ser nomeado perito o médico psiquiatra que tiver já participado ou puder participar como testemunha no mesmo processo, ou quando *"for, ou tiver sido, cônjuge ou representante legal do arguido, do ofendido ou de pessoa com a faculdade de se constituir assistente ou parte civil ou quando com qualquer dessas pessoas viver ou tiver vivido em condições análogas às dos cônjuge"* ou ainda *"quando ele, ou o seu cônjuge, ou a pessoa que com ele viver em condições análogas às dos cônjuges, for ascendente, descendente, parente até ao 3º grau, tutor ou curador, adoptante ou adoptado do arguido, do ofendido"* (cf. alíneas a), b) e d) do nº 1 do artigo 39º do CPP). Poderá o perito solicitar escusa com base na inexistência de *"condições indispensáveis para realização da perícia"*, podendo ser recusado *"pelos mesmos fundamentos, pelo Ministério Público, pelo arguido, pelo assistente ou pelas partes civis, sem prejuízo, porém, da realização da perícia se for urgente ou houver perigo na demora."* (cf. nº 2 do artigo 153º, do CPP), de novo em consonância com o nº 470º, do CPC.

Dada a natureza específica da relação médico-doente, a existência deste vínculo constitui também um impedimento para a nomeação como perito. Esta preocupação está plasmada no Código Deontológico da Ordem dos Médicos, que, no nº 1 do seu artigo 120º (Incompatibilidades), refere expressamente que *"as funções de médico assistente e médico perito são incompatíveis, não devendo ser exercidas pela mesma pessoa."* Numa especialidade como a psiquiatria, este aspecto é particularmente relevante, pois o atendimento clínico implica o necessário estabelecimento de uma relação de confiança médico-doente, que permita a verbalização de queixas e vivências, que facilmente poderão ser devassadas numa audiência de julgamento. Ao contrário do que possa parecer numa análise superficial, a psiquiatria é uma especialidade médica extremamente invasiva, acrescendo que, após o seu médico assistente ter deposto, por exemplo, em julgamento, o doente não voltará provavelmente a ter o mesmo à vontade que tinha previamente, perdendo-se definitivamente potencialidades terapêuticas. Tal circunstância deve ser ponderada, quando se decide sobre a produção de tal prova testemunhal.

6. As perícias médico-legais psiquiátricas nas diversas áreas do Direito

Visando apenas caracterizar, genericamente, os diversos tipos de perícias que podem ser realizadas – e as perguntas a que se pretende dar uma resposta – efectuamos uma divisão pragmática entre os vários domínios do Direito.

a. *As perícias psiquiátricas no âmbito do Direito Penal*

O artigo 159º, do CPP, prevê a realização da perícia médico-legal, incluindo pois a de natureza médica psiquiátrica. Na quase totalidade dos pedidos, pretende-se a avaliação da existência de anomalia psíquica e de pressupostos médico-legais de (in)imputabilidade, fazendo-se aqui a remissão para o artigo 20º, do Código Penal (Inimputabilidade em razão de Anomalia Psíquica). Ainda que se possa recorrer a exame complementar psicológico, o conteúdo desta perícia é essencialmente médico--psiquiátrico, por se encontrar necessariamente ligado a patologia, ou, no mínimo, a condição capaz de afectar medicamente e de forma grave a capacidade de avaliação e determinação, ou, se quisermos, a inteligência e a vontade. No âmbito desta perícia, quando se verifica existirem pressupostos para inimputabilidade em razão de anomalia psíquica, é mandatório que o perito se pronuncie sobre a perigosidade (leia-se, do ponto de vista médico-legal, o risco de violência ou, se quisermos, do ponto de vista jurídico, a probabilidade de repetição de factos ilícitos típicos da mesma natureza), atendendo ao disposto no nº 1 do artigo 91º, do Código Penal, que estabelece a necessidade de internamento sempre que por *"virtude da anomalia psíquica e da gravidade do facto praticado, houver fundado receio de que venha a cometer outros factos da mesma espécie"*. No caso de se verificar internamento em estabelecimento de *"cura, tratamento ou segurança"*, será periodicamente revista a existência de perigosidade e, por consequência, a necessidade de se manter o internamento. A avaliação do risco de violência é uma tarefa complexa, que envolve a conjugação de diversas metodologias (incluindo actuariais e clínicas) e que pretende estimar o nível de risco da repetição de factos violentos (30). A boa prática médica deverá fazer incluir, na avaliação, factores de risco dinâmicos, i.e. modificáveis, que possam ser alvo de intervenção para redução do risco. De entre esses factores, podemos referir o comportamento hostil, o uso de substâncias ou a má adesão ao tratamento. (31) O peso do uso de substâncias foi já documentado em estudos envolvendo doentes julgados inimputáveis em Portugal.(32)

Encontramos, no Código Penal, nos seus artigos 104º (Anomalia psíquica anterior), 105º (Anomalia psíquica posterior) e 106º (Anomalia psíquica posterior sem perigosidade), as normas que permitem o internamento de imputáveis portadores de anomalia psíquica em estabelecimento destinado a inimputáveis. Nestes casos, será igualmente o médico psiquiatra chamado a realizar uma perícia para determinar a existência de anomalia psíquica e determinar se *"o regime dos estabelecimentos comuns (...) será prejudicial [ao agente], ou que ele perturbará seriamente esse regime"* (cf. nº 1 do artigo 104º).

O nº 1 do artigo 160º, do CPP, refere-se à "perícia sobre a personalidade", efectuada com o fim de efectuar uma *"avaliação da personalidade e da perigosidade do arguido"*, através de uma *"perícia sobre as suas características psíquicas independentes de causas patológicas, bem como sobre o seu grau de socialização."*. Esta perícia pode relevar para *"a decisão sobre a revogação da prisão preventiva, a culpa do agente e a determinação da sanção"*.

O Código Penal, no seu artigo 83º, define os pressupostos de aplicação de uma pena relativamente indeterminada aos designados "delinquentes por tendência". Na ponderação global que é efectuada, neste âmbito, há lugar a uma *"avaliação conjunta dos factos praticados e da personalidade do agente"*, procurando-se perceber se o agente do crime revela *"uma acentuada inclinação para o crime que no momento da sua condenação ainda persista"* (cf. nº 1 do artigo 83º, do CP). Nestas circunstâncias, pode o perito, nomeadamente o psicólogo ou o médico psiquiatra, vir a ser chamado para realizar uma perícia à personalidade.

No mesmo capítulo do CP, no nº 1 do artigo 86º, estão plasmados os pressupostos de aplicação de regime idêntico a "alcoólicos e equiparados": *"se um alcoólico ou pessoa com tendência para abusar de bebidas alcoólicas praticar crime a que devesse aplicar-se concretamente prisão efectiva e tiver cometido anteriormente crime a que tenha sido aplicada também prisão efectiva, é punido com uma pena relativamente indeterminada sempre que os crimes tiverem sido praticados em estado de embriaguez ou estiverem relacionados com o alcoolismo ou com a tendência do agente"* (regime igualmente aplicável a quem abuse de estupefacientes, conforme artigo 88º). A perícia médico-legal psiquiátrica deverá pronunciar-se, neste contexto, sobre a existência das aludidas anomalias psíquicas, tendo ainda em conta que o sentido da execução da pena é o de eliminar o abuso de substâncias (cf. artigo 87º).

Em estreita ligação com os casos previamente descritos, subsiste ainda a perícia médico-legal, prevista no artigo 52º, do Decreto-Lei nº 15/93, de 22 de Janeiro, actualizado pela Lei 77/2014 de 11 de Novembro. Esta perícia tem lugar *"logo que, no decurso do inquérito ou da instrução, haja notícia de que o arguido era toxicodependente à data dos factos que lhe são imputados"* (cf. nº 1 do artigo 52º). A Lei estabelece, claramente, no nº 2 do artigo 52º, que *"[n]a medida do possível, o perito deve pronunciar-se sobre a natureza dos produtos consumidos pelo arguido, o seu estado no momento da realização da perícia e os eventuais reflexos do consumo na capacidade de avaliar a ilicitude dos seus actos ou de se determinar de acordo com a avaliação feita"*. A execução desta perícia foi objecto de clarificação, quanto ao objectivo e procedimentos, pela Portaria 94/96, de 26 de Março de 1996.

Ainda a propósito dos efeitos tóxicos de substâncias na capacidade para avaliar a ilicitude dos factos ou de se determinar de acordo com a avaliação (i.e. inimputabilidade), há a referir o disposto no artigo 295º, do Código Penal (Embriaguez e intoxicação), que determina que *"[q]uem, pelo menos por negligência, se colocar em estado de inimputabilidade derivado da ingestão ou consumo de bebida alcoólica ou de substância tóxica e, nesse estado, praticar um facto ilícito típico é punido com pena de prisão até cinco anos ou com pena de multa até 600 dias"*. Este artigo, em conjunto com o disposto no nº 4 do artigo 20º, do CP, remete para a teoria da *actio libera in causa*, cujo alcance jurídico-penal está, naturalmente, fora do âmbito da psiquiatria, ainda que o perito possa (e, porventura, deva) ser chamado a pronunciar-se sobre aspectos clínicos relevantes associados. Com efeito, importará aqui, sempre, distinguir se estamos perante um caso de Abuso de Substâncias (incluindo álcool) ou de Dependência de Substâncias, o que fará toda a diferença médico-legal, e ainda que a quinta revisão da classificação norte americana tenha optado por incluir tais realidades na mesma nosologia, implicando a utilização de especificador. Deverá também o perito investigar e discriminar, no relatório, se se trata de um consumo ocasional ou de um primeiro consumo, ou, pelo contrário, se o arguido de um crime, cometido sob o efeito da substância (por exemplo, do álcool), conhece o seu próprio comportamento habitual quando em intoxicação aguda (por exemplo, quais as suas reacções a ingestão abusiva de álcool, no passado) e se o seu médico o informou, previamente, das consequências possíveis dos consumos e dos cuidados a ter quando consumisse.

O artigo 131º, do CPP, reporta-se à "capacidade e dever de testemunhar", referindo, logo no primeiro número, que *"Qualquer pessoa que se não encontrar interdita por anomalia psíquica tem capacidade para ser testemunha"*. Este artigo especifica claramente, no nº 2, que a *"aptidão física ou mental de qualquer pessoa para prestar testemunho, quando isso for necessário para avaliar da sua credibilidade"*, é da competência da autoridade judiciária. A possibilidade da realização da perícia à personalidade surge, expressamente prevista, apenas quando se trata de *"depoimento de menor de 18 anos em crimes contra a liberdade e autodeterminação sexual de menores"*.

Temos verificado existir, por vezes, alguma confusão, partilhada por peritos médicos, psiquiatras ou psicólogos, e, ocasionalmente, por outros intervenientes processuais, entre "capacidade de testemunhar" e avaliação da *veracidade/credibilidade* do testemunho. Enfatizamos que, em nosso entender, o perito não se deve pronunciar sobre a veracidade de um testemunho, competência essa que é do Tribunal, ainda que se admita que possa expor considerações sobre a estrutura lógica, quantidade de detalhes, contexto, elaboração e estrutura da narrativa, descrição de interacções, correcções espontâneas, detalhes supérfluos, admissão de falhas de memória, que de algum modo ajudem o Tribunal a ajuizar da credibilidade de um testemunho. Considera-se perigoso verter nos autos matéria subjectiva, apresentada como científica, e que, à partida, por essa razão, "se presume subtraída à livre apreciação do julgador" (*ex vi* artigo 163º do CPP). A este propósito, transcrevemos a nota 19 do Acórdão do Tribunal da Relação de Lisboa, datado de 18/01/2006, relatado pelo Senhor Desembargador Carlos Almeida, com o nº de processo 7071/2005 – 3, (disponível em www.dgsi.pt): *"(...) cuja credibilidade não pode assentar na perícia psicológica efectuada – perícia essa cuja realização apenas está prevista no Código de Processo Penal para maiores de 16 anos vítimas de crimes sexuais (artigo 131º, nº 3, do CPP) – uma vez que a versão dos factos narrados à perícia pelo demandante civil não coincide, em alguns aspectos, com as [declarações] prestadas na audiência de julgamento e porque o perito apenas pode e deve pronunciar-se sobre a capacidade da pessoa em causa conservar em memória e reproduzir os acontecimentos que presenciou, ou seja, sobre os aspectos perceptivos e cognitivos do depoimento, e não sobre a sua credibilidade. Este juízo pertence, inexoravelmente, ao tribunal."* (sublinhado nosso). A perícia deverá debruçar-se sobre a avaliação da personalidade, clínica e instrumental, sublinhando-se a importância da avaliação de aspectos cognitivos como a memória, atenção, processamento da informação cognitiva e planeamento executivo, funções estas que deverão estar suficientemente íntegras para permitir a um qualquer indivíduo, que presencie determinados factos, memorizá-los, evocá-los e reproduzi-los conforme a sua experiência.

Por último, referimo-nos à avaliação de dano corporal, entendido como dano na pessoa, no âmbito do direito penal. Verificamos que o artigo 144º, do Código Penal, dispõe, sob a epígrafe "ofensa à integridade física grave", que: *"Quem ofender o corpo ou a saúde de outra pessoa de forma a a) Privá-lo de importante órgão ou membro, ou a desfigurá-lo grave e permanentemente; b) Tirar-lhe ou afectar-lhe, de maneira grave, a capacidade de trabalho, as capacidades intelectuais, de procriação ou de fruição sexual, ou a possibilidade de utilizar o corpo, os sentidos ou a linguagem; c) Provocar-lhe doença particularmente dolorosa ou permanente, ou anomalia psíquica grave ou incurável; ou d) Provocar-lhe perigo para a vida; é punido com pena de prisão de dois a dez anos."* (sublinhado nosso). Neste caso, a avaliação da anomalia psíquica carecerá sempre da realização de uma perícia psiquiátrica(33). Esta perícia psiquiátrica constituirá, à partida, um exame complementar, que deve ser solicitado pelo especialista em Medicina Legal ou pelo médico com competência em avaliação do dano corporal conferida pela Ordem dos Médicos, relevando em particular para fornecer dados que permitam à autoridade judiciária aferir da existência de critérios que integrem os pressupostos da alínea c) do artigo do Código Penal *supra* mencionado.

b. As perícias psiquiátricas no âmbito do Direito Civil e do Direito de Trabalho

No Código Civil, encontramos, no nº 1 do artigo 138º, a indicação dos pressupostos para as acções de interdição: *"Podem ser interditos do exercício dos seus direitos todos aqueles que por anomalia psíquica, surdez-mudez ou cegueira se mostrem incapazes de governar suas pessoas e bens."* Para os casos em que a incapacidade não seja de tal forma grave que justifique a interdição, o Código Civil prevê o instituto da inabilitação, no seu artigo 152º: *"Podem ser inabilitados os indivíduos cuja anomalia psíquica, surdez-mudez ou cegueira, embora de carácter permanente, não seja de tal modo grave que justifique a sua interdição, assim como aqueles que, pela sua habitual prodigalidade, ou pelo abuso de bebidas alcoólicas ou de estupefacientes, se mostrem incapazes de reger convenientemente o seu património".*

O exame pericial, previsto no artigo 898º do CPC, destina-se a avaliar a capacidade para gerir pessoas e bens. Sendo uma perícia médica, poderá ser complementada por exames complementares psicológicos, particularmente necessários (diríamos quase obrigatórios) no caso das inabilitações. O nº 1 do artigo 898º do CPC define, com clareza, os itens que o relatório pericial deve obrigatoriamente referir: *"deve precisar, sempre que possível, a espécie de afecção de que sofre o requerido, a extensão da sua incapacidade, a data provável do começo desta e os meios de tratamento propostos.".*

A capacidade testamentária está afastada, no caso dos indivíduos sujeitos a interdição, conforme alínea b) do artigo 2189º, do Código Civil, pelo que, sendo solicitada uma avaliação com o presente objecto de perícia, aplica-se o mesmo procedimento que foi referido para a perícia da acção de interdição e inabilitação. Sem prejuízo, nada obsta a que, na ausência de patologia, seja suficiente uma perícia psicológica que incida sobre o processamento da informação cognitiva e compreensibilidade ou motivação para elaboração daquele testamento. Do ponto de vista médico-legal, pode ser importante serem ouvidas – para pesquisa de sinais e sintomas – pessoas que tenham convivido de perto com um falecido, no caso de uma avaliação retrospectiva. Esta necessidade, a existir, deverá ser sempre fundamentada com referência ao caso concreto, porquanto muitos juristas têm dificuldade – face à sua posição epistemológica – em compreender que estas entrevistas clínicas, com pessoas que tenham privado com o falecido, não correspondam a mera recolha de depoimento testemunhal, mas sim a diligência pericial necessária à elaboração do relatório.

A intervenção do médico psiquiatra, quanto ao instituto da doação, também se aproxima dos exemplos precedentes. O Código Civil, no artigo 948º, define que *"têm capacidade para fazer doações todos os que podem contratar e dispor dos seus bens"* e que *"[a] capacidade é regulada pelo estado em que o doador se encontrar ao tempo da declaração negocial."*. Assim, a existência de pressupostos médico-legais de interdição ou inabilitação condiciona também a capacidade para doar, pelo que o perito pode ser chamado a intervir, neste domínio.

O Código Civil, na sua secção VIII, nos artigos 562º e seguintes, estabelece uma outra grande área onde a perícia médico-legal psiquiátrica poderá ser chamada a intervir: a reparação do dano, entendido aqui como um dano psíquico.

Nos termos do artigo 562º, do CC, *"[q]uem estiver obrigado a reparar um dano deve reconstituir a situação que existiria, se não se tivesse verificado o evento que obriga à reparação."*. Uma das funções do perito será estabelecer o nexo de causalidade (médico-legal) entre a lesão sofrida (evento traumático) e o dano, condição essencial à constituição da obrigação de reparação, conforme resulta do artigo 563º do CC: *"A obrigação de indemnização só existe em relação aos danos que o lesado provavelmente não teria sofrido se não fosse a lesão."*. Recordamos aqui que, para a realização desta perícia, será competente a especialidade de Medicina Legal, ou médico com competência conferida pela Ordem dos Médicos (competência em avaliação do dano corporal), sendo que, naturalmente, aquele especialista pedirá exame complementar psiquiátrico ou psicológico, conforme a necessidade concreta, devendo o clínico debruçar-se essencialmente no que é designado de dano psíquico. Importa, neste caso, estar particularmente atento à possibilidade de simulação e ao diagnóstico diferencial entre quadros orgânicos cerebrais (de evolução demencial ou pós-comocionais) e quadros funcionais como Perturbação de Stress Pós-traumático ou Perturbações de Adaptação Prolongadas e ainda as controversas Neuroses Pós Traumáticas.

Em virtude da multiplicidade e variabilidade das outras solicitações no âmbito do direito civil, não podemos, em abstracto, referir se estarão nesses casos concretos indicadas perícias médico-legais psiquiátricas ou psicológicas. Conforme anotámos previamente, será numa avaliação, caso a caso, que o INMLCF decidirá qual o técnico mais habilitado a responder à dúvida colocada, tendo em conta o objecto da perícia e os quesitos formulados.

Não podemos, porém, deixar de destacar que têm vindo a aumentar o número de pedidos que ultrapassam a capacidade da ciência e assim a competência pericial, pelo que não devem os médicos deixar de estar atentos a este fenómeno, eximindo-se de responder, nos casos em que não exista resposta científica, ou melhor, respondendo exactamente nesses termos, esclarecendo o Tribunal de que a Ciência não pode dar resposta a tais quesitos, pelo que o perito deve abster-se de opinar subjectivamente.

A reparação do dano, prevista no direito de trabalho, está regulamentada pela Lei nº28/2009, de 4 de Setembro. Este diploma prevê, no seu artigo 2º, que *"[o] trabalhador e os seus familiares têm direito à reparação dos danos emergentes dos acidentes de trabalho e doenças profissionais nos termos previstos na presente lei.".* Em termos periciais, metodologicamente, esta perícia é realizada do mesmo modo daquela que é elaborada no âmbito civil. Importa, porém, ter em consideração que, em direito de trabalho, apenas interessa avaliar e quantificar a perda da capacidade de ganho, e não, como em direito civil, ter um enfoque mais global e a visão do todo da Pessoa. Isto não quer dizer que não se admita que a sintomatologia psiquiátrica – de uma Depressão *Major* ou de uma Síndrome Pós-concussional – para além de afectar um trabalho intelectual complexo, não se repercuta igualmente em actividade laboral manual ou rotineira. Apenas queremos salientar que, em direito de trabalho, a perícia psiquiátrica não implica parâmetros que têm de ser especificados em direito civil, como o *quantum doloris*, o dano futuro, rebate profissional, dependências, dano estético, prejuízo sexual ou prejuízo de afirmação pessoal (34), sendo que nada obsta a que o perito aluda aos referidos aspectos. De comum, em ambas as perícias de avaliação de dano, será sempre a descrição minuciosa das lesões, no caso, as repercussões psiquiátricas do síndrome diagnosticado, bem como a referência das lesões à Tabela Nacional de Incapacidades: Anexo I para o dano em Direito de Trabalho (onde a desvalorização é quantificada em percentagem) e Anexo II para o dano em Direito Civil (onde a desvalorização é quantificada em pontos), ambos constantes do Decreto-Lei nº 352/2007, de 23 de Outubro, publicado no DR nº 204, 1ª Série.

c. As perícias psiquiátricas no âmbito do Direito de Família e Menores[2]

O nº 3 do artigo 178º, da Organização Tutelar de Menores (OTM), sob a epígrafe "falta de acordo na conferência", referindo-se à regulação do exercício das responsabilidades parentais, estipula que: *"Findo o prazo para apresentação das alegações, proceder-se-á a inquérito sobre a situação social, moral e económica dos pais e, salvo oposição dos visados, aos exames médicos e psicológicos que o tribunal entenda necessários para esclarecimento da personalidade e do carácter dos membros da família e da dinâmica das suas relações mútuas."*.

Se existe ramo do Direito em que as perícias psicológicas assumem maior relevância relativamente às psiquiátricas é a jurisdição de Família e Menores, onde o objecto exarado centra-se, com frequência, em características da personalidade, dinâmicas relacionais e avaliação de competências para o exercício das responsabilidades parentais. Nalguns casos, contudo, torna-se igualmente necessária uma perícia médica psiquiátrica, que avalie a existência de psicopatologia e seus eventuais reflexos nas competências parentais, sendo que, em regra, também aqui, será quase sempre útil um exame complementar psicológico.

Em qualquer caso, verificamos que, neste tipo de perícias, é grande a tentação do perito em agir como investigador policial, procurador ou juiz, ultrapassando, não só os limites científicos, como, por vezes, os éticos. De facto, não cabe ao perito opinar subjectivamente (leia-se, emitir um juízo de valor), sobre o que, de acordo com a lógica e experiência comum, acredita ser – no seu quadro de referências pessoais e morais – o habitualmente designado "Superior Interesse da Criança".

Acontece que, a par e passo das altas expectativas depositadas nestas perícias, surge a inexequibilidade técnica e científica para responder a uma parte substancial do desejado. Um dos constrangimentos sentidos neste campo de actuação tem tido a ocorrência, não rara, do deferimento de perícias psicológicas sugeridas pelos advogados das partes, sem um objecto concretamente definido. Entendemos que a norma do nº 3 do artigo 178º da O.T.M. não dispensa a obrigatoriedade legal de

---

[2] Entre o momento da elaboração deste artigo e a sua publicação, entrou em vigor a Lei nº 141/2015, de 8 de Setembro, que aprovou o Regime Geral do Processo Tutelar Cível e revogou o Decreto-Lei nº 314/78, de 27 de Outubro e suas sucessivas alterações (Organização Tutelar de Menores), pelo que, naturalmente, muito do que aqui é dito sofreu alterações por força de Lei, remetendo-se o leitor para o novo diploma legal. O papel do perito médico, quando chamado a colaborar, mantém-se globalmente sobreponível.

exarar um concreto objecto de perícia, em conformidade, aliás, com os já aludidos artigos 476º e 477º, ambos do CPC.

A Lei Tutelar Educativa (Lei nº 166/99, de 14 de Setembro) prevê a aplicação de medida tutelar educativa, quando exista, conforme refere o seu artigo nº 1 : *"[a] prática, por menor com idade compreendida entre os 12 e os 16 anos, de facto qualificado pela lei como crime"*. Enquadrada nesta lei, está prevista, no artigo 69º, a realização de perícias sobre a personalidade, deferidas habitualmente aos serviços de reinserção social, mas igualmente perícias médicas psiquiátricas, aqui necessariamente asseguradas pela especialidade de pedo-psiquiatria, pelo menos enquanto não estiver alicerçada uma sub-especialidade de psiquiatria forense, que contemple uma formação especificamente dirigida a esta matéria.

7. Conclusões

O psiquiatra forense encontra-se numa posição ética por vezes delicada, com necessidade de auto-monitorização constante por forma a não ultrapassar limites. Efectivamente, como médicos, os psiquiatras têm um conjunto de obrigações éticas para com os seus doentes – o respeito pela autonomia, a beneficência, a não maleficência e justiça (35). Estes princípios, relacionadas com a tradição hipocrática e médica no tratamento dos doentes, poderão entrar em conflito com algumas responsabilidades do psiquiatra enquanto perito, seja com a sociedade, as vítimas ou o sistema de justiça. Em particular, os princípios da beneficência e da não maleficência poderão perder a sua primazia – em contexto forense – perante os princípios da objectividade e da verdade (36). As responsabilidades e prioridades do psiquiatra forense, enquanto actua no sistema judicial, podem ser consideradas diferentes daquelas que regem a prática da medicina assistencial (37). O respeito pela pessoa e a observância da verdade (subjectiva e objetiva) surgem, segundo Appelbaum, como princípios éticos a seguir (38). É quando o duplo agenciamento ocorre – a acumulação dos papéis de perito ou testemunha e médico – que os principais constrangimentos têm lugar.

José Taborda e Júlio Arboleda-Flórez, num artigo de revisão, traçam alguns aspectos relevantes para a ética da prática pericial(39). Estes incluem, entre outros: a) observância pela ética médica geral (quando não surja em confronto com os objectivos da perícia); b) respeito pelo examinando; c) execução de perícias apenas quando para tal tarefa se sinta "experiente e qualificado"; d) a apresentação do perito ao examinando (divulgando a natureza do papel e o objectivo do exame) com a verificação e confirmação que o examinando conhece a finalidade da entrevista; e) esclarecimento cabal ao examinando sobre a inexistência de confidencialidade, no sentido clássico, aos conteúdos vertidos para o relatório pericial; f) a existência e particularidades do consentimento esclarecido; g) a exigência pela imparcialidade; h) incompatibilidade entre assistência médica e execução de perícia à mesma pessoa;

A adesão a um determinado conjunto de princípios éticos e morais tem igualmente um carácter identitário, de que os psiquiatras forenses não prescindirão. O Código Deontológico da Ordem dos Médicos define expressamente, no nº 1 do artigo 118º, que o médico perito *"deve submeter-se aos preceitos deste Código, nomeadamente em matéria de segredo profissional, não podendo aceitar que ponham em causa esses preceitos."*. Em sentido concordante, diversas vozes da psiquiatria forense europeia, concretizadas no chamado Grupo de Ghent, bem como alguns autores dos E.U.A., mantêm forte defesa da aplicação da ética médica na psiquiatria forense, mesmo quando o perito médico trabalha para o Tribunal (8).

Bibliografia

1. Polónio P. Psiquiatria Forense. Lisboa; 1975.
2. Pollack S. Forensic psychiatry--a specialty. Bull Am Acad Psychiatry Law. 1974 Mar; 11(1): 1–6.
3. Rosner R. Principles and Practice of Forensic Psychiatry, 2Ed. CRC Press; 2003. 929 p.
4. Arboleda-Flórez J. Forensic psychiatry: contemporary scope, challenges and controversies. World Psychiatry Off J World Psychiatr Assoc WPA. 2006 Jun; 5(2): 87–91.
5. Mullen PE. Forensic mental health. Br J Psychiatry J Ment Sci. 2000 Apr; 176: 307–11.
6. Ana Sofia C, António M, Duarte Nuno V. Da Psiquiatria ao Direito. Julgar. 2009; (9): 185–96.
7. Folino JO, Pezzotti LC. Education in forensic psychiatry. Curr Opin Psychiatry. 2008 Sep; 21(5): 514–7.
8. Nedopil N, Taylor P, Gunn J. Forensic psychiatry in Europe: The perspective of the Ghent Group. Int J Psychiatry Clin Pract. 2014 Nov 5; 1–4.
9. Trancas B, Vieira F, Costa Santos J. Formação em psiquiatria forense: aspectos comparativos para uma reflexão sobre o modelo Português. Enviado Para Publicação. 2010.

10. Gunn J, Nedopil N. European training in forensic psychiatry. Crim Behav Ment Health CBMH. 2005; 15(4): 207-13.
11. Pinto da Costa M, Guerra C, Vieira F, Costa Santos J. Formação em Psiquiatria Forense: Que futuro? Uma análise prospetiva. Psiquiatr Clínica. 2014; 35(1): 5-10.
12. António L. Processo Penal e prova pericial. In: A.C. F, M.S. P, M.R. S, M.C.T. S, editors. Psicologia Forense. Coimbra: Almedina; 2006. p. 73-115.
13. Rui C. A prova pericial: Enquadramento Legal. In: M. M, R.A. G, C. M, editors. Manual de Psicologia Forense: Contextos, práticas e desafios. Braga: Psiquilibrios Edições; 2011. p. 31-56.
14. Ashby D. Bayesian statistics in medicine: a 25 year review. Stat Med. 2006 Nov 15; 25(21): 3589-631.
15. Kendler KS. Toward a philosophical structure for psychiatry. Am J Psychiatry. 2005 Mar; 162(3): 433-40.
16. Diamond BL. Reasonable medical certainty, diagnostic thresholds, and definitions of mental illness in the legal context. Bull Am Acad Psychiatry Law. 1985; 13(2): 121-8.
17. Rappeport JR. Reasonable medical certainty. Bull Am Acad Psychiatry Law. 1985; 13(1): 5-15.
18. Drogin EY, Commons ML, Gutheil TG, Meyer DJ, Norris DM. "Certainty" and expert mental health opinions in legal proceedings. Int J Law Psychiatry. 2012 Dec; 35(5-6): 348-53.
19. Gutheil TG, Bursztajn H, Hilliard JT, Brodsky A. "Just say no": experts' late withdrawal from cases to preserve independence and objectivity. J Am Acad Psychiatry Law. 2004; 32(4): 390-4.
20. Vieira F, Brissos S. Direito e Psiquiatria. Um olhar sobre a cultura judiciária na sua intersecção com a psiquiatria. Julgar. 2007; (3): 45-60.
21. Silva JA. The relevance of neuroscience to forensic psychiatry. J Am Acad Psychiatry Law. 2007; 35(1): 6-9.
22. Van der Gronde T, Kempes M, van El C, Rinne T, Pieters T. Neurobiological correlates in forensic assessment: a systematic review. PloS One. 2014; 9(10): e110672.
23. Casartelli L, Chiamulera C. Which future for neuroscience in forensic psychiatry: theoretical hurdles and empirical chances. Front Psychiatry. 2013; 4: 74.
24. Barros DM de. Neurociência Forense: um novo paradigma para a Psiquiatria Forense. Rev Psiquiatr Clín São Paulo. 2008;35(5):205-6.
25. Nuno M. Na avaliação da imputabilidade – neurobiologia do livre arbítrio. Então e a alma? X Congresso Nacional de Psiquiatria; 2014 Nov 13; Vilamoura.

26. Weisberg DS, Keil FC, Goodstein J, Rawson E, Gray JR. The seductive allure of neuroscience explanations. J Cogn Neurosci. 2008 Mar; 20(3): 470–7.
27. Grisso T. The differences between forensic psychiatry and forensic psychology. Bull Am Acad Psychiatry Law. 1993; 21(2): 133–45.
28. Vieira F, Graça O. Perícias psicológicas versus perícias psiquiátricas: As minhas, as tuas e as nossas. Limites, confluências e exclusividades. Psicologia, Justiça e Ciências Forenses Perspectivas actuais. Lisboa: Pactor; 2014. p. 11–28.
29. Gbadebo-Goyea EA, Akpudo H, Jackson CD, Wassef T, Barker NC, Cunningham-Burley R, et al. Collaboration: The Paradigm of Practice Approach between the Forensic Psychiatrist and the Forensic Psychologist. Front Psychiatry. 2012; 3: 89.
30. Buchanan A. Risk of violence by psychiatric patients: beyond the "actuarial versus clinical" assessment debate. Psychiatr Serv Wash DC. 2008 Feb; 59(2): 184–90.
31. Witt K, van Dorn R, Fazel S. Risk factors for violence in psychosis: systematic review and meta-regression analysis of 110 studies. PloS One. 2013; 8(2): e55942.
32. Almeida J, Graça O, Vieira F, Almeida N, Santos JC. Characteristics of offenders deemed not guilty by reason of insanity in Portugal. Med Sci Law. 2010 Jul; 50(3): 136–9.
33. Magalhães T, Pinto da Costa D, Corte-Real F, Nuno Vieira D. Avaliação do dano corporal em direito penal. Breves reflexões médico-legais. Rev Direito Penal. 2003; 2(1): 63–82.
34. Magalhães T, Corte-Real F, Nuno Vieira D. O Relatório Pericial de Avaliação do Dano Corporal em Direito Civil. In: Nuno Vieira D, Alvarez Quintero J, editors. Aspectos práticos da avaliação do dano corporal em Direito Civil. Coimbra: Caixa Seguros e Imprensa da Universidade de Coimbra; 2008. p. 159.
35. Sen P, Gordon H, Adshead G, Irons A. Ethical dilemmas in forensic psychiatry: two illustrative cases. J Med Ethics. 2007 Jun; 33(6): 337–41.
36. Calcedo-Barba A. The ethical implications of forensic psychiatry practice. World Psychiatry Off J World Psychiatr Assoc WPA. 2006 Jun; 5(2): 93–4.
37. Taylor RWM, Buchanan A. Ethical problems in forensic psychiatry. Curr Opin Psychiatry. 1998 Nov; 11(6): 695–702.
38. Appelbaum PS. A theory of ethics for forensic psychiatry. J Am Acad Psychiatry Law. 1997; 25(3): 233–47.
39. Taborda JGV, Arboleda-Flórez J. [Forensic psychiatry ethics: expert and clinical practices and research on prisoners]. Rev Bras Psiquiatr São Paulo Braz 1999. 2006 Oct; 28 Suppl 2: S86–92.

Medicina Familiar

Maria Teresa Correia C.P. Tomé*

"A CULTURA DO ESPIRÍTO E CONSERVAÇÃO DA SAÚDE DOS POVOS SÃO DOIS OBJECTOS DIGNOS DO BOM CIDADÃO; E AQUELE QUE SE ESMERA EM DAR TRAÇAS PARA GHEGAR A ESTES DOUS FINS, OU A HUM DOS DOUS, BEM MERECE QUE CONTEM POR CREDOR DA ESTIMA DO PÚBLICO..."[1]

Sumário: Capítulo 1. Medicina e Sociedade. A. Contexto Histórico, Sanitário e Legislativo – do séc. XVIII a 1945. B. Contexto Histórico, Sanitário e Legislativo – de 1945 a 1971. C. Contexto Histórico, Sanitário e Legislativo – de 1971 a 1985. A expansão do Sistema de Saúde e o SNS. D. Qualificação do Sistema de Saúde e propostas de legislação inovadoras. Capítulo 2. Direitos e Deveres dos Doentes. Capítulo 3. Deveres Médicos. Capítulo 4. Ser Médico. Capítulo 5. Ser Médico de Família. Capítulo 6. Medicina Familiar. Capítulo 7. Estado da Arte

---

*Mestre da Faculdade Medicina de Coimbra
Assistente Sénior de Medicina Geral e Familiar
[1] Buchan, Guilherme – in "Medicina Doméstica ou Tratado Completo dos Meios de Conservar a Saúde, e de Curar e Precaver as Enfermidades por Via do Regime e Remédios Simples" – Lisboa 1788

CAPÍTULO 1. MEDICINA E SOCIEDADE

A. Contexto Histórico, Sanitário e Legislativo – do séc. XVIII a 1945.

A organização dos serviços de saúde sofreu, através dos tempos, a influência dos conceitos religiosos, políticos e sociais de cada época e foi-se concretizando para dar resposta ao aparecimento das doenças e para a promoção da saúde e da qualidade de vida.

Em Portugal, tínhamos uma natalidade elevada, porque as crianças eram consideradas como uma fonte de riqueza, desconhecia-se o planeamento familiar e a mortalidade materno-infantil era muito elevada (por falta de higiene, existência de epidemias e de guerras), sendo, em contrapartida, baixa a esperança de vida.

As doenças mais frequentes eram as "febres", as diarreias mais vulgarmente denominadas "disenterias", o escorbuto, a varíola ou "bexigas, o sarampo, etc..

Em França, na segunda metade do séc. XVII e princípios do séc. XVIII, as mortalidades no 1º ano de vida rondaram valores entre 250 e 300‰ [2].

No final do séc. XVIII amamentar já não era mais uma moda, entre as classes altas, o que levou ao aumento da mortalidade infantil, que chegou a atingir valores da ordem dos 99‰, mesmo em cidades, como Paris, Dublin e Londres.

Portugal não dispõe de dados estatísticos sobre a saúde para o séc. XVIII. O registo dos óbitos existe nos registos paroquiais desde o fim da idade média, contendo, por vezes, a idade da morte.

Podemos referir dois casos que demonstram a mortalidade na época (1780-1789): na freguesia de Santa Catarina, em Lisboa, a taxa de mortalidade infantil era de 125‰; na freguesia de St. Ildefonso, no Porto, a taxa de mortalidade infantil e juvenil (0-7 anos) era de 291‰.

As famílias eram numerosas, mas diferiam nos apoios sanitários. Umas possuíam apoios de familiares e vários empregados, crescendo as crianças em ambientes sanitários menos degradados. Outras cresciam e adoeciam a maior parte das vezes sozinhas ou apoiadas por irmãos mais velhos, comiam mal e os níveis de salubridade eram baixos. Estas últimas morriam mais, claro.

---

[2] Armangaud, A. (1975). *La Famille et L`Enfant en France e en Angleterre du XVI au XVII siécle*. Paris: pag 73.

Em 1788, o referido tratado *Medicina Doméstica ou Tratado Completo dos Meios de Conservar a Saúde*, assinalava:

"... Metades das crianças que nascem na Grã-Bretanha morrem antes da idade dos 12 anos. ......na mesma proporção morrem em França. [...] mas no <u>campo</u> metade das crianças morrem antes de terminar os 4 anos, enquanto em Paris é necessário 6 anos para se estender a metade das crianças [...] Os médicos, eles próprios, não têm estado bastante atentos à maneira de cuidar das crianças. [...] Tem-se, em geral, dado esta ocupação às boas mulheres... não só este ramo da medicina é negligenciado, mais ainda, estas mulheres saem fortalecidas [...] As doenças das crianças são, em geral, vivas e agudas; o menor atraso é perigoso. [...] Elas deverão ser tratadas quando estão doentes e mais ainda ensinar a maneira das cuidar quando elas têm saúde. [...] As doenças das crianças não são assim tão difíceis de conhecer, como a maior parte dos médicos imaginam. [...] É verdade que estes pequenos infortunados não podem declarar os seus males; mas pode-se descobrir exatamente as causas, observando os sintomas das suas doenças, e interrogando as amas e as pessoas que os rodeiam [...] Atenção especial à Observação e Informação"[3]

Para melhor percebermos as dificuldades e as circunstâncias da época, faço algumas referências sobre a saúde das mães e crianças, desde o séc. XVIII, algumas citadas por Ana Paula Rodrigues[4], e em simultâneo descrevo a evolução legislativa e outros acontecimentos, em Portugal e em outros países.

"O interesse pela saúde das crianças e das grávidas inscreve-se, desde meados do século XVIII, nas conceções sobre a dignidade humana e sobre a relevância da saúde no desenvolvimento da humanidade. Constituem-se como a primeira das preocupações dos movimentos sanitaristas, dado o impacto das doenças infecciosas, da falta de assistência e da má nutrição na mortalidade materna e infantil e preencheram as agendas dos Estados, das organizações filantrópicas e

---

[3] Médicine Domestique ou Traité Complet – *Guillaume Buchan, M.D. du College Royal des Médecins d´Edimbour – 1788*.

[4] Rodrigues, Ana Paula G. R. P, *Da assistência aos pobres aos cuidados de saúde primários em portugal: o papel da enfermagem, 1926-2002*. Diss. de Doutoramento em Saúde Pública, Especialidade em Politica, Gestão e Administração em Saúde, Escola Nacional de Saúde Pública, 2013.

religiosas, das mulheres das classes altas e das feministas, dos profissionais de saúde, de patrões e de sindicatos. Os motivos subjacentes podiam no entanto, ser diferentes: para as feministas a dignidade da mulher e a proteção dos direitos da mulher e das crianças eram parte integrante dos princípios defendidos de maior autonomia, como defendiam, por exemplo, Cesina Bermudes, Maria Lamas ou Maria Palmira Tito de Morais[5].Também o Estado e os profissionais de saúde viam nos cuidados às mulheres e crianças um meio de evitar a degradação da *raça* e combater o *cortejo de vícios* e doenças que enfraqueciam o povo e envergonham os países, numa altura em que as taxas de mortalidade infantil e materna começaram a ser consideradas como indicadores de desenvolvimento e civilidade dos povos.[6]

O primeiro dispensário para crianças pobres terá sido fundado em Londres, em 1769, pelo Dr. George Armstrong, seguido de outros em diversas cidades britânicas.[7] Em França, em Paris, a Sociedade Filantrópica, fundada em 1780, oferecia cuidados médicos e ajudava comerciantes e artesãos, enquanto a *Sociedade de Caridade Maternal* se preocupava com crianças e grávidas.[8] Muitas mulheres das elites usaram, em Portugal, como no resto da Europa, a sua influência em iniciativas de caridade e filantropia que, além de se afigurarem positivas em termos da sua imagem social, se integravam nas atividades reconhecidas como essencialmente femininas e cristãs. Era também uma oportunidade de intervenção no espaço público.[9] Normalmente as obras criadas privilegiavam a assistência no domicílio, sendo a maioria dos cuidados assegurados por enfermeiras, com alguma formação

---

[5] Gorjão, Vanda, *Mulheres em tempos sombrios: Oposição Feminina ao Estado Novo.*, Lisboa: Instituto de Ciências Sociais, 2002.
[6] Vão nesse sentido as intervenções sobre as questões de assistência à infância e maternidade apresentadas no I Congresso Português de Ciências da População, em 1940.
[7] Souza, Álvaro Fernando de Novais e, *Assistência à maternidade.* Coimbra: Imprensa da Universidade, 1915.
[8] Idem.
[9] Uma enfermeira, de ascendência nobre, Léonie Chaptal fundou, em França, em 1905, a *Obra de Assistência Maternal e Infantil de Plaisance*, que assistia crianças e grávidas, enquanto outras senhoras da elite social francesa fundaram a *Liga Francesa das Mães de Família*, entre outras instituições.

prévia, recrutadas em todos os estratos sociais.[10] Das medidas de proteção à infância em Portugal consta a lei de 14 de Abril de 1891 que estipulava a existência de uma creche nas fábricas onde trabalhassem mais de cinquenta mulheres. Se nem todas as empresas cumpriam a medida, empresários houve, que além da creche, criaram todo um conjunto de apoios às crianças que se constituíam como modelos de boas práticas na área.[11] Os primeiros dispensários infantis portugueses foram fundados ainda no século XIX. O Dispensário de Alcântara, o primeiro de que encontrámos registo foi criado em 1893,[12] por iniciativa da rainha D. Amélia e do médico D. António de Lencastre, ficando ao cuidado de enfermeiras religiosas dominicanas. Tinha como objetivo dar assistência médica e alimentar as crianças mais pobres.[13] Após a implantação da República, a partir de 16 de Novembro de 1910, passou a denominar-se Dispensário Popular de Alcântara".[14]

Em 1899[15] – O Dr. Ricardo Jorge inicia a organização dos serviços de saúde pública com o Decreto de 28 de Dezembro e o Regulamento Geral dos Serviços de Saúde e Beneficência Pública, de 24 de Dezembro de 1901 e entra em vigor em 1903. *A prestação de cuidados de saúde era então de índole privada, cabendo ao Estado apenas a assistência aos pobres.*

"Em 1895 foi fundado outro dispensário no Porto, para crianças pobres da Irmandade de S.Bento da Avé Maria, instalado no antigo

---

[10] Dielbold, Évelyne e Fouché, Nicole, *Devenir infirmière en France, une histoire atlantique? (1854-1938)*. Paris: Publibook, 2011.

[11] Estão neste grupo a Fábrica e Armazéns Grandela e a Cimenteira de Leiria, ver GARRET, António de Almeida – Como organizar a luta contra a mortalidade infantil. Separata do: III CONGRESSO NACIONAL DE MEDICINA. Lisboa: Imprensa Nacional, 1928. Vol. I.

[12] Apesar de termos encontrado registos que nos localizam a festa de inauguração presidida pela rainha D. Amélia em 1893, o Decreto da sua criação é datado de 28 de fevereiro de 1895. Decreto de 28 de Fevereiro de 1895. *Diário do Governo*. 59 (1895-03-14).

[13] Garrett, António de Almeida, *Como organizar a luta contra a mortalidade infantil*. Separata do: III Congresso Nacional de Medicina. Lisboa: Imprensa Nacional, 1928. Vol. I.

[14] Ministério do Interior – Decreto de 16 De Novembro de 1910. *Diário do Governo*. 41 (1910-11-22).

[15] História do Serviço Nacional de Saúde – Portal da Saúde. Data de publicação [Consult. 17.02.2015.] http://www.portaldasaude.pt/portal/conteudos/a+saude+em+portugal/servico+nacional+de+saude/historia+do+sns/historiadosns.htm?WBCMODE=PresentatioNUnpublished

Convento de S. Bento.[16] Em 1901, na mesma cidade mas, instalado no Convento de Santa Clara, nascia o Dispensário da Rainha D. Amélia.[17] Também, no Porto foi criado em Outubro de 1912 um dispensário para crianças pobres e em Coimbra existia em 1913 uma consulta de lactantes e um lactário na maternidade. Em Lisboa a Associação Protectora da Primeira Infância tinha, na segunda década do século XX, três lactários, um deles com 16 vacas e uma consulta para lactantes, onde já trabalhava uma enfermeira visitadora.[18] Na maioria dos casos os dispensários tinham associados lactários para prover a alimentação das crianças. Graças à iniciativa de particulares, das câmaras municipais, misericórdias e outras instituições, privadas ou públicas, até ao 3º quartel do século XX, foram criados vários dispensários materno-infantis no país e nas colónias. Em Lisboa, chegaram a existir, em 1925, para além dos lactários de associações privadas, seis lactários municipais. Alguns desses lactários tinham serviços de assistência médica, como era o caso do lactário municipal nº 3 junto ao Jardim da Estrela, que passou para a responsabilidade da Santa Casa da Misericórdia de Lisboa em 1927.[19] O Posto de Protecção à Infância de Lisboa, fundado em 1926, recebia grávidas e crianças até aos dois anos. Instalado em exíguas instalações, um rés-do-chão do mesmo edifício de habitação onde funcionava também a Inspecção de Saúde de Lisboa, no ano de 1940 atendia, em média, diariamente 271 crianças. Das suas atividades, faziam também parte os banhos de luz para prevenção do raquitismo, a distribuição de leite, a visita domiciliária e a vacinação. No Posto trabalhavam médicos e enfermeiras, na sua maioria visitadoras sanitárias.[20]
De entre as atividades dos Postos de Protecção à Infância constava a distribuição de leite e farinhas às crianças, no sentido de ajudar a

---

[16] Ministério da Fazenda – Decreto de 18 De Julho de 1895. *Diário do Governo*. 163 (1895-07-24).
[17] Ministério da Fazenda – Decreto 31 de Janeiro de 1901. *Diário do Governo*. 27 (1901-02-04).
[18] Souza, Álvaro Fernando de Novais e, *Assistência à maternidade*. Coimbra: Imprensa da Universidade, 1915.
[19] Garret, António de Almeida – Como organizar a luta contra a mortalidade infantil. Separata do: III Congresso Nacional De Medicina. Lisboa: Imprensa Nacional, 1928. Vol. I.
[20] Júnior, Pina, *Posto de Protecção à Infância: Relatório de 1940*. Lisboa: Direcção Geral da Saúde Pública, Fevereiro de 1941.

colmatar os problemas de subnutrição infantil nas camadas mais desfavorecidas da população, como descrevia o seu diretor no referido relatório *"o nº médio de crianças alimentadas pelo Posto manteve-se inteiramente igual ao do ano anterior. Foram distribuídas perto de quatro toneladas e meia de leite em pó...e ainda cerca de duas toneladas de farinhas lácteas e quasi tanto outro de farinhas simples."*[21]

O mesmo médico comentava ainda que "a consulta de higiene pré-natal continua a acusar incremento apreciável....77 vieram depois mostrar as crianças..., 39 tiveram o parto em casa, foram assistidas por parteira 15 e por curiosas 24. Triste conclusão a tirar: um terço das mulheres que no período da gravidez procuram uma consulta profilática ainda é assistido por curiosa!"[22]

Segundo dados de 1943, os problemas ligados ao parto levavam à morte de 75 mulheres em cada mil, um número muito acima da média europeia. As miseráveis condições de vida de grande parte da população portuguesa, a escassez de serviços de proximidade, a ignorância dos progenitores, a crendice que afastava as mulheres das consultas pré-natais, a escassez de maternidades e de profissionais de saúde, eram apontadas como causas destas mortes".[23]

Sobre o controlo da fertilidade há, de facto, duas revoluções contracetivas no mundo: no séc. XVIII e XIX o coito interrompido utilizado pelos homens, e mais tarde, na década de 60 (séc. 20) a pílula e o início da despenalização ou legalização do aborto. A diferença na contraceção moderna é este assunto dizer respeito às mulheres.

No início do século XIX, surgem duas mulheres, em diferentes zonas do mundo que, sem se conhecerem e em períodos muito próximos, tomaram posições sobre a mulher e o controle da fertilidade, que vieram revolucionar o estado das coisas:

1. *Margaret Sanger* (Corning, 1879-1966, Nova Iorque) disse em 1920 que "nenhuma mulher poderá considerar-se livre se não contro-

---

[21] Júnior, Pina, *Posto de Protecção à Infância: Relatório de 1940.*. Lisboa: Direcção Geral da Saúde Pública, Fevereiro de 1941. p. 3.

[22] Júnior, Pina, *Posto de Protecção à Infância: Relatório de 1940.*

[23] Lição proferida no Curso de aperfeiçoamento destinado a subdelegados de saúde no Instituto Superior de Higiene Doutor Ricardo Jorge por Homem, Francisco, *Erros e deficiências da obstetrícia e puericultura concelhias.* Boletim do Instituto Superior de Higiene Doutor Ricardo Jorge. Lisboa. 207 (1948).

lar o seu próprio corpo". Enfermeira, sexóloga e feminista ativista e defendeu o controlo de natalidade como método de regulação populacional para evitar nascimentos de crianças com doenças hereditárias graves. Em 1916, fundou a primeira clínica de aborto dos Estados Unidos, tendo sido inclusive presa por distribuir informações sobre contraceção. Ao fundar a Liga Americana de Controle de Natalidade, em 1921, com vista a tornar o planeamento familiar mais acessível à classe média, ela incorporou princípios muito importantes e fundamentais, tais como o de que " as crianças devem ser (1) concebidas em amor (2) nascidas de um desejo consciente da mãe e (3) geradas apenas em condições que possibilitem uma descendência saudável. Assim, defendemos que todas as mulheres devem possuir a liberdade e o poder de prevenir a conceção, até que essas condições sejam satisfeitas".
2. *Marie Stopes* (1880-1958, Edimburgo, Inglaterra) foi uma defensora dos direitos das mulheres e do controlo dos nascimentos. Ela opunha-se ao aborto argumentando que se deveria apostar na contraceção preventiva. Criou uma clinica, onde abordava o controlo da natalidade e escreveu um livro sobre casamento, sexo e amor.

B. Contexto Histórico, Sanitário e Legislativo – de 1945 a 1971

Em 1945[24] a publicação do DL nº 35108, dá lugar à reforma sanitária de Trigo de Negreiros. É reconhecida assim a debilidade da situação sanitária no país e a necessidade de uma resposta do Estado. São criados institutos dedicados a problemas específicos de saúde pública, como a tuberculose e a saúde materna.

Em 1946[25], a Lei nº 2011, de 2/4/1946, estabelece a organização dos serviços prestadores de cuidados de saúde então existentes. Começa aqui um programa de construção de hospitais, que serão entregues às Misericórdias.

"Em 1945, o Boletim da Mocidade Portuguesa escrevia: "Uma rapariga séria é aquela, que faz do lar o centro da sua vida e dá à família o

---

[24] História do Serviço Nacional de Saúde – Portal da Saúde. Data de publicação [Consulat. 16.02.2015] .http://www.portaldasaude.pt/portal/conteudos/a+saude+em+portugal/servico+nacional+de+saude/historia+do+sns/historiadosns.htm
[25] *Ibidem.*

primeiro lugar no centro das suas atenções....Uma rapariga séria não se julga humilhada ou infeliz com uma vassoura na mão". [26] O trabalho como visitadora sanitária fugia ao estereótipo da mulher idealizada pelo Estado Novo e pelas suas organizações, mãe, esposa e boa dona de casa, "de vassoura na mão". O trabalho feminino no discurso do Estado Novo era socialmente desconsiderado. O discurso de Salazar acentuava precisamente esse facto: "O trabalho da mulher fora do lar desagrega este, separa os membros da família, torna-os um pouco estranhos uns aos outros. Desaparece a vida em comum, sofre a obra educativa das crianças, diminui o número destas; e com o mau ou impossível funcionamento da economia doméstica, no arranjo da casa, na preparação da alimentação e do vestuário, verifica-se uma perda importante, rara materialmente compensada pelo salário recebido"[27]
O Estado Novo não teve acanhamento em acentuar o carácter marcadamente patriarcal da sociedade portuguesa, vedando às mulheres, de forma por vezes dissimulada, o acesso a uma carreira profissional.[28] A própria Constituição de 1933 fazia questão de acentuar que existia "igualdade entre homem e mulher" menos no tocante às funções e características específicas de cada um deles.[29] Assim, as visitadoras sanitárias eram uma das exceções numa sociedade que pretendia, pelo menos no discurso, que as mulheres fossem guardiãs do lar e da família e não detentoras de uma profissão, e da autonomia por esta proporcionada.
Também Barnard, destacando o papel social da enfermeira-visitadora, a descrevia como "l'auxiliaire indispensable du médecin...il y a des choses qui seule une femme sait dire, sait comprendre. C'est une affaire de langage de coeur, d'afinité naturelle."[30] e, na mesma publicação, Viporel reforçava ainda que a enfermeira visitadora era "simple et généreuse, modeste et dévouée jusqu'au sacrifice, l'Infir-

---

[26] Boletim da Mocidade Portuguesa Feminina. Lisboa. 62 (Maio de 1945) 6
[27] Salazar, A, *Discursos*. 4ª edição. Coimbra: Coimbra Editora Lda., 1948. Vol. I. p. 200-201.
[28] Gorjão, Vanda, *Mulheres em tempos sombrios: Oposição feminina ao Estado Novo*. Lisboa: Ed. Imprensa de Ciências Sociais, ICS da Universidade de Lisboa, 2002.
[29] Decreto nº 22241. *Diário do Governo*. Série I. Suplemento". 43 (1933-02-22) 227-236.
[30] Barnard, C., em *La noble tâche de L'infirmiére-Visiteuse. La Messagère de Santé*. Paris: Comité National de Défense Contre la Tuberculose, 1930, p. 15.

miére-Visiteuse est la sentinelle vigilante..., se drese contre l'Hidra aux cent têtes des maladies sociales".[31]

A enfermeira visitadora personalizava assim, dentro do contexto da Medicina Social e da Saúde Pública, o papel de auxiliar indispensável no controlo das doenças infeciosas, aliando a esta causa a sua "linguagem de coração". Surgia como mediadora na relação Estado/Poder, médico/Famílias e indivíduos, na tentativa de equilibrar, difundir e concretizar as medidas sanitárias superiormente decididas.

Neste período notam-se três caraterísticas da evolução, relevantes para o estabelecimento do conceito e implementação de saúde preventiva. A primeira a nível institucional com a criação da Organização das Nações Unidas (ONU), da Organização Mundial de Saúde (OMS), e com a Declaração Universal dos Direitos Humanos (DUDH). A segunda a nível científico, com o desenvolvimento técnico que permitiu o aparecimento das vacinas e dos antibióticos. A terceira a nível organizativo com a promulgação de leis e a criação de serviços de saúde preventiva.

O exercício dos direitos humanos foi a razão central para a criação da ONU. As atrocidades da Segunda Guerra Mundial e o genocídio levaram a um consenso de que a nova organização deveria trabalhar para evitar tragédias semelhantes no futuro. A Carta das Nações Unidas obriga todos os países membros a promover o "respeito universal e a observância dos direitos humanos" e a ter "uma ação conjunta e separada" para esse fim.

Por sua vez a DUDH, em 1948, afirma no seu artigo 1º que "Todos os seres humanos nascem livres e iguais em dignidade e em direitos. Dotados de razão e de consciência, devem agir uns para com os outros em espírito de fraternidade". O direito humano à saúde foi tornado explícito, no seu artº 25º, que afirma que "Toda a pessoa tem direito a um nível de vida suficiente para lhe assegurar e à sua família a saúde e o bem-estar, principalmente quanto à alimentação, ao vestuário, ao alojamento, à assistência médica e ainda quanto aos serviços sociais necessários ...".

Em 1948[32], é criada a OMS, subordinada à (ONU) que apresenta uma definição ampla e visionária da saúde estabelecida no preâmbulo

---

[31] Viporel, Lucien, em *La valeur pratique de la tâche de l'infimière-visiteuse. La Messagère de Santé*. Paris: Comité

[32] http://pt.wikipedia.org/wiki/Organiza%C3%A7%C3%A3o_das_Na%C3%A7%C3%B5es_Unidas e Declaração Universal dos Direitos do Homem, 2009 [Consult.3/5/2015] http://www.fpce.up.pt/sae/pdfs/Decl_Univ_Direitos_Homem.pdf

da sua Constituição referindo que a saúde é: " ... um estado de completo bem-estar físico, mental e social, e não consiste apenas na ausência de doença ou de enfermidade.".

Só em 1796, um médico inglês, Edward Jenner[33], estabeleceu as primeiras bases científicas sobre vacinas; surge então a vacina da varíola. Esta era a única vacina até Louis Pasteur, 90 anos depois, já no final do século XIX. Uma primeira vacina contra a raiva foi testada por Pasteur em 1885, num rapaz mordido por um cão. Foi a primeira pessoa a sobreviver à doença! No início do séc. XX, foram desenvolvidas vacinas contra doenças infeciosas como a tuberculose, a difteria, o tétano e a febre-amarela. Após a 2ª Guerra Mundial, desenvolveram-se vacinas contra a poliomielite, o sarampo, a papeira e a rubéola.

Em relação ao aparecimento das vacinas referimos que um oficial médico inglês, Alexander Fleming[34] ao voltar da Primeira Guerra Mundial trazia o sonho: pesquisar uma forma de reduzir o sofrimento dos soldados que tinham suas feridas infectadas. De volta ao St. Mary's Hospital, em Londres, em 1928, dedicou se a estudar a bactéria *Staphylococcus aureus*, responsável pelos abcessos em feridas abertas provocadas por armas de fogo. Durante uma experiência, percebeu que onde se tinha formado bolor, não havia Staphylococus em atividade, concluindo-se que o fungo *Penicillium*, agia segregando uma substância que destruía a bactéria. Ainda que por acaso, teria sido criado o primeiro antibiótico da história da humanidade – a penicilina. Com a descoberta de Alexander Fleming, abriam-se as portas de um novo mundo, com o surgimento de uma grande indústria que se passou a dedicar à produção de penicilina e outros antibióticos. A penicilina só foi verdadeiramente isolada em 1938, por Ernst B. Chain e Howard W. Florey, e utilizada, também na Inglaterra, em 1940, num primeiro doente, um polícia, vítima de grave infeção sanguínea. A descoberta da penicilina significou uma mudança drástica para a medicina moderna, iniciando a chamada "Era dos Antibióticos".

A saúde das crianças foi mudando com o aparecimento das vacinas, da informação e dos medicamentos: a evolução e o papel da mulher na

---

[33] http://www.vacinas.com.pt/vacinas/historia-das-vacinas 2009 [Consult.5/5/2015]
[34] J. Bras. Patol. Med. Lab. vol.45 no.5 Rio de Janeiro Oct. 2009 [Consult.16/5/2015] http://dx.doi.org/10.1590/S1676-24442009000500001).

2ª Guerra Mundial (operária, emancipada, enfermeira ...) foram determinantes para as grandes mudanças a partir daí.

Entre 1963 e 1965 surge na legislação,a primeira inclusão autónoma de "Saúde". Começa-se a falar de ação preventiva e é atribuída ao legislador essa responsabilidade. A nível da saúde pública surgem as Delegações (distrito) e as Subdelegações (concelho)

Em 1963[35], a Lei nº 2120, de 19/7, promulgou as bases da política de saúde e assistência. Em 1968[36], os hospitais e as carreiras da saúde (médicos, enfermeiros, administração e farmácia) são objeto de uniformização e de regulamentação.

Até aqui a assistência médica cabia aos Hospitais Concelhios (na sua maioria às Misericórdias) e aos Hospitais Gerais, localizados nas grandes cidades; os Serviços Médico-Sociais prestavam cuidados médicos aos beneficiários da Caixa de Previdência e os Serviços de Saude Pública que estavam sobretudo vocacionados para as vacinas, proteção materno-infantil e saneamento ambiental.

C. Contexto Histórico, Sanitário e Legislativo – de 1971 a 1985. A expansão do Sistema de Saúde e o SNS.

Em 1971[37], com a reforma do sistema de saúde e assistência conhecida como "reforma de Gonçalves Ferreira[38]", surge o primeiro esboço de um Serviço Nacional de Saúde. Refere, à altura o autor:

"... Nas populações atrasadas, seja qual for o país, existe o círculo vicioso da pobreza e da doença. ... «as pessoas adoecem porque são pobres, mantêm-se pobres porque são doentes e continuam doentes, porque são pobres» – domina toda a vida socioeconómica e impede ou limita fortemente o desenvolvimento ...

Na nota final considerou: "Os maus índices sanitários e os atrasos na resolução dos problemas que estão na origem destes índices correspondem em cada ano, que passa a perda de vidas, sofrimentos e restrição da produtividade – que representam para o nosso País valores de muitos

---

[35] História do Serviço Nacional de Saúde – Portal da Saúde. Data de publicação 16.02.2015. http://www.portaldasaude.pt/portal/conteudos/a+saude+em+portugal/servico+nacional+de+saude/historia+do+sns/historiadosns.htm
[36] *Idem*
[37] *Idem*
[38] F. Gonçalves Ferreira, *Política de Saúde e Serviço Nacional de Saúde em Portugal*, 1975.

milhões de contos desperdiçados, por incompetência ou imprevidência. Que estranha indiferença é esta dos nossos governantes perante uma realidade tão dura?... Se, por exemplo, a mortalidade infantil em Portugal descesse para o nível civilizado de cerca de 20 p. 1000, poupar-se-iam, anualmente, para a taxa actual de nascimentos à volta de 3.000 vidas. ..."

O DL nº 413/71, de 27 de Setembro, explicita princípios, como sejam o reconhecimento do direito à saúde de todos os portugueses, cabendo ao Estado assegurar esse direito, através de uma política unitária de saúde da responsabilidade do Ministério da Saúde.

Entre 1971 e 1974, surge o Estatuto Hospitalar e em 1968, o DL nº 423/71 cria os Centros de Saúde de primeira geração, privilegiando-se o "Direito à Saúde a todos os portugueses", em que os cuidados de saúde primários (CSP) ocupam um lugar prioritário.

Surgem objetivos inovadores: trabalhar em contacto com a população, assegurar a promoção da saúde e prevenção da doença; surgem os princípios do saneamento ambiental, a vacinação e as visitas domiciliárias.

Surge com relevo o papel de enfermagem e integra-se um novo elemento profissional, a técnica superior de serviço social, nos centros de saúde.

Diminui-se a vertente curativa e inicia-se uma época de aposta na área preventiva, identificando as mulheres em idade fértil, as grávidas, as crianças, os deficientes, disponibizando-se consultas e procuramos indivíduos que não vêm aos serviços, numa busca pelas aldeias, para abranger todos os cidadãos. (universalidade de cuidados).

A saúde das crianças vai começar a mudar. A criança passa a ser desejada. Passa-se a falar e a dar importância especial aos afetos, à relação mãe-filho, à vigilância das grávidas e aos primeiros anos de vida das crianças. Contributos para a mudança são a evolução do papel do pai, a emancipação da mulher, a contraceção, a programação da gravidez, a partilha das tarefas. A sociedade passa a exigir que as suas crianças sejam mais felizes para serem mais saudáveis.

António Torrado da Silva, (professor universitário e então presidente da Comissão da Saúde da Mulher e da Criança) um dos meus mestres que falou e defendeu a importância da "criança feliz .... numa sociedade mais justa" –; preocupou-se com a formação pré e pós graduada, com a vigilância e o diagnóstico precoce, com a articulação eficaz aos vários níveis de cuidados e com a "morte evitável", com bom senso e sensibilidade. Atraiu alunos, profissionais e políticos; realçou a importância dos saberes partilhados pelos diferentes patamares de cuidados, da comunicação e da uniformização de práticas; lutou por melhores indicadores; cativou a Carreira de Clínica Geral e reconheceu o papel do Médico de Família, em todos os lugares.

Refiro trechos de uma conferência que fez, em 1991, sobre "A criança e a história" ao falar da criança... "[...] a capacidade reivindicativa destes participantes da cidadania é bastante limitada e, ... o seu acesso aos órgãos formadores de opinião pública e respectivas caixas de ressonância é habitualmente débil [...] constituem excelente motivo para discursos inflamados, para actos inaugurais festivos e, certamente, para grandes promessas. Com algumas honrosas excepções, esta é infelizmente a regra em muitas latitudes, incluída a nossa".

Responsabilizou, sensibilizou e acreditou que eram os profissionais que iriam assegurar o exito do SNS e a mudança nos números de mortalidade que tinhamos a nivel das crianças e das grávidas.

Em 1976[39] é aprovada nova Constituição, cujo artigo 64º, no seu nº 1, estabelece que todos os cidadãos têm direito à proteção da saúde e o dever de a defender e promover. Esse direito efetiva-se através da criação de um serviço nacional de saúde universal, geral e gratuito.

O País e a Saúde estão em grande mudança, iniciando-se uma evolução positiva nos resultados em saúde. Refiro dois dos mais importantes diplomas legais sobre Saúde.

O primeiro em 1978[40], o Despacho ministerial publicado em Diário da República, 2ª série, de 29 de Julho de 1978, mais conhecido como o "Despacho Arnaut", constitui uma verdadeira antecipação do SNS, na medida em que abre o acesso aos Serviços Médico-Sociais a todos os cidadãos, independentemente da sua capacidade contributiva. É garantida assim, pela primeira vez, a universalidade, generalidade e gratuitidade dos cuidados de saúde e a comparticipação medicamentosa. O segundo em 1979[41], com a Lei nº 56/79, de 15 de Setembro, que cria o Serviço Nacional de Saúde, no âmbito do Ministério dos Assuntos Sociais, enquanto instrumento do Estado para assegurar o direito à pro-

---

[39] *Idem.*
[40] *Idem.*
[41] *Idem.*

tecção da saúde, nos termos da Constituição. O acesso é garantido a todos os *cidadãos, independentemente da sua condição económica e social, bem como aos estrangeiros, em regime de reciprocidade, apátridas e refugiados políticos.*

D. Qualificação do Sistema de Saúde e propostas de legislação inovadoras

Considera-se o Centro de Saúde a peça basilar do sistema prestador dos cuidados de saúde primários [CSP] a nível local. Considera-se a importância de uma boa articulação entre Cuidados de Saude Primários e Cuidados Hospitalares.

Acredita-se que os profissionais de saúde devem ser mais que prestadores de cuidados, mas sim verdadeiros agentes de mudança da comunidade, com vista ao objetivo último de toda a ação social – a melhoria da qualidade de vida dos portugueses.

Cria-se um Sistema de CSP, assente no princípio da participação do coletivo, possuindo equipas multidisciplinares, considerado o primeiro contacto com o SNS, apoiado por um sistema de orientação eficaz, capaz de assegurar a prevenção da doença, a promoção da saúde e o tratamento das doenças e a sua reabilitação. Capaz de manter relações constantes com todos os membros da população e localizar sistematicamente todos os focos e todos os locais de trabalho, identificando os indivíduos em risco e ajudando-os a assumir maior responsabilidade da sua própria saúde.

Foram princípios que decorrem da Declaração ALMA-ATA[42], de Setembro de 1978, sobre os CSP e aprovados por todos os Membros da Assembleia Mundial de Saúde, em Maio de 1979.

Em 1983[43], o DL nº 344-A/83 cria o Ministério da Saúde; e o Despacho Normativo nº 97/83, de 22 de Abril, aprova o Regulamento dos Centros de Saúde – "centros de saúde de segunda geração".

Em 1984[44], a criação da Direcção-Geral dos Cuidados de Saúde Primários (DGS) põe fim aos serviços médico-sociais da Previdência e marca a expansão do SNS. O clínico geral adquire o estatuto de médico de família.

---

[42] Conferência Internacional sobre Cuidados de Saúde Primários,,12 de Setembro de 1978, Alma-Ata, Casaquistão, URSS. http://www.saudepublica.web.pt/05-promocaosaude/Dec_Alma-Ata.htm, [consult.17/05/2015]
[43] *Idem.*
[44] *Idem.*

Em 1990[45], a Lei nº 48/90, de 24 de Agosto, aprova a Lei de Bases da Saúde. Pela primeira vez, a proteção da saúde é perspectivada não só como um direito, mas também como uma responsabilidade conjunta dos cidadãos, da sociedade e do Estado, em liberdade de procura e de prestação de cuidados.

Em 1998[46], há uma tentativa de uma nova experiência inovadora, mas sem continuidade, que permitiria identificar ganhos em saúde e aumentar a satisfação dos utilizadores e dos profissionais – o regime remuneratório experimental dos médicos da carreira de clínica geral.

No mesmo ano, a Resolução do Conselho de Ministros nº 140/98, de 4 de Dezembro, define um conjunto de medidas para o desenvolvimento do ensino na área da saúde, entre as quais o reforço da aprendizagem tutorial na comunidade, nos centros de saúde e nos hospitais, no quadro de uma reestruturação curricular dos cursos de licenciatura em Medicina, Enfermagem e Tecnologias.

Em 1999[47], foi estabelecido novo regime de criação, organização e funcionamento dos centros de saúde, através do DL nº 157/99. São criados assim os chamados "centros de saúde de terceira geração". Prevê-se ainda a existência de associações de centros de saúde.

Em 2003[48], o DL nº 60/2003 cria a rede de cuidados de saúde primários. Para além de garantir a sua missão de providenciar cuidados de saúde abrangentes aos cidadãos, a rede deve também assegurar articulação permanente com os cuidados de saúde e os cuidados articulados.

No mesmo ano, nasce a Entidade Reguladora da Saúde (ERS), (DL nº 309/2003), que traduz-se, a separação da função do Estado como regulador e supervisor.

Em 2006[49], o DL nº 101/2006 cria a Rede Nacional de Cuidados Continuados Integrados, visando dar resposta ao progressivo envelhecimento da população.

Em 2007[50], surgem as primeiras unidades de saúde familiar (USF), dando corpo à reforma dos cuidados de saúde primários. O DL

---

[45] *Idem.*
[46] *Idem.*
[47] *Idem.*
[48] *Idem.*
[49] *Idem.*
[50] *Idem.*

nº 298/2007 estabelece o regime jurídico da organização e do funcionamento destas unidades e o regime de incentivos a atribuir aos seus elementos, com o objetivo de obter ganhos em saúde, através da aposta na acessibilidade, na continuidade e na globalidade dos cuidados prestados.

Em 2008[51], assiste-se a mais um passo importante na reforma dos cuidados de saúde primários, com a criação dos agrupamentos de centros de saúde do SNS.

CAPÍTULO 2. DIREITOS E DEVERES DOS DOENTES

O direito à proteção da saúde está consagrado na Constituição da República Portuguesa, e assenta num conjunto de valores fundamentais como a dignidade humana, a equidade, a ética e a solidariedade.

No quadro legislativo da Saúde são estabelecidos direitos mais específicos, nomeadamente na Lei de Bases da Saúde (Lei 48/90, de 24 de Agosto) e no Estatuto Hospitalar (Decreto-Lei nº 48 357, de 27 de Abril de 1968). A Carta dos Direitos e Deveres dos Doentes encontra-se disponível no Portal da Saude (DGS).[52-53]

A Lei nº 15/2014, de 21 de março *consolida a legislação em matéria de direitos e deveres do utente dos serviços de saúde e tem por objetivo apresentar de forma clara e integrada os direitos e deveres do utente dos serviços de saúde*, incorporando nele as normas e princípios constantes dos seguintes diplomas: *a)* Lei nº 14/85 – Acompanhamento da mulher grávida durante o trabalho de parto; *b)* Lei nº 33/2009 – Direito de acompanhamento dos utentes dos serviços de urgência do Serviço Nacional de Saúde (SNS); *c)* Lei nº 106/2009 – Acompanhamento familiar em internamento hospitalar; *d)* Lei nº 41/2007, de 24 de agosto – Carta dos Direitos de Acesso aos Cuidados de Saúde pelos Utentes do Serviço Nacional de Saúde (SNS).

---

[51] *Idem.*
[52] Carta dos Direitos e Deveres dos Doentes DGS [consult.17/05/2015]
http://www.dgs.pt/paginas-de-sistema/saude-de-a-a-z/carta-dos-direitos-e-deveres-dos-doentes.aspx
[53] Carta dos Direitos e Deveres dos Doentes (Aprovada na reunião do conselho nacional de saúde a 20/12/2011) [consult.17/05/2015]
https://www.google.pt/?gws_rd=ssl#q=Carta+dos+Direitos+e+Deveres+dos+Doentes+(Aprovada+na+reuni%C3%A3o+do+conselho+nacional+de+sa%C3%BAde+a+20%2F12%2F2011)+.

São estes os princípios orientadores que servem de base à Carta dos Direitos e Deveres dos Doentes.

O conhecimento dos direitos e deveres dos doentes, também extensivos a todos os utilizadores do sistema de saúde, potencia a sua capacidade de intervenção ativa na melhoria progressiva dos cuidados e serviços.

Há um esforço no sentido da transparência dos serviços de saúde, em relação à sua produção, aos seus custos e ao seu desempenho.

"O Utente, como aludido, é um cidadão de pleno direito, pelo que é titular de todos os direitos reconhecidos nos textos do chamado Direito Internacional dos Direitos Humanos e no Direito Comunitário"[54]

Nas últimas décadas, o referido paradigma clássico da relação médico-doente tem vindo a ser substituído por um diferente paradigma desta relação, assente no reconhecimento de que o ato médico é sempre uma relação entre pessoas"[55]

CAPÍTULO 3. DEVERES MÉDICOS

Por sua vez o novo[56] Código Deontológico da Ordem dos Médicos alerta para os múltiplos deveres, que cabem aos médicos na sua prática clinica.

Um Código Deontológico destinado a médicos é um conjunto de normas de comportamento, cuja prática não só é recomendável como deve servir de orientação nos diferentes aspetos da relação humana que se estabelece no decurso do exercício profissional.

Citarei só o artigo 45º – Consentimento do doente que refere que "Só é válido o consentimento do doente se este tiver capacidade de decidir livremente, se estiver na posse da informação relevante e se for dado na ausência de coações físicas ou morais". Segundo o Professor Costa Andrade, o consentimento que materializa o pressuposto da atuação lícita do médico deverá ser livre, esclarecido e sem erros, aquilo a que na doutrina do direito médico se designa de consentimento informado[57].

---

[54] Parecer nº p/18/apb/10 – carta dos direitos do utente dos serviços de saúde – Associação Portuguesa de Bioética,Relatores: Rui Nunes, Helena Melo – www.apbioetica.org.
[55] Idem.
[56] "Código Deontológico da Ordem dos Médicos" (Regulamento nº 14/2009, da Ordem dos Médicos, *Diário da República*, nº 8, II Série, de 11 de Janeiro de 2009)
[57] Cfr. Manuel da Costa Andrade, "Art. 157º", _____, ____, p. 394/400; Giulia Sandor, *Obbligo di Informazione Medica* [...], _____, ___, p. 529 ss

É prática comum nas unidades de saúde os nosso utentes darem o seu consentimento ou dissentimento por escrito, nas situações pré-definidas e contempladas no procedimento elaborado sobre esta área. Anualmente são avaliados e monitorizados todos estes procedimentos.

CAPÍTULO 4. SER MÉDICO

Querer ser Médico nasce de um conjunto de experiências pessoais, individuais e coletivas (culturais, sociais e religiosas ...) que se associam ao facto de poder vir a ser útil no contexto da saúde e da doença a um indivíduo e a uma comunidade, prestando cuidados preventivos ou curativos.

O nascer em 1953 e crescer no período de 1960/70 possibilita-me despertar para uma consciência cívica, em que me parece caber, a mim, individualmente, uma responsabilidade em intervir em causas públicas, de modo a contribuir para uma melhoria das situações socioeconómicas e sanitárias da população portuguesa.

Associado a estas experiências, vou crescendo numa família que me permite conhecer as grandes diferenças existentes na sociedade e me alerta para a necessidade da existência de uma sociedade mais justa, mais equitativa, onde a todos cabem direitos e deveres

As minhas primeiras experiências de Médico *da* Família à época, referem-se a um médico, amigo do meu pai, professor na Faculdade de Medicina de Lisboa, em que a consulta, depois da avaliação clinica, era seguida de uma conversa amistosa entre adultos, sobre cultura e "política", a que só mais tarde dei um valor enorme e reconheci que ser médico é, de facto, muito mais do que aprender, praticar assistência médica e ensinar medicina. A medicina tem um cariz social, cultural e político importantíssimo e cabe ao médico uma responsabilidade social que me atraiu de sobremaneira.

Acrescem a esta experiência em consultas médicas todas as que se seguiram com um verdadeiro médico *das* famílias, num concelho enorme onde residia e onde eram evidentes as grandes diferenças sociais e económicas em que esse profissional se desdobrava diariamente nas consultas ao domicílio e em sua casa, sem horários e sem fim-de-semanas, sem férias e com honorários públicos escassos, nas décadas em que quase todos os partos eram feitos em casa, e em que muitas mulheres morriam no seu decurso e onde só as crianças muito resistentes ou muito protegidas por outras condições sanitárias ou económicas sobreviviam.

Ser médico de todas essas famílias ricas e pobres era uma experiência ímpar, de uma dedicação exclusiva e permanente, onde quase todos dependiam dessa sabedoria.

Associadas a estas duas experiências tive também o privilégio de ser observada algumas vezes por um outro médico da família (família mais alargada) de Coimbra, que por um acaso da vida, era o pai do homenageado, Professor Doutor Guilherme de Oliveira. Esteve connosco em fases importantes da nossa vida, na saúde, na doença e até na morte de familiares próximos.

Na década de 60 seria a altura em que teria de fazer opção pela área das ciências ou letras e essa estava traçada há muito. Terminando o ensino secundário, frequentei um colégio religioso onde estive cerca de cinco anos, interna, também devido a deficiente acessibilidade ao ensino. Essa estadia ainda me vem reforçar mais o sentido da importância da solidariedade e o dever de empenho na participação da causa pública.

Em 1971, inicio o percurso na Faculdade de Medicina (FM) da UC (Universidade de Coimbra). É nesse ano que se processa a "reforma de Gonçalves Ferreira" – o primeiro esboço do SNS.

Como aprender a ser médico deve incluir experiência na investigação, integro (em 1972-73), na FM da UC, um projeto piloto em animais, sobre: "Oclusão Coronária Experimental – correlação de aspectos eléctricos e angiocardiográficos".

Por considerar importante a associação da formação pré e pós-graduada às questões práticas da medicina, em 1975, concorro ao lugar de monitora, através de concurso público, da FM da UC, onde permaneço em funções, até Outubro de 1985.

Em 1975, a Faculdade de Medicina de Coimbra inicia uma reforma curricular, cuja base difere do ensino tradicional dos cursos de Medicina, em que as matérias eram leccionadas sequencialmente e independentes do curso de outras, sem inter-coordenação, tendo como base as patologias. No novo método pedagógico as matérias eram leccionadas de um modo articulado, com base fisio-patológica e integradas entre si. Este método permitia que aos alunos fossem apresentados conteúdos das cadeiras básicas e clinicas, de modo relacionado facilitando a compreensão dos temas e tornando mais atrativa a aprendizagem. Integrei esta experiência pedagógica que me abriu horizontes à integração genérica do conhecimento.

Licenciou-se em Medicina em Outubro de 1977, e parte da sua formação pré-graduada decorre desde 1974, em simultâneo com um explosivo de experiências comunitárias, de múltiplas mudanças e com uma participação pública importante.

O DL nº 580/76 estabeleceu a obrigatoriedade do serviço médico à periferia, para quem quisesse ingressar na carreira médica, aproximando profissionais das populações. A minha experiência clinica do "serviço médico à periferia" acontece em 1980.

Decorrem então múltiplas reuniões sobre o futuro da saúde do país e integrei grupos e movimentos que visavam formular programas ao nível da educação e da saúde, adaptados às necessidades do país e com a participação ativa dos futuros profissionais.

CAPÍTULO 5. SER MÉDICO DE FAMÍLIA

Para esta escolha, contribuíram todas as anteriores experiências pessoais e profissionais, completadas com as experiências na Saúde Pública, Serviço Médico à Periferia e Movimento de Saúde Comunitária.

Era uma carreira nova, desafiando qualquer profissional que se sentisse motivado no aperfeiçoamento do sistema de saúde.

Os dados estatísticos à altura (mortalidade materna, infantil, perinatal, a esperança de vida, as "mortes evitáveis) exigem a necessidade de uma coordenação eficaz entre os diferentes patamares de prestação de cuidados de saúde (centros de saúde, maternidades, hospitais pediátricos e hospitais centrais). Urgia uniformizar procedimentos, melhorar a qualidade dos serviços e dos cuidados, rentabilizar recursos humanos e potenciar resultados, desafiando profissionais e unidades.

Surge, pois, a necessidade da criação de uma especialidade nova, credível, integrada no SNS com competências nucleares específicas, entendendo-se por competência a capacidade de resolver determinado problema ou exercer determinada função de forma adequada à prática da especialidade.

CAPÍTULO 6. MEDICINA FAMILIAR

A reforma dos sistemas de saúde nacionais é um aspecto comum a toda a Europa e ao mundo. Procuraram-se novas formas de garantir e prestar cuidados de saúde, tendo em conta as mudanças demográficas, os avanços médicos, a economia da saúde e as necessidades e expectativas dos pacientes. A evidência científica, a nível internacional, indica que os sistemas de saúde baseados em cuidados primários efetivos e contando com Médicos de Família altamente treinados, prestam cuidados com maior eficiência, tanto em termos de custos como em termos clínicos, em comparação com os sistemas com uma fraca orientação para os cuidados primários. A Medicina Geral e Familiar é então o primeiro e essencial recurso para a alcançar o êxito pretendido.

Em termos históricos, fiz referências à evolução de factos, acontecimentos e diplomas legislativos e regulamentares que acompanharam a evolução da saúde e da doença na sociedade. Tudo isto desencadeou a necessidade da criação da especialidade de medicina familiar, com a vertente de ação assistencial e de investigação, como elemento crucial na formação pré-graduada da Medicina a nível europeu.

É vital que o papel complexo e essencial dos médicos de família no seio dos sistemas de saúde seja totalmente compreendido pela comunidade médica, bem como pelas profissões aliadas à Medicina (planeadores de cuidados de saúde, economistas), pelos políticos e pelo público em geral.

As novas definições e competências nucleares foram publicadas de modo a informar e contribuir para o debate sobre o papel essencial da Medicina Geral e Familiar no seio dos sistemas de saúde, tanto a nível nacional como pan-europeu.[58]

As competências nucleares em Medicina Geral e Familiar foram estabelecidas e redefinidas, na definição de Leeuwenhorst (1974) na de Olesen (2000) na WONCA em 1991 e 2002 e na Agenda Educacional do EURACT, em 2005.

Definição WONCA (1991): "O Clínico Geral / Médico de Família *é o médico* responsável pela *prestação de cuidados abrangentes a todos os indivíduos.*

Esta declaração de consenso define simultaneamente a disciplina de Medicina Geral e Familiar (Clínica Geral/Medicina Familiar) e as respetivas funções profissionais, descrevendo também as competências nucleares requeridas aos Especialistas em Medicina Geral e Familiar (EMGF).

---

[58] Starfield, B., *Primary care: balancing health needs, services and technology.* Oxford: Oxford University press,1998

O *European Academy of Teachers in General Practice and Family Medicine* (EURACT) [59], reuniu-se, em 2005, e elaborou recomendações, seguindo ideias propostas por Dr. Luís Filipe Gomes, representante de Portugal no Conselho do EURACT.

Estas recomendações europeias surgiram da premência em "definir tanto a Medicina Geral e Familiar enquanto disciplina, como o papel do EMGF." Primeiro porque era indispensável definir os seus fundamentos académicos e o seu enquadramento e porque era necessário que a definição académica se transferisse para a realidade do EMGF, trabalhando com os pacientes em diversos sistemas de saúde através da Europa. Foram, então, definidas as onze características da Medicina Geral e Familiar, referindo que a MGF:

1. É normalmente o primeiro ponto de contacto médico (o primeiro recurso e o essencial) dentro do sistema de saúde, proporcionando acesso aberto e ilimitado aos utentes e lidando com todos os problemas de saúde independentemente de idade, sexo ou qualquer outra característica da pessoa em questão. O termo "normalmente" é aqui utilizado para indicar que em algumas circunstâncias – grande traumatismo, por exemplo, não é este o primeiro ponto de contacto.
2. Utiliza de forma eficiente os recursos de saúde através da coordenação (aspeto essencial na relação custo/eficiência), bem como através da gestão da interface com outras especialidades, assumindo um papel de advocacia do paciente sempre que necessário.
3. Desenvolve uma abordagem centrada na pessoa, orientada para o indivíduo, a sua família e a comunidade em que se inserem. O ponto de partida de todo o processo é o paciente, com as suas crenças, medos, expectativas e necessidades. É tão importante compreender a forma como os pacientes encaram e se adaptam à sua doença como lidar com o processo patológico em si.
4. Possui um processo único de consulta, estabelecendo uma relação ao longo do tempo, através de uma efetiva comunicação médico--paciente (muitas vezes terapêutica e continuada) e é determinado pelas aptidões do EMGF no âmbito da comunicação.

---

[59] *Versão Reduzida – 2005 EURACT* – Produzida por um grupo de trabalho do Conselho do EURACT seguindo uma ideia do – Dr. Luís Filipe Gomes (Representante de Portugal no Conselho do EURACT

5. É responsável pela prestação de cuidados continuados longitudinalmente. A abordagem da Medicina Geral e Familiar deve ser constante desde o nascimento (e por vezes desde antes) até à morte (e, por vezes, até depois). O processo clínico constitui prova explícita desta constância.
6. Possui um processo específico de tomada de decisões determinado pela prevalência e incidência da doença na comunidade
7. Gere simultaneamente problemas agudos e crónicos de pacientes individuais e frequentemente tem que gerir problemas múltiplos. A resposta simultânea a várias exigências torna necessária uma gestão hierarquizada dos problemas
8. Gere afeções que se apresentam de forma indiferenciada num estádio precoce do seu desenvolvimento, podendo requerer intervenção urgente. O paciente apresenta-se frequentemente no início dos sintomas, sendo difícil efetuar um diagnóstico nesta fase precoce. Esta forma de apresentação implica que decisões importantes para o paciente tenham que ser tomadas com base em informação limitada e que o valor preditivo do exame clínico e dos testes seja mais incerto. Mesmo quando os sinais de uma determinada doença são geralmente bem conhecidos, tal não se aplica aos mais precoces, que são frequentemente inespecíficos e comuns a muitas doenças. A gestão do risco nestas circunstâncias é um aspeto chave da disciplina. Excluída uma evolução grave imediata, a decisão pode bem ser a de aguardar desenvolvimentos posteriores e rever mais tarde. O resultado de uma só consulta fica-se muitas vezes pela identificação de um ou vários sintomas, por vezes pela ideia de uma doença, raramente chegando a um diagnóstico completo. Exige-se uma atualização científica permanente, extensa e complexa.
9. Promove a saúde e o bem-estar através de intervenções apropriadas e eficientes, baseadas em clara demonstração científica. Deve-se intervir exclusivamente numa perspetiva de prevenção, evitando causar dano.
10. Implica uma responsabilidade específica pela saúde da comunidade.
11. Lida com problemas de saúde nas suas dimensões física, psicológica, social, cultural e existencial. A disciplina tem de reconhecer todas estas dimensões.

Em suma, a medicina familiar presta cuidados centrados na pessoa e no seu contexto comunitário, numa abordagem abrangente mas preventiva, promovendo mais saúde e bem-estar, privilegiando a importância da relação médico-doente e tendo que possuir aptidões específicas para resolução dos problemas.

Exercer medicina é muito mais do que diagnosticar e medicar. É saber comunicar, negociar e criar empatia. É cuidar do pré-concecional, da mulher fértil, da grávida, do recém-nascido, da criança, do adolescente, do adulto e do sénior em vigilância. É cuidar de todas as doenças, mesmo daquelas que não tem resposta a nível da Medicina. É assegurar atitudes, intervenções educacionais e psicoterapêuticas adequadas, coordenando a resposta a nível dos cuidados de saúde primários e hospitalares (articulações interinstitucionais com equipas multidisciplinares assegurando cuidados antecipatórios) que vão sempre depender das características dos doentes, dos médicos e do contexto dos cuidados.

A equipa dos Centros de Saúde e Unidades de Saúde Familiar (USF) tem uma posição privilegiada.

Cuidamos nas USF e no domicílio, investigamos e formamos novos médicos, enfermeiros e outros técnicos de saúde e integramos outros profissionais de várias áreas na nossa USF, trocando saberes e experiências.

A nossa prática de medicina familiar está de acordo com o que os dicionários tradicionais[60] registam "Consultar" – (do lat. *consultare*) pedir conselho ou parecer a...; procurar opinião de ... consultar o médico"; "Atender" – (do lat. *attendere*): aplicar a atenção // reparar no que se vê, ouve, faz ou diz; tomar sentido; ter tento // ter respeito, consideração, atenção a alguma coisa, olhar por ele, cuidar nele//; "Cuidar" – (do lat. *Cogitare*) ter aplicação em; fazer com atenção; considerar, ponderar; interessar-se por; trabalhar por; zelar; tratar. Mas, também está balizada nacional e internacionalmente com as orientações que uma especialidade desta envergadura necessita e que tentamos cumprir, procurando atingir um grau elevado de qualidade.

---

[60] Augusto Moreno, *Dicionário Complementar da Língua Portuguesa*, Editora Educação Nacional de Adolfo Machado e *Dicionário Porto Editora sem acordo ortografico, on line [17/5/2015]* https://www.google.pt/webhp?source=search_app&gfe_rd=cr&ei=1MVYVeDuMPOr8wf3y4Hg DA&gws_rd=ssl#q=Diccion%C3%A1rio+Porto+Editora+sem+acordo++ortografico%2C+ on+line+

Termino este capítulo, referindo como é que uma especialista em Medicina Familiar inicia um trabalho de Investigação, em 1994, na área da Interrupção da Gravidez Voluntária (IVG) fora do contexto legal, tentando identificar motivos e condicionantes em que ela ocorre e que acaba por terminar no mestrado de saúde pública, na FM da UC em 1998, com uma tese nesta area.[61]

Portugal, nessa época, não estava diferente de outros países em que este assunto não era suficientemente debatido ou assumido como um grave problema de saúde pública. Como médica de família, iniciei esse trabalho em condições adversas, mas segura de que os resultados iriam contribuir para melhor esclarecer esta problemática em Portugal e identificar as causas que essas mulheres verbalizaram para tomarem essa opção.

Em 1994, os dados mundiais revelavam: "aproximadamente 57% (3.1 milhões) de todas as gravidezes nos EUA são classificadas como não desejadas e 1.6 milhões terminam em aborto[62]; valores elevados de mortalidade e morbilidade materna mostram que as reformas tem que ser acompanhadas de serviços de aborto acessíveis, bem como de cuidados contraceptivos e de informação"[63].

"País onde é ilegal o aborto, a maior parte deles é realizada por meio de métodos pouco seguros, causando complicações em 40% dos casos (países onde é legal, seguro e disponível, a percentagem de complicações é inferior a 1% – na Holanda é 0,3%); onde o aborto é ilegal, são principalmente as mulheres sem possibilidades financeiras que recorrem a métodos abortivos pouco seguros, resultando na morte de uma mulher a cada 5 minutos; 20 milhões dos 53 milhões de abortos realizados anualmente são inseguros e são realizados em clima social e legal adverso, resultando em aproximadamente 70.000 mortes por ano,

---

[61] Tomé, Maria Teresa C. C. P., *Contributo para o Estudo da Epidemiologia da Interrupção Voluntária da Gravidez*, Coimbra, 1998 publicação com o apio da Fundação Para a Ciência e Tecnologia, impresso na Impresa dEcoimbr, lda., Depósito Legal nº 120404/98; ISBN Nº 972-97692-0-6. Teses de Mestrado.
[62] Fischer, Rachel C., MSPH; Stanford, Joseph B., MD, MSPH; Penny Jameson, PhD; and DeWitt, M. Jann, PhD. *"Exploring the concepts of Intended, Planned and Wanted Pregnancy"*, em The Journal of family Practice, Vol,48, nº2 (Feb),1999
[63] Cook, RJ, Dickens, BM, Bliss, LE, "Internacional developments in abortion law from 1988 to 1998", *Am J Public Health 1999 Apr;89(4):579-86*

devido a infeções, hemorragias, danos uterinos e efeito tóxico dos agentes utilizados para induzir o aborto"[64].

Como sabemos, a população não se deve referir apenas a números. Por isso taxas de fecundidade, natalidade, morbilidade, mortalidade, não significam apenas estatísticas – elas falam da história de pessoas reais. E porque cuidamos de pessoas reais, ao cuidarmos de mulheres queremos prestar-lhes os cuidados de melhor qualidade e queremos que elas programem as gravidezes que desejam em segurança, sem experiências amargas e perigosas. Compete também aos serviços esta preopcupação.

Ao contrário do que eu gostaria durante décadas, assisti, impotente, a mulheres a irem abortar ou a virem de abortar, de locais não controladas em termos sanitários, desconhecendo a segurança dos cuidados que lhes eram prestados, mas com consciência de que não lhes era assegurado, de imediato, contraceções seguras que as ajudassem a evitar situações semelhantes. Observei e soube de outras, que nessas situações tiveram efeitos secundários graves. Como médica de família tinha a experiência de que este assunto era transversal (ao contrário de muitos testemunhos) a toda a sociedade e de que se tratava de um flagelo, também, da sociedade portuguesa. Considero que os profissionais de saúde não devem ter posturas pacíficas perante situações graves (não legais ou não despenalizadas), que lhes passam frequentemente pela consulta e em que muitas vezes, por comodidade, não intervêm. A minha perspetiva é de que é nosso dever ajudar a identificar e a clarificar situações graves, transmitir à Saúde e ao Direito essa preocupações e dados objetivos e se possível quantificáveis, para ambas as ciências trabalharem e criarem respostas adaptadas.

CAPÍTULO 7. ESTADO DA ARTE

A mudança nos indicadores e a evolução positiva dos números deve-se sobretudo às grandes alterações das condições socioeconómicas e de habitabilidade a partir de 1975, das mudanças legislativas e constitucionais e do papel determinante do SNS e dos seus profissionais de saúde a nível dos CSP (médicos de família e as suas equipas) e Cuidados Hospitalares (numa abordagem preventiva integrada e global, acessível

---

[64] Fonte: Webpage Alan Guttmacher Institute – 1994 *[17/5/2015]* (http://translate.google.pt/translate?hl=ptPT&sl=de&tl=pt&u=https%3A%2F%2Fwww.guttmacher.org%2F

e eficazmente articulada). Mas acredito que foram as pessoas e o seu envolvimento (os profissionais) que tiveram mais peso na mudança dos números da mortalidade, e na esperança de vida em Portugal, muitas das vezes, exercendo a sua atividade profissional em condições adversas.

Como referimos anteriormente tivemos, em Portugal (1780-1789) taxas de mortalidade infantil de 125‰ e de mortalidade infantil e juvenil (0-7 anos) de 291‰. A nossa esperança de vida à nascença era de 67,1 anos (1960), passando para 80 anos em 2012, a taxa mortalidade materna passou de 115,5‰ (1960) para 6‰ em 2013[65]. A taxa de mortalidade perinatal e neonatal passou de 42,2‰ para 3.7 ‰ em 2014.

Coimbra tornou-se uma cidade exemplar nos resultados em saúde, obtidos nas quatro últimas décadas. A mortalidade Infantil mudou radicalmente em Portugal para valores de 2.8‰ em 2014 (1960 – 77,5‰) e em Coimbra para valores de 1,8‰ (1960 – 54‰).Passámos a ter taxas de fertilidade e de natalidade muito mais baixas e com a idade das mães em relação ao primeiro filho a subir.

A Saúde (através do SNS) garante equidade e rastreios aos indivíduos com probabilidade de estarem ou de virem a contrair algumas doenças (pela idade, por antecedentes pessoais) e a outros que não tem capacidade reivindicativa. Assegura-lhes respostas em consultas de vigilância (preventiva) e quando estão doentes (curativa) – objetivos amplos e universais – situação que nunca poderá caber a uma instituição privada, que visa o lucro (investe para retirar rendimentos).

O SNS presta cuidados a indivíduos, famílias e comunidades, em termos universais, o que se traduz sempre, de um modo imediato, num saldo negativo. O saldo positivo deve ser visto, quantificado e avaliado a médio e longo prazo, porque produz mais Saúde e consequentemente contribui para um país mais rico

No entanto, o êxito e uma boa gestão do SNS dependem em grande parte dos profissionais. Só se produzem grandes resultados com o envolvimento e a participação dos recursos humanos, que diariamente dão o seu melhor em circunstâncias a maior parte das vezes em condições muito adversas à sua prática clinica.

É necessário que os serviços sejam disponíveis e acessíveis. O sistema deve responder proporcionalmente às necessidades populacionais

---

[65] Fonte: INE PRODATA

(vigilância e na doença) garantindo equidade. É muito importante, que qualquer cidadão conheça o custo de uma consulta do SNS, além da taxa moderadora tradicional, e participe nos seus serviços de saúde. A articulação com varias instituições da comunidade permite saúde de proximidade com articulações eficazes, bem geridas e sinérgicas, que potenciam resultados positivos.

É importante criar rotinas nas sinalizações de risco (crianças, mulheres, idosos ...) feitas pela saúde (importante o papel do médico de família), pela escola ou autarquia ou Instituições Particulares de Solidariedade Social (IPSS).

As entidades locais, representantes dos Ministérios da Saude (SNS), da Educação (Escolas), da Justiça (Tribunais), deveriam poder partilhar uma plataforma comum, de onde constassem informações relevantes nestas áreas, de modo a planearem em conjunto estratégias, rentabilizando recursos. Esta postura obriga a assumir compromissos, a avaliar, a monitorizar e a agilizar processos, comprometendo instituições e profissionais e exigindo cumplicidades positivas na ação.

Trata-se de uma visão ampla, a única que potencia resultados e atrai o cidadão à participação, porque o responsabiliza. A partilha de informação de vários patamares locais, identifica pontos fortes e fracos de uma sociedade. As famílias não querem que os seus filhos cresçam em ambientes menos bons e isso estimula a participação e produz resultados muito mais eficazes. A participação e a monitorização de uma população promovem uma sociedade mais justa, mais saudável e mais feliz.

É importante e necessário criar, dinamizar e monitorizar Observatórios Locais de Saúde, bem como promover mais cidadania e responsabilização na saúde e promover a intervenção.

É necessário que toda a sociedade se sinta responsável pela sua saúde, e que se mobilize para "atingir mais saúde".

Family snapshot of the right to health care in Europe's crisisland

Prof. Dr. Daniel García San José*

Summary: New situation derived from economic crisis and from some austerity policies have not enabled States to protect themselves against its worse effects, because it has caused the rise of situational versus generational poverty with direct and indirect implications for social factors hindering the protection of the right to health care in the EU. In order to proper analysis of this new scenario, four factors directly connected to EU internal and external policies should be explored: Austerity national policies, risk of stigmatization (connected to age and family origin), intersection with other inequalities and vulnerability to climate change effects. The choice of these and no other factors is made upon the assumption that they are characterised in three ways (as evolving and cross-cutting factors at national and European level which must be considered in a systemic way).

I. INTRODUCTION

Historically, the right to health was first considered not as a human right but as a right of some groups of human beings, such as wounded combatants, under the Martens clause and the dictates of "elementary

---

* University of Seville (Spain). dagarcia@us.es

considerations of humanity".[1] Later, according the conception of rights prevailing in the 18th and 19th Centuries, the human right to health was recognized for citizens but only restraining the state from actively denying it to them. Since its very first formulation in the preamble to the Constitution of the World Health Organization in 1946 "the attainment by all peoples of the highest possible level of health"[2], the human right to health for everyone, implying both, positive and negative obligations for states, has been included in the most relevant international human rights instruments. According to the World Health Organization, health is "a state of complete physical, mental and social well-being and not merely the absence of disease or infirmity". Nevertheless, any state assumes an own understanding of an "adequate standard of living for health and well-being". This conceptual divergence is evidenced in the very definition of the human right to health at national and international level: right to health, right to health care, right to medical care, right to health protection, etc. In practice, "right to health" is the most common expression. Nevertheless, the right to health is generally understood as a shorthand expression for "Everyone's right to the highest attainable standard of physical and mental health, including reproductive and sexual health, without discrimination of any kind". Therefore, there still are two obstacles to the effective implementation of a human right to health: its lack of conceptual clarity and the scope of the Governments' obligations.[3]

Everyone's right to the highest attainable standard of physical and mental health, including reproductive and sexual health, without discrimination of any kind is the core right to health and must be read, in addition, relating other human right[4]: The human right to equal access to adequate health care and health-related services without discrimination; the human right to an adequate standard of living, including the right to access to adequate food, drinking water, sanitation and housing; the human right to a safe and free-pollution environment, particularly

---

[1] Corfu Channel, Merits, I.C.J. Reports 1949, p. 22, paragraph 215.
[2] 14 U.N.T.S. 186, 22 July 1946, entered into force 7 April 1948.
[3] Toebes, Brigit, "Towards an improved understanding of the international human right to health", *Human Rights Quarterly*, Vol. 21, 1999, p. 661.
[4] Committee on Economic, Social and Cultural Rights (CESCR) General Comment No. 14 (11/8/2000) on the right to the highest attainable standard of health, paragraph 4.

in case of children; the human right to enjoy safe and healthy working conditions, particularly for pregnant women; the right to access to education on health, including sexual and reproductive health; finally, the right to human dignity and physical integrity preventing from female genital mutilation, prenatal gender selection and female infanticide. The core right to health implies availability, accessibility, acceptability and quality.[5]

The core right to health and other human rights related to health have been asserted in several international legal instruments at universal level[6] in such a consistent way that it would be evidencing a general *opinion iuris* of the States. Consequently, Article 35 of the Fundamental Rights Charter of EU ("Health care")[7] must be interpreted to the light of international obligations assumed by Member States at this regard.

New situation derived from economic crisis but especially the range of austerity policies States in Europe have started to face it, has caused the rise of *situational* versus *generational poverty* (Tough, 2007). Some authors call them "the working poor" and it is a focus or urgent concern among authors who alert about this new working class being discriminated against on many grounds such as accent, style, clothes, postcodes, etc. (Grant, 2009). In comparison with other grounds for discrimination (e.g. racial or ethnical discrimination) there are not many studies on the relationship between social-class discrimination and the

---

[5] CESCR General Comment No. 14 (11/8/2000) on the right to the highest attainable standard of health, paragraph 12.

[6] Such as: The Universal Declaration of Human Rights [GA R217(III), 10 December 1948]; Articles 7, 11 and 12 of the International Covenant on Economic, Social and Cultural Rights (adopted 16 December 1966, 3 U.N.T.S., entered into force 3 January 1976); Articles 10, 12 and 14 of the Convention on the Elimination of All Forms of Discrimination Against Women (adopted 18 December 1979, entered into force 3 September 1981); Article 5 of the International Convention on the Elimination of All Forms of Racial Discrimination (adopted 21 December 1965, 195 U.N.T.S., entered into force 4 January 1969); Article 24 of the Convention on the Rights of the Child (adopted 20 Nov. 1989, entered into force 2 September 1990); Articles 7 and 11 of the American Declaration of the Rights and Duties of Man (1948); Articles 16 and 18 of the African Charter on Human and People's Rights (1979); Article 14 of the African Charter on the Rights and Welfare of the Child (1990).

[7] "Everyone has the right of Access to preventive health care and the right to benefit from medical treatment under the conditions established by national law and practices. *A high level of human health protection shall be ensured in the definition and implementation of all the Union's policies and activities.*" (Cursive is mine).

enjoyment of fundamental rights, such the right to health (Fuller-Rowell, Evans and Ong, 2012, 1). It is so, paradoxically, because historically it has been taken for granted as a characteristic of society the inequality in the distribution of private property among different classes of people and, as a consequence, the opportunities and relationships socially constructed (Cotter, 2006, 4).

Although it is a proved fact that elite professions have become more socially exclusive over the past 30 years (Ashley and Empson, 2013, 219), it is still a mystery to know how social class discrimination works (its inner reasons) as result of influencing attitudes towards more or less privileged groups because many forms of unfair treatment based on social class or other characteristics will not be recognized or labeled by the victim as discrimination (Fuller-Rowell, Evans and Ong, 2012, 4). Consequently, it is denounced that there is not a real plan in the European Union to approach people who are discriminated against because of class (Petros, 2014). Let alone, there is no plan in the European Union to approach people whose right to health care is violated in connection to this class discrimination.

Age is a classical topic in studies on discrimination on social grounds. However, in late years it is appreciated in literature a special interest in considering new ways of considering age as a ground for discrimination in connection to their right to health care under Article 35 of the European Charter of Fundamental Rights. As it is concluded in the United Nations Intergovernmental Panel on Climate Change 5th Assessment Report on Climate Change from the literature survey carried out:

> "Advanced age represents one of the most significant risk factors for heat-related death since in addition to limited thermoregulatory and physiologic heat-adaptation capacities, elderly have often reduced social contacts, and higher prevalence of chronic illness and poor health."[8]

It is exemplified this matter of high concern in the increased vulnerability of an aging society like that in Germany[9]. Another disturbing conclusion in this 5th Assessment Report on climate change is the new socio-economic vulnerabilities due to the impoverishment of some

---

[8] IPCC WG II AR5 Chapter 19, p. 31.
[9] IPCC WG II AR5, Chapter 19, p. 3 IPCC WG II AR5, Chapter 19, 31.2.

vulnerable groups like elders, which are emerging in developed, namely Greece in Europe, but it is probably not the only one.[10]

Family background and its relevance in education success of children and youngs is another factor identified in literature as having impact on social discrimination. Since students grew up in an socially disadvantaged environment, in general, get high levels of failure in their studies (Wang, 2011; Ushie et al., 2012) the chances of getting better jobs than those of their parents are scarce with a strong affection on their future earnings as adults (Rouse and Barrow, 2006, 99).

The following pages aim to present the result of a "desk table research" conducted upon the basis of literature review, followed up on a basis of selected EU's secondary sources. From this approach to factors enabling or hindering the protection of the right to health care in the European Union, it seems clear that four factors should be explored: Austerity national policies, risk of stigmatization, intersection with other inequalities and vulnerability to climate change effects. These factor stems up from the premise that they are characterized in three ways:
- They are evolving factors. Thus, life expectancy thanks to the development in Medicine and Health care is seen very positively while it also can bring new threats for human rights in EU member States (namely increase in discrimination on the ground of age).
- They are cross-cutting factors at national and international level. The protection and promotion of human rights at the EU's international and national policies is interconnected as they are two sides of the same coin. Consequently, the economic crisis in late years harder affecting Southern EU countries (Portugal, Spain, Italy, Greece) than Northern or central countries may introduce an unexpected distortion in a coherent EU's human rights policy.
- They are factors to be considered in a systemic way. That is, these factors, once they are identified, should be analyzed by themselves and especially considering the influence they give to and receive from other relevant factors. This is particularly true as regard multiple grounds of discrimination.

---

[10] IPCC WG II AR5, Chapter 19, 31.

II. SOCIAL CLASS DISCRIMINATION IN A CONTEXT OF ECONOMIC CRISIS AS AN OBSTACLE FOR ENFORCING THE RIGHT TO HEALTH CARE IN THE EU

As a point of departure it should be noted the prohibition of discrimination in Article 21, Fundamental Rights Charter of EU. They are, nevertheless, other interesting European law provisions. As to the primary law, in the Treaty of the European Union, Title V, Chapter 1 "General Provisions on the Union's External Action, stipulates in Article 21, paragraph 1 that the Union's action on the international scene shall be guided by the principles which have inspired its own creation including the principle of equality. Furthermore, in paragraph 2 in the same Article 1, it is explicitly said that the Unión shall define and pursue common policies and actions, and shall work for a high degree of cooperation in all fields of international relations in order to: "a) safeguard its values, fundamental interests, security, independence and integrity…" It is to be noticed that respect for minorities is expressed among the EU values.

Just to reinforce this compromise of the EU in its external relations, paragraph 3 of Article 21 of the Treaty of the European Union says: "The Union shall respect the principles and pursue the objectives set out in paragraphs 1 and 2 in the development and implementation of the different areas of the Union's external action covered by this title and by Part Five of the Treaty on the Functioning of the European Union, and on the external aspects of its other policies." Authors have criticized, nevertheless, that the EU lacks the normative competences to provide a fair answer to social problems rise up by austerity policies that the economic crisis has brought up (Ortega Gómez, 2013, 226). These do competences remain in hands of member States but they seem not to their best to adopt suitable social measures to counterbalance social discrimination in part as a consequence of the fact that economic crisis is being more severe in some countries of Europe than in others. Moreover, the very idea of justice –in the meaning of equality- which underlies the concept of discrimination in various European Union directives would be open to be criticized when we accept that discrimination occurs when two people are treated differently although they are in a comparable situation and we do not previously convene what does comparable mean (Cornides, 2012, 520).

Authors have criticized that the EU lacks the normative competences to provide a fair answer to social problems raised up by austerity policies (a new social class of working poor and its intersections with other discriminated groups in society) that the economic crisis has brought up. From the general literature, one idea emerging with force is that EU's anti-discrimination policy on social ground is not sufficient if it is not accompanied by a policy strengthening equality and integration. There are not many studies on the relationship between social-class discrimination and the enjoyment of fundamental rights, such the right to health. It is also object of critics among authors the "one size fits all" approach to multiple discriminations in a context of advanced marginality on social ground.

a) Austerity national policies

Inequality in general exists but specially inequality of opportunity within the labor force due, overall, to the fact that the globalization process has a direct impact on people's live as key players in the labor market today (Cotter, 2006, 2). In the 2012 Report on the Application of the EU Charter of Fundamental Rights, it is devoted attention to the discrimination on the ground of age. According to that reference it seems clear that the protection is done on the basis of rulings by the Court of Justice of the European Union (from now on CJEU) applying the existing law on interdiction of discrimination on the ground of age. It seems to have, nevertheless, as a weak point that it is limited to the parameters established in such normativity -the area of employment and occupation- whereas reality goes further than that.

From the literature review, for measuring discrimination on the ground of age in EU, the key point seems to be the "economic usefulness" of a population in the labor market (Bonnet, 2010, 186) in a similar way like studies carried out in the United States, for instance, would seem to show (Bonnet, 2010, 190). This has consequences as regards intersection with other ground of discrimination, like racial and ethnical (see below), since according to these authors, the more economically useful the minorities are the more likely law enforcement agencies will use integrative policing tactics towards them. A population is not useful when it exhibits high unemployment rates.

Summarizing the state of research on these issues, it must be said that there is a new reading of age as a ground of discrimination in a context of economic usefulness of people. This reading has, as a consequence, a new and somehow unpredictable scenario of intersections with other inequalities which are suffered by vulnerable groups in Europe like minority and ethnical groups. To point out areas needing further study: It is interesting to follow the development of the discussions in the EU as to regards the Commission proposal for new rules on Equal treatment between persons irrespective of religion or belief, disability, age or sexual orientation (proposal of "horizontal directive" on discrimination).

b) Risk of stigmatization (connected to age and family origin)

The social impact of stigmatization shows a number of negative behaviours towards vulnerable people which can end up in a real discrimination, especially in the case of discrimination on the ground of social class and age. Family origin is directly identified in literature as a major driver for students succeeding in their studies and for changing their societal status through better paid jobs than those of their parents.

People who are somehow marginalized in society are furthermore highly vulnerable to climate change due not to a single cause but rather to intersecting social processes that result in inequalities in socioeconomic status, income and exposure, including, for example, discrimination on the basis of gender, class, race/ethnicity, age and (dis)ability. In general there are very few studies focused on these intersecting social processes and on the multidimensional vulnerability to climate change. As it has been stressed recently by the European Union Agency for Fundamental Rights (FRA), the economic crisis is contributing to more discrimination in the labour market, especially for older persons: e.g. in 2012, two-thirds of Europeans (67%) believed there was more discrimination against 'older' workers –those aged over 55–. As far as social class or age the risk of stigmatization is more than evident. Stigmatization implies that someone or a group of people –for instance unemployed people over fifty- "is reduced to a single characteristic in other people's eyes or opinions for whom this 'label' justifies a range of social discrimination and even exclusion" (Guessous, 2014, 141). The current Treaty on the Functioning of the European Union, in its article 19, paragraph 1, does not make any reference to class as grounds for combating discrimination in the European Union in a similar way as it is not specifically done in Article 21, paragraph of the Charter of Fundamental Rights of the European Union. One then can wonder if it is a priority to combat social discrimination in the European Union on the ground of social class.

In the FRA Report Access to justice in cases of discrimination in the EU – Steps to further equality it is found some factors obstructing effective remedies for victims. It nevertheless would need to be emphasized that victims of discrimination on the ground of class and age can feel shame and because of it, they isolate themselves from society entering in a situation of mental and physical ill-treatment self-provoked. This could be mainly surmounted if the EU member States generally assumed a broad implementation of Council Framework Decision 2008/913/JHA of 28 November, on combating certain forms and expressions of racism and xenophobia by means of criminal law.

Education has impact in the immobilization of the original social stratification since students from disadvantaged classes show lower scores in entrance exam and enrolment percentage in key senior high school than students from the advantaged classes with significantly larger resources in economic and cultural capital than the disadvantaged (Wang, 2011; Ushie et al., 2012). Parents' academic level (lacking this cultural capital in disadvantaged classes) has a direct influence in school failure of students (Lozano Díaz, 2003) with a strong affection on their future earnings as adults (Rouse and Barrow, 2006, 99). From a recent official report presented in United Kingdom on the drivers of child poverty for families in poverty now and for poor children growing up to be poor adults, there are a range of factors that increase the risk of a poor child growing up to be a poor adult but the most influential factor is child educational attainment.

Summarizing the state of research on these issues: The social impact of stigmatization shows a number of negative behaviors towards vulnerable people which can end up in a real discrimination, especially in the case of discrimination on the ground of social class and age. Family origin is directly identified in literature as a major driver for students succeeding in their studies and for changing their societal status through better paid jobs than those of their parents.

c) Intersection with other inequalities

In an era of "advanced marginality" in the sense of rapid economic restructuration by which are destroyed many of the regular and respectable forms of employment available to the urban working class (Bhattacharyya, 2009, 173), new social division are created that confuse racial and economic, "the workforces of industrial societies who have fallen through the increasingly porous 'safety net' of public welfare systems and migrant populations who face barriers in both the labor market and in public life"(Bhattacharyya, 2009, 174). As the FRA (2012) Report on the Application of the EU Charter of Fundamental Rights stated: "at the EU level the risk of poverty and social exclusion is much higher among female and male migrants from a non-EU country... Non-EU-born female migrants are also less likely to be employed. If employed, they are very likely to be over-qualified for the work they do."

From the general literature, one idea emerging with force is that in EU it seems not enough an anti- discrimination policy if it is not accompanied by a policy strengthening equality and integration (Bhattacharyya, 2009, 170). It is also an object of critics the "one size fits all" approach to a multiple discrimination and it is considered being wiser "to ground policy strategies not only in the similarity but also in the distinctiveness of inequalities" (Verloo, 2006, 222).

This is not completely new since in societies it is frequent the intersections between different inequalities (Verloo, 2006, 212). Yet the approach to multiple discrimination mainly followed, a "one size fits all" is criticized as being based "on an incorrect assumption of sameness or equivalence of the social categories connected to inequalities and of mechanisms and processes that constitute them."(Verloo, 2006, 223). Nor it seems enough to reduce multiple discriminations some people may suffer to the sum of each type of discrimination (Nazroo, 1998). Some authors have emphasized the need to do research on protective environmental factors securing human rights (Purchert and Busche, 2006). Assuming the premise that human beings have the potential to act in a violent or non-violent way –and considering discrimination as a form of violence–, protective environmental factors would be those protecting a person from becoming violent towards at least one other person, or from becoming a victim of interpersonal violence, or both (Purchert and Busche, 2006, 2). It would be interesting to explore this approach since it could help to adopt a dynamic concept of discrimination fostering a culture of equality in the European society (not only valid for fighting against social and age discrimination) which seems preferable to a static one. In this sense, it should be valued that Council Framework Decision 2008/913/JHA of 28 November 2008 on combating certain forms and expressions of racism and xenophobia by means of criminal law , in point 10 of Preamble, asserts that it is not prevented a Member State may adopt provisions in national law which extend Article 1 (1) (c) and (d) "hate crimes" to crimes directed against a group of persons defined by other criteria than race, color, religion, descent or national or ethnic origin, such as social, status or political convictions.

Summarizing the state of research on these issues: In the current situation of economic crisis in many European societies is detected a situation of advanced marginality as regards the enjoyment of the right to health care; that is, a situation of intersections between different inequalities, namely on social and ethnical grounds, for which the general approach followed up to present by public authorities to address it, seems in authors' opinion, not valid any longer. To point out areas needing further study: the interdependent dynamics of inequalities (located in various distinct structures, experienced differently and (re)produced in different ways. It would be particularly a matter of concern to know how the emerging "working poor" as a new socially marginalized group is interacting with other groups traditionally suffering discrimination.

d) Vulnerability to climate change effects

The Working Group II contribution to the 5th Assessment Report of the United Nations Intergovernmental Panel on Climate Change (2013) focused on the interaction between climate change and other biophysical and social stressors like poverty, inequality and low levels of human development. It is affirmed that "there is increasing evidence of greater vulnerability of specific groups such as the poor and elderly not only in developing but also in developed countries"[11]. It is well documented that some social factors like socio-economic class and age exemplify and contribute to the differential exposure and vulnerability of individuals

---

[11] IPCC WG 2 AR5, 2013, Chapter 1, 13.

or societies to climate and non-climate related hazards"[12]: socioeconomic class (Peacock, 1997; Ray-Bennett, 2009); age (Jabry, 2003; Bartlett, 2008). Particularly worrying in the IPCC 5th Assessment Report on climate change are the new socio-economic vulnerabilities due to the impoverishment of some vulnerable groups like elders, which are emerging in developed countries, namely Greece in Europe, but it is probably not the only one[13].

Although many EU Members States are planning adaptation strategies to climate change adverse consequences (European Environmental Agency, 2013) some authors have focus on adaptation deficits (Haines et al., 2006). An adaptation deficit is understood as a gap between an existing state of adaptation and an idealized state of adaptation where adverse impacts are avoided[14]. People who are somehow marginalized in society are highly vulnerable to climate change due not to a single cause but rather to "intersecting social processes that result in inequalities in socioeconomic status, income and exposure, including, for example, discrimination on the basis of gender, class, race/ethnicity, age and (dis)ability".[15]

There is high confidence in the fact that the number and intensity of hot days have increased markedly in the last three decades.[16] Consequently, the frequency and intensity of heat waves in Europe will continue steadily increasing in next future threatening life and health of most vulnerable groups in European societies. Children and elderly are more vulnerable because of their narrow mobility, susceptibility to infectious diseases, reduced caloric intake and social isolation.[17] Particularly worrying is the risk of mortality and other harms during the periods of extreme heat, like the Heat Wave Europe suffered in 2003.

Apart of children and elderly, in most urban areas, low-income groups, including migrants, face large climate risks because of poor-quality, insecure and clustered housing, inadequate infrastructure and lack of provision for health care.[18]

---

[12] IPCC WG II AR5, Chapter 19, 30.
[13] IPCC WG II AR5, Chapter 19, 31.
[14] IPCC WG 2 AR5, 2013, Chapter 1, 23.
[15] IPCC WG 2 AR5, 2013, Technical Summary, 7.
[16] IPCC WG II AR5 IPCC WG 2 AR5, 2013, Technical Summary, 8. Chapter 12, 27.
[17] IPCC WG 2 AR5, 2013, Technical Summary, 8.
[18] IPCC WG 2 AR5, 2013, Technical Summary, 8.

Summarizing the state of research on these issues: People who are somehow marginalized in society are highly vulnerable to climate change due not to a single cause but rather to "intersecting social processes that result in inequalities in socioeconomic status, income and exposure, including, for example, discrimination on the basis of gender, class, race/ethnicity, age and (dis)ability."[19]

To point out some areas needing further study, it can be said that even though there are some research at this regard in Europe (Metzger and Schröter, 2006; Harrison et al., 2013) in general there are very few studies focused on these intersecting social processes and on the multidimensional vulnerability to climate change.[20] In a survey on Quality of Life in European Cities, respondents were asked to identify the three most important issues for their cities in a list of ten (safety, air pollution, noise, public transport, health services, social services, education and training, unemployment, housing and road infrastructure). The three main issues for respondents were health services, unemployment and education and training, in this order. In comparison to IPCC WG2 contribution to the 5th Assessment Report on Climate Change alert on heat waves and increase in air pollution in cities causing serious risks for vulnerable groups, it seem to be a divergence in Europe between real problems and perceived problems, maybe due to the society lacking proper information on the risks and effects of climate change. This is, nevertheless, a provisional explanation needing further support on a deep research on this issue.

III. CONCLUSION

New situation derived from economic crisis and from some austerity policies have not enabled to protect themselves against its worse effects, because it has caused the rise of situational versus generational poverty with direct and indirect implications for social factors hindering the protection of the right to health care in the European Union. In order to proper analysis of this new scenario, four factors have been explored: Austerity national policies, risk of stigmatization (connected to age and family origin), intersection with other inequalities and vulnerability to

---

[19] IPCC WG 2 AR5, 2013, Technical Summary, 7.
[20] IPCC WG 2 AR5, 2013, Technical Summary, 7.

climate change effects. The choice of these and no other factors is made upon the assumption that they are characterized in three ways (as evolving and cross-cutting sub-factors at national and international level which must be considered in a systemic way).

Authors have criticized that the EU lacks the normative competences to provide a fair answer to social problems raised up by austerity policies (a new social class of working poor and its intersections with other discriminated groups in society) that the economic crisis has brought up. From the general literature, one idea emerging with force is that EU's anti-discrimination policy on social ground is not sufficient if it is not accompanied by a policy strengthening equality and integration. There are not many studies on the relationship between social-class discrimination and the enjoyment of fundamental rights, such the right to health care. It is also object of critics among authors the "one size fits all" approach to multiple discriminations in a context of advanced marginality on social ground.

The social impact of stigmatization shows a number of negative behaviors towards vulnerable people which can end up in a real discrimination, especially in the case of discrimination on the ground of social class and age affecting to their enjoyment of the right to health care under Article 35 of Fundamental Rights Charter of EU. Family origin is directly identified in literature as a major driver for students succeeding in their studies and for changing their societal status through better paid jobs than those of their parents.

People who are somehow marginalized in society are furthermore highly vulnerable to climate change due not to a single cause but rather to intersecting social processes that result in inequalities in socioeconomic status, income and exposure, including, for example, discrimination on the basis of gender, class, race/ethnicity, age and (dis)ability. In general there are very few studies focused on these intersecting social processes and on the multidimensional vulnerability to climate change.

All these studies seem to be relevant and pertinent for understanding why the right to health care in the European Union is more unreal than real no matter what Article 35 of the Fundamental Rights Charter of EU may say.

IV. BIBLIOGRAPHY
Legal and policy instruments
Fundamental Rights Charter of EU.
Treaty of the European Union, C 115/28, 9.5.2008.
European Commission: The measurement of extreme poverty in the European Union, available at http://ec.europa.eu/social/main.jsp?catId=751&langId=en Last visited: 13.03.2015.
Council Framework Decision 2008/913/JHA of 28 November 2008 on combating certain forms and expressions of racism and xenophobia by means of criminal law.
Commission proposal for new rules on Equal treatment between persons irrespective of religion or belief, disability, age or sexual orientation (proposal of "horizontal directive" on discrimination), COM (2008) 426 final, 2.7.2008.

Case-law
Court of Justice of European Union
Case C-141/11, Hömfeldt v. Posten Meddelande AB, 5.7.2012;
Case C-132/11, Tyrolean Airways, 7.6.2012);
Case C-286/12, European Commission v. Hungary, 6.11.2012.

Literature
Books
Cotter, Anne-Marie M., Race Matters, *An International Legal Analysis of Race Discrimination*, Ashgate, Abingdon, 2006.

Books chapters
Bhattacharyya Gargi, "Ethnicity and Ethicality in an Unequal World", in Bhattacharyya Gargi, *Ethnicities and Values in a Changing World*, Ashgate, 2009, pp. 169-179.
Bonnet, François, "Typologizing Discriminatory Practices", in Chebel, Ariane and Reich, Simon (Eds.), *Managing Ethnic Diversity after 9/11*, Rutgers University Press, 2010, New Brunswick, pp. 178-191.
Guessous, Nouzha, "Non-discrimination and Stigmatization", in Ten Hare, H. A., Gordijn, B., (Eds.), *Handbook of Global Bioethics*, Springer, 2014, pp. 139-151.
Ortega Gómez, Marta, "La Unión Europea frente a los retos políticos, económicos y sociales de la crisis de la Eurozona", in Bonet Pérez, Jordi and Saura Estapà, Jaume (Eds.), *El Derecho Internacional de los derechos humanos en períodos de crisis*, Marcial Pons, Madrid, 2013, pp. 205-230.

Journal articles

Ashley, Louise and Empson, Laura, "Differentiation and discrimination: understanding social class and social exclusion in leading law firms", *Human Relations*, 2013, Vol. 66, Nº 2, pp. 219-244.

Bartlett, S., "Climate change and urban children: impacts and implications for adaptation in low- and middle income countries" *Environment and Urbanization*, 2008, Vol. 20, No. 2, pp. 501-519.

Cornides, Jakob, "Three Case Studies on Anti-Discrimination", *European Journal of International Law*, 2012, Vol. 23 (2), pp. 517-542.

Cutter, S. L. and Finch, C., 2008, "Temporal and spatial changes in social vulnerability to natural hazards." *Proceedings of the National Academy of Sciences of the United States of America*, 2008,Vol. 105, No. 7, pp. 2301-2306.

Fuller-Rowell, Thomas E., Evans, Gary W. and Ong, Anthony D., "Poverty and Health: The Mediating Role of Perceived Discrimination", *Psychological Science*, XX(X), 2012, pp. 1-6.

Grant, Carolina, "White working class are victims of discrimination, but not because of their race, says report", *Mail Online*, January, 22, 2009. Available at http://www.dailymail.co.uk/news/article-1126505/White-working-class-victims-discrimination-race-says-report.html Last visited: 13.03.2015.

Haines, A., Kovats, R. S., Campbell-Lendrum, D. and Carvalan, C., "Climate change and human health: impacts, vulnerability and mitigation", *Lancet*, 2006, pp. 2101-2109.

Harrison, P. A., Holman, I.P., Cojocaru, G., Kok, K., Kontogianni, A., Metzger, M. J. and Gramberger, M., "Combining qualitative and quantitative understanding for exploring cross-sectoral climate change impacts, adaptation and vulnerability in Europe", *Regional Environmental Change*, 2013, vol. 13, pp. 761-780.

Jabry, A., *Children in Disasters: After the cameras have gone*. 2003, Plan UK, London, UK.

Lozano Díaz, Antonia, "Personal, family and academic factors affecting low achievement in secondary school", *Electronic Journal of Research in Educational Psychology and Psycho pedagogy*, 2003, Vol. 1, No. 1, pp. 43-66. Available at internet: http://www.investigacion-psicopedagogica.org/revista/new/index.php?n=1 Last visited: 13.03.2015.

Metzger, M. J. and Schröter, D., "Towards a spatially explicit and quantitative vulnerability assessment of environmental change in Europe", *Regional Environmental Change*, 2006, vol. 6, pp. 201-216.

Nazroo, J. Y., "Genetic, cultural and socioeconomic vulnerability? Expanding ethnic inequalities in health", *Socio Health Illness*, 1998, Vol. 20, pp. 714-734.

Petros, Dylane, "Differing social classes can lead to discrimination", available at http://wwwbgnews.com/in_focus Last visited: 13.03.2015.

Ray-Bennett, N.S., "The influence of caste, class and gender in surviving multiple disasters: A case study from Orissa, India", *Environmental Hazards*, 2009, Vol. 8, No. 1, pp. 5-22.

Rouse, Cecilia E. and Barrow, Lisa, "U.S. Elementary and Secondary Schools: Equalizing Opportunity or Replicating the Status Quo?", *The future of children*, 2006, Vol. 16, No. 2, pp. 99-123.

Toebes, Brigit, "Towards an improved understanding of the international human right to health", *Human Rights Quarterly*, Vol. 21, 1999, p. 661-679.

Tough, Paul, "The Class-Consciousness Raiser", *the New York Times*, June 10, 2007. Available at http://www.nytimes.com/2007/06/10/magazine/10payne-t.html?pagewanted=all&_r=0 Last visited: 13.03.2015.

Ushie, M. A, Emeka, J. O., Ononga, G. I. and Owolabi, E. O., "Influence of family structure on students' academic performance in Agege Local Government Area, Lagos State, Nigeria", *European Journal of Educational Studies*, 2012, vol. 4, No. 2, pp. 177-187.

Verloo, Mieke, "Multiple Inequalities, Intersectionality and the European Union, European Journal of Women's Studies, 2006, Vol. 13 (3), pp. 211-228.

Xiaofei, Wang, "Family Background and Academic Performance: A Research on the Effect of Social Stratification in Senior High School Education", paper presented in: *Opportunity, Meritocracy, and Changing Patterns of Social Inequality*, International Sociological Association, Summer Meeting 2011, University of Iowa. Available at internet: http://www.iussp.org/sites/default/files/event_call_for_papers/Family%20Background%20and%20Academic%20Performance.pdf Last visited 13.03.2015.

Policy and other reports

Discrimination in the EU in 2012, Special Euro barometer 393, November 2012, at p. 3, available at http://ec.europa.eu/public_opinion/archives/ebs/ebs_393_en.pdf Last visited: 13.03.2015.

European Environmental Agency, 2013, *Late lessons from early warning: science, precaution, innovation.* Copenhagen. Available at http://www.eea.europa.eu/publications/late-lessons-2 Last visited 13.03.2015.

FRA (2012) *Report on the Application of the EU Charter of Fundamental Rights,* Available at: http://ec.europa.eu/justice/fundamental-rights/files/charter_report_2012_en.pdf Last visited: 13.03.2015.

FRA *Report Access to justice in cases of discrimination in the EU – Steps to further equality,* Available at http://fra.europa.eu/en/publication/2012/access-justice-cases-discrimination-eu-steps-further-equality Last visited: 13.03.2015.

Purchert, Ralf and Busche, Martina (Compilators), *Protective Environmental Factors securing Human Rights. Report prepared within the Co-ordination*

Action on Human Rights Violation (CAHRV), available at internet: http://www.cahrv.uni-osnabrueck.de/reddot/PFmapping1_website(2).pdf Last visited: 13.03.2015.

The Working Group II contribution to the 5th Assessment Report of the United Nations Intergovernmental Panel on Climate Change (2013). Available at http://www.ipc.ch/report/ar5/wg2/ Last visited 13.03.2015.

Quality of Life in European Cities, Flash Euro barometer 366, October 2013, available at http://ec.europa.eu/public_opinion/flash/fl_366_en.pdf Last visited: 13.03.2015.

Envelhecimento – diferentes perspectivas

Marília Dourado*

Ocorre dizer a este propósito, em primeiro lugar, que todos estamos nesta corrida contra o tempo. Uns mais que outros todos tentamos, de alguma maneira, enganar a inevitabilidade que é envelhecer. É uma prova perdida à partida mas, apesar disso, vale a pena celebrar o feito daqueles que a perdem e invocar todos os que, por motivos diversos, não o alcançaram.

Introdução

O tema do envelhecimento humano é abrangente e complexo. Nos primórdios da história da humanidade aceitava-se que o ciclo da vida se circunscrevia a três momentos: nascer, viver e morrer, cada um com um significado social, mais do que biológico, edificado, e atribuído, na observação do evoluir da existência humana.

A grande mudança, na explicação da existência humana, aconteceu quando se percebeu que os sentidos podiam ser enganadores, que o verdadeiro conhecimento estava para além das aparências, que o saber devia ser racional e alcançar o permanente e universal. Esta mudança de paradigma permitiu aos filósofos gregos investigar o princípio das coisas, e a partir disto produzir conhecimento objectivo. Os grandes

---

* Professora da Faculdade de Medicina da Universidade de Coimbra.

filósofos da antiguidade Grega, Sócrates, Platão e Aristóteles, não falam de envelhecimento mas do fim da vida e enaltecem a longevidade. "Saber envelhecer", de Cícero, é talvez a primeira obra dedicada ao envelhecimento. Nela são descritas, apresentando factos, pessoas da elite social em que apesar da idade avançada conservavam a robustez, as capacidades produtivas e, acima de tudo, eram fonte de grande sabedoria, e modelos para os mais jovens.

Envelhecimento humano como matéria distinta de estudo é relativamente recente, assumindo-se como parte importante da gerontologia – ciência que se dedica ao estudo dos processos fisiológicos, sociais e psicológicos ligados ao envelhecimento do ser humano – e da geriatria – ramo da medicina que estuda a prevenção e o tratamento das doenças e da incapacidade dos velhos.

Envelhecimento é o processo de chegar à velhice, de se tornar velho. Encerra a ideia dinâmica de movimento em direcção a uma fase futura da vida, a passagem da vida adulta para a velhice. Curiosamente não se encontra paralelo deste tratamento especial, diferenciado, em relação à passagem entre outras fases da vida. Trata-se de uma matéria que assumiu nos últimos anos uma maior importância, quer pelas consequências para a saúde dos mais idosos, quer pelas consequências sociais associadas. Atento a esta problemática, o "Plano de Acção Internacional sobre o Envelhecimento" emanado da Segunda Assembleia Mundial do Envelhecimento, que teve lugar em Madrid em2002, na sua declaração, preconiza algumas medidas no sentido de concretizar "as enormes potencialidades do envelhecimento no século XXI". Segundo a mesma declaração, todas as pessoas deveriam poder envelhecer em segurança e com dignidade, e continuar a participar na sociedade como cidadãos com plenos direitos. Há, pois, que promover políticas e abordagens positivas que permitam superar os estereótipos que estão associados ao envelhecimento, que deve ser visto no contexto mais geral das políticas de desenvolvimento e económicas.

Importa saber o que é o envelhecimento e quais as suas consequências para os indivíduos e para a sociedade.

Envelhecer com futuro.
Será que é possível envelhecer com futuro? Que futuro podemos esperar quando formos velhos? A resposta a estas perguntas não é fácil e

remete-nos para a necessidade de, neste movimento em direcção ao futuro da vida, serem asseguradas a protecção e a promoção dos direitos humanos e das liberdades fundamentais dos idosos, de reconhecer que quando envelhecem as pessoas deveriam ter oportunidades de realização pessoal, de levar uma existência saudável e segura. Deveriam ainda poder continuar a participar activamente na vida económica, social, cultural e política, considerando-se que as potencialidades das pessoas idosas constituem uma base sólida de desenvolvimento futuro e de aperfeiçoamento, da sociedade em geral. Neste sentido, é essencial potenciar, ao máximo, todas as capacidades e competências dos idosos, para que consigam manter a maior autonomia possível, a saúde e, sobretudo, a qualidade de vida, durante o maior número de anos possível.

O envelhecimento não é um estado é um processo que conduz à degradação progressiva e diferencial, que afecta todos os órgãos, e que tem como desfecho a morte do organismo. A rapidez a que acontece varia de indivíduo para indivíduo. É um processo biológico condicionado por factores genéticos mas também pelos estilos de vida, por factores ambientais, pela nutrição, pela actividade física, e pelo sentido que se dá, ou quer dar, á vida. É também uma questão demográfica. A este propósito, convém dizer que a tendência crescente do envelhecimento da população portuguesa não difere da que se observa na Europa e noutros países de fora da Europa, onde existem condições sociais e económicas semelhantes às nossas. O envelhecimento da população deve-se por um lado à diminuição da natalidade e por outro ao aumento da esperança média de vida, ou seja do número médio de anos que uma pessoa pode esperar viver, mantendo-se as taxas de mortalidade por idades observadas no momento de referência. É um facto que o peso dos idosos e dos muito idosos, na população, tem vindo a aumentar e a tornar-se cada vez mais significativo, assistindo-se a uma evolução demográfica sem precedentes em Portugal (Figura 1). Deste facto resultam novos desafios e exigências aos serviços de saúde e de apoio social, às populações mais idosas. Face a esta nova realidade, os governos têm de repensar as suas políticas sociais e mobilizar esforços para que os sistemas de saúde e de apoio social sejam mais eficazes. Na verdade, o peso das patologias crónicas e incapacitantes, que caracteriza o "perfil patológico" do idoso, cria dilemas pertinentes, quando se relaciona a saúde com o envelhecimento, o que representa um esforço acrescido para os serviços.

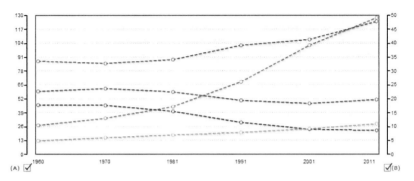

- **(A) Índice de envelhecimento**: relação entre a população idosa e a população jovem. Habitualmente definido como o quociente entre o número de pessoas com 65 anos ou mais e o número de pessoas com idade compreendida entre os 0-14 anos.
  1960 ± 27,3%; 2011± 127,8%
- **(A) Índice de dependência total.** Relação entre a população jovem e a idosa em idade activa. Habitualmente definida como o quociente entre o número de pessoas com idade compreendida entre os 0-14 anos conjuntamente com o número de pessoas com idades compreendidas entre os 15-64 anos
- **(A) Índice de dependência jovem.** Relação entre a população jovem e a população em idade activa. Quociente entre o número de pessoas entre 0-14 anos e 15-64 anos.
- **(A) Índice de dependência idosos.** Relação entre a população idosa e a população activa. Habitualmente o quociente entre o número de pessoas com 65 ou mais anos e compreendida entre 15-64 anos.
- **(B) Índice de longevidade:** relação entre a população mais idosa e a idosa, definida habitualmente como o quociente entre o nº de pessoas com 75 ou mais e as com 65 ou mais anos.

O "índice de dependência": é um indicador importante para o domínio dos cuidados continuados aos Idosos. Portugal apresentava, em 2009, uma das maiores taxas de dependência na UE, com um valor de 26,3.

Figura 1. Índices de envelhecimento em Portugal. Fontes/Entidades: INE, PORDATA

A nível familiar e social, não podem ser esquecidas as implicações no âmbito da exclusão, da pobreza e da solidão. As pessoas não envelhecem todas da mesma maneira nem ao mesmo ritmo, por esta razão as consequências do envelhecimento também não são as mesmas para todos, por igual. Por conseguinte são criadas desigualdades, não é igual envelhecer em família ou sozinho, com filhos ou sem eles, em meio urbano ou rural, no litoral ou no interior. Envelhecer sendo mulher ou homem, não é igual. A *Feminização* do envelhecimento é uma realidade. Na verdade, a esperança de vida em todos os grupos etários é maior nas mulheres, quando comparada à dos homens, não obstante o número de anos vividos com boa saúde e sem incapacidade é superior nos homens. As mulheres vivem mais tempo mas com maior/mais incapacidades, que atingem sobretudo as idades mais avançadas, com maior prevalência depois dos 75 anos. Este facto tem implicações ao nível da saúde e da dependência, assim como na qualidade de vida dos idosos(as), com sobrecarga para os serviços e para os cuidadores, familiares ou não, uma vez que a percentagem de anos vividos sem incapacidade (anos de vida saudável) é menor nas mulheres.

No plano civilizacional, o envelhecimento está inegavelmente ligado ao progresso científico, tecnológico e humano. O envelhecimento como processo intrínseco às sociedades posiciona-se, em termos de ganhos e desafios sociais e individuais, numa lógica de inverter a tendência para desvalorizar o estatuto de "ser velho". A possibilidade de viver mais anos com capacidade, autonomia e boa saúde deve constituir uma aposta de todos.

A preparação pessoal apropriada, para o envelhecimento, é a principal via para garantir um envelhecimento activo, e poder combater a crescente e inevitável dependência psíquica e física, ao mesmo tempo que permite a tomada de consciência dos factores de bem-estar pessoal e relacional, maximizar o conforto do idoso e acrescentar vida aos anos. Para tal, a melhor estratégica passa pelo envolvimento do próprio, como agente insubstituível na compreensão das etapas de vida e na gestão das transições mais difíceis, particularmente a passagem à inactividade. Por consequência, as instituições envolvidas na prestação de serviços aos idosos ganharão em investir prioritariamente na prevenção, ao invés da mera acção assistencial. Tal atitude configura uma tarefa urgente e necessária, quando se assiste à melhoria considerável nas condições de vida e de saúde da população sénior, e à acumulação de evidência sobre a possibilidade de controlar, ou mesmo curar, muitas das patologias com maior prevalência nesta fase da vida.

Particularidades biológicas do envelhecimento.
Em termos biológicos podemos dizer que o envelhecimento é um processo dinâmico e progressivo, acompanhado do aparecimento de alterações morfológicas, bioquímicas e funcionais de todos os órgãos e sistemas. Verifica-se que, embora o organismo envelheça como um todo, os tecidos, os órgãos, as células e estruturas sub-celulares têm ritmos diferentes de envelhecer. Para este processo concorrem diversos factores genéticos e ambientais que, através de uma complexa interacção, vão tornar o indivíduo progressivamente mais susceptível às agressões, extrínsecas e intrínsecas. As alterações que ocorrem em todos os componentes celulares levam há perda do equilíbrio homeostático, com declínio gradual de todas as funções fisiológicas e diminuição progressiva da

reserva funcional. Nesta situação o organismo pode sobreviver adequadamente em condições ditas basais mas, se submetido a uma situação de stresse, físico ou outro, tem dificuldade em se adaptar e manter a homeostasia, o que se traduz por uma sobrecarga funcional que pode originar processos patológicos, por haver comprometimento das funções fisiológicas.

Em suma neste processo, que está também muito dependente do estilo de vida adoptado por cada indivíduo, verifica-se a perda progressiva da integridade fisiológica que conduz à disfunção, ao aumento da vulnerabilidade global do organismo e à morte. Neste sentido, as repercussões do envelhecimento representam um risco acrescido para as patologias mais importantes, como por exemplo o cancro, a diabetes, as doenças cardiovasculares e neurodegenerativas, mas também se fazem sentir na composição corporal.

Efectivamente, à medida que a idade avança há a redução progressiva e significativa da água corporal (percentagem de água/peso corporal, que no Recém-nascido é de 75 – 80%; no adulto de 60 – 70%; e nos idoso é de cerca de 50%) o que se deve, principalmente, à perda de água associada à diminuição de massa muscular, podendo nestas circunstâncias pequenas perdas condicionarem um estado de desidratação grave. O risco de desidratação é particularmente elevado no caso de o idoso ter um episódio de febre, de diarreia, de vómitos ou se for exposto a temperaturas elevadas. Por esta razão, e também porque com o envelhecimento a sensação de sede vai desaparecendo, deve sensibilizar-se os idosos para a necessidade de beberem regularmente água, pura ou sob outras formas, como prevenção, explicando-lhes a importânia desta medida preventiva da desidratação.

As alterações da pele e dos seus anexos estão sempre presentes no conjunto traduzem-se por atrofia e fragilização cutânea. Sobrevém fragilidade dos capilares e por esta razão são frequentes as equimoses, devidas à rotura desses pequenos vasos, que aparecem especialmente no dorso das mãos e antebraços, em consequência de pequenos traumatismos porque a pele se torna mais fina e menos protegida pela gordura subcutânea, que também se perde. A diminuição das glândulas sudoríparas e sebáceas, e consequentemente das suas secreções, torna a pele mais seca e sensível. O prurido senil resultante destas modificações é frequente nos idosos. As manchas hiperpigmentadas especialmente no dorso das mãos e na face são frequentes nos idosos. Devem-se à disfunção e perda dos melanócitos. Há igualmente diminuição da elastina, do tecido celular subcutâneo e do colagénio assim como atrofia das junções dermoepidérmicas. O ritmo da renovação celular diminui tal como o teor em lípidos, o que prejudica a função de barreira protectora que a pele representa. Por tudo isto, a pele torna-se mais seca, surgem as rugas, as queratoses actínicas e a púrpura senil e a cicatrização torna-se mais difícil. De um modo geral há diminuição dos pêlos e da sua espessura o que se deve a modificações hormonais, particularmente ao decréscimo dos níveis de dehidroepiandosterona, segregada pelas glândulas supra-renais, o que em conjunto com a diminuição dos depósitos de melanina explica a despigmentação e a calvície.

Ao longo da vida os diversos órgãos vão diminuindo de tamanho à custa da perda das suas células funcionais, o que naturalmente causa a perda da reserva funcional. Por esta razão, perante uma maior exigência, como uma intercorrência patológica, entram facilmente em descompensação, mais frequentemente insuficiência cardíaca, renal ou pulmonar.

A massa óssea também se perde ao longo da idade, principalmente na mulher depois da menopausa e no homem depois dos 70 anos. Esta perda de massa óssea está directamente ligada à fragilidade óssea e ao maior risco de fracturas. A estatura diminui cerca de 1 cm por cada 10 anos depois dos 40 até aos 70 anos, após o que se observa uma ainda maior redução na altura. As razões para esta diminuição são o achatamento dos corpos vertebrais, a diminuição da espessura dos discos intervertebrais, o aumento da cifose dorsal (aumento da curvatura da coluna dorsal), o arqueamento dos membros inferiores e o achatamento do arco plantar. O peso corporal também se modifica com o envelhecimento. No homem tende a aumentar até aos 60-65 anos após o que, depois de um período de estabilização, tende a diminuir. Na mulher o peso tende a aumentar mais do que no homem e a estabilizar mais tarde. No envelhecimento o aumento do peso deve-se ao aumento de gordura corporal, e a diminuição daquele à perda de massa muscular e de água corporal.

O envelhecimento faz-se sentir também no sistema nervoso. O tamanho do cérebro diminui com a idade, parecendo haver um declínio linear do volume do cérebro ao longo da vida adulta, a um ritmo semelhante nos dois sexos. Há também diminuição dos níveis de neurotransmissores, da mielina e do número de circuitos e da densidade neuronais. O lobo frontal é o mais atingido o que determina uma diminuição da memória, da velocidade e da capacidade de aprendizagem e também dificuldades fonéticas. Aos 80 anos estima-se que 30 a 40% dos indivíduos tenham declínio significativo das funções cognitivas. Importa no entanto dizer que a demência não é uma inerência do envelhecimento. Há diminuição da propioceção e do equilíbrio, por diminuição das células vestibulares e do cerebelo, o que condiciona a diminuição da coordenação e dos reflexos, o que pode ter grande importância nas quedas e reflectir-se na qualidade de vida. A condução nervosa torna-se mais lenta, devida à diminuição da mielina, com diminuição da velocidade de reacção e da sensibilidade. Por outro lado, as alterações do padrão do sono, sono fragmentado, insónia inicial, com despertares nocturnos e sonolência diurna, tão características do envelhecimento, estão associadas à diminuição da produção de melatonina. Ocorrem igualmente alterações sensoriais e da percepção, principalmente do tacto, do equilíbrio, da visão, da audição e da temperatura, verificando-se que sentidos como o olfacto e o gosto são menos afectados.

O aumento da esperança de vida, que se tem vido a verificar de forma mantida nas últimas décadas, obriga ao desenvolvimento de esforços para que os anos de vida ganhos sejam vividos com qualidade e de forma saudável. Os idosos apresentam limitações e problemas muitas vezes de grandes complexidades, alguns devem-se ao envelhecimento natural, outros estão relacionados com as doenças mais frequentes nestas idades, e outros ainda com o meio social em que estão inseridos. Todos condicionam e podem levar à fragilidade extrema do idoso, à perda ou diminuição da qualidade de vida e ao aumento da morbilidade. Torna-se pois necessário avaliar o idoso recorrendo aos instrumentos e mecanismos já disponíveis, que permitem fazer uma avaliação completa e ter uma visão global do indivíduo naquilo que é o seu complexo biopsicossocial. Esta avaliação multidimensional deverá ir muito além da avaliação exclusivamente clínica. Pretende-se avaliar também a área social, funcional, económica, mental e relacional, para que seja possível organizar e adoptar medidas preventivas e/ou correctoras dos desequilíbrios já instalados, dar resposta aos problemas de doença mas também de outra natureza. Estas medidas, uma vez aplicadas na prática do cuidado ao idoso, vão contrariar os efeitos negativos das situações de desiquilíbrio, criando-se as condições necessárias para um envelhecimento saudável e com qualidade de vida.

As marcas Biológico do envelhecimento.
Nos anos mais recentes, a descoberta de que os mecanismos biológicos que conduzem ao envelhecimento são regulados e controlados, pelo menos em parte, por vias de controlo genético e bioquímicas altamente conservadas ao longo do processo evolutivo, permitiu aos investigadores definirem aquilo que podemos designar por " marcas do envelhecimento", figura 2. Estas representam denominadores comuns do envelhecimento, que ocorre nos diferentes organismos/indivíduo, quer a nível celular quer molecular, e que no seu conjunto contribuem para o processo do envelhecimento e do envelhecer, determinando o seu fenótipo.

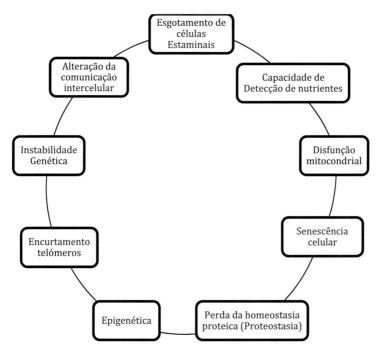

Figura 2. As marcas do envelhecimento. Adaptado de Cell 153; 2013

A instabilidade genética é um dos aspectos que acompanha o processo de envelhecimento. Alguns estudos experimentais demonstram que a indução artificial desta instabilidade, em animais de experiência, traduz-se pelo aparecimento de manifestações de envelhecimento acelerado. De maneira semelhante, as alterações que ocorrem no ADN mitocondrial (mtADN) contribuem para o envelhecimento, tendo sido descritas várias alterações, em diversos tecidos somáticos, tais como grandes delecções, mutações pontuais e pequenas inserções/delecções. Há poucas dúvidas quanto à importância e impacto que a função da mitocôndria tem no processo de envelhecimento, podendo a sua disfunção acelerar este processo, nos mamíferos. A ineficiência da função respiratória mitocondrial, em resultado das alterações genéticas (e/ou epigenéticas), reduz o aporte de energia, e nestas condições há aumento da produção de radicais livres de oxigénio (ROS) que podem causar dano oxidativo e mutações, tanto no mtADN como no ADN nuclear (nADN). O mtADN é particularmente susceptível ao dano oxidativo, e por esta razão foi considerado o principal alvo do micro ambiente oxidativo da mitocôndria, em parte devido à falta da protecção conferida pelas histonas e à limitada eficácia dos mecanismos de reparação do mtADN, quando comparados com os do nADN. Como consequência aparecem as mutações somáticas associadas ao envelhecimento. Contrariamente há menos certezas quanto ao impacto que a melhoria da função mitocondrial possa ter no retardar do processo de envelhecimento.

O envelhecimento normal está também associado ao encurtamento dos telómeros – estruturas complexas e estáveis que definem os topos dos cromossomas lineares, como os da espécie humana, e protegem as terminações livres da cadeia do ADN da degradação enzimática (por exonucleases) e contra a fusão topo a topo entre cromossomas. Na maioria das células os telómeros sofrem encurtamentos a cada divisão celular. Quando, após sucessivas divisões celulares, os telómeros atinge determinado comprimento, que é crítico para a manutenção da estabilidade do cromossoma, são activados pontos de restrição do ciclo celular e a célula entra em senescência como mecanismo protector, mas que pode tornar-se pernicioso e acelerar o processo de envelhecimento, quando se esgotam as capacidades de regeneração dos tecidos/células. Embora seja evidente a relação entre o encurtamento dos telómeros e a senescência celular, a associação entre o encurtamento dos telómeros e o envelhecimento não é tão clara, apesar de alguns trabalhos demonstrarem uma forte relação entre o encurtamento telomerico e os fenótipos de envelhecimento, enquanto outros demonstram que a estimulação das telomerases – enzimas que tem por função adicionar sequências específicas e repetitivas de ADN à extremidade dos cromossomas, e assim impedir o seu encurtamento – pode atrasar significativamente o envelhecimento. Neste mesmo sentido, o estudo de algumas patologias no Homem, como por exemplo a síndrome de Werner (doença caracterizada pelo envelhecimento precoce, aproximadamente cerca de sete vezes mais, em relação à taxa normal), demonstram que estas apresentam alterações sugestivas da correlação entre o encurtamento dos telómeros e o envelhecimento.

Com a idade sobrevém o declínio do potencial regenerativo dos tecidos que é, talvez, uma das mais óbvias características do envelhecimento. Como exemplo, podemos mencionar o declínio acentuado da capacidade de renovação e formação de tecido sanguíneo, com diminuição global da produção de células sanguíneas, o que se traduz pelo aparecimento de imunosenescência e aumento da incidência de anemia, entre outras patologias. À semelhança do que acontece no geral, também as células estaminais demonstram, segundo vários estudos, um grande declínio da sua capacidade de renovação, havendo mesmo aquilo a que podemos chamar de esgotamento das células estaminais em todos os tecidos e órgãos o que, em parte, pode estar relacionado com a acumulação de danos no ADN e com a sobre expressão de proteínas inibidoras do ciclo celular.

Ainda no campo da biologia do envelhecimento há evidências de que este é acompanhado pelo aparecimento de alterações epigenéticas (aquelas que alteram ou modificam a expressão de genes, com efeito prolongado e transmitidas de célula a célula, mas que não alteram a sequência do ADN), havendo estudos populacionais que o demonstram. Em modelos animais, tem sido possível observar que algumas progerias estão associadas a alterações epigenéticas. A análise de genes específicos demonstra, por exemplo, variações do padrão de metilação do ADN, que aumentam com a idade, nomeadamente em genes codificadores de proteínas que estão envolvidas nos mecanismos epigenéticos, na reparação do ADN, na manutenção do comprimento dos telómeros e no envelhecimento.

A regulação epigenética e o funcionamento do genoma estão estreitamente relacionados com a organização do núcleo celular. A alteração da arquitectura nuclear, que se observa ao longo do processo de envelhecimento, associa modificações epigenéticas com alteração da transcrição de genes, expondo o ADN ao efeito das agressões ambientais, como a dos ROS, o que favorece a acumulação de alterações no ADN. As alterações epigenéticas contribuem para a instabilidade do genoma e para a ineficácia de funções celulares essenciais, o que favorece os fenótipos e doenças do envelhecimento. Estudos experimentais, em ratinhos, demonstraram que a perda de actividade de uma enzima epigenética importante, a SIRT6, está associada à redução da longevidade e que a sua reactivação se associa com o aumento da longevidade. Por conseguinte, a possibilidade de modular a regulação epigenética abre novas perspectivas terapêuticas, para diversas patologias associadas ao envelhecimento.

O envelhecimento também está ligado à perda da estabilidade proteica das células, a homeostasia das proteínas, proteostasia. Sabe-se que, todas as células tiram partido e obtêm ganhos se mantiverem a estabilidade e a funcionalidade das suas proteínas. A proteostasia compreende mecanismos pós translacionais que envolvem o *folding* das proteínas sintetizadas de novo e o *refolding* de proteínas já existentes na célula, e a degradação de proteínas alteradas, pelos lisossomas ou pelo proteassoma. Ambos os sistemas funcionam de modo coordenado para restaurar ou remover proteínas da célula, e assim prevenir a acumulação de proteínas degradadas, e assegurar a contínua renovação das proteínas intracelulares. A desregulação destes sistemas e a acumulação de proteínas alteradas, em resultado de uma produção aumentada ou por deficiência dos mecanismos de reparação/remoção, está associado a diversas patologias do envelhecimento, como a doença de Alzheimer, de Parkinson e as cataratas. De acordo com estes conhecimentos, tem vindo a ser estudada a possibilidade de melhorar geneticamente *a proteostasia* celular, e deste modo interferir ou mesmo atrasar o processo de envelhecimento.

Do ponto de vista metabólico e da nutrição, no envelhecimento é favorecido o desenvolvimento de um estado de insulinorresistência e de alterações da composição corporal, o que desencadeia modificações dos níveis de várias hormonas que interferem em diversos mecanismos que, por sua vez, determinam a expressão fenotípica do envelhecimento. A desregulação da capacidade *nutrient sensing* (a detecção de nutrientes), ou seja da capacidade da célula reconhecer e responder a substratos tais como a glicose, tem sido reconhecida como uma das marcas do envelhecimento. Está associada à desregulação de vias de sinalização intracelular particularmente da via de sinalização Insulina-Factor de crescimento insulina *like* 1 (IGF1) – via IIS – que é uma das vias de sinalização intracelular mais conservadas na cadeia evolutiva, com intervenção na regulação do processo de envelhecimento. Além da via IIS, que participa na detecção e resposta à glicose, há outras três vias adicionais e inter-relacionadas que tem merecido a maior atenção dos investigadores, neste campo, que são: a via mTOR, que regula essencialmente todos os aspectos do anabolismo, cuja actividade parece estar aumentada durante o envelhecimento, em modelos animais. Os resultados disponíveis admitem colocar a hipótese de que as vias anabólicas aceleram o envelhecimento; AMPK, que responde/detecta estados de baixa energia sinalizando a escassez de nutrientes e catabolismo. A sua actividade aumentada costuma ser relacionada com o envelhecimento saudável; por fim a via das sirtuinas, que responde/detecta estados de baixa energia, que sinaliza igualmente escassez de nutrientes e catabolismo, favorecendo o envelhecimento saudável. No envelhecimento além das alterações que ocorrem em células isoladas, também ocorrem alterações em rede, ao nível da comunicação intercelular, seja do sistema endócrino, neuro-endócrino, ou neuronal. Por exemplo, a sinalização através do eixo neuro-endócrino tende a ficar desregulada à medida que a resposta inflamatória vai aumentando, que a imunovigilância contra agentes patogénicos e células pré-malignas diminui.

As designadas marcas, comuns, do envelhecimento podem se agrupadas, de acordo com as suas características, em três categorias: fundamentais, antagonistas e integrativas, figura 3.

As marcas fundamentais, ou primárias, têm em comum o facto de serem, sem dúvida, negativas para o organismo. São as que iniciam os processos, cujas consequências prejudiciais progressivamente se acumulam, com o tempo, como são os casos das lesões do ADN, as mutações do mtADN, a perda dos telómeros e as alterações epigenéticas e das proteínas. As marcas antagonistas, positivas, têm efeitos opostos dependendo da sua intensidade e duração. A níveis baixos de "acção" exercem efeitos positivos e benéfico, mas se se fazem sentir a grande intensidade ou duração tornam-se progressivamente prejudiciais. A título de exemplo, a senescência pode ser um mecanismo de protecção do organismo, por exemplo contra o cancro, mas que em excesso promove o envelhecimento, ou a presença de baixa concentrações de ROS que podem sinalizar através de vias de sobrevivência, mas que em altas concentrações, e cronicamente, provocam lesão celular, ou ainda os níveis óptimos da capacidade de detecção de nutrientes e de anabolismo, que são importantes para a sobrevivência mas que em excesso se tornam prejudiciais. Finalmente, as marcas integradoras surgem quando os danos acumulados não podem ser compensados pelos mecanismos de manutenção do equilíbrio homeostático. O seu aparecimento está directamente relacionado com a alteração, ou mesmo com a perda, da função e da homeostasia dos tecidos e órgãos.

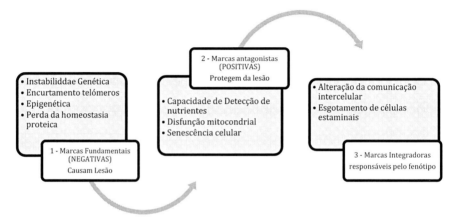

Figura 3. **Relação funcional entre as marcas do envelhecimento.** As marcas propostas são agrupadas em três categorias: (**1**) as que se consideram negativas, isto é quando presentes tendem a provocar o aparecimento de lesões celulares associadas ao envelhecimento; (2) as que se consideram constituírem um mecanismo de compensação ou antagonista, das agressões, por isso são vistas como positivas; (3) as chamadas integradoras que representam o resultado da presença das anteriores, sendo as responsáveis pelo declínio funcional associado ao envelhecimento. Adaptado de Cell 153;2013

Porque as marcas ocorrem durante o envelhecimento e estão inter-relacionadas, a compreensão da rede exacta através da qual elas comunicam é um desafio, para trabalhos futuros. A sua definição e compreensão poderão contribuir para um melhor conhecimento do envelhecimento, e permitir a definição de novas intervenções e abordagens terapêuticas, que possam contribuir não só para a maior longevidade mas também para a melhorar a saúde das populações e a sua qualidade de vida.

Esgotamento de células Estaminais	•Terapêutica dirigida às células estaminais
Alteração da comunicação intercelular	•Terapêutica Anti- inflamatória •Facores de crescimento
Instabiliddae Genética	•Terapêutica baseada na eliminação das células lesdas
Encurtamento telómeros	•Terapêuticas baseadas na reactivação das telomerase
Epigenética	•Fármacos epigenéticos
Perda da homeostasia proteica	•Activação de chaperones sistemas proteolíticos
Senescência celular	•Clearance de células senestcentes
Disfunção mitocondrial	•Mitofagia
Capacidade de Detecção de nutrientes	•Restição dietética •Inibidores da via mTOR •Activadores da AMPK e sirtuina

Figura 4. Intervenções terapêuticas que podem influenciar a saúde e a longevidade.
Adaptado de Cell 153;2013

Bibliografia

WHO (2002), Active Ageing. A policy framework. A contribution of the WHO to the Second United Nations World Assembly on Aging, Madrid, WHO.

PROGRAMA DE AÇÃO DO AEEASG'2012 | Portugal (janeiro, 2012)

Perista H, Perista P. Género e envelhecimento – planear o futuro começa agora! Estudo diagnóstico Comissão para a Cidadania e a Igualdade de Género Presidência do Conselho de Ministros Lisboa, 2012

Marcia Spira PhD (2006): Mapping Your Future– A Proactive Approach to Aging, Journal of Gerontological Social Work, 47:1-2, 71-87

Eva Kahana, Jessica Kelley-Moore, Boaz Kahana (2012): Proactive aging: A longitudinal study of stress, resources, agency, and well-being in late life, Aging & Mental Health, 16:4, 438-451

Esquenazi D, da Silva SRB, Guimarães M A M. Aspectos fisiopatológicos do envelhecimento humano e quedas em idosos. Revista HUPE, Rio de Janeiro, 2014;13(2):11-20 doi:10.12957/rhupe.2014.10124

António Bernardes, Susana Pinheiro. Anatomia do envelhecimento. In Manuel Teixeira Veríssimo (Ed) Geriatria fundamental – Saber e Praticar Coimbra: Editora Lidel 2014.

Henriqueta Coimbra Silva, Fernando Regateiro. Genética do envelhecimento. In Manuel Teixeira Veríssimo (Ed) Geriatria fundamental – Saber e Praticar Coimbra: Editora Lidel, 2014.

Hedman AM, Haren NEM, Schnack HG, et al. Human brain changes across the life span: a review of 56 longitudinal magnetic resonance imaging studies. Hum Brain Mapp. 2012, 33: 1978-2002

Rojas M, Mora AL, Kapetanaki MG. Influence of age on wound healing and fibrosis. J Pathol. 2013; 229:310-322.

Lee J, Girdano S, Zhang J. Autophagy, mitocondria and oxidative stress: cross-talk and redox signaling. Biochem. J. 2012;441:523-540.

Neil D. Life's timekeeper. Aging Res Rev. 2013;12(2):567-578

Simm A, Johnson TE. Biomarkers of aging: a challenge for the future. Exp Gerontol. 2010,45:731-732

Carlos Lopez-Otın, Maria A. Blasco, Linda Partridge, Manuel Serrano, Guido Kroemer. The Hallmarks of Aging. Cell 2013; 153, June 6:1194-1217

Brooks-Wilson AR. Genetics of healthy aging and longevity. Hum Genet. 2013;132(12):1323-38

Ding S-I, Shen C-Y. Model of human aging: Recent findings on Werner's and Hutchinson~Gilford progeria syndromes. Clin Intervent Aging. 2008;132(3):431-444

Zhu H, Belcher M, van der Harst P. Healthy aging and disease: role for telomere biology. Clinical Science. 2011;120:427-440

Talens RP, Christensen K, Putter H et al. Epigenetic variation during the adult lifespan: cross-sectional and longitudinal data on monozygotic twins pairs. Aging Cell. 2012;11:694-703.

Rafaela Veríssimo, Benilde Barbosa, Teixeira Veríssimo M. Particularidades clínicas do Doente Idoso. In Manuel Teixeira Veríssimo (Ed) Geriatria fundamental – Saber e Praticar. Coimbra: Editora Lidel 2014.

Teixeira Veríssimo M. Avaliação multidimensional do idoso. In Horácio Firmino (ed) Psicogeriatria. Lisboa: livraria Almedina. 2006

Howard M. Fillit, MD, Kenneth Rockwood and Kenneth Woodhouse (Eds). Brocklehurst's textbook of Geriatric Medicine and Gerontology. Saunders 7th Ed. 2011

Ahlqvist, KJ, Hamalainen RH, Yatsug, S, Uutela M, Terzioglu M, Gotz A, Forsstrom S, Salven P, Angers-Loustau A, Kopra O.H., et al.). Somatic progenitor cell vulnerability to mitochondrial DNA mutagenesis underlies progeroid phenotypes in Polg mutator mice. Cell Metab 2012;15:100–109.

Barzilai N, Huffman DM, MuzumdarRH, Bartke A). The critical role of metabolic pathways in aging. Diabetes 2012;61:1315–1322

Bernardes de Jesus B, Schneeberger VE K, Tejera AM, Ayuso E, Bosch F, Blasco MA. Telomerase gene therapy in adult and old mice delays aging and increases longevity without increasing cancer. EMBO Mol Med ,2012;4:691–704.

Blasco MA. Telomere length, stem cells and aging. Nat Chem Biol, 2007a;3:640–649.

Blasco MA. The epigenetic regulation of mammalian telomeres. Nat Rev Genet, 2007b;8:299-309.

Burtner CR, Kennedy BK. Progeria syndromes and ageing: what is the connection? Nat. Rev. Mol. Cell Biol,2010;11:567-578.

Calamini B, Silva M., Madoux F, Hutt DM, Khanna S, Chalfant MA, Saldanha SA, Hodder P, Tait BD, Garza D, et al. Small-molecule proteostasis regulators for protein conformational diseases. Nat. Chem. Biol. 2012;8:185-196.

Collado M, Blasco MA, Serrano M. Cellular senescence in cancer and aging. Cell,2007;130:223-233.

Cheng T, Rodrigues N, Shen H, Yang Y, Dombkowski D, Sykes M, Scadden DT. Hematopoietic stem cell quiescence maintained by p21cip1/waf1. Science, 2000;287:1804-1808.

Chakkalakal JV, Jones KM, Basson MA, Brack AS. The aged niche disrupts muscle stem cell quiescence. Nature,2012;490:355-360.

de Magalhães JP, Wuttke D, Wood SH, Plank M, Vora C. Genome-environment interactions that modulate aging: powerful targets for drug discovery. Pharmacol Rev, 2012;64:88-101.

Fraga MF, Esteller M. Epigenetics and aging: the targets and the marks. Trends Genet, 2007;23:413-418.

Greer EL, Maures TJ, Ucar D, Hauswirth AG, Mancini E, Lim JP, Benayoun BA, Shi Y, Brunet A.. Transgenerational epigenetic inheritance of longevity in Caenorhabditis elegans. Nature, 2011;479:365-371.

Gregg SQ, Gutierrez V, Robinson AR, Woodell T, Nakao A, Ross MA, Michalopoulos GK, Rigatti L, Rothermel CE, Kamileri I, et al. A mouse model of accelerated liver aging caused by a defect in DNA repair. Hepatology, 2012;55:609-621.

Hartl FU, Bracher A, Hayer-Hartl M. Molecular chaperones in protein folding and proteostasis. Nature,2011;475:324-332.

Hoeijmakers JH. DNA damage, aging, and cancer. N. Engl. J. Med. 2009; 361:1475-1485.

Hoenicke L, Zender L. Immune surveillance of senescent cells– biological significance in cancer- and non-cancer pathologies. Carcinogenesis, 2012;33:1123-1126.

Martin, G.M. The biology of aging: 1985-2010 and beyond. FASEB J,2011; 25:3756-3762.

Núcleo regional do centro da liga portuguesa contra o cancro.
A solidariedade ao longo de quase 50 anos

CARLOS DE OLIVEIRA*

A Medicina em Portugal têm sido marcada por vultos que se distinguiram dos seus pares pela capacidade de inovação e de liderança. Já no século XVI se destacaram Garcia de Orta (1501-1568), que perpetuou o seu nome através da publicação do livro *"Colóquio dos simples e drogas e coisas medicinais da Índia"*, editado em Goa em 1563, e Amato Lusitano (1511-1568), que ao dissecar cadáveres, descreveu a circulação sanguínea e o papel das válvulas venosas.

Nos séculos XIX e XX Egas Moniz (1874-1955) é o primeiro que habitualmente é citado, por ter sido galardoado com o Prémio Nobel da Medicina, em 1949. São seus contemporâneos outros médicos célebres, entre os quais se destacam Ricardo Jorge (1858-1939), Câmara Pestana (1863-1899), Reynaldo dos Santos (1880-1970), João Cid Santos (1907--1975) e Francisco Gentil (1878-1964).

Até ao século XX foram esporádicos os trabalhos realizados em Portugal sobre o cancro. Em 1889, Câmara Pestana apresentou e defendeu

---

* Presidente da Liga Portuguesa Contra o Cancro – Núcleo Regional do Centro.

uma tese perante a Escola Médico-Cirúrgica de Lisboa, intitulada "O micróbio do carcinoma". Termina afirmando, como Carl Franck «Çe bacille est vraisemblablement Ia cause de la maladie. Mais, en science, le vraisemblable n'est pas toujours vrai, et le vrai n'est pas toujours vraisemblable.».

A 20 de Janeiro de 1904, o então Ministro do Reino, Conselheiro Ernesto Hintze Ribeiro, mandou publicar a portaria nomeando a 1ª "Comissão para o Estudo do Cancro", presidida por João Ferraz de Macedo (184-1907) e incluindo José Curry Cabral (1844-1920), Francisco Oliveira Feijão (1850-1918), Custódio Cabeça (1866-1936) e João Azevedo Neves (18771955). Segundo António Gentil Martins, João Azevedo Neves publicou, em 1906, uma estrutura pioneira de um Registo Oncológico, na sequência de um inquérito enviado a todos os médicos municipais do Continente.

Em 1907, com a morte de João Ferraz de Macedo a "Comissão" passou a ser presidida por Ricardo Jorge, e constituída por Francisco Gentil, Mark Athias (1875-1946) e Carlos Santos.

Francisco Gentil, cirurgião, professor da Faculdade de Medicina de Lisboa, foi incumbido, em 1911, de estruturar uma enfermaria para doentes com cancro. Surgiu assim, em Portugal, o primeiro serviço "especializado" na área do cancro, a funcionar no Hospital de Santa Marta. Conjuntamente com Bénard Guedes (1887-1965), Mark Athias e Henrique Parreira (1885-1945), em 1915, fundou a "Secção de Estudos Cancerológicos". No ano seguinte foi criada na Faculdade de Medicina de Lisboa um "Serviço de Radiações".

Foi a 29 de Dezembro de 1923, que o então Ministro da Instrução Pública, António Sérgio, pelo Decreto 9.333, criou o Instituto Português para o Estudo do Cancro (IPEC), com sede provisória no Hospital de Santa Marta. Foi nomeada uma Comissão Diretora presidida por Francisco Gentil, com a participação de Mark Athias, Henrique Parreira, João Raposo de Magalhães (1884-?) e Francisco Bénard Guedes. Em 1931 o instituto passou a designar-se "Instituto Português de Oncologia" (IPO) e instalou-se em pavilhões, que foram sendo construídos, ao longo dos anos, nos terrenos de Palhavã.

À semelhança do que sucedia noutros países, onde foram criadas associações de cariz benévola-caritativo no âmbito do cancro, em 1931, médicos e uma elite social de Lisboa e arredores constituiu a "Comissão de Iniciativa Particular de Luta Contra o Cancro", dirigida por Mécia

Mouzinho de Albuquerque. As primeiras reuniões decorreram na casa da Condessa de Ficalho, na Rua dos Caetanos. Esta associação trabalhava em estreita colaboração com o IPO e organizava peditórios.

Por iniciativa de Francisco Gentil, através da Portaria 9772, de 4 de Abril de 1941 foi criada a Liga Portuguesa Contra o Cancro (LPCC) que substituiu a "Comissão". Em 1947 a LPCC passou a integrar a *"Union Internationale de Lutte Contre le Cancer".*

Como escreveram Rui Costa e João Rui Pita "... a interpenetração entre a Liga e a comissão diretora do IPO era total". Alguns dos membros da 1ª direção da Liga integravam a comissão diretora do IPO.

Desde o início de funcionamento da Liga que foi prevista a criação de núcleos regionais. Estes, contudo só se organizaram à semelhança da estrutura atual a partir dos anos 60, com a criação dos Centros de Oncologia de Coimbra (1961) e do Porto (1974).

NÚCLEO REGIONAL DO CENTRO (NRC) DA LPCC

Em Coimbra, no início da década de 50, Luís António Moreira Raposo (1892-1985), professor de cirurgia da Faculdade de Medicina de Coimbra, empenhou-se na criação de um centro anticanceroso, capaz de dar resposta à população do Centro do País, o que veio a acontecer em 1953 com a aquisição de uma pequena vivenda – o primeiro edifício sede do Centro de Coimbra do I.P.O.. Depois das obras de adaptação que se impunham, e já com a colaboração de Francisco Ibérico Nogueira (191-2009), professor de ginecologia da Faculdade de Medicina de Coimbra, o Centro, inaugurado em Dezembro de 1961, deu início à sua atividade em 1962 e, em 1977, autonomizou-se relativamente a Lisboa. Da pequena vivenda adquirida em 1953, até aos nossos dias, decorreu mais de meio século. Demolindo velhas estruturas e remodelando outras, modernizando equipamentos e espaços, a instituição não tem parado de crescer.

Francisco Ibérico Nogueira foi o primeiro diretor do Centro de Coimbra do IPO, de 1961 a 1974, em acumulação com a direção do Serviço de Ginecologia dos Hospitais da Universidade de Coimbra. Embora nalguns "sites" que relatam a história do IPO se afirme que o Centro de Coimbra iniciou a sua atividade em 1967, isto não corresponde à verdade. Podemos provar com dois bilhetes postais enviados a doentes em 6.10.62 e em 28.1.63. No primeiro pergunta-se *"qual o motivo porque não tem comparecido à consulta deste Centro"* e a resposta é dada pelo funcionário dos CTT ao devolver o postal e registando *"O destinatário já faleceu"*. Note-se que eram usados postais com o remetente *"Instituto Português de Oncologia, Palhavã"* e a seguir *"Portugal Lisboa"* era rasurado à mão e escrito *"Avenida Bissaia Barreto Coimbra"*. O bilhete postal de 1963 tem escrito no verso *" Queira apresentar-se neste Instituto no dia 31 de Janeiro de 1963 às 9 horas para internamento"*. Este bilhete postal também tem como remetente o logótipo do IPO, com a direção *"Palhavã, Lisboa"*. O endereço do remetente é rasurado à mão e colocado o carimbo "Centro de Coimbra, Av. Bissaia Barreto-Telf. 25531/2".

O peditório anual de angariação de fundos para a LPCC estava então à responsabilidade das esposas dos governadores civis dos vários distritos. Existindo o Núcleo de Coimbra da LPCC, com inicio de atividade nos anos 60, encontramos um ofício datado de 14 de Janeiro de 1965, dirigido ao governador civil de Castelo Branco, agradecendo a participação da esposa no peditório. A 20 de Janeiro de 1968 foi constituída a Comissão Organizadora do NRC da LPCC, presidida por Guilherme Braga da Cruz, professor da Faculdade de Direito da Universidade de Coimbra e com a participação de Álvaro Barbosa Ribeiro, João Cortez Vaz, José Gabriel Rocha Alves, Joaquim Correia dos Santos e Rui Lobo. Até ao início de funcionamento do NRC da LPCC, o núcleo designava-se *"Núcleo de Coimbra"*.

A 30 de Junho de 1971 entraram em exercício os primeiros corpos sociais do NRC da LPCC, assim constituídos: presidente – Álvaro Barbosa Ribeiro, secretário – José Gabriel Rocha Alves, tesoureiro – Joaquim Correia dos Santos, vogais – João Cortez Vaz, Dário Bettencourt Cruz, Manuel Antunes da Silva, José António Vieira dos Santos, Jorge Manuel Anjinho e Júlio Batista Mendes. Foi criada uma Comissão de Honra de que fizeram parte: Guilherme Braga da Cruz, Luís António Moreira Raposo, Francisco Ibérico Nogueira e Ricardina Moura.

No anexo I incluímos os corpos sociais do NRC de 1971 a 2015.

Nos primeiros anos de atividade do NRC da LPCC houve grande preocupação em criar em todos os concelhos da Zona Centro grupos de voluntários que, hoje em dia, constituem o maior grupo de voluntariado comunitário organizado no âmbito da LPCC. Inicialmente as principais iniciativas destes grupos consistiam em divulgar medidas de prevenção e estimular a participação nos rastreios organizados (a partir dos anos

80), encaminhar para a o NRC os doentes com necessidades de âmbito social e participar no peditório anual da LPCC. Atualmente a capacidade de intervenção dos voluntários comunitários é maior e organizam com frequência eventos de cariz variado e também promovem a angariação de fundos.

A partir da década de 80 foi iniciado, pelos Drs. José Gabriel Rocha Alves e Dário Bettencourt Cruz, um projeto piloto de rastreio do cancro da mama que a partir de 1990 passou a contar com o apoio do Ministério da Saúde, através da ARS do Centro, e passados alguns anos foi estendido às Zonas Norte e Sul do continente. Também foram desenvolvidas ao longo dos anos atividades de educação para a saúde para a população e atividades de formação para profissionais de saúde.

Nos últimos anos os principais objetivos do NRC tem sido: (a) Divulgar informação sobre cancro e promover a educação para a saúde, com ênfase para a sua prevenção; (b) Contribuir para o apoio social e humanização da assistência ao doente oncológico, em todas as fases da doença; (c) Cooperar com as instituições envolvidas na área da oncologia, nomeadamente com o Centro de Coimbra do Instituto Português de Oncologia Francisco Gentil (IPOFG), com o Centro Hospitalar Universitário de Coimbra e com outros hospitais da região; (d) Estimular e apoiar a formação e a investigação em oncologia, com particular destaque para o apoio concedido ao Centro de Investigação em Meio--Ambiente, Genética e Oncobiologia (CIMAGO); (e) Estabelecer e manter relações com instituições congéneres nacionais e estrageiras, destacando-se a "European Cancer Ligues" (ECL) e a "Europa Donna"; (f) Desenvolver estruturas para as prevenções primária e secundaria, tratamento e reabilitação, isoladamente ou em colaboração com outras entidades, realçando-se aqui o grande envolvimento no Programa de Rastreio do Cancro da Mama (PRCM), com a realização de cerca de 100.000 mamografias por ano; (g) Defender os direitos dos doentes e dos sobreviventes de cancro, destacando-se a parceria com o Centro de Direito Biomédico (CDB) da Universidade de Coimbra.

O organigrama do NRC compreende: um departamento de rastreio do cancro da mama; uma unidade de serviço social; uma unidade de psico-oncologia; uma unidade de formação; uma unidade de investigação; uma unidade de educação para a saúde; uma unidade de voluntariado que integra o Movimento Vencer e Viver (MVV), o Movimento de Apoio à Pessoa Ostomizada (MAPO) e o Centro de Voluntariado Ocupacional (CVO); uma unidade de apoio jurídico que conta com a colaboração do CDB; uma unidade administrativa e financeira; e uma unidade de sistemas de informação. O esforço orçamental de cada uma destas estruturas corresponde a 52% para o rastreio do cancro da mama, a 21% para o apoio social e humanização, incluindo a psico-oncologia, o apoio ao voluntariado e o apoio jurídico, a 15% para a educação para a saúde, a 6% para a formação e a investigação, a 4% para a organização e desenvolvimento e a 2% para a angariação de fundos. Para se ter a noção da ordem de grandeza do esforço financeiro do NRC da LPCC dá-se como exemplo que o orçamento de 2015 prevê para o rastreio do cancro da mama um gasto de cerca de 2 000.000 €, reembolsáveis a 90% pela ARS do Centro. Consideramos que o rastreio é uma atividade profissionalizada do NRC e todas as restantes atividades decorrem no âmbito do voluntariado, quer dos órgãos sociais, quer dos vários grupos de voluntariado comunitário, hospitalar e de entreajuda, sendo financiados pela angariação anual de fundos, donativos, parcerias, etc.. O NRC conta ainda com cerca de 70 colaboradores, a maior parte vinculada ao programa de rastreio do cancro da mama.

Nos últimos anos a atividade do NRC encontra-se distribuída por cerca de 70 projetos. Destacamos por mais recentes ou novos os seguintes: rede social de alojamento de apoio ao doente, rede social de transporte de doente e familiares, assessoria jurídica ao doente, sobreviventes e família, educação para a saúde no ensino superior, professores contra o cancro, "Dou Mais Tempo à Vida", divulgação da oncofertilidade (em colaboração com o Centro de Oncofertilidade do CHUC), educação para a saúde para mulheres cegas e amblíopes, envelhecimento ativo e promoção da saúde, cursos de formação para professores, técnicos de serviço social e profissionais de farmácias, conferencia sobre "Cancer Patient Advocacy", capacitação dos voluntários, aquisição de três unidades móveis de mamografia, apoio ao CIMAGO, estabelecimento de parcerias com empresas da região centro, candidaturas a projetos de financiamento, descentralização das consultas de psico-oncologia, remodelação de algumas instalações e implementação do sistema de informação interno do Núcleo.

Voluntário é a *"pessoa que assume o cumprimento de uma missão, de uma tarefa, sem que a isso seja obrigada"* ou é *"aquele que realiza um trabalho por vontade própria e sem receber em troca qualquer espécie de remuneração"*.

Ser voluntário no âmbito do NRC da LPCC é ser solidário para com os doentes e suas famílias, é assumir um compromisso, é estar disponível, é ser discreto e é atuar de acordo com os objetivos e orientações estratégicas da instituição. Todos têm a obrigação de contribuir para minorar as consequências que a doença acarreta àquele que a sofre e aos seus familiares e amigos. Ser voluntário é ser solidário.

A solidariedade é *"o sentimento que impele o indivíduo a prestar auxílio moral ou material a outrem"*. Frei Fernando Ventura afirmou: *"A verdadeira solidariedade é sempre respeitadora da dignidade do outro e não pode ser mais um insulto a quem a vida já insultou de mais."*

O NRC da LPCC é uma instituição respeitada e reconhecida por todos, porque os seus dirigentes, voluntários e colaboradores, comungam um sentimento de verdadeira solidariedade discreta.

BIBLIOGRAFIA CONSULTADA

Martins, António Gentil – A luta contra o cancro em Portugal. Conferência realizada no Grémio Literário, em Lisboa, a convite de Aires Gonçalves, no dia 5 de Abril de 2011.

Pestana, Câmara – O micróbio do carcinoma – Dissertação inaugural, Escola Médico-Cirúrgica de Lisboa, 1889.

Botelho, Luiz da Silveira – Catálogo da Exposição "Centenário do Nascimento de Francisco Soares Branco Gentil (1878-1978). Ed. Fundação Calouste Gulbenkian, 1978.

Souza, Baltazar Rebello – O Amor, plenitude da Lei nos 25 anos da Liga Portuguesa Contra o Cancro, Lisboa 1966.

Botelho, Luiz – Francisco Gentil. Ed. Liga Portuguesa Contra o Cancro, Lisboa, 1978.

Costa, Rui Manuel Pinto e Pita, João Rui Couto – Liga Portuguesa Contra o Cancro – 70 anos de história 1941 – 2011. Ed. Liga Portuguesa Contra o Cancro, 2011.

Liga Portuguesa Contra o Cancro – Núcleo Regional do Centro. Ed. NRC da LPCC, 2013.

Programa de atividades e orçamento para 2015 do NRC da LPCC, aprovado em Assembleia Geral da LPCC a 13 de Dezembro de 2014.

Ventura, Frei Fernando e Franco, Joaquim – Do eu solitário ao nós solidário. Ed. Verso da Kapa, 2011.

ANEXO 1
Corpos sociais do NRC da LPCC

1ᵒˢ CORPOS SOCIAIS	Nomes	Período de Exercício
Presidente	Dr. Álvaro Barbosa Ribeiro	1971/06/30
Secretário	Dr. José Gabriel da Rocha Alves	a
Tesoureiro	Joaquim Correia dos Santos	1974/10/15
Vogais	Dr. João Cortez Vaz Dr. Dário Bettencourt de Oliveira Cruz Dr. Manuel Antunes da Silva Dr. José António Vieira dos Santos Engº Jorge Manuel Serrano Anjinho Júlio César Batista Mendes	
Comissão de Honra		1971/10/23
	Prof. Doutor Guilherme Braga da Cruz	
	Prof. Doutor Luís A. Martins Raposo	
	Prof. Doutor Francisco Manuel Ibérico Nogueira	
	Dª Ricardina Moura	

2ᵒˢ CORPOS SOCIAIS	Nomes	Período de Exercício
Presidente	Dr. Dário Bettencourt de Oliveira Cruz	1974/10/16
Secretário	Dr. José Gabriel da Rocha Alves	a
Tesoureiro	Joaquim Correia dos Santos	1979/10/26
Vogais	Engº Jorge Manuel Serrano Anjinho Engº Adriano Gomes Machado Júlio César Baptista Mendes Dr. José António Vieira dos Santos Dr. Manuel Antunes da Silva Dr. João Cortez Vaz	
Assessores	Engº Fernando Casimiro Ladeiras Dr. António França Martins Dr. Albino Dias Urbano	

3ºˢ CORPOS SOCIAIS	NOMES	Período de Exercício
Presidente	Dr. Dário Bettencourt de Oliveira Cruz	1979/10/27 a 1983/01/05
Secretário	Dr. José Gabriel da Rocha Alves	
Tesoureiro	Dr. Joaquim Correia dos Santos	
Vogais	Dr. Aníbal Silvestre Madeira Júlio César Baptista Mendes Eng. Augusto Nascimento Gonçalves Dr. António Mendonça Soares Capitão Joaquim Teixeira do Amaral Carlos Alberto Marques da Silva Filipe	
Conselho Fiscal	Dr. João Cortez Vaz Dr. Jorge Manuel Serrano Anjinho Dr. António França Martins	

4ºˢ CORPOS SOCIAIS	NOMES	Período de Exercício
Presidente	Dr. Aníbal Silvestre Madeira	Triénio 1983/1985
Secretário	Dr. José Gabriel da Rocha Alves	
Tesoureiro	Dr. Joaquim Correia dos Santos	
Vogais	Dr. Dário Bettencourt de Oliveira Cruz Júlio César Baptista Mendes Eng. Augusto Nascimento Gonçalves Dr. António Mendonça Soares Fernando Ferreira Monteiro Dr. João Jacinto P. Ferreira de Melo	
Conselho Fiscal	Dr. João Cortez Vaz Dr. Jorge Manuel Serrano Anjinho Dr. António França Martins	

5ᵒˢ CORPOS SOCIAIS	NOMES	Período de Exercício
Presidente	Dr. Aníbal Silvestre Madeira	Triénio 1986/1988
Secretário	Dr. José Gabriel da Rocha Alves	
Tesoureiro	Dr. Joaquim Correia dos Santos	
Vogais	Dr. Dário Bettencourt de Oliveira Cruz Júlio César Baptista Mendes Eng. Augusto Nascimento Gonçalves Dr. António Mendonça Soares Dr. Vitor Manuel Ferreira Seabra Álvaro Perdigão da Costa	
Conselho Fiscal	Dr. João Cortez Vaz Dr. Jorge Manuel Serrano Anjinho Dr. António França Martins	

6ᵒˢ CORPOS SOCIAIS	NOMES	Período de Exercício
Presidente	Dr. Aníbal Silvestre Madeira	Triénio 1989/1991
Secretário	Dr. José Gabriel da Rocha Alves	
Tesoureiro	Dr. Joaquim Correia dos Santos	
Vogais	Dr. Dário Bettencourt de Oliveira Cruz Júlio César Baptista Mendes Eng. Augusto Nascimento Gonçalves Dr. António Mendonça Soares Dr. Vitor Manuel Ferreira Seabra Álvaro Perdigão da Costa	
Conselho Fiscal	Dr. João Cortez Vaz Dr. Jorge Manuel Serrano Anjinho Dr. António França Martins	

Assembleia Geral
    Presidente
    Vice-Presidente
    1º Secretário
    2º Secretário
	
	Dr. Álvaro Barbosa Ribeiro
	Fernando Ferreira Monteiro
	Drª Maria de Lurdes Cruz Gonçalves
	Enfª Maria Luísa Pinto Coelho	

7ᵒˢ CORPOS SOCIAIS	NOMES	Período de Exercício
Presidente	Dr. José Gabriel da Rocha Alves	Triénio 1992/1994
Secretário	Dr. António Mendonça Soares	
Tesoureiro	Dr. Joaquim Correia dos Santos	
Vogais	Dr. Aníbal Silvestre Madeira Dr. Dário Bettencourt de Oliveira Cruz Dr. Vitor Manuel Ferreira Seabra Eng. Augusto Nascimento Gonçalves Dr. Vitor José Lopes Rodrigues Álvaro Perdigão da Costa	
Conselho Fiscal	Eng. Augusto Nascimento Gonçalves Dr. Jorge Manuel Serrano Anjinho Dr. António França Martins	

Assembleia Geral
  Presidente
  Vice-Presidente
  1º Secretário
  2º Secretário
	
	Dr. Álvaro Barbosa Ribeiro
	Engº Pedro M. Alvin de Castro
	Drª Maria de Lurdes Cruz Gonçalves
	Enfª Maria Luísa Pinto Coelho	

8ᵒˢ CORPOS SOCIAIS	NOMES	Período de Exercício
Presidente	Dr. José Gabriel da Rocha Alves	Triénio 1995/1997
Secretário	Prof. Doutor Vitor José L. Rodrigues	
Tesoureiro	Dr. Joaquim Correia dos Santos	
Vogais	Dr. Dário Bettencourt de Oliveira Cruz Dr. Aníbal Silvestre Madeira Álvaro Perdigão da Costa Dr. António Mendonça Soares Engº Joaquim Silvestre Madeira Enfª Maria Luísa Pinto Coelho	
Conselho Fiscal	Dr. Vitor Manuel Ferreira Seabra Eng. Augusto Nascimento Gonçalves Dr. Jorge Manuel Serrano Anjinho	

Assembleia Geral
  Presidente
  Vice-Presidente
  1º Secretário
  2º Secretário
	
	Dr. Álvaro Barbosa Ribeiro
	Coronel Alcino Fernando V. Santos
	Drª Maria de Lurdes Cruz Gonçalves
	Enfª Maria Ercília Bilro	

9ᵒˢ CORPOS SOCIAIS	NOMES	Período de Exercício
Presidente	Dr. Joaquim Correia dos Santos	Triénio 1998/2000
Secretário	Prof. Doutor Vitor José L. Rodrigues	
Tesoureiro	Enfª Maria Ercília Bilro	
Vogais	Dr. José Gabriel da Rocha Alves Dr. Dário Bettencourt de Oliveira Cruz Dr. António Mendonça Soares Álvaro Perdigão da Costa Enfª Maria Luísa Pinto Coelho Engº Joaquim Silvestre Madeira	
Conselho Fiscal	Dr. Vitor Manuel Ferreira Seabra Dr. Jorge Manuel Serrano Anjinho Eng. Augusto Nascimento Gonçalves	

Assembleia Geral
  Presidente
  Vice-Presidente
  1º Secretário
  2º Secretário
	
	Dr. Álvaro Barbosa Ribeiro
	Coronel Alcino Fernando V. Santos
	Drª Maria de Lurdes Cruz Gonçalves
	José Pedro Cruz Gonçalves	

10ᵒˢ CORPOS SOCIAIS	NOMES	Período de Exercício
Presidente	Dr. Joaquim Correia dos Santos	Triénio 2001/2003
Secretário	Prof. Doutor Vitor José L. Rodrigues	
Tesoureiro	Enfª Maria Ercília Bilro	
Vogais	Dr. José Gabriel da Rocha Alves Dr. Dário Bettencourt de Oliveira Cruz Álvaro Perdigão da Costa Prof. Doutor Joaquim Silvestre Madeira Enfª Maria Luísa Pinto Coelho Dr. Luís Manuel Pimentel Peito Cruz	
Conselho Fiscal	Dr. Vitor Manuel Ferreira Seabra Eng. Augusto Nascimento Gonçalves Manuel Paula Maça	

Assembleia Geral
  Presidente
  Vice-Presidente
  1º Secretário
  2º Secretário
	
	Dr. António Mendonça Soares
	Coronel Alcino Fernando V. Santos
	Drª Maria de Lurdes Cruz Gonçalves
	José Pedro Cruz Gonçalves	

Assessores
  Rastreio
  Cuidados de Saúde Primários
  Educação para a Saúde
  Educação para a Saúde
  Investigação Científica
  Investigação Científica
  Voluntariado
	
	Dr. José Eduardo Fadigas Leão
	Drº António Carlos da Cruz Maia
	Enfª Clarinda M. P.F.S.R. Cruzeiro
	Dr. Frederico Marques Valido
	Drª Odete Cândida B.P. Real Fontes
	Drª Natália Amaral
	Armando Augusto da Silva	

11ºˢ CORPOS SOCIAIS	Nomes	Período de Exercício
Presidente	Dr. Joaquim Correia dos Santos	Triénio 2004/2006
Secretário	Álvaro Perdigão da Costa	
Tesoureiro	Enfª Maria Ercília Bilro	
Vogais	Enfª. Maria Luísa Pinto Coelho Dr. Luís Manuel Pimentel Peito Cruz Prof. Doutor Joaquim Silvestre Madeira Drº António Carlos da Cruz Maia Dr. João Moura Pereira Armando Augusto da Silva	
Conselho Fiscal	Dr. Vítor Manuel Ferreira Seabra Eng. Augusto Nascimento Gonçalves Manuel Paula Maça	

Assembleia Geral
  Presidente
  Vice-Presidente
  1º Secretário
  2º Secretário
	
	Dr. Dário Bettencourt de Oliveira Cruz
	Coronel Alcino Fernando V. Santos
	Drª Maria de Lurdes Cruz Gonçalves
	José Pedro Cruz Gonçalves	

Assessores
  Rastreio
  Cuidados de Saúde Primários
  Educação para a Saúde
  Investigação Científica
  Investigação Científica
  Gestão e Administração
	
	Dr. José Eduardo Fadigas Leão
	Dr. José Carlos Marinho
	Enfª Clarinda M.P.F.S.R. Cruzeiro
	Drª Odete Cândida B.P. Real Fontes
	  Drª Natália Amaral
	Dr. Augusto Miguel Pina	

12ºˢ CORPOS SOCIAIS	Nomes	Período de Exercício
Presidente	Dr. António Carlos da Cruz Maia*	Triénio 2007/2009
Secretário	Dra. Natália Fialho Amaral a)	
Tesoureiro	José Pedro Cruz Amaral*	
Vogais	Dra. Odete Cândida B.P.Real Fontes b) Enf. Maria Luísa Pinto Coelho c) Dra. Maria de Lourdes Vaz Lourenço Cruz Gonçalves* Armando Augusto da Silva	

Conselho Fiscal
  Presidente
 	
  Vogal
  Vogal
	
	Professor Doutor Carlos Freire de Oliveira*
	Dr. João Moura Pereira
	Dr. José Carlos Marinho	

Assembleia Geral
  Presidente
  Vice-Presidente
  1º Secretário
  2º Secretário
	
	Dr. Joaquim Correia dos Santos
	Dr. Manuel António Leitão da Silva
	Álvaro Perdigão da Silva
	Maria Ercília Simões Bilro	

Assessores		
Rastreio	Professor Doutor Vítor Lopes Rodrigues	
Cuidados de Saúde Primários	Dr. António Carlos da Cruz Maia	
Educação para a Saúde	Clarinda Cruzeiro	
Educação para a Saúde	Irmã Brito	
Prevenção Tabágica e Cancro do Pulmão	Maria de Lourdes Barradas Benedita Paiva	
Investigação Científica	Dra. Odete Cândida Baptista Real Fontes	
Investigação Científica		
Oncologia Clínica	Dra. Natália Fialho Amaral	
Oncologia Clínica	Albano Quaresma	
Movimento Vencer e Viver	Helena Gervásio	
Gestão e Administração	Lá Salete Bastos Dr. Miguel Pina	

* Apresentaram demissão em abril de 2009, aceite em Assembleia-Geral do Núcleo em 6 de abril de 2009;
a) Assumiu funções de Presidente da Direção em Assembleia-Geral de 21 abril 2009;
b) Assumiu funções de Secretária da Direção em Assembleia-Geral de 21 abril 2009;
c) Assumiu funções de Tesoureira da Direção em Assembleia-Geral de 21 abril 2009;

13ᵒˢ CORPOS SOCIAIS	Nomes	Período de Exercício
Presidente	Professor Doutor Carlos Freire de Oliveira	Triénio 2010/2012
Secretário	Dra. Natália Fialho de Amaral	
Tesoureiro	Dra. Odete Real Fontes	
Vogais	Dra. Maria de Lourdes Barradas Lopes Dra. Maria Helena Gervásio Armando Augusto da Silva Professor Doutor Vítor Lopes Rodrigues	
Conselho Fiscal Presidente Vogal Vogal	Dr. João Moura Pereira Dr. José Carlos Dias Marinho Dr. António Manuel Moreira Morais	
Assembleia Geral Presidente Vice-Presidente 1º Secretário 2º Secretário	Dr. Manuel António Leitão da Silva Enfª. Maria Luísa Pinto Coelho Álvaro Perdigão da Costa Enfª. Maria Ercília Simões Bilro	

14ºˢ CORPOS SOCIAIS	Nomes	Período de Exercício
Presidente	Professor Doutor Carlos Freire de Oliveira	Triénio 2013/2015
Secretário	Dra. Natália Fialho de Amaral	
Tesoureiro	Dra. Elsa Maria de Oliveira Abraúl	
Vogais Suplente Suplente Suplente	Armando Augusto da Silva Professor Doutor José Manuel Matos Romãozinho Dra. Maria Graça Lima Azevedo Dra. Maria Laura Tavares Silva Mendes Dra. Odete Real Fontes* Prof. Doutor Vítor Lopes Rodrigues Enfª. Irma da Silva Brito Dr. José Carlos Dias Marinho Dra. Maria Helena Gervásio	

Conselho Fiscal
   Presidente
   Vogal
   Vogal
   Suplente
	Dr. Rui Vasco Pereira Correia
	Enf. Maria Ercília Simões Bilro
	Professor Doutor José Carlos Leitão
	Dra. Maria Inês Teixeira Lopes Rodrigues	

Assembleia Geral
   Presidente
   Vice-Presidente
   1º Secretário
   2º Secretário
   Suplente
   Suplente
	Dr. Manuel António Leitão da Silva
	Dr. João Moura Pereira**
	Enfª. Maria Luísa de Lemos Pinto Coelho
	Dr. António Manuel Moreira Morais***
	Ângela Maria Matos Simões Cortez****
	Isabel Maria Ribeiro Araújo dos Santos	

* Pediu a demissão em Janeiro de 2015
** Faleceu em 2013
*** Passou a vice-presidente em 2013
**** Passou a 2º secretário em 2013

A entidade reguladora da saúde

Jorge Simões*
Luís Vale Lima**

1. Introdução

A Entidade Reguladora da Saúde ERS), criada em 2003 num contexto que melhor se descreverá adiante, constitui uma novidade, mesmo em termos de direito comparado, sendo Portugal uma das primeiras experiências de criação de um organismo regulador independente na área da saúde. Com efeito, o tradicional campo de actuação das autoridades reguladoras independentes sempre reportou a antigos serviços públicos tradicionais, como as telecomunicações e serviços postais, a energia (eletricidade e gás natural), os transportes ferroviários, os transportes aéreos, as águas e os resíduos (esgotos e lixos), cuja prestação foi sendo entregue a privados. Nesses casos foi cabendo a estes tipo de autoridades regular a abertura ao mercado e supervisionar o respeito pelas obrigações de serviço público.

No caso da saúde, os objectivos regulatórios foram assentes de acordo com um paradigma diferente, atendendo especialmente ao modo de gestão do sector público ("nova gestão pública"), incluindo o recurso

---

* Professor universitário, presidente do conselho de administração da Entidade Reguladora da Saúde
** Advogado

a mecanismos de tipo mercado (MTM), a liberalização e a abertura ao mercado, e finalmente a participação do sector privado na prestação de serviços públicos, em complementaridade com o sector público.

O presente artigo pretende fazer uma fotografia da ERS, começando pela sua contextualização no âmbito da regulação da economia através de agências dotadas de independência em relação à Estado e ao mercado. De seguida, proceder-se-á à descrição do "mercado" em que actua a ERS, o sistema de saúde português, analisando-se o que é a regulação em Saúde e o respectivo enquadramento nos Estatutos da ERS. Finalmente, passar-se-á em revista a actividade da ERS nos últimos anos.

2. A regulação da economia

A regulação da economia tem como pontos centrais a formulação, implementação e efectivação de regras dirigidas aos agentes económicos no mercado, destinadas a garantir o seu funcionamento equilibrado, de acordo com determinados objetivos públicos. Deve entender-se *a regulação como a intervenção estadual na economia por outras formas que não a participação directa na actividade económica, equivalendo, portanto, ao condicionamento, coordenação e disciplina da actividade económica privada*[1]. O essencial do conceito de regulação económica é o de alterar o comportamento dos agentes económicos (produtores, distribuidores, consumidores), em relação ao que eles teriam se não houvesse regulação[2].

Assim, são três as operações materiais em que assenta a actividade regulatória da economia: emissão de normas de atuação (*rule making*) – regulação em sentido estrito; aplicação e supervisão de aplicação de normas (*rule implementation* e *rule supervision*); e aplicação de sanções pelo incumprimento das normas (*rule enforcement*). Os poderes da administração regulatória não se distinguem estruturalmente da administração pública em geral. Todavia, a administração regulatória é caracterizada em geral por dois traços específicos: (i) maiores poderes discricionários das entidades reguladoras, sobretudo as autoridades reguladoras inde-

---

[1] Cfr. Vital Moreira, Auto-regulação Profissional e Administração Pública, Coimbra, 1997, p. 35.
[2] Cfr. Vital Moreira/Luís Vale Lima, "A nomeação dos reguladores – entre o radicalismo e a moderação das propostas", in Textos de Regulação ERS 2012. Sobre o conceito de regulação, ver por todos, Robert Baldwin, Martin Cave e Martin Lodge, Understanding Regulation, 2nd Edition, Oxford 2012.

pendentes, quer ao nível regulamentar, quer ao nível da fiscalização administrativa, quer, por último, ao nível do poder sancionatório; (ii) concentração dos poderes normativos "executivos" e sancionatórios na mesma autoridade administrativa – a autoridade reguladora – diferentemente do que ocorre na administração em geral, em que tais fases estão em geral desagregadas, cabendo a diferentes organismos administrativos.

São essencialmente quatro as razões de ser da regulação económica:

O primeiro fundamento da regulação está nos limites e "falhas" do mercado, isto é, nas situações em que o mercado, pelas especiais características de certos setores, não pode funcionar normalmente sem intervenção externa. Tal é o caso dos "monopólios naturais", em que, por razões de racionalidade económica e ambiental, não se pode estabelecer concorrência entre uma pluralidade de operadores, tendo de se aceitar um único operador (indústrias de rede). O mesmo sucede com as "externalidades negativas". Estas dizem respeito aos custos sociais de certas atividades económicas, associados aos danos ambientais, aos prejuízos para a saúde pública, os riscos para a segurança coletiva, etc. Entre as falhas de mercado contam-se também as "assimetrias de informação", decorrentes da desigualdade de informação entre fornecedores e consumidores no que concerne às características e qualidade dos bens e serviços.

A segunda razão de ser que tradicionalmente se associa à regulação pública da economia decorre de exigências ambientais e de ordenamento territorial das atividades económicas, do planeamento e ordenamento urbanístico.

A terceira razão da regulação decorre da necessidade de proteger os consumidores na sua relação de "troca desigual" com os produtores e distribuidores. São os valores de uma informação fiável e adequada sobre os produtos e serviços postos no mercado, da segurança e da saúde individual, de assegurar um direito à reparação de danos, que justificam a intervenção regulatória[3].

Finalmente, a quarta razão para a regulação pública da economia deriva da necessidade de assegurar a todos, independentemente de meios económicos e do local de residência, o acesso a certos serviços considerados básicos, como a água, a energia, as telecomunicações e os serviços

---

[3] Cfr. Vital Moreira & Maria Manuel Leitão Marques, A Mão Visível – Mercado e Regulação, Coimbra, 2003, p. 14.

postais. Trata-se dos chamados "serviços de interesse económico geral", antigamente fornecidos diretamente pelo poder público e que depois da sua privatização e/ou liberalização ficam sujeitos a "obrigações de serviço público". Neste aspeto o Estado fornecedor de serviços públicos torna-se garante do seu fornecimento por entidades privadas ("Estado garante")[4].

Como refere Pedro Gonçalves, a "regulação representa, na verdade, a pedra de toque do novo modelo de intervenção pública na economia e nos mercados, surgindo como o instrumento por excelência de efetivação da responsabilidade de garantia. Em grande medida, é por via da regulação que hoje se realiza o dever estadual de garantir ou assegurar a realização do interesse público e de protecção ou até de realização dos direitos dos cidadãos".[5]

3. As autoridades reguladoras independentes

Uma das características do moderno Estado regulador consiste na "desgovernamentalização" da regulação, que é confiada a autoridades reguladoras independentes, não sujeitas às formas tradicionais da "administração indireta do Estado", caraterizadas pela livre nomeação e destituição governamental dos seus dirigentes e pela tutela e superintendência governamental.

Tipicamente as autoridades reguladoras independentes são identificadas pelos seguintes traços: procedimento especial de nomeação dos seus dirigentes, duração do seu mandato mais longa do que a legislatura, irremovibilidade (salvo falta grave), independência funcional (não sujeição a tutela de mérito nem a orientações governamentais), recursos financeiros próprios, prestação direta de contas perante o Parlamento sem passar pelo Governo.

Para além da separação clara entre política e economia, a opção pelo modelo de regulação independente assenta ainda na necessidade de separar o papel de regulador em relação ao aparelho administrativo tradicional e à volatilidade dos governos. Trata-se, pois, de assegurar a estabilidade e segurança do quadro regulatório, tornando-o imune ao ciclo eleitoral, através, desde logo, da inamovibilidade dos mandatos dos

---

[4] Cfr. Vital Moreira/Luís Vale Lima, "A nomeação dos reguladores – entre o radicalismo e a moderação das propostas", in Textos de Regulação ERS, 2012.
[5] Cfr. "Direito Administrativo da Regulação", in Estudos em Homenagem a Marcello Caetano, Coimbra, 2006, p. 538.

reguladores. Tal aspeto assume particular importância, porquanto potencia a confiança dos agentes económicos.

Com efeito, "a intervenção do Estado em todos os domínios da vida económica, social e cultural, com o consequente crescimento desmesurado do aparelho administrativo influenciou negativamente a funcionalidade e eficiência da administração e contribuiu para o esbatimento das fronteiras entre administração e política". Por outro lado, "a experiência mostra que os governos, muitos manietados pelos interesses eleitorais e do partido, ficam inibidos de tomar decisões que se mostrem necessárias e convenientes a médio prazo, mas que são susceptíveis de se tornarem demasiado onerosas a curto prazo para o partido do governo"[6].

A justificação do modelo de regulação independente decorre ainda da necessidade de favorecer o profissionalismo da actuação regulatória, determinando o recrutamento de pessoal especializado de forma a assegurar um processo de decisão informado e fundado em dados técnicos[7].

Outra das justificações da adopção do modelo de regulação independente deriva da concepção que lhe está inerente, ou seja, da necessidade de que o desenvolvimento da actividade económica seja controlado por sujeitos imparciais, "colocados numa posição equidistante em relação aos interesses públicos e privados em jogo"[8]. A neutralidade e a independência da decisão regulatória são os instrumentos eleitos com vista ao desiderato final: a garantia da livre e efectiva concorrência entre os operadores económicos, a transparência e a visibilidade do mercado, bem como a remoção ou atenuação dos limites e falhas de mercado decorrentes do seu funcionamento, a protecção dos consumidores na sua relação de troca desigual com os produtores e distribuidores, sobretudo nos casos de assimetrias de informação e a garantia da manutenção das obrigações de serviço público[9].

---

[6] Cfr. Vital Moreira e Fernanda Maçãs, Autoridades Reguladoras Independentes – Estudo e Projecto de Lei-Quadro, Coimbra, 2003, p. 49.
[7] Por regulação orientada por critérios técnicos entende-se aquela que "compreende, essencialmente, as regras que se destinam a assegurar a compatibilidade entre equipamentos e sistemas, a garantir a segurança, a proteção da privacidade e a preservar o ambiente." – Cfr. Maria M. Leitão Marques, João Paulo Simões de Almeida e André Matos Forte, Concorrência e Regulação – A regulação entre a Autoridade de Concorrência e outras autoridades de regulação sectorial, Coimbra, 2005, p. 23.
[8] Cfr. Autoridades Reguladoras Independentes, cit., p. 53.
[9] Cfr. Maria M. Leitão Marques, Vital Moreira, "Economia de mercado e regulação", in A Mão Visível, cit., p. 14

A independência das autoridades reguladoras tem sido alvo de fortes críticas, desde a sua origem no contexto norte-americano, e muito potenciadas pelo sistema administrativo de tipo continental europeu, e que se referem à sua legitimidade democrática. Estas objecções prendem-se fundamentalmente com o defice democrático alegadamente inerente à subtração ao controlo político executivo e parlamentar e à sua condição de quarto poder ou poder neutro[10].

Face a estas críticas a doutrina procurou uma nova legitimação das autoridades reguladoras independentes. Em primeiro lugar, a consideração prevalecente na doutrina é a de que a atividade das autoridades reguladoras independentes se insere na função administrativa. Nestes termos, é importante ter presente que a atividade das autoridades reguladoras independentes está vinculada à lei, na mesma medida em que o está a administração tradicional. Por outro lado, tem sido defendido que a legitimação das autoridades reguladoras independentes se aproxima mais da legitimidade democrática procedimental do que da legitimidade democrática política ou parlamentar[11]. Ou seja, a legitimidade democrática manter-se-ia, embora a um nível mais remoto[12] do que sucede com a Administração Pública tradicional. É ao procedimento que cabe "garantir o contraditório, a transparência e a participação de todos os interesses envolvidos"[13].

A legitimidade das autoridades reguladoras independentes tem ainda alicerce noutros mecanismos de responsabilidade, tais como uma rigorosa definição dos seus mandatos, a elaboração de relatórios regulares da actividade, o escrutínio da comissão parlamentar competente e os restantes controlos transversais gerais[14].

---

[10] Cfr. Numa perspectiva crítica, Blanco de Morais, "As autoridades administrativas independentes na ordem jurídica portuguesa", Revista da Ordem dos Advogados, Ano 61, Janeiro 2001, p. 148.
[11] Cfr. Vital Moreira e Fernanda Maças, Autoridades Reguladoras Independentes, cit., p. 47.
[12] Cfr. Alexandre Santos de Aragão, "A legitimação democrática das agências reguladoras", Revista de Direito Público da Economia, nº 6, 2004, p. 9.
[13] Cfr. Auto-Regulação Profissional e Administração Pública, cit., p. 36.
[14] Nomeadamente a revisão judicial das decisões e regulamentos, o controlo do Tribunal de Contas e de outras entidades independentes com competências específicas de controlo de poder público (Provedor de Justiça, Comissão Nacional de Protecção de Dados etc.) – Cfr. Vital Moreira e André Forte, "Declaração de Condeixa", in Estudos de Regulação Pública – I (org. Vital Moreira), CEDIPRE, Coimbra, 2004, p. 718 e ss.. Robert Baldwin e

Finalmente, há ainda que fazer referência aos seus poderes. Como se referiu acima, a atividade regulatória comporta três tarefas essenciais: a definição e aprovação de regras, a implementação concreta dessas regras e a fiscalização do respectivo cumprimento (que inclui a punição dos infractores). Correspondem a estas tarefas o poder de emitir regulamentos, o poder de emitir os actos administrativos tendentes à execução das funções de supervisão e ainda o poder sancionatório, de aplicação de coimas e outras sanções acessórias em sede de processos contraordenacionais[15].

Todas estas características foram afinal, com maiores ou menores matizes, agregadas num regime jurídico enquadrador da actividade regulatória em Portugal: a Lei quadro das entidades administrativas independentes com funções de regulação da actividade económica dos sectores privado, público e cooperativo, aprovada pela Lei nº 67/2013, de 28 de Agosto.

4. O sistema de saúde português

A nossa Constituição é típica de um Estado social e democrático de Direito que, para além dos clássicos direitos de liberdade, contém um vasto elenco de direitos sociais. O direito fundamental à saúde, consagrado no art. 64º da Constituição, é um desses direitos sociais, realizado "através de um serviço nacional de saúde universal e geral e, tendo em conta as condições económicas e sociais dos cidadãos, tendencialmente gratuito".

A Lei do Serviço Nacional de Saúde de 1979 – Lei nº 56/79, de 15 de Setembro – representou o primeiro modelo político de regulamentação do artigo 64º da Constituição e defendia um conjunto coerente de princípios, de que se destacam a direcção unificada do Serviço Nacional de Saúde (SNS), a gestão descentralizada e participada e ainda a gratuitidade e o carácter supletivo do sector privado[16].

Christopher Mccruden avançam com cinco critérios essenciais para aferir da legitimidade das agências ou da sua actividade: 1) respeito pelo mandato conferido pelo legislador; 2) grau de responsabilidade e controlo sobre a actividade da agência; 3) grau de *due process*; 4) grau de especialização; 5) grau de eficiência – Cfr. Regulation and Public Law, Londres, 1987, p. 326.
[15] Como por exemplo a suspensão ou revogação de autorização para o exercício da actividade – cfr. Vital Moreira e Fernanda Maças, Autoridades Reguladoras Independentes, cit., p. 36.
[16] Para mais desenvolvimentos ver Campos A.C. e Jorge Simões. *O Percurso da Saúde: Portugal na Europa*. Coimbra, Almedina, 2011.

Após os sobressaltos da década de oitenta do século passado, os programas eleitorais do PSD e do PS contemplavam, em 1991, concepções não distantes de sistema de saúde, que não se esgotava no SNS, mas defendendo o seu carácter predominantemente público e universal.

A lei do SNS de 1979 foi alterada, em 1990, pela Lei de Bases da Saúde[17] e, em 1993, pelo Estatuto do SNS[18].

As principais alterações foram traduzidas em quatro estratégias: (a) regionalização da administração dos serviços, com maior autonomia e poderes para coordenar a actividade dos hospitais; (b) privatização de sectores da prestação de cuidados, devendo o Estado promover o desenvolvimento do sector privado e permitir a gestão privada de unidades públicas; (c) privatização do financiamento de cuidados, com a concessão de incentivos à opção por seguros privados de saúde e a possibilidade de criação de um seguro alternativo de saúde; (d) articulação de cuidados, com a criação de unidades de saúde, que agrupariam, numa região, hospitais e centros de saúde.

Do conjunto de propósitos permaneceu, no essencial, para além da concepção ampla do sistema de saúde, integrando o SNS, entidades privadas e profissionais liberais e do entendimento dos cidadãos como primeiros responsáveis pela própria saúde, a redução do peso do Estado na provisão de actividades adjectivas nos hospitais (*contracting-out*) e a experiência do Hospital Fernando da Fonseca, na Amadora, no final de 1995, como o primeiro hospital público com gestão privada.

As eleições legislativas de 1995 testemunharam o consenso na manutenção do SNS como garante da universalidade da cobertura, bem como alguma coincidência de pontos de vista sobre novas ideias, tais como a separação entre financiamento, prestação e regulação do sistema, a criação de um mercado de saúde regulado pelo Estado; mais autonomia e responsabilização para as unidades prestadoras públicas, a alteração do financiamento dos hospitais e centros de saúde, a afectação regional do financiamento, de acordo com o perfil epidemiológico da região.

A coligação de governo saída das eleições de 2002 preconizava um sistema misto assente na complementaridade entre sectores público, social e privado. Este "novo" Sistema Nacional de Saúde baseava a sua

---

[17] Lei nº 48/90, de 24 de Agosto.
[18] Decreto-lei nº 11/93, de 15 de Janeiro.

organização e funcionamento na articulação de redes de cuidados primários, diferenciados e continuados. Consagrava-se a ideia de Sistema Nacional de Saúde, "onde coexistem as iniciativas pública, social e privada e regulado por uma entidade independente e autónoma"[19], sem que o Serviço Nacional de Saúde se constituísse em referência preferencial.

Este diferente entendimento do sistema de saúde teve tradução na criação de redes de cuidados hospitalares, primários e continuados. Em 2002 é criado um novo regime jurídico da gestão hospitalar[20] e alterada a Lei de Bases da Saúde para permitir o contrato individual de trabalho como regime laboral genérico aplicável aos profissionais que trabalham no SNS e a criação de unidades de saúde com a natureza de sociedades anónimas de capitais públicos. Procedeu-se a nova classificação dos hospitais segundo o seu estatuto jurídico-financeiro e regulamentados, em diplomas especiais, os hospitais com modelos jurídicos de sociedade anónima e hospitais pertencentes ao Sector Público Administrativo. Foram transformados por decreto-lei[21] trinta e um hospitais em sociedades anónimas de capital exclusivamente público. Ainda em 2002 é publicado o diploma[22] que define os princípios e os instrumentos para o estabelecimento de parcerias em saúde, em regime de gestão e financiamento privados, entre o Ministério da Saúde ou outras instituições e serviços integrados no SNS e outras entidades, dispondo que: a) as parcerias têm por objecto uma associação duradoura de entidades dos sectores privado e social para a realização directa de prestações de saúde no âmbito do SNS; b) a tipologia de prestações pode englobar os cuidados de saúde primários, os diferenciados e os continuados; c) as parcerias envolvem uma ou mais das actividades de concepção, construção, financiamento, conservação e exploração dos estabelecimentos a integrar no SNS; d) os instrumentos para o estabelecimento de parcerias são, entre outros, o contrato de gestão, o contrato de prestação de serviços e o contrato de colaboração; e) o contrato de gestão não pode exceder o prazo de trinta anos.

Em 2004 estavam anunciados concursos para a construção dos hospitais, em parceria público-privada, de Loures, Cascais e Braga, devendo

---

[19] Pereira, 2005.
[20] Lei nº 27/2002, de 8 de Novembro.
[21] Decretos-Leis nºs 272 a 302/2002, de 9, 10 e 11 de Dezembro.
[22] Decreto-lei nº 185/2002, de 20 de Agosto.

seguir-se os de Vila Franca de Xira, Sintra, Guarda, Algarve, Póvoa/Vila do Conde, Vila Nova de Gaia e Évora.

O conceito de rede aplicou-se, ainda, aos cuidados continuados de saúde[23]. Os estabelecimentos que prestariam cuidados de saúde continuados podiam revestir as figuras jurídicas de estabelecimentos públicos, instituições particulares de solidariedade social e estabelecimentos privados com ou sem fins lucrativos. A tipologia de serviços previa a existência de unidades de internamento, unidades de recuperação global e unidades móveis domiciliárias.

Esta rede de cuidados continuados de saúde poucos resultados apresentou, em relação à situação pré-existente, não se verificando a integração de cuidados na saúde, nem se estabelecendo pontes sólidas com as estruturas prestadoras de cuidados da responsabilidade da Segurança Social.

Outro sector que sofreu profundas alterações foi o dos cuidados primários, com a criação normativa de uma rede[24] constituída pelos centros de saúde integrados no SNS, por entidades do sector privado que prestem cuidados de saúde primários a utentes do SNS e, ainda, por profissionais e agrupamentos de profissionais em regime liberal, com quem sejam celebrados contratos. Tal significa que a rede integraria centros de saúde, unidades públicas geridas por entidades privadas mediante contratos de gestão, entidades privadas com quem fossem celebrados acordos, médicos e outros profissionais de saúde contratados pelos conselhos de administração das ARS para a prestação de cuidados de saúde primários.

O modelo dispersava a prestação de cuidados de saúde primários por um conjunto diverso de entidades, públicas e privadas, singulares e colectivas, com maior ou menor diferenciação profissional, com o risco de se perderem intervenções fundamentais para a promoção da saúde.

Para além de ter sido mal recebido pelos médicos de família e outros sectores da sociedade, este diploma só foi promulgado pelo Presidente da República com a menção, no próprio diploma, que só entraria em vigor "em simultâneo com o diploma que aprove a criação de uma entidade reguladora que enquadre a participação e actuação dos operadores privados e sociais no âmbito da prestação de serviços públicos de saúde".

---

[23] Decreto-lei nº 281/2003, de 8 de Novembro.
[24] Decreto-lei nº 60/2003, de 1 de Abril.

Disse Jorge Sampaio[25]: "Insisti, como sabem, na criação de uma entidade reguladora previamente às profundas alterações introduzidas na rede de cuidados de saúde primários. E fi-lo por três razões: Em primeiro lugar, porque a utilização de uma lógica empresarial no âmbito do Serviço Nacional de Saúde terá virtualidades, mas contém igualmente riscos – riscos que podem e devem ser acautelados. Quais são os mais gravosos? A selecção de patologias de acordo com critérios financeiros, a desvalorização da qualidade dos cuidados de saúde e da segurança dos utilizadores, a desvalorização de actos dificilmente mensuráveis na área da prevenção e da promoção da saúde, o desinvestimento na investigação e na formação dos profissionais. Ora, a gravidade destas situações – que, a concretizarem-se, subverteriam toda a filosofia e o património de realizações do Estado de Bem Estar na área da protecção social dos cidadãos face aos riscos de doença – exige uma intervenção preventiva, não podendo, pois, o seu acompanhamento repousar num mero controlo *a posteriori*. Faço notar, em particular, que, no quadro de traços estruturais específicos da sociedade portuguesa, que impõem a largos sectores da população debilidades e carências muito acentuadas, as questões do acesso aos cuidados de saúde comportam uma enorme delicadeza. A segunda razão para ter defendido a criação de uma entidade reguladora da saúde prende-se com o facto de os mecanismos de regulação existentes no Ministério da Saúde terem manifestado, nomeadamente no acompanhamento do contrato de gestão do Hospital Amadora-Sintra, dificuldades evidentes, fruto da falta de experiência e de preparação específica para estas tarefas (...). A terceira razão decorre do facto de a organização do Serviço Nacional de Saúde valorizar, e bem, o centro de saúde. Ele deve ser a porta de entrada no sistema de saúde, o exemplo de uma cultura de proximidade e de continuidade de cuidados e onde se pratica não só o tratamento da doença, mas também a promoção da saúde. Trata-se de uma organização fundamental na nossa estratégia de saúde e que não pode ser amputada de nenhuma das suas formas de intervenção, sob pena de deixar de ser um espaço de exercício de direitos fundamentais das pessoas, um espaço de vivência e promoção da cidadania. Está adquirido que uma parte dos

---

[25] Sessão de Abertura do Colóquio sobre "Reforma e Regulação da Saúde", Coimbra, 24 de Setembro de 2004, in "Portugueses", volume IX, INCM, Lisboa, 2006.

bons resultados em saúde que conseguimos nas últimas três décadas se deve à acção dos centros de saúde que cobrem todo o país. Impõe-se, por isso, que a introdução de uma diferente lógica de funcionamento do centro de saúde não leve a prejudicar ou fazer esquecer a diversidade de tipos de intervenções dos cuidados de saúde primários. A criação de uma Entidade Reguladora na Saúde pareceu-me, pois, necessária para garantir, em especial, a universalidade e a equidade no acesso aos cuidados de saúde, mas também a sua qualidade".

Ou seja, partindo de pressupostos ideológicos diferentes, Presidente e Governo concordaram na criação da ERS, prevista no programa do XV Governo Constitucional, consagrada pelo Decreto-Lei nº 309/2003 de 10 de Dezembro, tendo o Conselho de Ministros nomeado, por resolução de 24 Março de 2004, a sua primeira direcção.

5. A regulação na saúde

No início deste século, o mercado surgiu, na saúde, em Portugal, com força crescente, remetendo-se o Estado para um papel mais regulador, para, depois, o sistema estabilizar num equilíbrio com uma elevada dependência do percurso e com uma aprendizagem social que ensaiou, aparentemente com sucesso, mudanças nos cuidados primários, hospitalares, e na política do medicamento e com a criação da rede de cuidados continuados.

O debate sobre as funções do Estado e sobre os modelos de administração do Estado influenciou a discussão do modelo de sistema de saúde, do SNS e, em particular, do regime jurídico do hospital público português. A desintervenção do Estado, nas suas diversas expressões, e a nova gestão pública foram provocando alterações progressivas nos modelos de hospitais do SNS.

A empresarialização dos hospitais e a fuga para o direito privado foram ganhando terreno, em diversos momentos e com diferentes formatos, à concepção tradicional da administração pública da saúde.

A ERS, criada pelo Decreto-Lei nº 309/2003, de 10 de Dezembro, surge neste contexto lato de um sistema de regulação e supervisão, assente nos princípios da separação das funções do Estado como regulador e supervisor, em relação às suas funções de operador e de financiador e da independência do organismo regulador, tendo à mesma sido atribuídas as competências de "regulação e supervisão dos estabelecimentos, instituições e serviços prestadores de cuidados de saúde, no que respeita ao cumprimento das suas obrigações legais e contratuais relativas ao acesso dos utentes aos cuidados de saúde, à observância dos níveis de qualidade e à segurança e aos direitos dos utentes"[26], o que abrange também "assegurar os direitos e interesses legítimos dos utentes" e "garantir a concorrência entre os operadores, no quadro da prossecução dos direitos dos utentes"[27].

Entretanto, o Decreto-Lei nº 127/2009, de 27 de Maio, aprovou a reestruturação da ERS, com redefinição das suas atribuições, organização e funcionamento. Este diploma estabeleceu novos aspectos institucionais, com especial importância para a criação de um conselho consultivo, e procedeu quer a um alargamento e aprofundamento de competências já existentes, quer a um aumento de competências resultante de novas atribuições.

Finalmente, o Decreto-Lei nº 126/2014, de 22 de agosto, aprovou os atuais estatutos da ERS.

6. A ERS: análise dos seus Estatutos

Os actuais Estatutos da ERS, aprovados, como se referiu, pelo Decreto-Lei nº 126/2014, de 22 de Agosto, são o resultado de um processo evolutivo assente na experiência que a ERS foi adquirindo desde 2003. No entanto, o impulso decisivo dá-se com a denominada lei-quadro das entidades reguladoras, aprovada pela Lei nº 67/2013, de 28 de Agosto, que obrigou à revisão de todos os diplomas ordenadores das entidades reguladores abrangidas por aquele diploma.

A adaptação dos Estatutos da ERS ao novo enquadramento fornecido pela Lei-quadro incluiu seguir um conjunto de determinações vasto, onde se contam a redenominação do órgão máximo – agora conselho de administração – novo modelo de nomeação dos membros do conselho de administração e respectiva duração de mandato, novas regras de incompatibilidades e impedimentos, um novo modelo de financiamento (assente em contribuições regulatórias), alterações substantivas no regime orçamental e financeiro, com reforço da autonomia

---

[26] Cf. artigo 6º, nº 1 do Decreto-Lei nº 309/2003, de 10 de Dezembro.
[27] Cf. alínea c) do art. 25º nº 1, alínea b) do nº 2 do artigo 6º e nº 1 do artigo 30º do Decreto-Lei nº 309/2003, de 10 de Dezembro.

nestas matérias, bem como algumas inovações em questões relacionadas com a protecção dos consumidores.

Em termos de missão, os novos estatutos consagram um alargamento e aprofundamento das atribuições e das competências da ERS, sendo isso mais evidente em matéria de tratamento de reclamações dos utentes dos serviços de saúde, de licenciamento de estabelecimentos prestadores de cuidados de saúde, e ainda, de resolução de conciliação de conflitos.

No primeiro caso, os novos estatutos reservam ao regulador a competência exclusiva para a apreciação e a monitorização de todas as queixas e reclamações apresentadas por utentes de serviços de saúde (públicos, cooperativos, sociais e privados)[28], o que implica a responsabilidade pelo tratamento anual de cerca de 60.000 reclamações.

No segundo caso, a ERS passou a assegurar todo o processo de licenciamento de prestadores de cuidados de saúde, cabendo-lhe a competência para a decisão de emissão, manutenção e revogação das licenças de funcionamento dos prestadores de cuidados de saúde do sector privado e social. Esta competência foi, aliás, concretizada no novo regime do licenciamento de prestadores de cuidados de saúde, previsto no Decreto-Lei nº 127/2014, de 22 de Agosto, que se publicou a par com os estatutos da ERS[29].

E finalmente, no terceiro caso, os novos estatutos dispõem que a ERS pode intervir na mediação ou resolução de conflitos entre estabelecimentos do SNS ou entre os mesmos e prestadores do sector privado e social, ou ainda no âmbito de contratos de concessão, de parceria público-privada, de convenção ou de relações contratuais afins no sector da saúde, e também entre prestadores de cuidados de saúde e utentes[30]. Esta última situação (prestadores e utentes) representa uma novidade relevante face à intervenção que os anteriores estatutos reservavam à ERS nesta matéria.

7. A actividade da ERS

A missão da ERS traduz-se na regulação da atividade dos estabelecimentos prestadores de cuidados de saúde, e as suas atribuições com-

---

[28] Cfr. artigo 30º do Decreto-lei nº 126/2014, de 22 de Agosto.
[29] Cfr. artigo 11º do Decreto-lei nº 126/2014, de 22 de Agosto, e artigos 4º e 5º do Decreto-lei nº 127/2014, de 22 de Agosto.
[30] Cfr. artigo 28º do Decreto-lei nº 126/2014, de 22 de Agosto.

preendem a supervisão desses estabelecimentos no que respeita a) ao controlo dos requisitos de funcionamento; b) à garantia de acesso aos cuidados de saúde; c) à defesa dos direitos dos utentes; d) à garantia da prestação de cuidados de saúde de qualidade; e) à regulação económica; f) à promoção e defesa da concorrência.

O seu âmbito de regulação inclui todos os estabelecimentos prestadores de cuidados de saúde, do sector público, privado, social e cooperativo, independentemente da sua natureza jurídica, excetuando-se os profissionais de saúde no que respeita à sua atividade sujeita à regulação e disciplina das respetivas associações públicas profissionais e os estabelecimentos sujeitos a regulação específica do Infarmed – Autoridade Nacional do Medicamento e Produtos de Saúde, I.P., nos aspetos respeitantes a essa regulação.

Com a entrada em vigor dos novos estatutos da ERS, em setembro de 2014, o seu âmbito territorial de atuação passou a incluir as regiões autónomas da Madeira e dos Açores.

Conforme se estabelece no art. 10º dos estatutos da ERS, o primeiro dos seus objetivos de regulação é assegurar o cumprimento dos requisitos do exercício da atividade dos estabelecimentos prestadores de cuidados de saúde, incluindo os respeitantes ao regime de licenciamento dos estabelecimentos prestadores de cuidados de saúde, nos termos da lei.

Para esse efeito, incumbe-lhe pronunciar-se e fazer recomendações sobre os requisitos necessários para o funcionamento dos estabelecimentos prestadores de cuidados de saúde, nos termos da al. a) do art. 11º dos seus estatutos.

A título de requisitos de funcionamento, realça-se a obrigatoriedade de registo público dos estabelecimentos prestadores de cuidados de saúde junto da ERS (previsto no art. 26º dos seus estatutos).

A figura 1 ilustra a evolução deste registo público de prestadores desde 2006 até 2014.

Figura 1. Entidades e estabelecimentos registados na ERS

Incumbe também à ERS, nos termos da al. b) do art. 11º dos seus estatutos, instruir e decidir os pedidos de licenciamento de estabelecimentos prestadores de cuidados de saúde, nos termos da lei. Com o novo Regime Jurídico do Licenciamento (Decreto-Lei nº 127/2014, de 22 de agosto), a ERS passou a deter a competência exclusiva do licenciamento dos estabelecimentos prestadores de cuidados de saúde.

Finalmente, é incumbência da ERS assegurar o cumprimento dos requisitos legais e regulamentares de funcionamento dos estabelecimentos prestadores de cuidados de saúde e sancionar o seu incumprimento, nos termos da al. c) do art. 11º dos seus estatutos.

O segundo objetivo de regulação da ERS consiste em assegurar o cumprimento, por parte das entidades reguladas, dos critérios de acesso aos cuidados de saúde, nos termos da Constituição e da lei (vide al. b) do art. 10º dos estatutos da ERS).

Para concretização desse objetivo, a ERS tem diversas incumbências específicas, nomeadamente a de assegurar o direito de acesso universal e equitativo à prestação de cuidados de saúde nos serviços e estabelecimentos do SNS, nos estabelecimentos publicamente financiados, bem como nos estabelecimentos contratados para a prestação de cuidados no âmbito de sistemas ou subsistemas públicos de saúde ou equiparados, definida na al. a) do art. 12º daqueles estatutos.

Uma outra atribuição da ERS no âmbito da garantia do acesso aos cuidados de saúde consiste na prevenção e punição das práticas de rejeição discriminatória ou infundada de utentes nos serviços e estabelecimentos do SNS, nos estabelecimentos publicamente financiados, bem como nos estabelecimentos contratados para a prestação de cuidados no âmbito de sistemas ou subsistemas públicos de saúde ou equiparados (al. b) do art. 12º dos estatutos).

Um terceiro objetivo de regulação que compete à ERS prosseguir, e que se encontra definido na al. c) do art. 10º dos seus estatutos, consiste em garantir os direitos e interesses legítimos dos utentes.

Para esse efeito, incumbe à ERS, nos termos do art. 13º, al. a), dos mesmos estatutos, apreciar as queixas e reclamações dos utentes e monitorizar o seguimento dado pelos estabelecimentos prestadores de cuidados de saúde às mesmas.

Também no âmbito do cumprimento deste objetivo de regulação vieram os actuais estatutos da ERS reforçar as competências desta entidade, no que se refere à apreciação e monitorização das queixas e reclamações dos utentes e do seguimento dado pelos operadores às mesmas.

Sendo certo que a ERS já recebia as reclamações reduzidas a escrito nos Livros de Reclamações de modelo oficial dos estabelecimentos prestadores de cuidados de saúde do setor não público, a partir do último trimestre de 2014 tornou-se notório o aumento do volume das reclamações recebidas, motivado pela crescente entrada de exposições visando prestadores do setor público.

Na figura 2 apresenta-se a evolução do número de reclamações entradas na ERS desde 2006, confirmando-se um significativo incremento em 2014 (de 34,2%) em relação ao ano anterior.

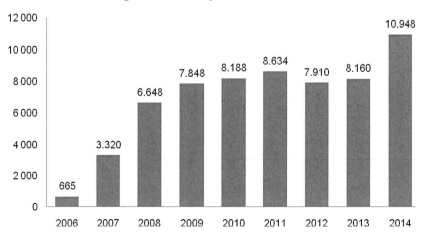

Figura 2. Reclamações entradas na ERS

Conforme se define na al. b) do art. 13º dos seus estatutos, incumbe ainda à ERS, a título de defesa dos direitos dos utentes, verificar o cumprimento da «Carta dos Direitos de Acesso aos Cuidados de Saúde pelos utentes do Serviço Nacional de Saúde», designada por «Carta dos Direitos de Acesso», por todos os prestadores de cuidados de saúde.

Também dentro do objetivo de regulação de garantir os direitos e interesses legítimos dos utentes, consagrado na alínea c) do art. 10º dos seus estatutos e nos termos do disposto no art. 13º, al. c) do mesmo diploma, incumbe ainda à ERS prestar informação, orientação e apoio aos utentes dos serviços de saúde.

O quarto objetivo da atividade reguladora da ERS consiste em zelar pela prestação de cuidados de saúde de qualidade (cfr. al. d) do art. 10º dos seus estatutos).

Uma importante atribuição da ERS a este nível é aquela que assenta na promoção de um sistema de classificação dos estabelecimentos de saúde quanto à sua qualidade global, conforme se define na al. a) do art. 14º dos estatutos.

A concretização desta atribuição passa pelo desenvolvimento do Sistema Nacional de Avaliação em Saúde (SINAS). O SINAS é um sistema assente em um modelo de avaliação da qualidade global dos serviços de saúde, que se aplica a hospitais e a prestadores de saúde oral. Os objetivos do SINAS são promover o acesso, por parte dos utentes, a informação útil e inteligível sobre a qualidade dos serviços de saúde, e promover a melhoria da qualidade dos cuidados de saúde prestados.

Compete ainda à ERS verificar o não cumprimento das obrigações legais e regulamentares relativas à acreditação e certificação dos estabelecimentos, nos termos da al. b) do art. 14º.

A al. c) do mesmo art. 14º dispõe que incumbe à ERS garantir o direito dos utentes à prestação de cuidados de saúde de qualidade.

O quinto objetivo da ERS, previsto na al. e) do art. 10º dos seus estatutos determina que a ERS deve zelar pela legalidade e transparência das relações económicas entre todos os agentes do sistema.

Para efeitos daquele objetivo, incumbe à ERS, em primeiro lugar, elaborar estudos e emitir recomendações sobre as relações económicas nos vários segmentos da economia da saúde, incluindo no que respeita ao acesso à atividade e às relações entre o SNS ou entre sistemas ou subsistemas públicos de saúde ou equiparados, e os prestadores de cuidados de saúde, independentemente da sua natureza, tendo em vista o fomento da transparência, da eficiência e da equidade do sector, bem como a defesa do interesse público e dos interesses dos utentes (*vide* art. 15º, al. a) dos estatutos da ERS).

Nos termos do art. 15º, al. b), incumbe igualmente à ERS, ao nível da regulação económica, pronunciar-se e emitir recomendações sobre os acordos subjacentes ao regime das convenções, bem como sobre os contratos de concessão e de gestão e outros que envolvam atividades de conceção, construção, financiamento, conservação ou exploração de estabelecimento ou serviços públicos de saúde.

O art. 15º, al. c), dos estatutos, estabelece que incumbe à ERS elaborar estudos e emitir recomendações sobre a organização e o desempenho dos serviços de saúde do SNS.

Também no âmbito da regulação económica, compete à ERS pronunciar-se e emitir recomendações sobre os requisitos e as regras relativos aos seguros de saúde e cooperar com a respetiva entidade reguladora na sua supervisão (cfr. art. 15º, al. d)).

Como incumbência para efeitos do objetivo de regulação económica, a ERS deve ainda, à luz da al. e) do art. 15º dos seus estatutos, pronunciar-se sobre o montante das taxas e preços de cuidados de saúde administrativamente fixados, ou estabelecidos por convenção entre o SNS e entidades externas, e zelar pelo seu cumprimento.

Finalmente, e igualmente com afinidade relativamente ao objetivo de regulação económica, em conformidade com o disposto nos anteriores estatutos da ERS, máxime no artigo 47º, do Decreto-Lei nº 127/2009, de 27 de maio, a pedido ou com o consentimento das partes, a ERS pode intervir na mediação ou conciliação de conflitos entre estabelecimentos do SNS ou entre os mesmos e operadores do sector privado e social.

O sexto objectivo da ERS, de acordo com a al. f) do art. 10º dos seus estatutos, um dos objetivos de regulação da ERS consiste em promover e defender a concorrência nos segmentos abertos ao mercado, em colaboração com a Autoridade da Cconrrência na prossecução das suas atribuições relativas a este sector.

Para esse efeito, incumbe-lhe, nos termos do art. 16º, al. a), identificar os mercados relevantes que apresentam características específicas sectoriais, designadamente definir os mercados geográficos, em conformidade com os princípios do direito da concorrência, no âmbito da sua atividade de regulação. Ainda nos termos do art. 20º, a ERS pode realizar estudos de mercado e inquéritos por áreas de atividade que se revelem necessários para a prossecução da sua missão, designadamente para supervisão e o acompanhamento de mercados e verificação de circunstâncias que indiciem distorções ou restrições à concorrência.

Por outro lado, compete à ERS, à luz do disposto no art. 16º, al. b), do mesmo diploma, zelar pelo respeito da concorrência nas atividades abertas ao mercado sujeitas à sua regulação.

Finalmente, no âmbito da defesa da concorrência, incumbe à ERS, nos termos do art. 16º, al. d), colaborar na aplicação da legislação da concorrência.

A ERS dispõe de poderes sancionatórios previstos nos artigos 22º a 61º e seguintes dos seus estatutos, bem como em outros diplomas legais que reconhecem a ERS como a entidade competente para a fiscalização, instrução dos processos e aplicação de coimas e sanções acessórias das infrações neles previstas, designadamente as constantes do Decreto-Lei nº 156/2005, de 15 de setembro (Livro de Reclamações), e do Decreto-Lei nº 127/2014, de 22 de agosto (licenciamento).

Os estatutos da ERS, aprovados pelo Decreto-Lei nº 126/2014, de 22 de agosto, atribuem-lhe poderes de regulamentação. Assim, nos termos da alínea a) do artigo 17º, prevê-se que no exercício dos seus poderes de regulamentação, incumbe à ERS emitir os regulamentos previstos nos estatutos, bem como os necessários ao cumprimento das suas atribuições, designadamente os respeitantes às matérias referidas nos artigos 4º, 12º, 13º, 14º e 30º. Por seu turno, no artigo 18º dos estatutos, encontra-se previsto o procedimento de aprovação dos regulamentos com eficácia externa.

Neste contexto, após a entrada em vigor dos novos estatutos, a ERS aprovou dois regulamentos internos – o Regulamento Interno de Organização e Admissão, Prestação e Disciplina no Trabalho, e o Regulamento do Conselho Consultivo, nos termos do nº 5 do artigo 44º dos estatutos da ERS, bem como dois regulamentos com eficácia externa – o Regulamento de Registo dos estabelecimentos prestadores de cuidados de saúde e o Regulamento de Tratamento de Reclamações.

No âmbito das suas relações externas, a ERS participa na organização que junta os reguladores europeus da área da saúde, a EPSO – *European Partnership for Supervisory Organizations in Health Services and Social Care* –, realiza anualmente uma conferência de análise de temas da regulação e da saúde – o Fórum ERS – e publica, também anualmente, os "Textos de Regulação da Saúde".

8. Conclusões

Embora criada num contexto atípico em comparação com outras entidades reguladoras, a ERS mantém os pontos centrais da actividade regulatória, através da formulação, implementação e efectivação de regras dirigidas aos agentes económicos no mercado, destinadas a garantir o seu funcionamento equilibrado, de acordo com determinados objectivos públicos, aditivada por outras componentes relevantes para o mercado em que actua, como o licenciamento de operadores ou a resolução de conflitos.

Com efeito, a criação da ERS teve como farol o princípio da separação das funções do Estado como regulador e supervisor, em relação às suas funções de operador e de financiador e da independência do organismo regulador, tendo à mesma sido atribuídas as competências de "regulação e supervisão dos estabelecimentos, instituições e serviços prestadores de cuidados de saúde, no que respeita ao cumprimento das suas obrigações legais e contratuais relativas ao acesso dos utentes aos cuidados de saúde, à observância dos níveis de qualidade e à segurança e aos direitos dos utentes", o que abrange também "assegurar os direitos e interesses legítimos dos utentes" e "garantir a concorrência entre os operadores, no quadro da prossecução dos direitos dos utentes".

Depois de dez anos de actividade, a lei-quadro das entidades reguladoras, aprovada pela Lei nº 67/2013, de 28 de Agosto impulsionou a revisão dos estatutos da ERS, incluindo não só um conjunto de alterações respeitantes à redenominação do órgão máximo – agora conselho de administração –, novo modelo de nomeação dos membros do conselho de administração e respectiva duração de mandato, novas regras de incompatibilidades e impedimentos, um novo modelo de financiamento (assente em contribuições regulatórias), alterações substantivas no regime orçamental e financeiro, com reforço da autonomia nestas matérias, bem como algumas inovações em questões relacionadas com a protecção dos consumidores, mas também, e fundamentalmente, um alargamento e aprofundamento das atribuições e das competências da ERS, sendo isso mais evidente em matéria de tratamento de reclamações dos utentes dos serviços de saúde, de licenciamento de estabelecimentos prestadores de cuidados de saúde, e ainda, de resolução de conflitos.

Este reforço das atribuições e competências da ERS, que tem como pano de fundo um enquadramento da regulação independente mais claro e responsabilizante, é particularmente importante em face das dificuldades que o sistema de saúde enfrenta, na medida em que contribui para uma mais adequada resposta aos direitos e às expectativas dos cidadãos.

Ethical committees and sports law

ERWIN DEUTSCH*

Introduction
The research ethics committee of a German Medical University recently faced a totally new problem. The department for medical sports had asked to approve a protocol for a controlled clinical trial about the efficacy and safety of doping substances in cycling.

Doping is the non-physiological augmentation of the corporal abilities of the person taking part in sports. Doping is not allowed, not only by the sports-person but also the circulation or the use of doping substances are a crime and even helping them is regarded as criminal. The sports clubs and parliament have set up a list naming the doping substances. It is to be found in the annex to the statute. There are a lot of legal questions starting with the problem whether it is allowed to test the substances for safety and efficacy in general or under the special circumstances of the test. Then there is the problem whether the sportsman is personally liable even in criminal law. Then follows the problem how far the interests of third persons (i.e. advertisers in connection with the sport) are protected. Finally there is the problem whether the

---
* Dr. iur., MCL (Columbia, NY)
Professor of law,
Göttingen University
co. Ed. Jana Dumrese, Martha Szabo, Henrdik Matz, Thore Iversen

law of the state where the sport takes place or some general rules of the sport's associations (mostly domiciled in Switzerland) is to be applied. Not all of these problems can be dealt with here.

I. DOPING SUBSTANCES AS MEDICINAL DRUGS

1. The rule of the AMG

Paragraph (§) 6a of the German medicinal drug statute (AMG) states clearly that it is not allowed to have in possession more than a small amount of a medicinal substance for application in a sports-person. The substances are named in the annex to the statute.[1]

2. The doping substances as drugs

The first question to be answered concerns the problem of doping substances in connection with the German AMG. Are doping substances regarded as medicinal drugs?[2] According to § 2 AMG drugs are substances and preparations made from substances, which by application on or in the human or animal body are intended to cure ... illnesses ..., diagnose the ... functions of the body ..., replace active substances or body fluids ..., ward of pathogens ..., influence the state or the function of the body ... conditions. Moreover as drugs shall be considered items which contain a drug ... and items intended to be introduced into the human body. Then follows subs. 3 of § 2 AMG which tells us what is not to be regarded as a drug.[3] The list starts with food stuffs and ends with organs for transplantation purposes, but contains also dressing and surgical sutures.

If we look at the typical doping substance it is some kind of chemical combination to enhance the corporal facilities of the sportsman and is according to the general accepted interpretation a drug within the meaning of § 2 subs. 1 AMG. Other means of enhancing the performance of the sports-person do not fall under the definition of drugs according to the German AMG, i.e. electrical motors within a cycle.

---

[1] Cf. Kloesel/Cyran, AMG, § 6a, Nr.8; Deutsch/Spickhoff, Medizinrecht[6] (2008), no. 1219,1547.
[2] Kloesel/Cyran, AMG, § 2, Abs.2. ; Deutsch/Spickhoff, Medizinrecht[6], no. 1219,1547; Rehmann AMG[4] (Jahr) § 6a no. 2.
[3] Cf. Deutsch/Spickhoff Medizinrecht[6] no. 1211.

3. Marketing of drugs

According to European law there is no free market for drugs in general. They have to be certified according to § 21 AMG before they are allowed to enter the market. There are a few exceptions to this rule, i.e. clinical trials and compassionate use etc.[4] The allowance has to be given in a special act by the European Medical Evaluation Agency (EMA) or the local authorities. These special acts require a positive outcome of controlled clinical trials which are regulated in the §§ 40 et seq. AMG. To get on the list of unauthorized drugs for doping purposes there are no medically controlled clinical trials required. Some of the substances are certified for use in the medical field, others are not. The first named have successfully undergone clinical trials, the last ones have never been tried at all. Even if a medical drug has undergone clinically controlled trials these have not been undertaken for doping purposes and therefore are not to be regarded in this respect as controlled clinical trials according to §§ 40 et seq. AMG. Nevertheless these for medical purposes approved drugs can be used for enhancing the abilities of the sportsman and are in so far not to be regarded as approved drugs. This trial had to be for a certain purpose and is just telling us about the drug for medicinal use, nothing else.[5]

II. CRIMINAL PROHIBITIONS

1. Criminal law as to using the drug

According to some rules of the German AMG it is not allowed to introduce doping substances into the market or use it as a sports-person, §§ 96, 6 a AMG.[6] Therefore criminally liable are persons who circulate doping drugs as well as persons, mostly doctors, applying it to a sportsman. Up to now the question was whether the sportsman was himself criminally liable for helping with the criminal act.[7] According to the prevailing opinion the norms against using the doping substance were not applicable because they were to be regarded as highly personal. Otherwise the sportsman would have been criminally liable in nearly

---

[4] Kloesel/Cyran AMG, § 21, Abs.2 Nr.5.
[5] Rehmann, AMG⁴, § 40 no.1.
[6] Kloesel/Cyran, AMG, § 96 Nr.2a.; Deutsch/Spickhoff, Medizinrecht⁶, no. 1534.
[7] Rehmann, AMG⁴, § 6a no. 1; Kloesel/Cyran, AMG ,§ 6a Nr.55a.

all cases where the substance was applied on him. But this opinion has been shattered since the revision of § 6 a AMG in 2009, which criminalized the possession of doping substances as well.[8] It is no longer necessary to protect the sportsman against criminal liability since he is now liable for the possession of the indicted drug, if it is more than a minimal amount.

2. Criminal law against the possession

According to the new text of § 6 a AMG the possession of doping substances in more than a small amount leads to criminal liability. It applies to the sports-person as well. The term possession is used as in the law of property.[9] Therefore to get the amount of the doping substance to be immediately taken is to be regarded as possession, even the infusion of the doping substance is sufficient to be found as possession.

3. Small amount

It is regarded as a vexing question to find out what "a small amount" is. The most recent decision is by the federal supreme court of November 17th 2011.[10]

The accused was interested in chemistry and for a certain time had a small laboratory at home, where he worked with amphetamine-derivates. Because of a prostate carcinoma he suffered an erectile dysfunction. While building up his laboratory he found a crystalline substance, which he used to treat his illness. For the further consumption he put the substance into small bags which totally contained 915 gr. methamphetamine hydrochloride.

The lower court held the substance for no small amount of the prescribed medication. The Federal Supreme Court partially agreed with the lower criminal court, but held the small amount established as up to 10 gr. of the substance as you look at effective (wirkungsbestimmende) base.The Court relied heavily on the chemical results of the substance. The court followed the former cases which established the no small amount by the concrete effect and intensity of the substance.

---

[8] Deutsch/Spickhoff, Medizinrecht⁶, no. 1534.
[9] Kloesel/Cyran, AMG, § 6a Nr. 46.
[10] A & R 2012, 34.

4. Influence of the new regulation

Since the possession of doping substances was not a criminal act until 2009 the interpretation of the other criminal statutes about doping substances will be affected. What used to be helping and abetting the criminal act has now become a criminal act in itself. All the problems whether someone produced, used on himself or distributed among sports-persons have now become easier by inclusion of the word possession of no small amount.

III. CONTROLLED CLINICAL TRIALS §§ 40 ET SQU. AMG[11]

1. Principles of controlled clinical trials

According to European Law all medicinal products have to be licensed before they can be marketed. In Germany this rule is to be found in § 21 AMG.[12] A substance is only licensed if it has undergone a clinically controlled trial. The rules of clinically controlled trials are to be found in §§ 40 et. squ. AMG. These are very elaborate rules which distinguish between clinical trials on sick persons or persons in general. They insist on informed consent. More over it is necessary that the new substance is not dangerous to the patients or probands. In this respect the European approach differs from the American. In Europe we rely firstly on the safe test and secondly ask for the informed consent. In the United States it is exactly opposite: The informed consent comes first and the medical opportunity comes second.[13]

2. Rules for controlled clinical trials

Controlled clinical trials usually set two groups of persons against each other. One group receives the new medication and the other one is the control group which receives the standard medication.

A trial is clinical, if the doctors involved do not know who is in the control group and who is in the test group. Normally the patients and probands are randomly distributed to the trial group or the control group. These test and control groups can be enlarged to reach a number of cohort studies which allow a closer comparison. If the doctors

---

[11] Passed by the German Parliament in 2012.
[12] Kloesel/Cyran ,AMG, § 21 Nr.1.; Rehmann, AMG[4], § 21 no. 1.
[13] Deutsch/Spickhoff, Medizinrecht[6], no. 918.

involved do not know who is in which group we speak of a blind study. If even the doctors leading the trial do not know who belongs to which group we call it a double blind study.

There are special rules for trials on sick patients and trials involving minors. Here again we face the problem of informed consent. It has to be given by someone in the position to act for the sick person or the minor. And we have to be very careful to accept all these informed consents.

The controlled clinical trial is dependent on an insurance contract. The conductor of the trial has to care for an accident insurance for the trials participants. According to the insurance companies this insurance only covers material damage, but in the literature there have always been opinions also including the protection of immaterial damage.[14]

The controlled clinical trial needs the approval of an ethics committee. An ethics committee is a group of doctors and a few laymen, at least one lawyer among them, who have to approve the trial protocol in advance.[15] If the clinical trial touches on several clinics there is a leading ethics committee and the other committees work closely with it. Without approval by the local ethics committee the clinical trial cannot begin. Nowadays there is even more, the approval of a state agency necessary in Germany, which is certainly too much.

IV. DISTRIBUTION AND POSSESSION OF DOPING SUBSTANCES

1. § 6 a AMG as later norm

The rule of § 6 a AMG shows that it has been added later on to the text of the AMG. Since the text of the AMG has been totally revised and again passed by the German parliament in 2012, § 6 a AMG cannot be regarded as a later norm, that precedes the earlier ones. All these norms are equal.

2. Norm collision

If medical experimentations with doping substances in sports are allowed, we have two norms of equal status in collision with each other:

---

[14] Laufs/Katzenberger/Lipp, Arztrecht[6], S.486.
[15] Deutsch/Spickhoff, Medizinrecht[6], no.1000.

§ 6 a AMG about even the possession of more than a small amount of doping substances for sports' purposes is not allowed and §§ 40 et seq. AMG about controlled clinical trials on pharmaceuticals. To help avoiding the collision there are three ways: firstly, one norm or both norms can be interpreted in a way that there is no collision anymore. Secondly, the one norm is superior to the other, i.e. if it is more specific, that norm will take precedence. Thirdly, both norms clash with each other and there is no norm at all. The now existing gap has to be filled by analogy to another norm, if at all. There is a fourth way to get out of the collision that has come up in the German methodology: the *teleological reduction*. Here the intentions of the law-giver are asked and if the wording of the law is broader than the intention we take the law back to the intention.

3. Interpretation

If we compare the §§ 6 a, 40 et seq. AMG it is extremely hard to avoid the collision by interpretation. Firstly, the §§ 40 et seq. AMG are general in a sense that all pharmaceuticals are to be clinically tested if they are allowed to enter the market. In spite of that, § 6a AMG picks the doping substances out of the circumstances and orders a general prohibition as to these substances. If the sports-doctors undertake a controlled clinical trial with one interdicted substance, it might be allowed under the conditions named in these norms to make the clinical trial. On the other hand the special norm against doping substances is applicable to all uses in sports whether in public races or in private trials. Since both norms have the same rank and have been promulgated 2012 together at the last time, there is a clash that cannot be helped out by interpretation.

4. Collision

Therefore we have to decide what to do with plain contradictory rules. The prevailing opinion is that both rules cancel each other out so that in this regard there is no rule at all.[16] It means that doping substances can be freely tested and to certify the substances, clinically controlled trials are not necessary. We have now to decide how to fill the gap created by the contradictory rules. According to the prevailing opinion one has to

---

[16] Enneccerus, Allgemeiner Teil[12] (1928),§ 53 I 3.

create a new rule that fits the circumstances and follows the intention of the statute. Again it is very hard to decide which former rule is going to prevail. Doping substances are clearly forbidden; clinically controlled trials are the norm. Thereby one should take into consideration that doping substances are no ordinary drugs. To allow controlled clinical trials would run against the intention of § 6 a AMG. On the other hand the prohibition against the possession of doping substances does not make sense if the substance does not improve the corporal facilities of the sports-person or are even dangerous to that person.

V. REDUCTION BY INTERPRETATION

1. § 6a AMG: criminal acts

§ 6a AMG is since 1998 part of the AMG. It has been upheld in later time. The last was 2012. The interpretation of this norm, which regulates together with § 98 AMG the possession of drugs for these purposes, is criminal law. Criminal law use very strict interpretation rules and so it has been with the word *small amount*.[17]

It would not be easy to use interpretation in order to allow clinical trials with these amounts. The rule of § 6a AMG comprises all uses of this chemical compound and there is no use to strike back the text to allow controlled clinical trials. Anyway it's hard to limit a criminal statute by falling back on its original meaning. That way one has to come to the conclusion that the norm collision between § 6a AMG and §§ 40 et. squ. AMG is upheld. Up to now no one has proposed to limit § 6a AMG in this regard.

There are a few criminal cases concerning the "small amount". The most recent one is a decision by the Federal Supreme Court of Nov. 17th, 2011 (A&R 2012, 34.).

The lower court held the substance for no small amount of the proscribed medication. The Federal Supreme Court partially agreed with the lower criminal court, but held the small amount established as up to 10 gr. of the substance as you look at effective (wirkungsbestimmende) base.

---

[17] BGH A&R 2012, 34.

The court relied heavily on the chemical results of the substance. The court followed the former cases which established the no small amount by the concrete effect and intensity of the substance.

2. §§ 40 et squ. AMG: controlled clinical trials

The §§ 40 et squ. AMG regulate the controlled clinical trials. This is necessary because drug substances have to be tried out on humans before the substance is allowed to be distributed. This rule is very general. It comprises all kinds of chemical substances to be used on humans. To limit the §§ 40 et squ. in the case of doping substances would not be easy. Doping substances are drugs in the sense of § 2 AMG and all these substances should be tried out before they are used on humans in sports.

A limitation of this rule would be against the will of parliament and everything that has been written about controlled clinical trials. That way we have to confess that there is no possibility of limiting the rules about clinical trials for sports substances.

3. Corrective Interpretation: Introduction

Both ways, the corrective interpretation and the teleological reduction, have their advantages and disadvantages. The first one is limited to reducing a norm. The second one is all-encompassing, i.e. it embraces not only reducing but helping with correcting obvious failures. Finally the corrective interpretation might lead to adding another piece to the norm which obviously hadn't covered the whole field. The whole field was intended to be regulated, but somehow the ministry of health and the federal parliament did not see that the regulation fell too short.

4. History of corrective interpretation

The corrective interpretation at a long time ago started with the necessity to alter a word or substituting a new one into the text. Usually the final work on the text of the statute led to an obvious failure. Therefore sometimes the word "no" should be struck out of the text or put into it. Later on the more distant future the law-giver might be subject to corrective interpretation.

5. Advantages and limits of Analogy

Here one could work with analogies, but they have their own drawbacks which should be taken into account. Analogy needs a place in the statute where regulation was expected but had been forgotten. Sometimes the necessity of an analogy turned up in the time after the statute was published. Then we have to look at comparable regulations and can take over one regulation. This is not easy, but sometimes possible. There has to be a compelling reason to allow an analogy. This was the case with the so called "*positive violation of the contract*". We are not so sure whether the statute preparing committee left that piece intentionally unregulated or one had not even noticed the necessity of regulation. Today it is even more important because two thirds of the gross national product is created by the "service sector". In medical law it is the same normally the violation of the contract by the doctor is some kind of "positive violation". Therefore the violation of the contract touches the first and general rule of the cases against the doctor because of ill-treatment of the patient.

Moreover, as far as criminal law is concerned, the analogy is limited. *Analogies in malam partem a*re not allowed, Art. 103 Abs. 2 GG. Therefore in this field we have to treat carefully, not to violate Art. 103 Abs. 2 GG.

VI. TELEOLOGICAL REDUCTION

1. Origin and nomination

Teleological reduction as we today call it has been used in private law for many years. It is especially necessary for a system of codification which has to use large expressions. These expressions and their wordings have to be kept back to fulfil the intention of the lawgiver.

The name teleological reduction has to be used first by *Larenz* in his book "Methodenlehre der Rechtswissenschaft" (1960). It has found acceptance[18] in the German methodology as well as in private law.

The number of applications of the teleological reduction is legion.[19]

---

[18] *F. Bydlinski*, Juristische Methodenlehre und Rechtsbegriff, 1983, S. 480; Münchener Kommentar- *Grundmann*[5], § 277 Nr.2.

[19] *Larenz*, Methodenlehre der Rechtswissenschaft[2] (1969), S. 369 et squ.

2. Conditions of teleological reductions

The word reduction implies that there has to be a larger norm that must be reduced. Therefore the enlargement of a small norm is no teleological reduction. It might be some form of teleological implantation, but that is another story.

The teleological reduction requires furthermore a norm that can be reduced. Reduction does not just mean that the larger norm is not being applied but that this norm has got specified limitations. So the reduction has nothing to do with a single case but is part of the method of codification. In fact it is some form of codification in itself.

3. Sociological grounds for working with teleological reduction

Sociological reduction is another term for teleological reduction. The sociology in this field is the protection of certain groups of individuals by a norm, which has lost its meaning to protect someone. *Larenz* himself gives us a famous example. According to § 181 German Civil code the agent is, unless permission is given, not allowed to act at the same time as an agent for someone and himself as a person. If the father wants to give his minor child a present, would be the contract null and void. The result would be against the minor which runs against the meaning of § 181 to protect the giver of the agency.[20]

Since these substances are drugs in the sense of the §§ 2 et seq. AMG they have to undergo clinical trials before they can be certified. Here § 40 AMG sets exact rules for the testing of the substance. To do this the substance has to be given in possession of the people who do the testing.

Both norms, i.e. § 6a AMG and § 40 AMG, are set against each other. According to German methodology we have first to ask whether one of the usual rules can be applied, for instance the special rule precedes the general one or the later rule does the same with the former. Both do not help: both rules are special and since both rules are to be found in the same statute, there is no former or later rule. Therefore we have to decide what to do with plain contradictory rules. The prevailing opinion is that both rules cancel each other out, so that in this regard there is

---

[20] Larenz, op. cit.

no rule at all. It means that doping-substances can be freely tested and to certify these substances clinically controlled trials are not necessary. We have now to decide how to fill the gap created by the contradictory rules. According to the prevailing opinion one has to create a new rule that fits the circumstances and follows the intention of the statute. Here it is clear that the doping substances should be tested by clinical trials to know whether they are effective or dangerous. The gap is filled by the rules about clinical trials. These should take into consideration that doping substances are no ordinary drugs; therefore the catalogue of § 40AMG has to fit the circumstances and the information has to be given to other persons taking part in the sport, especially if there are sport events.

For the purpose of establishing the safety and efficacy of the substances used for doping, it is necessary to allow clinical trials. There are rules concerning the general and the special medical trials. If one does not follow the problem of the norm collision there are other ways to help us out of the prohibition of § 6a AMG.

Firstly there are the general rules in § 6a Sec.1 & 2 AMG among which we have to establish an exemption for controlled clinical trials. Secondly we would have to apply § 40 AMG which states general rules of clinical trials. The second step could only be gone if we would have allowed clinical trials of doping substances in general.

According to German criminal law we have either to role back the general rule or to find a justification for the clinical trial. Both ways are equally useful because all the people concerned with a clinical trial are not subject to the general criminal rule of § 6a AMG anymore. As a measure of justification § 34 German Criminal Statute (StGB) could be applied, if the value of the clinical trial would be superior to the statutory provision.

4. Advantages of teleological reduction

The teleological reduction can lead only to the limiting of the text of a statute. Therefore we have to have a statute which is written in a big way and has to be limited so that it fits the intention of the law-giver. This is the easy way of getting out of a norm collision.[21]

---

[21] Larenz, Methodenlehre der Rechtswissenschaft, S. 396 et. squ.; F. Bydlinski, Methodenlehre und Rechtsbegriff, S. 480.

5. Applying the teleological reduction in this field

If we look at the text of the AMG we find in § 40 allowing clinical trials in a very limited ways. In § 40 Sec.1, Subsec. 2 AMG the predicable risks and disadvantages as compared with the usefulness for the person which is a member of the controlled clinical trial and the expected impact of the drug is for medicine in general. Moreover the test must be allowed by medical standards. Here routinely we have to substitute the text according the intention of the law-giver. He wanted to allow clinical trials with a possible use for the proband itself on the one hand and on the other purely scientific trials with no possible use for the patient but with limited risks for him for the medical science in general. To do this we have to substitute the small word "and" by "or" which today is routinely done. The statute was from the beginning intended to allow purely scientific trials as well. That way we can do a purely scientific test which does not hurt the patient but allows solving real need of the medical science.

There are more places where the teleological reduction has to be used. The main form is by the general text of § 40 AMG. It looks like all clinical trials should be under the certain conditions allowed, which is not quite obvious according to the text. An example could be the controlled clinical trial of a new substance instituting one substance instead of more than one which are used now. That trial would not have any use for the patients concerned, but is effective for medicine in general.

6. Overall text and reality of clinical trials

According to § 40 AMG the clinical trial should just concern one patient. This is rarely the case. Therefore other criteria are used for clinical trials. In clinical trials there are at least two groups are compared with each other. One consists of ill persons and the other are comparisons. We talk about the test group and the control group. The letter consists of healthy persons or patients with another illness.[22]

There are all kinds of comparisons: they might be in exchange of the members of the patients group and of the control group; there might be a time-gap before the starting of the test; the controlled clinical trial could be split up into under-groups, sometimes a bewildering number

---

[22] Kloesel/Cyran, § 40 Nr. 20; Deutsch/Spickhoff, Medizinrecht[6], no. 1304.

of sub-groups; these are named after the roman military formations: for instance cohort-studies etc.

In the text of the statute no word tells us that there will be comparisons in a broad sense. In a new edition of the text it should take into account the modern ways of clinical trials and use the most recent expressions of it.

VII. SPECIAL PROBLEMS OF SPORTS LAW

1. General provisions of the German allowances to market a certain drug

Since 1976 Germany has a codification of the drugs trade. To give the allowance for a drug to be marketed, there has to be a controlled clinical trial establishing that the new drug is not dangerous and promised better results in treating an illness.

2. Controlled clinical trials

In § 40 section 1 AMG there are the general prerequisites of the trial named. To begin with this statute does not go into the modern controlled clinical trials i.e. control with a control group, double-blind trials, trials with lots of subsequent studies (mostly named after Roman military formations). The statute does not take any of them into account. This makes it not easy to adapt the modern forms of controlled clinical trials to the old text of § 40 section 1 AMG. Then there is an obstacle no one has thought of. In the first versions of § 40 section 1 subsection 1 AMG it formally read: "The risks, which are involved for the person with whom the trial is to be carried out are medically just justifiably, when compared with the anticipated significance of the drug for medical science". Now it reads that § 40 AMG requires that the clinical trial should compare the risk with the advantage for the patient and the impact of the drug for the treatment of illnesses is medically acceptable. If one looks at this section closely one has the feeling that just clinical trials were allowed which bring the patient an immediate advantage for his health. This would mean that controlled clinical trials are just allowed for measures that are of immediate advantage to the patient.

This leaves a big part of medical trials open and it looks like they were not allowed.[23] This would be a pity and certainly not intended by the lawgiver, who changed the text from the first version to the new one. At the time of the changed wording nobody thought of excluding purely scientific experimentation. Purely scientific experimentation should also be allowed if the danger and advantages for science are controlled and the probands do not suffer an unacceptable risk. As far as this miscarriage of the text has been recognized there is reason for a corrective interpretation. Ethics committees and the BfArM all allow purely scientific trials.

Here in testing doping substances it is a purely scientific enterprise. Since the obvious dangers of this trial can be contained the trial should proceed as planned. To the contained dangers belong all problems that the proband could face participating in the trial.

3. Informed consent

Among the most important prerequisites is the informed consent.[24] Firstly the proband has to give his consent to be given the medication knowing the contents of it. Secondly the consent has to find its basis in the information. There is no consent without information and all the necessary knowledge is contained in the information. The proband has to be informed about the alleged doping drug, its expected results and its dangers. On this knowledge his consent is built.

4. Information of others

The testing of the doped cyclists can be a singular event. In this case there is no need to inform someone. The test run with the doping substance is than a single race. Moreover the cyclists can be put among others and they might race against each other maybe to win some kind of trophy. If this is the case, the other competitors have to be informed about their colleague cycling under the influence of an alleged doping substance. Especially the organiser of the event should be informed. If

---

[23] Deutsch/Spickhoff, Medizinrecht⁶, no. 959 et.squ.
[24] Rehmann, AMG, § 40 no.8.

it is an event where betting is allowed maybe then it has to be publicly announced. Otherwise the public might be misinformed which under any circumstances must be out of the question. It amounts to fraud.

5. Damages for misinformation

If the necessary information is not given to the public or it contains obvious mistakes there can be a delict according to §§ 823 et. squ. BGB. Moreover we have to look for a special obligation to inform. The obligation to inform forms part of the normally information to the public, but it is necessary to give the public notice of the doping. Otherwise it would be amount to foul play if the information were not given.

6. Protection of certain groups

If there is a duty to inform a certain group, its violation allows just the members of the protected group to bring a claim for damages because of misinformation.

VIII. APPLICABLE LAW

1. International Criminal Law: Law of the place where the sports event takes place

Since § 6a AMG is a criminal statute, it is tempting to use the law where the crime is committed. This rule is general: *lex loci delicti commissi*: The law of the location where the possession has taken place rules the criminal statute. Therefore the local law prevails. In some countries, Germany among them, the personal principal rules the international criminal law at least when the criminal act committed by a German and is directed against another German. This will rarely be the case with doping substances, maybe in the event where the sportsperson receives the doping substance without knowledge that it is the prohibited medication. But we apply the *lex loci* in international criminal law. If the international criminal law does not follow the *lex loci*, but uses the personal principle, it might be possible to apply the personal law of the sports-person.

2. International Private Law: Contract

In former times but as well as today the parties have the control over the applicable law if they have expressly chosen a certain law.[25]

In the case that both parties have not agreed on an applicable law in former times according to the German judicature one had to look which law the parties would have chosen. In fact the hypothetical meeting of the minds were applied[26].

Recently the European Union issued a regulation on contract which is immediately applicable in all European states. It is called the "Rome I"[27]. The European international law repeats the maxim that a contract is regulated according to the law both parties have chosen. This is in contracts concerning doping substances very often the case. One tries to use the law that is most permissive to the trainer and the sports-person. Sometimes then we will have to use the *ordre public (Art. 8 EGBGB)* to prevent impossible solutions. Normally, even according to the law the parties have chosen, the contract will be null and void because the contract runs against a general public policy banning doping substances.

The preference for the local law, is felt in this regard as well. If the patries have not expressly chosen the applicable law one looks for the local law that underlies the private contract. Article 3 of Rome I tells us that the contract underlies the law that the parties have chosen. Have the parties not chosen a certain law, is art. 4 of Rome I applicable. According to art. 4 subs. 3 Rome I is the law applicable if all the circumstances show that the contract is manifestly more closely connected with a country, then the law of this country is applicable.[28] In the case of sports' events the law, where the event takes place, takes precedence above all other laws, if the parties have not expressly agreed. The parties and the audience assume that the local law is applicable and this assumption should not be disregarded, even if the contract is, according to most laws, null and void. The law of the state most closely connected with the sports event, that is the location where the sport takes place is

---

[25] Kegel/Schurig, Internationales Privatrecht[8], § 18 I; Wolf, Internationales Privatrecht[3] (1954), § 28 II.

[26] Wolf, Internationales Privatrecht[3], S. 142ff.; Kegel/Schurig, IPR[8], §18 I.

[27] Bamberger/Roth/Spickhoff, BGB, Rom I –VO.

[28] Cf. Bamberger/Roth/Spickhoff, Rom I-VO, art. 4 no. 82; Palandt/Thorn[72], EGBGB, art 28. no. 1.

the preferable law. If the sports event touches on more than one country, for instants the tour de France which runs trough some neighbouring countries, the law of the main event is applicable (here French law). If the contract between a trainer and a supplier for the drug can be used in different sports on different locations the contract most closely connected will have to be critically established. All circumstances are to be regarded, so that even the common citizenship of the supplier and the trainer might point to the law applicable to the contract.

3. International Private Law: Tort, Delict, Responsabilité civile

As far as the rule of international law of delict is concerned, in former times we applied the law of the place where an act started or the law of the place where the result appeared. Thereby as result usually not the damage but the violation of the person or a right took first place[29]. The new European law in the so called "Rome II" regulation established a totally new approach. According to Art. 4 subs. 1 Rome II a non contractual liability is ruled by the law of the state where the damage occurs. The state in which the major event or some indirect damage has taken place has to be disregarded. This is a totally new approach: It follows the French law which always applied the law where the damage occurred.

As far as delict are concerned art. 4 subs. 3 Rome II states that where it is clear from all the circumstances of the case, that the delict is manifestly more closely connected with a country; then the law of this country prevails.[30] This rule can be applied in some main cases where doping substances play a role in a sports event, usually then the law where the sports event takes place is applied. Moreover it can be the case, that the doping substance should be used on different locations or that the contract touches on different laws, then there might be the general rule more appropriable. In these cases the law of the place where the damage occurred is better suited to cover the liability. Finally if that way different laws are applicable all these laws run concurrently next to each other. Here the use of doping substances in a trial without telling anyone that one cyclist is under the doping substance is a delictual

[29] Wolf, IPR[3], § 31; Kegel/Schurig, IPR[8], § 18 IV.
[30] Cf. Bamberger/Roth/Spickhoff, Rom II-VO, Art. 12.; Palandt/Thorn[72], Rom II-VO Art. 4 no. 14.

act. Therefore the norm of the state, where the damage occurred, is to be applied. That way the law that had the most stringent rules for violations will normally be applied.

4. Law of the place where the main regulatory commission is situated

Many European – or even world-events – are regulated by sports-commissions situated mostly in Switzerland. These regulatory agencies issue regulations for the sport or play. These rules tell the participants what to do and what to omit. It can even go as far as to regulate violations and exclude a sportsperson for some time from participation. This way the highest exclusion from a sport is established as two years.

As far as the code of conduct is concerned, the law of the place where the regulatory commission is situated applies. Sometimes when violations of rules or even penalties are to be issued it might be better to look at the law where the violation occurred. Therefore in one event two laws might apply: As far as the rule of behaviour is concerned the Swiss law is applicable. On the other hand if the violation is to be judged or a penalty imposed the law of the state where the sport event took place might be chosen. Therefore, even if an international commission has issued the ruling, the law where the violation has happened is better applicable than the distant Swiss law. Nobody of the public would understand if the ruling of the commission against a player would be based on Swiss law which no one at the place where the sport events is being held would understand.

Conclusion

1. Controlled clinical trials on cyclists with alleged doping substances in Germany are not prohibited. Moreover they are allowed. The reason for that is that the prohibition in § 6a AMG now carries a teleological reduction for controlled clinical trials.
2. The controlled clinical trials with doping substances require the informed consent by the cyclist.
3. According to the circumstances others have to be informed, too. These are competitors and the organisers of the event and finally the public. If that duty is violated, one can sue for intention or negligence out of §§ 280, 823 BGB.

4. In international criminal law usually the *lex loci delicti commissi* is applied with the exception of the rarely used personal principal. If a contract about doping substances is concluded, the law that the parties have chosen is applied. Otherwise usually the law of the place where the sports event is conducted will be applied. It is nearly the same in the international law of delict: Normally there will be a majority of circumstances pointing to one country whose law is chosen. Usually it is the land where the sport event takes place. Rarely, especially if players of different countries participate, the general rule will be used and the law of the place where the damage occurred is chosen.
5. If the ethics committee has to regard a controlled clinical trial with doping substances it should generally give its approval.

The system of ethical committees in Germany*

JOCHEN TAUPITZ**

I. INTRODUCTION

The aim of my presentation is to give an overview over the different committees in Germany that deal with questions of ethical nature. One should note that in Germany there is no control over the term 'ethical committee' or 'ethics committee'. Thus, all committees who are named as such don't necessarily deal with ethical questions. On the other hand, there are also committees who do indeed deal with ethical questions, but carry a different name.

In a rough overview one can distinguish between the following committees:

- **Ethics committees for research** assess specific research projects and may be considered as the 'classical' ethical committees,
- **clinical ethical committees** discuss questions of diagnosis or therapy concerning individual patients ('at the patient's bedside'),
- closely related are those committees, which must be called in before certain medical acts; I call these **'committees for certain medical acts'**,

---

* English translation by Johann-Philipp Bremer.
** Professor. Universität Manheim

– finally, we see more and more **'society-oriented' ethical committees**, which act as advisors to politics and society regarding basic (general) ethical, especially bioethical questions.

II. ETHICS COMMITTEES FOR RESEARCh

1. General remarks

The traditional idea of ethics committees, as we know them in Germany today, came from the USA[1]. So-called Institutional Review Boards were installed in the mid-1960s as a consequence of the discovery of unethical or ethically questionable scientific projects with humans. In Germany the first ethics committees were founded about ten years later, in the early 1970s. They are interdisciplinary committees, which, as part of the scientific body of self-control[2], assess planned research projects, mainly in areas of human research.[3] Due to the fact that these committees often work in areas of medical research, they are sometimes called 'medical ethics committees'[4]. Another term is 'research ethics committees – REC'.

Their main aim is to protect patients from dangerous or surprising medical research. Further, they are to advise the researchers medically, ethically and legally. The researcher is to receive help without him losing any self-responsibility[5]. By having an ethics committee, the rese-

---

[1] For a more detailed treatment of the development Deutsch/Spickhoff, Medizinrecht, 7th Ed. 2014, marg.nr. 1377 ff.; Stamer, Die Ethik-Kommissionen in Baden-Württemberg, Frankfurt am Main 1998, p. 6 ff.; Taupitz, Biomedizinische Forschung zwischen Freiheit und Verantwortung, 2002, p. 75 ff.; Vöneky, Recht, Moral und Ethik, 2010, p. 592 ff.
[2] Classen, Ethikkommissionen zur Beurteilung von Versuchen am Menschen: Neuer Rahmen, neue Rolle, MedR 1995, 148; Trute, Die Forschung zwischen grundrechtlicher Freiheit und staatlicher Institutionalisierung, Tübingen 1994, p. 166.
[3] According to Directive 2001/20/EC, an ethics committee is an independent body in a member state of the European Union, consisting of healthcare professionals and non-medical members, whose responsibility is to protect the rights, safety and well being of human subjects involved in a clinical trial and to provide public assurance of that protection, by, among other things, expressing an opinion on the clinical trial protocol, the suitability of the investigators involved in the trial and the adequacy of facilities, and on the methods and documents to be used to inform trial subjects and obtain their informed consent.
[4] See Altner, Ethik-Kommissionen, in: Lexikon der Bioethik, 2001.
[5] Taupitz, Biomedizinische Forschung zwischen Freiheit und Verantwortung (*supra* note 1), p. 83 with further footnotes (also to the following).

arch centre also complies with the measures of protection it must take towards the researcher. But also the centre itself is helped in preventing problematic legal or ethical consequences regarding its work. These consequences can arise with questions of civil or penal liability and of negative publicity. By setting up an ethics committee the research centres also comply with their safety obligations. Because they are admissible to do research with humans, or to organize research, the centres operate with generally dangerous affairs. As an institution they are therefore obligated to organize this in such a way that danger is avoided as much as reasonably possible. Finally, the ethics committee also aims to uphold the general trust in research. This is done by preventing unethical research projects and thus letting the population take up or keep an accepting stance.[6]

It is further noteworthy that according to the Animal Protection Act (Tierschutzgesetz, TierSchG), in order to allow animal research, the relevant public authorities must call in an interdisciplinary committee to aid in the decision[7]. According to the Animal Protection Act these committees are not called ethics committees. None the less, they work on similar ground and are, with good reason, referred to as such in the literature.

The following explanations however concentrate on the committees that deal in areas of scientific research with humans.

2. The obligation of researchers to call in an ethics committee

a) Preliminary Remark

Germany is a federal republic; in encompasses 16 'states' or 'countries'. Legislative competence is divided between the federal republic and the states. Federal law is effective in the whole territory of Germany, whereas state law only is effective in the respective state (like Bavaria or Baden-Württemberg).

---

[6] § 15 b of the physicians law of Hamburg describes the functions of the ethics committees, correctly, as the following: ‚The ethics committees aid in the safety of all patients as well as the data subjects, the safety of the researcher and the confidence building towards the necessary medical research with humans.'
[7] § 15 I TierSchG.

b) Federal law

In the following areas ethics committees must be called in by law:
- research with pharmaceuticals according to the German Pharmaceutical Act (Arzneimittelgesetz, AMG[8]),
- research with medicinal devices according to the German Medicinal Devices Act (Medizinproduktegesetz, MPG[9]),
- whilst using radioactive materials and ionic radiation in the applicable area of the X-Ray Regulation (Röntgenverordnung, RöV[10]) and the Radiological Protection Regulation (Strahlenschutzverordnung, StrSchV[11]),
- during donor-immunization for the retrieval of plasma in order to produce specific immunoglobulins according to the Transfusion Law (Transfusionsgesetz, TFG[12]),
- importation and use (= research) of embryonic stem cells according to the Stem Cell Act (Stammzellgesetz, StZG[13]).

c) State law

Furthermore, the current law for physicians (as well as for other healthcare professionals, e.g. dentists), for which the legislators of the different German states are responsible, only allows research with humans if an ethics committee has been consulted[14]. Some of the applicable state legislation itself regulates the establishment and work of the ethics committees; others only empower the state associations of physicians[15] (and other associations such as the dentist's association) to create them. The regulations that establish the ethics committees and determine the tasks, the composition and the procedures are therefore quite defragmented.

---

[8] §§ 40 I S. 2, 42 AMG.
[9] §§ 20 I S. 1, 22 MPG.
[10] § 28a RöV.
[11] § 24 StrSchV.
[12] § 8 II Nr. 7 TFG.
[13] § 6 IV StZG.
[14] See § 15 I of the professionals regulation for German physicians of the federal association of physicians, which is to act as an example for the legally binding professionals regulations of the state associations of physicians.
[15] All physicians must be the member of a state association of physicians.

d) Regulation of the research centres (e.g. universities)

Research centres like universities can lay down their own organizational regulations. Due to their right to establish their own statutes, they can also legislate under which circumstances members of the university are required to consult the committee and how the committees must be procured. The University of Mannheim for example just released a statute, which regulates that members of the university must consult the ethics committee if a research project includes health threats, stresses or strains or may otherwise be ethically problematic.

e) Not having an all-embracing legislative regulation

Because Germany does not have an all-embracing legislative regulation regarding research-control or the safety of patients, the ethics committees do not control every research project with humans.

3. Public and private committees

Many of the mentioned ethics committees for research with humans are organized under public law. They are established by the state or by carriers of indirect state administration (such as the state associations of physicians [the chambers of doctors]). But Germany also holds ethics committees organized under private law.

a) Ethics committees organized under public law

Public ethics committees exist at the state universities and therein mostly in the medical faculties; here most of the research with humans takes place. Public ethics committees also exist in the state associations of physicians, here trying to maintain the professional values of the physicians[16]. Lastly, certain states have also established direct state committees.

All these ethics committees are settled on state level. This includes ethics committees fulfilling tasks due to federal laws (Pharmaceutical Act, Medicinal Devices Act), because the states regularly execute federal laws (Art. 83 of the German Constitution – GG). Not the federal legislator, but the states are also responsible for the professional law of

---

[16] As institutions of professional self-administration organized under public law, the physicians associations are often attributed to the area of indirect federal administration or (easier put) to the half-federal area.

the physicians (Artt. 70, 74 nr. 19 GG). There is no 'appeal committee' on the federal level for any of these.

Because the ethics committees are settled on state level there is no uniform regulation as to how they should be set up or how they should proceed. Since 1983 the 'Association of Medical Ethics Committees' has tried to work out a uniform regulation.

Only one ethics committee for research has been established by federal law on the federal level: 'The Central Ethics Committee for Stem Cell Research' according the Stem Cell Act. It controls and evaluates, if 'the requirements of § 5 [Stem Cell Act] are fulfilled and the research project is ethically justified in this sense'[17]. § 5 Stem Cell Act requires a scientific explanation which shows that the planned use of the project must serve *high ranking aims of research for the gain of scientific knowledge* (high rank) and that this aim *cannot be reached any other way* (without an alternative).[18] The central ethics committee for stem cell research only deals with a small area of research though. Additionally it does not evaluate research with humans but research with cells of human (concrete: embryonic) origin. The former mentioned committees however evaluate, for the better part, research with humans as well as with materials from the human body and with personal data.

b) *Ethics committees organized under private law*
Both the Radiological Protection Regulation and the X-Ray Regulation demand calling in an ethics committee before research with ionic or x--ray radiology, but these ethics committees must not be organized under public law. It is enough that the ethics committee is independent, interdisciplinary and registered at the federal authority[19]. Thus, also privately organized ethics committees can act in the applicable area of the Radiological Protection Regulation and the X-Ray Regulation.

Aside from the legislative requirements several business companies as well as professional associations have established ethics committees

---

[17] For more about the need of 'ethical justification' see Honecker, Was heißt „ethisch vertretbar"?, in: Jahrbuch für Wissenschaft und Ethik 2003, p. 361 ff.
[18] For a more detailed treatment Müller-Terpitz, Kommentierung zu § 5 StZG, in: Spickhoff (Hrsg.), Medizinrecht, 2. Ed. 2014.
[19] The registration depends on certain requirements, s. § 92 StrSchV, § 28g RöV.

organized under private law[20]. Of course, everyone is free to establish a committee for advice. The aim of these ethics committees is to assess the ethical justifiability of the company's research projects. When it is required by law to consult a public ethics committee (as requested by the Pharmaceutical Act for example), the private ethics committees may only conduct a prior assessment; in any case, a public ethics committee must be included.

c) Conclusion

Not only ethics committees organized under public law complete tasks regulated by legislation and are active when researchers are required by law to consult an ethics committee before a research project is started. Due to the Radiological Protection Regulation and the X-Ray Regulation also ethics committees under private law can complete tasks regulated by legislation. Until 2010 the Medicinal Devices Act saw this possibility too.

4. Questions concerning the legislative regulated tasks

The regulations that require calling in an ethics committee before starting a research project are different in regard to the exact tasks of the different ethics committees and how these are to be fulfilled.

a) Ethical and/or legal evaluation?

It is interesting, that the Pharmaceutical Act mentions 'ethics' only in the term 'ethics committee'. The committee has to evaluate if the requirements of the Pharmaceutical Act concerning research are fulfilled. Ethical aspects thus can obviously have an effect only when concretizing unspecific legal or medical terms (e.g. medically acceptable risk-benefit-balance).

---

[20] For more detail regarding the diverse ethics committees Deutsch, Die rechtlichen Grundlagen und die Funktionen der Ethik-Kommission, VersR 1989, 429 ff.; Deutsch/Lippert, Ethikkommission und klinische Prüfung, Berlin 1998; Deutsch/Spickhoff (*supra* note 1), marg.nr. 1383 ff.; Doppelfeld, Beratung und Begleitung biomedizinischer Forschung durch Ethik-Kommissionen, in: Jahrbuch für Wissenschaft und Ethik Bd. 2 (1997), p. 121 ff.

Other regulations differ distinctly between law and ethics and demand a consideration (also) of ethical factors[21] – without however determining which ethical criteria or ethical viewpoints should be followed[22].

b) Advice or permission?

A further difference can be seen in the weight of the committee's vote. The Pharmaceutical Act[23] and the Medicinal Devices Act[24] demand a 'positive evaluation' from the ethics committee before the research project can commence. Because the research project cannot begin before the positive vote has been given, the vote is an official permission, therefore an administrative act.

All other before mentioned regulations merely demand that the ethics committee be consulted. This way, the research project can be legally seen through even if the ethics committee did not approve of it. Yet in some of these cases other state authorities must formally permit the research project, such as the Federal Office for Radiation Protection (Bundesamt für Strahlenschutz), according to the Radiological Protection Regulation[25] and the X-Ray Regulation[26]. The evaluative vote of the committee must be known before the formal permission by the Federal Office is given[27]; this way the state authorities can side with the committee should it have doubts in regard to the project. Likewise the central ethics committee for stem cell research must have given its evaluative

---

[21] § 22 II MPG for example says: 'The ethics committee has the task to consult the project plan and the necessary documents, especially regarding ethical and legal aspects, and to examine if the requirements of § 20 ... and § 21 have been fulfilled.' – The Central Ethics Commission for Stem Cell Research merely has to ethically evaluate the proposed research project (§ 9 StZG). It must review if the planned use of the embryonic stem cells is ethically justifiable, because the project aids 'eminent research aims for the gain of scientific knowledge' and 'can't be reached in any other way'. The committee does not review any legal aspects.
[22] Critical therefore Taupitz, Recht und Ethik: Komplementär und dennoch defizitär?, in: Festschrift für Schmidt-Jortzig, 2011, p. 825.
[23] § 40 I S. 2 AMG.
[24] § 20 I S. 1 MPG.
[25] § 23 StrSchV.
[26] § 28a RöV.
[27] § 24 I StrSchV; § 28b I RöV.

vote before the Robert Koch-Institute can allow the research with embryonic stem cells[28].

c) One or several ethics committees at multi-centre studies?

When studies are performed at several research centres under the responsibility of several ethics committees the evaluation of one ethics committee is enough[29] according to the Pharmaceutical Act[30], the Medicinal Devices Act[31], the Radiological Protection Regulation[32] and the X-Ray Regulation[33]. This is usually the ethics committee that is responsible for the principle investigator of the project[34]. In contrast, the physicians' professional law does not restrict the need to call in ethics committees in this way; instead, every physician must consult the ethics committee that is responsible for him.

d) Procedures of the ethics committees

One should also acknowledge that the procedures that the ethics committees must uphold are only regulated very rudimentary in the relevant legislation[35]. The ethics committees settled under the states – which is the greater part – face great differences regarding the procedural regulations.

---

[28] § 6 IV StZG.

[29] In practice, due to an initiative by the Working Group of Medical Ethics Committees, a so-called *Mitberatungsverfahren* (involved-consult procedure) has become regular. Here not only the leading committee, but also 'local' and 'involved' ethics committees, responsible for the other inspection places, evaluate the research project; their evaluations can (but don't have to) be considered by the leading committee, whose vote is significant for the beginning of the study. Anyhow, the 'local' or 'involved' ethics committees must evaluate the suitability of the inspection places and examiners for which they are responsible, see §§ 7 I, 8 V GCP-Verordnung.

[30] § 42 I AMG.

[31] § 22 I MPG.

[32] § 92 StrSchV.

[33] § 28g RöV.

[34] See § 42 I AMG

[35] While for example the Radiological Protection Regulation and the X-Ray Regulation demand an oral consult with at least five members (§ 92 StrSchV; § 28g RöV), the other federal laws mention nothing in this direction. Thereafter, as an example, also a circulation procedure with a written vote is admissible, even though this does not apply to the true sense of an interdisciplinary consultancy.

III. CLINICAL ETHICAL COMMITTEES (KLINISCHE ETHI-KKOMITEES, KEK)

Clinical ethical committees, often shortened to 'CEC' (in German: ‚KEK', like the ethics committees for research projects, deal with specific ethical questions in individual cases. The clinical ethical committees deal with the questions of day-to-day diagnosis and therapies, in some measure working at the patient's bedside. This type of ethical committee was installed in the 1960s, first in the USA. They were the effect of the problems of allocation of treatment measures and of the new questions of transplantation medicine[36]; later on questions of patient autonomy, especially at the end of the patient's life, become more important[37]. In Germany, two Christian hospital federations set up ethical committees in their hospitals in 1997, describing the aims of the committees as the following: 'the installment of the clinical ethical committees shall set a frame, in which one shall think about and discuss ethical problems and conflicts. In this setting, the possibility of having open and free discussions shall be maintained. Thus, ethically responsible behavior in the ever more complicated day-to-day reality of a hospital can be supported.'[38] By now many ethical committees have been installed at hospitals and not only Christian ones.[39] Because there are no legal regulations in Germany and the installment of ethical committees originated from several decentralized initiatives in various hospitals without an exchange of information or professional advice, there is a large diversity in regard to the size, the working methods, the tasks and the composition of the ethical committees[40]. Sometimes also single ethical consultants work as the clinical 'ethics-service' – the Second Hessian Hospital Act (KHG) from 21.12.2010 for example, demands die

---

[36] Bockenheimer-Lucius/May, Ethikberatung – Ethik-Komitee in Einrichtungen der stationären Altenhilfe (EKA), Ethik Med. 2009, 331 f.; Frewer, Ethikkomitees zur Beratung in der Medizin, in: Frewer/Fahr/Rascher (Hrsg.), Klinische Ethikkomitees, 2008, p. 47 ff.
[37] Winkler, Solle es ein favorisiertes Modell klinischer Ethikberatung für Krankenhäuser geben?, Ethik Med. 2009, 309, 310.
[38] Deutscher Evangelischer Krankenhausverband e.V/Katholischer Krankenhausverband Deutschlands e.V, Ethik-Komitee im Krankenhaus, Freiburg 1997, p. 5; siehe auch Vollmann, Klinische Ethikkomitees und Klinische Ethikberatung im Krankenhaus Bochum 2006, p. 2.
[39] Winkler, Ethik Med. 2009, 309, 310
[40] For a more detailed treatment see Vollmann (*supra* note 38), p. 3 ; this is not any different in the USA, see Winkler, Ethik Med. 2009, 309 ff.

appointment of an ethics representative, who is to make suggestions concerning ethical questions[41]. In 2006 the Central Ethics Committee at the German Medical Association (see below V. 3. b]) published a paper about the principal structure and work-method of clinical ethics committees[42]. Additionally a working group from the Academy of Ethics in Medicine put together a curriculum for ethical consulting in hospitals in 2005. This curriculum is used on broad basis today as the principal guide to first and further training for those working as or wishing to work as ethical consultants[43].

IV. COMMITTEES FOR CERTAIN MEDICAL ACTS

There are two ethical committees in Germany that must, by law, be consulted before certain medical acts can be performed. Because these committees analyze if the diagnosis or the treatment in a concrete case is admissible, and do not deal with cases of research, they can be seen close to the clinical ethical committees.

1. The PGD-Committees

On the 7th July 2011 the German Parliament passed the so-called Preimplantation Genetic Diagnosis Act. It added a regulation concerning preimplantation genetic diagnosis (PGD)[44] to the Embryo Protection Act (Embryonenschutzgesetz). According to this act, the preimplantation genetic diagnosis, i.e. the act of performing a genetic examination of an embryo in vitro (before transferring the embryo to the woman) in search for a genetic defect, is only admissible if an ethics committee has verified the legal requirements of PGD and thereafter approved the action. These committees have the function of an approval authority.[45]

---

[41] § 6 VI, GVBl. I 2012, 587.
[42] Ethikberatung in der klinischen Medizin, available under http://www.zentrale-ethikkommission.de/page.asp?his=0.1.18
[43] Simon/May/Neitzke, Curriculum „Ethikberatung im Krankenhaus", Ethik Med. 2005, 322 ff.
[44] A new § 3a has been inserted into the Embryo Protection Act.
[45] For more details see Taupitz, in: Günther/Taupitz/Kaiser, Embryonenschutzgesetz, 2. Ed. 2014, C II § 3a.

2. Transplantation-Committees

According to the Transplantation Act (Transplantationsgesetz, TPG) the outtake of organs from a living person requires that an ethical committee – responsible under state law – gives a statement regarding the possibility of the organ donor not consenting freely to the transplant or if the organ is part of organ trafficking[46]. The work of these ethical committees is therefore rather restricted and cannot be compared to that of the others[47]. I mention them though because these ethical committees too are staffed interdisciplinary[48] and must overlook two important ethical questions (free organ donation and no commercial spending).

V. SOCIETY-ORIENTATED ETHICAL COMMITTEES

1. Overview

Only in recent time a new type of ethical committee has joined the others. I call these committees 'society-oriented' ethical committees[49]. They are also set up interdisciplinary but do not decide over specific research projects or treatment measures; they handle fundamental (general) ethical questions on an overriding level. The committees' statements and their advices are directed at the public and therefore to a large degree also towards politics. Some, such as the German Ethics Council or the earlier National Ethics Council, even let the public take part in the meetings. Because they are (also) a part of the political discourse they are sometimes called 'political ethical committees'[50]. This term may give the impression that these committees are instruments of politics or even political *decision*-organs. This however contradicts to the real function of the committees; they are independent bodies seeking to inform, consult and advise. Naturally, the ethical committees hereby also face politics. There is no doubt that some ethical committees were established out of political motivation, with the hope that (through

---

[46] § 8 III TPG.
[47] The term 'ethics committee', as used in other specialized acts, was purposefully not used here by the legislator, see Taupitz, Biomedizinische Forschung zwischen Freiheit und Verantwortung (*supra* note 1), p. 82.
[48] The members must consist of a physician, a lawyer and someone experienced in psychology.
[49] Taupitz, JZ 2003, 815, 817 f.
[50] Altner, Ethik-Kommissionen, in: Lexikon der Bioethik, 2001.

the implementation of certain staff) certain statements would perhaps trend towards a certain political direction[51].

The society-orientated ethical committees can be differentiated and laid out in their historical development as follows[52]:

2. Consulting committees on federal level

a) Non-permanent consulting committees
Ever since the 1980s non-permanent committees have and still are being set up on national level:

aa) In 1984 the Minister of Justice and the Minister of Research and Technology set up the 'Working Group for In-Vitro-Fertilization, Genome Analysis and Gene Therapy'. The committee was known as the 'Benda-Committee' – after its chairman. At the same time the German Bundestag held a committee of inquiry: 'Chances and Risks of Gene Technology'. Both committees ended their work after about two years with reports and advice for the legislator.

bb) During two other legislation periods the German Bundestag also set up committees of inquiry for biomedical questions. The committee 'Law and Ethics of Modern Medicine' worked between 1999 and 2001. The committee 'Ethics and Law of Modern Medicine' followed from 2003 to 2005[53]. Due to the committees of inquiry being establishments of the parliament they cannot continue beyond the legislative period and therefore end with it.

cc) Finally, Chancellor Angela Merkel set up an 'Ethical Committee for a Secure Energy Supply' on March 22nd 2011. This committee was

---

[51] For more detail regarding the National Ethics Council and the committee of inquiry of the German Bundestag 'Ethics and Law of Modern Medicine': Taupitz, JZ 2003, 815, 818 ff.
[52] For a more detailed treatment of what is to follow Taupitz, Der Einfluß der Ethikkommissionen auf politisch-rechtliche Entscheidungen in Deutschland, in: Hofmeister/Solonin/Tumanyan (Hrsg.), Wissenschaft und Ethik in der Gesellschaft von heute, St. Petersburg 2004, p. 228 ff.; Vöncky (*supra* note 1), p. 9 ff., 234 ff.
[53] Both committees held 13 members of the German Bundestag (or 13 representatives) and 13 subject experts as their members. The statements are available under http://www.ethikrat.org/archiv/enquetekommissionen.

to examine ethical and technical aspects of nuclear energy, to prepare a society-orientated consensus on the exit from nuclear energy and to prepare recommendations for the move to renewable energy sources. Cause was the nuclear catastrophe of Fukushima in March 2011. The 17 members of the committee presented their concluding report in May 2011.

b) Permanent consulting committees

aa) The first permanent ethical committee on federal level was set up not by a constitutional body (although there were talks with the President of the Federal Republic of Germany, but these did not lead to a result), but instead was set up by the Federal Medical Association as the private union of the state associations of physicians. This 'Central Committee for the Preservation of Ethical Principles in Medicine and its Border Areas' – in short 'Central Ethical Committee'– was founded in 1994[54]. Settled next to the Federal Medical Association, but independent of it, the committee, according to its statute, works to 'give statements on ethical questions, which, raised by the progress and technological development in medicine and its border areas, need a unanimous answer for the Federal Republic of Germany'. Further, the committee must give statements on 'questions, which, considering the ethical viewpoints in the duties of the physicians profession, are of fundamental importance'.

bb) The first state institution followed in 1995 when the Ministry of Health set up a supporting ethics council, which was to consult and inform the Ministry about ethical questions in health politics. In the new legislation period after 1998 a similar council was set up in 1999[55]. This council was however dissolved with the installation of the National Ethics Council on March 5th 2002 (more about this council later).

cc) Initiated by several members of parliament the Friedrich-Ebert--Foundation in Bonn hosted an expert discussion in 1997 about the question 'does Germany need a federal ethics committee?'. A big part of

---

[54] See their Homepage under http://www.zentrale-ethikkommission.de/
[55] The committee, to name an example of many, released a key-points paper in November 2000 concerning 'predictive genetic tests'.

the discussion was the institutional allocation of the committee with the Parliament or the President[56]. At first, the discussed concepts however led to no result.

Only in 2001 the government picked up on the idea of a permanent consulting committee on federal level. The completely politically independent National Ethics Council was set up by a decision of the German government on May 2nd 2001. Its task was to bundle the interdisciplinary discourse between science, medicine, theology, philosophy, sociology and law, to organize a debate on a sociological and political basis by including the various groups, to offer information and discussions to the public, to release statements about ethical questions concerning new developments in the area of life sciences as well as their effects for the individual and the society (this includes working on statements for the government or the German Bundestag), to give advice in regard to political and legislative measures and to work together with national ethical committees and other similar institutions, especially European states and international organizations. The German National Council included 25 members from different disciplines such as medicine, biology, philosophy, ethics and law. Representatives from the two largest Christian churches and from social groups (such as the disabled or chronically sick) were also included[57].

There was some kind of rivalry between the National Ethics Council (set up by the government) and the committees of inquiry 'Law and Ethics of Modern Medicine' and 'Ethics and Law of Modern Medicine' (set up by the Parliament). Some people thought that the National Ethics Council had been intentionally installed as an antagonist to the committees of inquiry. Indeed, the decisions of the National Ethics Council were often more liberal, in other words more pro science than those of the committees of inquiry.

dd) Ever since its establishment the National Ethics Council was criticized for not being thoroughly democratically legitimized because the council had been set up not by legislation of the German Bundestag but alone through a governmental decision (the Executive). In 2007 the

---

[56] Friedrich-Ebert-Stiftung (Hrsg.), Braucht Deutschland eine Bundes-Ethik-Kommission? – Dokumentation des Expertengesprächs Gentechnik am 11. März 1997 in Bonn, Bonn.
[57] The statements are available under http://www.ethikrat.org/archiv/nationaler-ethikrat.

German Bundestag passed the law (Ethics Council Act, Ethikratgesetz – EthRG) that founded the German Ethics Council. The Council inhabits 26 members and is similar to its predecessor, the National Ethics Council, in both structure and tasks[58]. Half of the members are voted on by the German Bundestag, the other half is decided on by the Federal Government; they are all formally called into the council by the president of the German Bundestag.

3. Consulting committees on state level
Also on state level some committees deal with ethical questions. Important to name is the bioethical committee of the state Rhineland-Palatinate that was established in 1986 and works under the leadership of the Minister of Justice[59]. Under the Minister of Justice Caesar the committee made headlines by giving very progressive statements. Also worth noting is the bioethical committee of the Bavarian government which has existed since 2001[60].

4. Other consulting committees
Finally, there are also society-orientated ethical committees within the German Research Foundation (Deutsche Forschungsgemeinschaft, DFG), such as, among others[61], 'the Senate Committee for Fundamental Questions of Genetic Research', which has repeatedly released statements for the public.

Other consulting committees concerning bioethical questions are different because they do not seek to reach the public with their work. This difference can be especially seen opposite the society-orientated ethical committees. They exist, for example, in pharmaceutical companies (to advise in general company philosophy), in scientific specialist associations of professionals, but also in political parties. Such, the CDU/CSU-faction of the German Bundestag set up a 'Scientific

---

[58] See the homepage under http://www.ethikrat.org/.
[59] Depending on the treated subject every committee has a different number of members. For this committee see their Homepage under http://www.mjv.rlp.de/Ministerium/Bioethik/.
[60] The committee consists of 16 members. For this committee see their homepage under http://www.bioethik-kommission.bayern.de/
[61] For further senate committees of the DFG see their annual report for 2010, p. 137 ff.

Supporting Council for Questions of Bio- and Gene Technology' in 2003. The council's task is to advise the faction during the preparation of political positions and legislative initiatives. The 12 members of the council are to help the members of parliament when it is necessary to assess the chances and risks of bio- and gene technology.

VI. SUMMARY AND OUTLOOK

To summarize: Ethical committees in Germany have very different functions. Some act as an approval authority. This means that a project cannot start or a medical act cannot be executed without the allowance of the committee. Others are also involved in the decision-making in individual cases (research projects, treatment of patients etc.) but have the task to merely consult physicians or researchers. A third group of committees has to consult members of politics or other institutions in fundamental (general) ethical questions. Most ethical committees that are involved in individual cases are set up on state level; the consequence is that there is not uniform regulation on composing and proceeding.

With all their differences in regard to their tasks and methods ethical committees also share some things. First, they are all independent institutions. This means that they do not have to follow the instructions or orders of other institutions. Second, they are all *interdisciplinary* and therefore collect and bring together *different* viewpoints of the various professionally involved disciplines[62]. Because, rightly so, the committees are not set up to simply apply law, but instead to examine the ethical viewpoints, their task is to not only point out what is legally important but also, within the legal framework, to bring together the several aspects of 'can do', 'should do', 'must do' and their negations in order to open new methods of action, which are not exhausted in simply following the regulations of positive law. They fulfill their tasks especially in fields where no (or not yet) standards of correct acting exist. If one describes law, as it is often done, as the 'ethical minimum'[63], then ethical committees should not be content with what is only just acceptable but should ins-

---

[62] For more about the relationship between ethics and indisciplinarity in the activity of ethics committees see Taupitz, JZ 2003, 815, 817 f.
[63] Jellinek, Die sozialethische Bedeutung von Recht, Unrecht und Strafe, 2nd Ed. 1908, p. 45.

tead reflect a deeper understanding of responsibility. This is obviously a key aspect in several areas of a society.

But also there is a lot of criticism regarding the number and variety of ethical committees. One must also accept the probability that several ethical committees exist to console political aspirations instead of serving professional needs[64]. When an ethical committee deals with an issue one believes it to already be in good hands. The ethical direction that the ethical committee may follow during the evaluation[65] then seems to be irrelevant. It is remarkable that not a single regulation concerning ethical committees clearly says which of the several ethical directions should be significant for the evaluation – or even on what the difference is between law and ethics[66]. The provocative question if this is always compatible with constitutional principles or – broader speaking – if law is allowed to delegate a legally relevant decision to 'the ethics' I can, at the end of my presentation, only leave to you.

---

[64] Taupitz, in: Festschrift für Schmidt-Jortzig (*supra* note 22), 825, 839.
[65] About this Taupitz, in: Festschrift für Schmidt-Jortzig (*supra* note 22), 825, 835 f.
[66] From recent literature, about this, see Vöneky (*supra* note 1), p. 21 ff.

Comissões de ética para a saúde

José Pinto Mendes*

> *Não há paz entre as nações*
> *sem paz entre as religiões*
> *Não há paz entre as religiões*
> *sem diálogo entre as religiões*
> *Não há diálogo entre as religiões*
> *sem pesquisa de base nas religiões*
> Hans Kung (1)

Obrigatória a citação do teólogo de Tuebingen quando se procura a perspetiva histórica da construção de um sentido ético nas comunidades humanas, que passa necessariamente pelo percurso das religiões. Sem esquecer as ricas bases espirituais trazidas à Humanidade pelas correntes religiosas da península hindustânica e da China (2) quer Kung, sobretudo, salientar que "há uma base ética comum entre o decálogo judeo-cristão e o código islâmico dos deveres".

É justo reconhecer que o poder, político e/ou religioso, mesmo quando exercido de modo pouco ético, foi o grande veículo de socialização dos povos. O triângulo religião/ética/poder construiu civilizações (3,4).

---

* Ex-Assistente da Faculdade de Medicina de Coimbra; Médico hospitalar reformado

Quando, desde muito cedo, aquelas forças se aperceberam da importância, inclusive para a sua própria sobrevivência, da regulação dos comportamentos na harmonia social (inspirada pela vivência religiosa), a sua aliança parecia inevitável. Não nos compete, quer dizer, não temos competência, para uma análise consistente desta evidência mas permita-se-nos deixar algumas reflexões pontuais sobre os avanços e recuos desta longa caminhada.

De entre todos os animais, é o Homem o único que enterra os seus defuntos. À medida que vai tomando consciência do seu Eu, ter-se-á começado a interrogar sobre o sentido da vida, ao mesmo tempo que passa a aperceber-se da dramática inevitabilidade da morte e da sua fragilidade ante acontecimentos que não domina, doenças e desastres naturais.

Como vocação natural, para uns, ou como refúgio mental, para outros, sente o apelo a um feliz repouso na eternidade.As sepulturas pré-históricas mais antigas enchem-se de alimentos e dos mais queridos objetos para o defunto usufruir no além. O costume de colocar os restos mortais sobre jangadas atiradas às correntes dos rios, com um ritual de "encomendação", significava o início desta viagem para a vida eterna.

Na Austrália foi encontrado um esqueleto humano com 30.000 anos coberto de ocre, um ritual conhecido de aceitação de uma vida após a morte. Mas os vestígios mais coerentes de atividade religiosa, de há cerca de 14.000 anos, demonstram que as comunidades daquela época estariam convictas, como algumas correntes teológicas de hoje, que a bem-aventurança eterna era um dado adquirido. O receio residia no castigo divino, no presente, pelo mau comportamento social. Terá sido o primeiro passo de socialização pois havia que encontrar a melhor maneira de lidar com os "parecidos comigo" para não inquietar as divindades.

Esta relação era modulada por um sentimento de temor que se estendeu ao longo dos séculos, nomeadamente com os conceitos de pecado e de condenação/salvação nas religiões abraâmicas. Entra aqui o jeito negocial do Homem com o Divino através de preces, promessas, sacrifícios de animais, ou mesmo de humanos, e rituais complexos.

Há cerca de 14 milénios, para os caçadores recolectores os seres da Natureza (animais, florestas, rios, etc.) eram habitados e animados (animismo) por espíritos que dominavam o quotidiano. Especula-se que, por detrás deste aparente politeísmo, acreditariam num vetor de harmonia do Homem e do Universo. Um conceito de íntima e sagrada união ao Cosmos, tão cara a Teilhard de Chardin, hoje tão revisitado.

Terá sido na era das chefaturas agrárias, há 7000 anos, que, com a evolução da organização social, os poderes político e religioso, já em vias de fusão, se aperceberam, para o bem e para o mal, da importância das normas morais para a pacificação dos seus súbditos.

Nas culturas mesopotâmica e egípcia, que viriam a influenciar os filósofos gregos pré-socráticos, aparecem a forte determinação dos homens em vencer a Natureza e um conceito de divino que irá inspirar a religião judaica-deuses distantes, com duas faces, de ira e de misericórdia, com quem não era fácil comunicar a não ser pela intermediação de sacerdotes, os encarregados dos rituais sagrados.

Hamurabi (2250 anos aC) dizia-se inspirado pelo divino ao escrever o seu código que foi instrumento da mais brutal repressão dos povos da Mesopotâmia ("olho por olho, dente por dente").

No Egipto, o sentido do Ka (espírito/alma, mas também consciência do Eu) inspira a resolução dos problemas introduzidos pela crescente complexidade social com o aprofundar das leis morais que se pretendiam já universais.

Na Grécia, sob a tutela da civilização micénica (a partir de 1.400 aC), o centro dos poderes político e religioso era o palácio, com um rei com poderes divinos mas com necessidade de um forte corpo armado. Com o fim daquela civilização (1.100 aC), desaparece a figura do rei divino e o centro passa a ser a Ágora onde têm lugar as especulações filosóficas e morais procura-se acabar com os mitos sobrenaturais e acentuar o poder do racional.

É o primeiro grande processo de secularização que, com Hipócrates, se estendeu à Medicina que deixou de ser uma arte de inspiração divina para se tornar um olhar humano sobre a Natureza, o da fisiologia.

Platão viria a defender o seu pensamento na justiça, uma virtude necessária à cooperação entre humanos. O seu discípulo Aristóteles defende uma ética de virtudes, considerando o bem o fundamento de toda a ação. O estudo da Ética destinar-se-ia ao bem-estar humano. No século XII, Tomás de Aquino, que influenciou decisivamente a doutrina da Igreja Católica, viria a retomar o pensamento aristotélico definindo quatro virtudes cardiais, prudência, temperança, justiça e fortaleza, e três teologais, fé, esperança e caridade. E não esquecer a orientação ética, proclamada por Protágoras (400 aC), com a célebre frase "o Homem é a medida de todas as coisas".

A influência dos conceitos éticos gregos no pensamento judaico-cristão viria a ser determinante. Paulo de Tarso, o fundador do movimento chamado cristianismo, veiculá-los-ia e terá sido o primeiro a usar, neste contexto, a palavra grega *ekklêsía*, transportando o seu significado funcional para a organização das primeiras comunidades cristãs a que deu aquele nome (5).

Para a cultura judaico-cristã também contribuíram as tradições religiosas orientais, onde sobressai a sabedoria única dos Veda, através da busca do crescimento interior individual e da sabedoria (o maior pecado é o da ignorância), dirigidos para a reverência de todos os seres vivos, para a generosidade solidária e respeito pela Natureza, num convite à participação individual na harmonia social. As analogias culturais entre hinduísmo e cristianismo foram objeto de estudo esclarecido da escola teológica católica indiana, com relevo para Raimon Panikar (6) e Jacques Duspuis (7).

Num outro polo civilizacional, a Pérsia, instalou-se o zoroastrismo, com origem, como o vedismo, em migrações da Eurásia, que também viria a ter importante influência no judeo-cristianismo. Quem visitou o Irão não esquecerá as altas Torres do Silêncio, onde eram colocados os cadáveres, pasto das aves, enquanto num pequeno aldeamento em redor os familiares permaneciam até à libertação da alma... ao 3º dia. Junte-se a crença no paraíso, no juízo final e na vinda de um Messias na doutrina de Zaratustra.

Nesta religião, precursora do maniqueísmo, Deus (Ahura Mazda) seria a energia positiva que forças negativas tentavam contrariar. Este jogo de opostos é essencialmente ético, defendendo a livre escolha entre o bem e o mal em resposta a um dualismo cósmico (forças benignas e malignas). Os crentes, submetidos a um banho ritual de iniciação, são convidados a combater o mal para receberem a recompensa eterna.

O Antigo Testamento, um dos maiores tratados de Antropologia, conta-nos, através de uma narrativa não necessariamente histórica mas teológica, o caminho do povo hebreu do politeísmo ao monoteísmo, descrevendo um Deus ao mesmo tempo protetor do "povo eleito" e dos fracos, impotentes e oprimidos, mas levando esta solicitude ao extremo de patrocinar guerras.

O Decálogo representa um salto ético enorme quando propõe no 2º Mandamento "ama o próximo como a ti próprio". Na descrição, no

Êxodo, da caminhada do povo hebreu há um constante diálogo com a Divindade, com denúncias de erros, promessas de fidelidade e prescrições normativas.

E já no Génesis se faz um apelo à responsabilidade individual, continuado pelos profetas que incitam à solidariedade e justiça, a primazia do amor divino a ser imitado pelos homens.

Jesus de Nazaré, um "judeu marginal" (8), quebra um pilar fundamental das tradições religiosas- o da adoração a um Deus todo-poderoso, e por vezes cruel, muito acima de tudo o mais, nem sempre perto das circunstâncias humanas. A maneira de "amar a Deus" (1º Mandamento) é "amar o outro" (2º) o que significa que o mais importante é a promoção do Homem na sua atividade quotidiana, sem esquecer a sua dimensão espiritual. Como resultado, o seu olhar privilegiado para os pobres e oprimidos sociais do seu tempo e para os destituídos de saúde física e mental. Um constante apelo, sem abandonar a dimensão escatológica, à justiça social e à promoção humana, nomeadamente da mulher, totalmente segregada naquela sociedade.

Para o Nazareno, o conceito ético estruturante é a compaixão, não no sentido comum de comiseração afetiva mas no de viver "compaixão" a promoção do outro a partir do que ele é e não dos preconceitos que dele temos. Preceito exigente!

E, mau grado todas as suas trágicas infidelidades, fruto de uma cultura de poder, que a História vai digerindo, as igrejas cristãs, que reclamam Jesus como fundador, deram ao longo dos séculos um enorme testemunho de procura deste sentido do outro e de defesa dos mais fracos. Igualmente através do constante fervilhar de ideias no seu seio tiveram influência decisiva no progresso da Humanidade. E também não foi em vão o enquadramento cultural dos mitos e dogmas, que até proporcionaram uma oportunidade de ouro às mais belas manifestações da criatividade humana – da literatura à escultura, da música à pintura.

Também Jesus, o chamado Cristo, desmonta o binómio sagrado/profano a rotular objetos e lugares. Sagrado é apenas o Homem num trajeto de promoção em contexto social, em divinização. Se se refere ao Templo como sagrado, quer muitas vezes salientar ser o Homem templo divino. Julgando estar próximo o fim dos tempos, procura reunir as 12 tribos de Israel para, já aqui, se construir um Reino de liberdade e paz, de crescimento humano individual e social, preparando a esperada plenitude.

E, mais uma vez, na senda das relações religião/ética/poder, Constantino e cristãos encontraram uma plataforma de mútuo interesse. O Estado Romano propagava uma religião oficial que prestava culto aos grandes deuses, que invocava para justificar as suas decisões políticas, enquanto na vida privada se procurava auxílio nos espíritos domésticos, os Lares, e nos dos antepassados, os Penates. O panteão romano estava em constante expansão, chegando a ter cerca de 30 divindades. O próprio Imperador, desde 27 aC, adquiriu o direito a honras devidas aos deuses. A comunidade cristã não aceitava, obviamente, esta complexa situação e criava incómodo político crescente.

Para Constantino, que tentava unificar o Império e salvar a civilização clássica, não lhe convinha a multiplicidade dos deuses e precisava da ética cristã como cimento de coesão. Para os cristãos a adoção da sua doutrina como legitimação religiosa do poder romano era uma oportunidade única de expansão, beneficiando das estruturas administrativas e judiciais de Roma. Esta aliança, sobreposta à cultura grega veiculada com a teologia paulina, influencia, ainda hoje, a doutrina e a prática da Igreja Católica.

E por muito que nos custe reconhecer, o temor de Deus e os conceitos de pecado e de condenação eterna, que tanto obcecaram o grande reformador Martinho Lutero, tiveram um papel importante no implantar de uma ética de costumes. Como escreve Michel Renaud (9), o interdito tem algo de estruturante na construção da personalidade humana.

O islamismo, influenciado na sua origem pelo contacto de Maomé com comunidades judaicas e cristãs monofisistas (1), está fundado na vida em sociedade e no lugar primeiro da justiça como princípio ordenador das relações sociais, dentro dos conceitos da cultura árabe.

Maomé transmitiu aos seus discípulos uma mensagem de ética social, como teste da crença verdadeira, numa tentativa bem-sucedida de unificação da Península Arábica, através da religião, ante a divisão social levada a cabo pela proliferação de crenças. Se o Mundo é criação de Allah, é reflexo do Criador e, como diz o Alcorão, a responsabilidade dos seres humanos é a de cuidar, proteger e salvaguardar a Natureza e a Criação.

Mas, independente das religiões e muitas vezes opondo-se a elas e aos seus dogmas, surgiu um caminho paralelo de procura do Homem e do seu crescimento, sobretudo encabeçado por intelectuais, muitas vezes incompreendidos. Há que dar a ênfase que merece ao movimento, a que se chamou Iluminismo, que teve uma enorme influência cultural, social, política e espiritual, a partir do século XVIII.

Estabelecendo o primado da razão crítica e adoptando as palavras-chave Liberdade, Progresso, Homem, pede para este um papel autónomo e livre na construção do seu próprio futuro. Foi um forte investimento no património ético da Humanidade, particularmente da sociedade europeia.

Com a apropriação da sua superioridade moral pelo poder napoleónico, não escapou à lógica do poder, que vimos denunciando e não evitou o individualismo e os excessos do racionalismo que acabaram por se instalar, em seu nome, sobretudo a partir da segunda metade do século passado.

Com o fim da 2ª Guerra Mundial, foram enormes as transformações culturais e sociais mas os excessos cometidos durante o conflito conduziram à interiorização do conceito de dignidade humana. Simultaneamente, o progresso económico e científico levou à ilusão de uma sociedade de eterno bem-estar, apoiada por uma ciência que tudo resolveria, condenando todas as explicações julgadas irracionais que alienariam o Homem.

A apologia da liberdade até ao extremo de invocar direitos sem a contrapartida de deveres e a guerra a todo o tipo de tabus ("é proibido proibir", do Maio de 68), levou ao afã da destruição das leis morais e ao relativismo ético individualista.

Ainda no acordar do pesadelo da 2ª Grande Guerra, e com aquele relativismo como pano de fundo, causaram consternação as notícias que foram sendo divulgadas sobre a experimentação em humanos nos campos nazis de concentração. Eram necessárias e urgentes medidas cautelares para se virar de vez esta página. E, naturalmente, pedindo-se a intervenção do poder legislativo exigindo-lhe uma atitude de serviço, informada por estudos e reflexão independentes e competentes.

Nuremberga deu o nome ao célebre julgamento mas também a um Código (1947) a que se seguiram a Declaração de Helsínquia (1964, com atualizações periódicas, a última, em 2013) e, nos Estados Unidos da América (EUA), o Relatório Belmont (1978), três dos importantes textos que se foram sucedendo, enquadrados pela Declaração Universal dos Direitos do Homem.

As preocupações viraram-se, depois, para o potencial uso inadequado do prodigioso progresso tecnológico da biologia e da medicina, receios sobretudo na aplicação dos avanços da genética (clonagem, terapêutica génica, antecipação de patologias), e da experimentação em embriões e novos métodos de reprodução, técnicas invasivas e experimentação com novos fármacos, (10,11).

No início da década de 70 esta reflexão, mais desenvolvida nos EUA e na Europa, procurava impelir o conhecimento biológico ("bios"=vida) no sentido do reconhecimento dos valores humanos ("ethos"= ética). Se bem que a palavra bioética já antes tivesse sido usada por um pastor protestante alemão (12), com este sentido, foi Potter que a colocou definitivamente no dicionário (13) como "uma ciência de sobrevivência", nunca um obstáculo ao progresso científico mas como "ponte para o futuro" (14), incentivando a sua aplicação no bem-estar humano dentro de uma harmonia universal.

Partindo dos princípios abstratos da ética filosófica, não se pretendia aplicá-los cegamente, antes os equacionar e confrontar com as circunstâncias pessoais, culturais e sociais do ser humano, variáveis com os substratos civilizacionais (15,16). Nesta perspetiva, urgia fazer convergir todos os saberes relacionados com o Homem e o Universo, da biologia à medicina, à antropologia, sociologia, psicologia, teologia e direito. Procurava-se o diálogo numa prática de convergência de diferentes sensibilidades culturais (17).

Tal foi reconhecido por um pequeno grupo de médicos, preocupados com as incertezas e o relativismo ético num ambiente científico onde era grande a tentação da pressa em aplicar as novidades que surgem a um ritmo que não dava tempo ao discernimento sobre as suas consequências. Na linha de Potter, queriam assegurar, através de estruturas adequadas, o futuro da espécie humana e potencializar o caudal positivo da ciência para a sua promoção e boa qualidade de vida.

O processo de institucionalização da bioética começou, em 1966, com o surgir no National Health Institute (EUA) da revisão dos processos de investigação clínica envolvendo seres humanos. Com o mesmo fim, o Congresso americano criou os Institutional Review Boards e a National Commission for the Protection of Human Subjects of Biomedical and Behavior Research e, em 1970, autoriza a President's Commission of the Study of Ethical Problems in Medicine and Biomedical Behavior Research.

A instituição pioneira na Europa fundou-se em França, em 1983, o Comité Consultif pour les Sciences da la Vie que viria a ter eco em vários países europeus. Em Portugal foi a Lei 14/1990, de 9 de Junho, que criou o Conselho Nacional de Ética para as Ciências da Vida (CNECV), revista com a Lei 24/2009, de 29 de Maio, que funciona junto à Assembleia da República emitindo pareceres não vinculativos, a pedido ou por iniciativa própria, para os Órgãos de Soberania (18).

É constituído por cidadãos reconhecidos pela sua competência e responsabilidade ética, provenientes de associações profissionais, de organismos científicos, das universidades, de movimentos de defesa dos direitos cívicos e representantes da Assembleia da República e de organizações ligadas à bioética. Com autonomia instituída, a sua atividade tem abrangido um enorme leque de temas, refletidos nos relatórios anuais, cabendo-lhe, ainda, iniciativas de reflexão bioética.

Mas já antes, em 1988, a cidade de Coimbra via nascer duas iniciativas pioneiras que marcaram decisivamente, em planos diferentes mas interligados, o futuro da abordagem multidisciplinar da problemática bioética no nosso País.

Em Maio daquele ano, por proposta do Doutor Guilherme de Oliveira, e por deliberação do Conselho Científico da Faculdade de Direito da Universidade de Coimbra, foi criado o Centro de Direito Biomédico, um dos primeiros da Europa que, em 1997, se constituiu em Associação privada sem fins lucrativos que a abriu a uma colaboração interdisciplinar.

Sucedendo ao Doutor Pereira Coelho, o Doutor Guilherme de Oliveira foi o seu Presidente durante 26 anos, acumulando um notável trabalho nos campos da reflexão pública, publicações e ensino do Direito Biomédico. A colaboração deste Centro estende-se a várias organizações de âmbito nacional e internacional, e é regularmente solicitada pela Assembleia da República na abordagem de legislação no seu âmbito. Divulga as suas reflexões numa excelente publicação regular- a *Lex Medicinae- Revista Portuguesa de Direito da Saúde*.

Desde a criação deste Centro, o destacado papel do Doutor Guilherme de Oliveira, tornou a sua presença obrigatória em todos os *fórum* onde estas temáticas são debatidas. A sua enorme bagagem cultural humanista, o grande prestígio como jurista e académico e a sua serena capacidade de reflexão crítica impõem-no como homem de Saber e de Sabedoria que com todos reparte.

Uns meses depois, em Dezembro de 1988, nasce o primeiro núcleo português de reflexão multidisciplinar que recebeu o nome de Centro de Estudos de Bioética que desde 1991 faz parte da União Europeia dos Centros de Bioética. No seu percurso de mais de um quarto de século, fundou delegações nas principais cidades universitárias, dinamizou centenas de intervenções públicas, em ciclos de estudos e conferências, e inspirou o ensino universitário no seu campo.

Publica uma revista, praticamente desde o início da sua atividade, os Cadernos de Bioética, primeiro e, mais tarde, a Revista Portuguesa de Bioética que somam um riquíssimo património de reflexão ética.

Em 1996 surge o primeiro serviço universitário de Bioética e Ética Médica, na Faculdade de Medicina do Porto, e em 2002 o Instituto de Bioética da Universidade Católica Portuguesa que sucedeu ao Gabinete de Investigação Bioética, fundado em 1995. Em 1998 a Faculdade de Medicina da Universidade de Lisboa cria o seu Centro de Bioética.

Em 2003 funda-se a Associação Portuguesa de Bioética que passa a ter iniciativas regulares de reflexão, preocupando-se com a divulgação pública das suas investigações e análise de problemas biomédicos da atualidade.

Nas instituições de saúde, as solicitações para a realização de ensaios em humanos com novos medicamentos, mas sobretudo os problemas levantados na clínica hospitalar quotidiana, levaram à criação local de Comissões de Ética para a Saúde (CES) (19).

Nos anos 60 já a comunidade tinha sido alertada para as consequências da administração a grávidas de talidomida. Mas o primeiro grande marco fundacional das CES decorreu, por aquela altura, entre 1962 e 1971, com a criação do God's Committee, na Washington University, constituído na sua maioria por não médicos, encarregado de estabelecer prioridades no acesso ao chamado rim artificial.

Mas também havia sido um importante alerta, em 1952, em época de pleno uso da penicilina, a divulgação pelo New York Times do estudo de Tukegee, com a utilização de negros sifilíticos injetados com placebo para estudo da história natural da doença. No ramo assistencial teve eco a revelação, em 1975, do caso de Karen Quinlan que se manteve 10 anos em vida vegetativa com lesões cerebrais irreversíveis. E, em 1983, a situação de Janes Doe, recém-nascido com atrésia duodenal que morreu por inanição por recusa dos pais de uma intervenção cirúrgica.

Os Institutional Review Boards (1960), nos EUA, antecederam a criação na Europa das CES que, como salienta W. Osswald (19), aparecem como consequência da perda da inocência do investigador clínico, da elaboração de códigos internacionais e da evolução das ciências biológicas o que torna obrigatória a " reflexão aprofundada das questões éticas, ultrapassando a capacidade de um indivíduo, e exige concentração de inteligências e esforços".

O seu reconhecimento institucional derivou dos factos acima citados, nomeadamente nos com origem nos EUA, mas também da pressão da União Europeia e até da própria indústria farmacêutica, interessada em proteger os seus projetos.

Em Portugal, as CES começaram por se estabelecer espontaneamente, muito antes da sua institucionalização com o Decreto-lei 97/95, de 10 de Maio que salienta a independência das decisões das CE para assegurar a autonomia, bem-estar e segurança dos doentes. As primeiras foram as dos Hospitais da Universidade de Coimbra (1986), dos hospitais de Santa Cruz e de Santa Maria e do IPO de Lisboa. Tinham a orientação dos Institutional Ethical Committees dos EUA, do tipo assistencial e não a do investigacional dos Institutional Review Boards. Tornadas oficiais, passaram a exercer esta dupla função.

Na primeira caber-lhe-á equacionar as dúvidas éticas surgidas durante a prática clínica, traçar o desenvolvimento de práticas hospitalares e promover uma consciência ética entre os profissionais de saúde e na segunda a avaliação de projetos científicos.

Mas não foi pacífico o acolhimento das CE (20-23). Foram conotadas como "forças de bloqueio", acusadas de obedecer ao poder instalado ou de apoiar "a inovação pela inovação". Houve quem as qualificasse de *alibi ethics* (24), promovendo um ritual que daria crédito e mascararia situações menos éticas. Também é reclamado um maior envolvimento dos doentes no processo de decisão, sobretudo na fase I da investigação com novos medicamentos (25), pondo em causa a qualidade do consentimento informado, mas tal prática não é fácil, embora esteja prevista na Lei 97/95.

Denuncia-se a burocracia instalada, facilitadora do êxodo de ensaios clínicos para países com legislação mais permissiva. E a Índia será um paraíso (26,27), com uma vasta população colaborante, especialistas competentes, baixos custos e onde as leis, de malhas largas, não são cumpridas. Neste vasto País, das 1200 instituições de saúde apenas 200 têm CE consideradas funcionais e destas apenas 40 têm uma adequada composição e quase sempre o Presidente é o Diretor da Instituição (27).

Se se aponta que a falta de divulgação das atividades e resoluções das CE lhes retira crédito e capacidade pedagógica, a crítica mais pertinente dirige-se à falta de preparação e de hábitos de reflexão ética dos seus membros, tanto mais que a multiplicação destes órgãos torna o problema de seleção ainda mais candente.

Uma outra dificuldade poderá estar na falta de capacidade das Comissões para a análise da validade científica e o interesse real da investigação *versus* riscos para os doentes. No nosso tempo de Presidente da CE dos Hospitais da Universidade de Coimbra tivemos o privilégio de poder contar com um gabinete de avaliação científica, coordenado pelo Doutor Carlos Freire de Oliveira, cujo parecer antecedia o nosso. Mas essa não era a norma!

As queixas das avalanches de pareceres sobre ensaios multicêntricos com medicamentos, de aprovação necessária em cada centro onde eram realizados (por vezes 20 ou mais) eram generalizadas mas mais veementes as provindas da Alemanha (21) e Reino Unido (20), agravadas pelo atraso na transposição de orientações comunitárias.

A resposta veio da Diretiva 2001/20/CE, do Parlamento Europeu e Conselho da Europa, transposta para o Direito português com a Lei 46/2004, de 19 de Agosto, que instituiu a CEIC (Comissão de Ética para a Investigação Clínica) encarregada de emitir no nosso País um parecer único para cada projeto.

O passo seguinte veio, mais uma vez, das instâncias europeias através do Regulamento (EU) nº 536/2014, de 16 de Abril, documento extenso, exigente e bem elaborado que pretende unificar e aperfeiçoar a legislação vigente. Aí se consagram os princípios éticos fundamentais, a qualidade da composição das CE, a definição dos conflitos de interesses, etc. Desenvolve pormenorizadamente as boas práticas a preservar de acordo com a Declaração de Helsínquia da Associação Médica Mundial (versão 2008).

Mas a maior novidade foi a de passar a existir um parecer único para projetos de investigação clínica quando têm lugar em mais do que um País Membro. Nomeia-se um Estado Membro relator, que comunicará o seu trabalho à entidade correspondente à CEIC, em cada País onde irá decorrer o estudo, que poderá sugerir alterações (mas nunca anular um veto) e mesmo não o aprovar por circunstâncias locais, nomeadamente legais.

Na mesma data, a Lei 21/2014 atualiza em Portugal a regulamentação já existente sobre investigação clínica, com o mesmo rigor que o Regulamento Europeu mas remetendo para as Diretivas 2001/20/CE e 2007/47/CE. Estabelece o conceito de Comissão de Ética Competente (CEC) para elaborar parecer único que tanto pode provir da CEIC como de uma CES que daquela recebeu a delegação.

No Capítulo VI, o Artº 35º descreve as competências das CEIC na definição das boas práticas científicas e clínicas e seu acompanhamento e, ainda, em "promover ações de formação, capacitação, desenvolvimento, certificação e acreditação, monitorização, inspeção e avaliação da atividade das CES" e, ainda mais, "promover a normalização e uniformização dos conceitos, procedimentos e avaliações pelas CES" e o seu acompanhamento prestando esclarecimentos e seguindo as suas atividades.

Correspondendo a um movimento já no terreno, via internet, formaliza a Rede Nacional para as Comissões de Ética para a Saúde (RN-CES) que cabe à CEIC promover e coordenar. Passa a caber à CEIC um vasto e difícil papel de dinamização e acompanhamento das CE hospitalares disseminadas.

A 14 de Julho de 2014 foram investidos, entre nós, os membros da CEIC, dentro dos ditames da Lei 21/2014, um conjunto de nomes de grande relevo e competência. Estarão conscientes da enorme e complexa tarefa que lhes é atribuída e, por certo, já se terão interrogado se irão ter à sua disposição meios humanos e materiais para cumprir uma tão alargada missão.

Com a democratização do acesso aos cuidados de saúde, nas suas diferentes formas de prestação (Estado, seguradoras, outras entidades), paralelamente aos progressos científicos nos domínios da prevenção, diagnóstico e terapêutica, a situação sanitária das populações conheceu enormes saltos qualitativos.

Simultaneamente mudou a situação do médico e a sua relação com o doente. Podendo, ao mesmo tempo, ser empregado e empregador, dependente ou independente das instituições instaladas, passa a poder ter diferentes estatutos a que nem sempre se adapta devido aos condicionamentos que as diversas entidades podem interpor nas suas decisões (28).

Anteriormente, numa relação a dois, o doente quase sempre tinha confiança e esperança na atuação médica, uma relação pacífica baseada no poder que a ciência e a técnica e, até, o prestígio social, lhe conferiam. Isto levava o clínico a uma atitude paternalista que até era bem aceite.

A alfabetização das populações, que passam a ter crescente consciência dos seus direitos, e das alternativas que se lhes oferecem, alterou, e bem, aquele papel paternal. Se bem que ainda haja médicos que salientam o " eu é que sei", a atitude normal tende a ser a do respeito pela autonomia do doente, capaz de decisões independentes, livres e esclarecidas.

Como nos ensina Daniel Serrão (29), "todo o acto médico… é uma busca de equilíbrios entre valores individuais do médico, que estruturam a sua pessoa profissional, e os valores pessoais transportados pela pessoa que o procura e estão representados na sua biografia individual".

Não abdicando da sua desejada autoridade, e estando atento às condicionantes culturais do doente, deverá com ele dialogar procurando as melhores soluções. Num ambiente de boas relações humanas quase sempre isto é possível mas em certos casos também a rutura poderá acontecer.

A espantosa evolução tecnológica no diagnóstico e terapêutica exerceu um efeito de atração dos médicos para estes meios, que em muitos casos constituem uma tábua de salvação para as incertezas da clínica. Quando Walter Osswald (11) escreve que "o aprendiz de feiticeiro deixou-se fascinar pela técnica" não quer criticar o avanço científico-tecnológico. Quererá alertar para o risco de, no diagnóstico, se tentar substituir a clínica, com o seu contacto humano, por estes meios que deverão continuar a ser "auxiliares", preciosos. O outro será o de, quando os diferenciados nestas tecnologias também forem clínicos, poderem ser levados a confundir a imponderabilidade do comportamento do doente com as certezas técnicas. Desumanização inevitável!

Ou, ainda, a tendência a considerar-se qualquer novidade como indispensável sem discernir se ela corresponde a uma boa relação entre eficácia adicional, custos e qualidade de vida do doente (sobretudo quando se trata de técnicas invasivas). Acrescente-se o risco de a novidade se tornar, sobretudo, um meio de afirmação pessoal acicatada por quem deseja rapidamente recuperar os elevados investimentos colocados na inovação.

Aliás, o abuso dos exames complementares, tão dispendioso para os cofres do Estado, é muitas vezes uma fuga à abordagem clínica e vem também ao encontro de uma medicina defensiva, receosa das consequências penais e sociais de acusações de negligência. Isto é porventura mais frequente em organismos oficiais e em particular naquela entidade que veio a ocupar um lugar central nos cuidados de saúde, com a sua diferenciação científica e tecnológica e o trabalho em equipa-o hospital.

Aqui, o doente tem dificuldade em encontrar num só rosto o seu interlocutor, substituído por uma equipa hierarquizada. Mas saúde-se a preocupação que tem havido, sobretudo nas consultas externas hospitalares, com este encontro a dois, à semelhança do que acontece nos Centros de Saúde com os Médicos de Família.

Mas há muitas mudanças no exercício da medicina, algumas preocupantes. Por exemplo, pode tornar-se obsessão o trabalhar para a estatística, desligando-a do interesse concreto do indivíduo doente. Entre muitos exemplos de uso viciado deste meio, poderemos apontar a necessidade, por vezes com espírito de competição, de se apresentarem êxitos clínicos com números de "sobrevida", que podem não corresponder à prioridade de uma "vida" de qualidade do cidadão. E cá voltam a entrar outros poderes como o que traz o prestígio científico, sabe-se lá à custa de quê, e o dos interesses comerciais.

Explicamos melhor com um exemplo da área da oncologia- se os índices de eficácia, transformados em exigência ética, corresponderem exclusivamente a ganhos de sobrevida de algumas, poucas, semanas à custa de sucessivos e quase ininterruptos internamentos hospitalares, com medidas terapêuticas pesadas, pode estar-se a retirar a doentes, sem expectativas de cura nem de melhoria significativa, a verdadeira vida possível. E esta pode ser a de estarem com pessoas e em lugares, nomeadamente no seu domicílio, que lhes proporcionem bem-estar e uma normal relação afetiva, a que aspirarão como fim de existência desde que seja garantido um acompanhamento que suavize, ou controle, os incómodos da doença.

Não se pretende contestar a importância do tratamento estatístico em várias frentes, e ele é parte imprescindível numa das maiores conquistas da Humanidade – a medicina social e preventiva. Só que a obsessão por se atingirem metas contabilizadas nem sempre passa pelo interesse do doente.

Ou, então, a fixação na medicina preventiva, por parte do médico ou do "candidato a doente". Muitos dos nossos concidadãos, a maioria saudável e mesmo jovem, andam atarefados com sucessivos exames, muitas vezes invasivos, à procura da doença ou iatrogenia anunciadas. Vivem numa permanente angústia, ansiando pelo próximo exame, muitas vezes antecipando-o, e aguardam os resultados com quase insuportável ansiedade na "certeza" que "desta vez é que é". Será possível por detrás desta atitude, mediatizada, ineteresses e poderes? Será difícil encontrar por detrás desta atitude mediatizada interesses e poderes?

Para não falar, já, da repetida imagem do doente a despejar na secretária do médico o velho saco repleto de medicamentos, acrescentados a cada consulta: para "o colesterol", a tensão arterial, a circulação sanguínea, a prevenção das tromboses e do "ácido úrico", o ritmo cardíaco, etc., e uns tantos placebos como complexos vitamínicos e tonificantes cerebrais. E isto sem contar, nos velhos, com anti-inflamatórios contínuos, porque alguma dor hão de ter, o uso generalizado de ansiolíticos e antidepressivos e de antibióticos à mínima febre. Se ele precisa, realmente, de algo mais para uma doença que acaba de lhe surgir, o médico deita as mãos à cabeça. É a chamada "medicamentalização" da Medicina. Bom trabalho da indústria farmacêutica com a indispensável colaboração dos *media*!

Acrescente-se a isto certos radicalismos em dietas preventivas, que retiram qualidade ao quotidiano, algumas vezes com base em supostas intolerâncias apontadas por dispendiosos métodos de diagnóstico laboratorial sem qualquer valor científico. Ou as modas, dependentes de interesses comerciais, como a dos radicais antioxidantes a consumir mesmo por quem deles não precise.

Numa outra vertente, as necessidades de registo rigoroso, ao mínimo pormenor, de tudo o que se passa num estabelecimento de saúde, para efeitos estatísticos ou de controlo de qualidade (mais de quantidade ao menor preço) leva os profissionais de saúde a estarem mais tempo ao computador e menos ao pé do doente do que deviam. É uma queixa generalizada do poder da burocracia quando se alimenta a si própria!

Para nós mais preocupante é a tendência a tudo se resolver na clínica por *guidelines*, nomeadamente as que apelam à Medicina Baseada na Evidência, como se a Medicina fosse uma ciência certa, esquecendo a variabilidade de comportamento da doença e do indivíduo doente (30). Se a designação pode ser traduzida por " linhas de orientação" há quem as transforme em normas, com todo o peso que a palavra tem. Foi o que fez o Ministério da Saúde, com o estranho apoio da Ordem dos Médicos.

Esta prática convém a muita gente, explorando uma quase generalizada mentalidade acrítica. O diagnóstico e a terapêutica meramente regulados por algoritmos podem tentar abordar a doença e esquecer o doente concreto. É que estes guias resultam de conclusões retiradas de estudos estatísticos para aplicação universal, mas extraídas de médias, a parte mais alta da curva de Gauss, esquecendo as faixas extremas da análise de comportamentos. Diz-se que todos os médicos conseguem resolver satisfatoriamente 80% dos problemas clínicos do dia-a-dia mas que o verdadeiramente competente é o que consegue arranjar resposta para os restantes 20%, muitas vezes com soluções que nenhum livro nem *guideline* aponta.

É mais um exemplo de como a preocupação ética de bem tratar os doentes, segundo critérios julgados científicos, abre, com a tentativa de uniformização das opções clínicas, uma enorme porta à pressão dos poderes que assombram a prática médica. Poderíamos individualizá-los agora, mas já o fizemos noutro lado (30).

Aqui ficam alguns temas de reflexão para a rede das CES que muito ganhariam em abandonar o papel exclusivo de "resposta a pedido" para assumirem a atitude ativa de ir ao encontro dos problemas na perspetiva da discussão ética entre os profissionais de saúde.

Se, nas últimas décadas, a evolução científica no campo da medicina foi explosiva, com ganhos evidentes, para as próximas não podemos imaginar o que aí virá, a um ritmo seguramente maior. Esperamos que se acrescente em eficácia e humanização.

Nesta perspetiva das relações religião, ética e poder é merecida uma homenagem ao grande humanista Vaclav Havel, uma voz independente, que se autoafirma como não crente, e que na mais elevada tribuna mundial reclama para os nossos dias a urgente necessidade dos valores éticos e espirituais das religiões.

Mas não deixa de advertir os defensores desses valores, crentes ou não, que (texto retirado da internet) " a primeira mentira que se contou em nome da verdade, a primeira injustiça que se cometeu em nome da justiça, a primeira e minúscula imoralidade em nome da moral, significarão sempre o caminho certo para o fim".

Terminamos como começámos, relembrando Hans Kung e a ampla troca de experiências qua o Parlamento Mundial das Religiões, que ajudou a fundar, vai promovendo. As palavras de Isabel Allegro de Magalhães que aqui deixamos (31) refletem a mesma preocupação.

Talvez mais intensamente do que noutras ocasiões da História – seguramente por termos do que é nosso contemporâneo uma consciência mais aguda e por ser este o nosso tempo de agir – torna-se imperiosa a configuração de um novo "ethos" com reconhecido significado universal, perante o qual toda a política (no sentido amplo e no restrito) possa ser criticada.

Um "corpus" mínimo de objectivos, de princípios e de atitudes, de direitos e de obrigações, aceites por todos os povos, políticos e cidadãos, e que possa impor-se perante a desordem contemporânea do mundo.

Uma referência luminosa para aferição dos critérios fundamentais quanto a um modo mais humano e espiritual, colectivo e individual, de habitarmos na Terra.

Uma linha de orientações que vincule as decisões políticas internacionais a responsabilidades e garantias inalienáveis.

Para a elaboração desse " Corpus ético", os Textos Sagrados e as tradições das grandes Religiões do mundo têm um contributo valioso, pelo património de excelência de que são portadores, muito para além dos seus deveres de origem, patentes e realizações históricas. Desse património, sobretudo da sua visão antropológico-ética, será possível extrair uma concepção do ser humano como " um eu- com outro-no Mundo", na expressão de Merleau- Ponty, em trânsito na Terra e contudo responsável pelo curso da História.

Bibliografia

1. KUNG, Hans – Islão. Passado, presente e futuro. Gráfica de Coimbra, 2010;
2. KUNG, Hans – Religiões do Mundo. Em busca dos pontos comuns. Ed. Multinova, 2ª Ed., 2004;
3. DEBRAY, Régis – Deus, um itinerário. Ed. Âmbar, 2002;
4. WRIGHT, Robert – A evolução de Deus. Guerra e Paz Eds SA, 2002;
5. CASTILLO, José M. – Jesus e a Igreja – in Anselmo Borges (coord): Quem foi, quem é Jesus Cristo. Gradiva, 2012: 181-207;
6. PANNIKAR, Raimon – The unknown Christ of Hinduism. Towards an ecumenical christophany. London, Darlon and Dodle, 1981;
7. DUSPUIS, Jacques – Vers une théologie chrétienne du pluralisme réligieux. Ed. Du Cerf, Paris, 1997;
8. MEYER, John P. – Um judeu marginal. Repensando o Jesus histórico: I (1993), II-1 (1996), II-2 (1997), II-3 (1998), III-1 (2003), III-2 (2004) – Ed. Imago, Rio de Janeiro;

9. RENAUD, Michel – As aporias éticas da bioética. Rev. Port. Bioética, 2007 (2): 143-55;
10. SERRÃO, Daniel. Ética e desafios da biotecnologia. Acção Médica, 2000; LXIV (3): 5-23;
11. OSSWALD, Walter – Novas tecnologias, novos poderes, nova ética. Acção Médica, 2000; LXIV (1/2): 7-12
12. JAHR, Fritz – Bioethics. A Review of the Ethical Relationship of Humans and Animals and Plants. Ed. Kosmos, 1927;
13. POTTER, Van R. – Bioethics. Science of Survival. Perspect. Biol. Med., 1970; 14: 127-153;
14. POTTER, Van R. – Bioethics: Bridge to the Future. Prentice Hall, INC, N. Jersey, 1971;
15. BISCAIA, Jorge – Bio-Ética. Ética da vida. Cadernos de Bioética, 1996 (11): 7-28;
16. PATRÃO NEVES, Maria. O que é a bioética. Cadernos de Bioética, 1996 (11): 7-28;
17. ARCHER, Luis – O difícil diálogo entre a Ética e a Ciência. In, Conselho Nacional de Ética para as Ciências da Vida. Colecção Bioética 9. Ciência e Ética, da Célula ao Embrião. Actas do 8º Seminário da CNECV, Lisboa, Presidência do Conselho de Ministros, 2005;
18. LOPES CARDOSO, António – Papel do Conselho Nacional de Ética para as Ciências da Vida, e em especial a sua auto-responsabilidade. Cadernos de Bioética, 1996;(11) 5: 51-56;
19. OSSWALD, Walter – organização das comissões de ética hospitalar e o desenvolvimento da Bio-Ética. Cadernos de Bioética, 1996; 5: 51-65;
20. WILLIAMSON, L. – The quality of bioethics debate: implications for clinical ethics committees. J. Med. Ethics, 2008; 34: 357-60;
21. CHASSANY, Olivier – Should European Ethics Committees be dismantled? Intensive Care Med., 2009; 35:579-81;
22. DOYAL, Len e DOYAL, Leslie – Legal and moral uncertainty within medicine: the role of clinical ethics committees. Posgrad. Med. J., 2009; 85 (1007): 449-50;
23. Editorial-Ethics Committees and Research. Unintentional Barrier? Can. Assoc. Radiol. Journal, 2012;53: 231-32;
24. DORRIES, A., BOITTE, P, BOROVECKI A et al. Institutional Challenges for Clinical Ethics Committees. HEC Forum, 2011; 23:193- 205;
25. SHAW, David, ELGER, Bernice. Putting patients on research ethics committees. J. Royal Soc. Med. 2004; 107 (8): 304-07;
26. TOMAS, George. Editorial. Institutional Ethics Committees critical gaps. Ind. J. Medical Ethics, 2001, 2001 (LXIII); 4: 200-01;

27. Muthuswamy, V. – Status of ethical review and challenges in India. Indian Pediat., 2005; 42: 12-18;
28. Osswald, Walter. Da bipolarização à triangulação: a relação médico-doente. Acção Médica, 1999 (LXIII); 1: 26-30;
29. Serrão, Daniel. A ética e os valores da saúde. O desenvolvimento humano e a prestação de cuidados. Acção Médica, 2001 (LXV); 1: 5.15:
30. Pinto Mendes, José. *Guidelines* ou *Blindlines*? Da evidência à clarividência. Rev. Port. Imunoalergol., 2007 (XV); 3 213-25;
31. Allegro de Magalhães, Isabel. Para lá das religiões. Ensaios sobre religiões e culturas, ética, espiritualidade e política. Chiado Editora, 2011, pag. 211.

ÍNDICE

PALAVRAS INTRODUTÓRIAS	5
BIBLIOGRAFIA SOBRE TEMAS DE DIREITO DA SAÚDE	7

Em busca de um direito da saúde em tempos de risco(s) e cuidado(s): sobre a incerteza do(s) nome(s) e da(s) coisa(s)
JOÃO CARLOS LOUREIRO 13

Bioethics: the way we were, the way we are
ROGER BROWNSWORD 49

Deontologia e bioética
FERNANDO GOMES 83

The research methodology in health law
MARIA CÉLIA DELDUQUE/SANDRA ALVES 97

Religion, bioethics and health law in Israel
OREN ASMAN 107

Farmácia e medicamento em Portugal. Temas históricos relevantes (1850-1950)
JOÃO RUI PITA/ANA LEONOR PEREIRA 131

Legislação de medicamentos veterinários: breve sinopse
HELENA PONTE/FERNANDO RAMOS 155

Psiquiatria forense em Portugal: aspectos médico-legais e psiquiátricos
	BRUNO TRANCAS / FERNANDO VIEIRA	177

Medicina Familiar
	TERESA TOMÉ	203

Family snapshot of the right to health care in europe's crisisland
	DANIEL GARCÍA SAN JOSÉ	233

Envelhecimento – diferentes perspectivas
	MARÍLIA DOURADO	251

Núcleo regional do centro da liga portuguesa contra o cancro. A solidariedade ao longo de quase 50 anos
	CARLOS DE OLIVEIRA	269

A entidade reguladora da saúde
	JORGE SIMÕES/LUÍS VALE LIMA	285

Ethical committees and sports law
	ERWIN DEUTSCH	307

The system of ethical committees in Germany
	JOCHEN TAUPITZ	327

Comissões de ética para a saúde
	JOSÉ PINTO MENDES	345